奥赛物理辅导教程

力学篇

舒幼生　编著

中国科学技术大学出版社

内 容 简 介

本书主要分为力学理论知识、习题及其解答两部分.在理论知识的陈述中强调系统性、逻辑性、关联性,并引导学生自主关注不易理解的理论疑惑.力学理论知识部分含有若干示范性例题,着重解题思路.习题及其解答部分包括适量从易到难的习题及其解答,若干出彩的题目系学生自编.希望学生在掌握高考物理知识的基础上,通过本书学好物理理论知识,提升对理论知识的理解;解好物理问题,提升高考、强基计划校考和物理竞赛的考试成绩.

本书可作为广大中学生物理综合学习和素质提高的有效的辅导书,是广大中学生参加各类中学物理竞赛、强基计划校考、高考的必备书籍;同时,本书也为中学物理教师提供了物理教学探究的新思路,是不可多得的教学参考书.

图书在版编目(CIP)数据

奥赛物理辅导教程.力学篇/舒幼生编著. —合肥:中国科学技术大学出版社,2021.10
ISBN 978-7-312-05301-6

Ⅰ.奥… Ⅱ.舒… Ⅲ.中学物理课—高中—教学参考资料 Ⅳ.G633.73

中国版本图书馆 CIP 数据核字(2021)第 175180 号

奥赛物理辅导教程·力学篇
AOSAI WULI FUDAO JIAOCHENG·LIXUE PIAN

出版 中国科学技术大学出版社
安徽省合肥市金寨路 96 号,230026
http://press.ustc.edu.cn
https://zgkxjsdxcbs.tmall.com
印刷 安徽国文彩印有限公司
发行 中国科学技术大学出版社
经销 全国新华书店
开本 787 mm×1092 mm 1/16
印张 20.25
字数 420 千
版次 2021 年 10 月第 1 版
印次 2021 年 10 月第 1 次印刷
定价 58.00 元

前　言

物理学家曾经对科学家和教员分别作了幽默的比喻：

科学家好比是制鞋匠，教员好比是修鞋匠.

确实，科学家的科研成果不是通过纯数理逻辑推导得来的.科学家的科研成果来源于敏锐的观察、高超的实验设计、成功的实验操作和仔细的测量，以及高维度的思考分析和天赋性的灵感.

诸多物理学家的成果累积成大学普通物理教材知识，内容丰富，难度很大.钟情于奥赛物理的中学生都已学过高中课堂物理知识，但是大多数学生在对知识的理解和应用(解题)方面都有相当的欠缺.因此当今奥赛物理辅导班的教师有责任引导学生提升对理论知识的理解，提升应用理论知识求解物理试题的能力.这好比教员是引导众多学生抵达物理学家周边的一座桥梁.为此，教员不妨采用数理逻辑方法，为学生简化式解读疑难知识，帮助学生在不长的课时内接受且听明白这些知识.教员在编写普通物理教材时不妨参考自己从教多年编写的讲课大纲，运用其中累积成的具有教员个性的成文方式.

《奥赛物理辅导教程》丛书分为力学、热学、电学、光学、近代物理等五篇.下面是作者多年在大课上授课时所采用的思想方法.

在学生掌握高考物理知识的基础上，建议奥赛物理辅导班教师引导学生能在下述两个方面有所收获.

1. 学好物理理论知识，提升对理论知识的理解

为此需要：

(1) 引导学生自主关注对理论知识的理解，理解过程中往往会产生疑惑，这就是未来在科研中可能发现新课题的萌芽.

(2) 启发学生在物理学习中，讲究常规思维模式和非常规思维模式的并重.

常规思维模式是指相信学的知识基本都是对的(是一个好理论),这有利于学生较快地学到物理知识.非常规思维模式是指明白物理定律内含未完成的归纳性,这也使得物理科研更有生命力.

2. 解好物理问题,提升高考、强基计划校考和物理竞赛的考试成绩

为此,需要记住:

(1) 解好物理问题是学好物理的重要标志.

(2) 借用实例,让学生明白有些问题中存在着涉及非物理理论的难点.

通过多做题可以培养学生解决此类非物理问题的能力.为简单起见,借用一道为物理学生编的数学中概率论的例题:

一个大人逗一个小孩猜糖,大人伸出双手说:"一只手中有一块糖,你来猜哪只手中有糖,猜对了就给你糖吃,猜错没糖吃.接着,重复再猜一次."第一次猜对了,孩子很高兴.大人又让孩子猜第二次,哟,没有猜对.接着第三次……多次都没猜对.大人很开心且有成就感.同学们一定很生气,那么请你们教小孩一个简单易操作的方法去猜糖,孩子就不会吃亏了.

方法是:大人伸出双手后,让小孩当着大人面(气气他)向上抛出一枚硬币,硬币落地后,正面朝上猜左手,反面朝上猜右手.这样,小孩吃到糖的概率是$\frac{1}{2}$,实现了不吃亏的期望.不必细述,读者不难悟到,实为"转换角色"法.

同学们在解物理问题时,也可参考这一转换角色的方法.

本书是力学篇,主要分为力学理论知识、习题及其解答两部分.

1. 力学理论知识

力学理论的载体是数学,故在附录中给出"数学补充知识",略去了学生们熟悉的力学基础内容.本书叙述的是大学普通物理中提升的力学理论知识.

在理论知识的叙述中强调的是以下几个方面.

(1) 理论知识的系统性

例如:牛顿综合天文学和力学,形成了一套力学体系;运动学中从自然界多体相对运动到基元性的二体相对运动,引出运动的参考物和度量时空的参考系;进而将宏观物体的整体运动分解为基元性的质点运动,直到力学教材中

常将运动学命名为“质点运动学”.这些都彰显了运动学理论知识进展的系统性.

(2) 理论知识的逻辑性

萌芽于古希腊学者的经典哲学尤其讲究逻辑.起源于自然哲学的力学理论也应自然地内含逻辑性.鉴于牛顿三定律的重要性,本书对此三定律内涵的逻辑关联作相应的解读,其内容放在本书主体的理论之后,即“附录A　解读牛顿三定律”.

(3) 力学与数学的关联性

例如:利用运动学知识求解几何光滑平面曲线的曲率半径 ρ 的分布;利用动力学中质点系质心位置的组合关系,帮助解决几何学中三角形的三线共点问题;运用数学同构性,由质点动能定理即可写出质心动能定理.

(4) 引导学生自主关注不易理解的理论疑惑

例如:学生们都已学过保守力和势能的知识,知道了太阳引力使得地球获得了引力势能,通常到此为止.同学们是否会对这一理论知识感到不好理解,即:为何不提地球对太阳的引力会使太阳也获得引力势能?这就形成“势能究竟归属谁”的疑惑.

2. 习题及其解答

(1) 在力学理论知识部分已有若干示范性例题,题目后即有题解,着重解题思路.讲课时可选取个别例题作为讲授内容.

(2) 选择适量从易到难的力学习题,其中有历年诸多优秀学生编制的出彩题目,值得同学们学习和欣赏.这些题已成年迈的笔者时时可见的回忆,现将这些题整理出版,也算了却一桩心事.

若干出彩的题目系学生自编,编题高手有李翌、石长春、张霖涛、韦韬、於海涛、倪彬、王达、刘莎、周迪、张涌良、陈樽、潘登、黄浩、王贺明、张剑寒等.值此新书面市之际,感谢在我晚年回忆中依然聪明、可爱的学生.

特别感谢中国科学技术大学出版社的大力支持.

作　者

2021年6月

目　　录

习题及其解答

附　录

力学理论知识

1　运　动　学

运动是指物体的空间位置随时间的变化.

1.1　空间和时间

人类对空间认识的起源(空间观念的起源):

物体在结构方面,有左右、前后、上下3对可延展方向;

物体运动也有这3对可移位方向.这就是3维(双向)空间.

牛顿绝对空间观:

存在着无物体(物质)的空间;

物体(物质)存在并运动于该空间中;

空间的内在度量性质(欧几里得度量性质)与物体(物质)的存在及运动与否无关.

时间观念的起源:

物体运动形成的事物演化中状态出现的先后顺序性;

时间即为此顺序性的量化表述.这就是1维(单向)时间.

牛顿绝对时间观:

存在着无事物演化的时间流逝;

事物演化于该时间的流逝中.

时间的内在度量性质与事物的存在与否、演化的出现与否无关.

1.2　相　对　运　动

世上的物体都处于相对运动中.

最基本的运动关系或者说最基本的运动内容是两个物体之间的相对运动.

1. 参考物

A、B 两个物体之间的相对运动：或谓"A 相对于 B 的运动"，即 B 去观察 A 相对于 B 的运动，便称 B 为参考物；或谓"B 相对于 A 的运动"，即 A 去观察 B 相对于 A 的运动，便称 A 为参考物. 参考物不可是一个点状物体，必须是有宏观结构的物体.

其内任何两个部位之间无相对运动的物体称为刚体. 参考物中任何一个部位都可有测量者，不同部位的测量者测得的结果必须相同. 不同部位之间若有相对运动，则各自测得的结果可以有差异，因此参考物必须是刚体或模型化为刚体的物体.

2. 参考空间

参考空间是指参考物在结构上静态延展而成的空间，因此可将参考空间解读为几何刚体. 经典力学中的参考空间均为 3 维平直空间.

3. 参考系

参考空间与时间的组合.

时空坐标系：
- 空间坐标系：量化的参考空间，用来标定空间位置
  - 直角坐标系
  - 柱坐标系
  - 球坐标系
  - ……
- 时间坐标：用来标定时间

参考系中，外来物体运动的基本内容：

物体的空间位置随时间的变化细化为物体中各个点部位的空间位置随时间的变化.

质点模型：
- 物体中各个点部位模型化为质点
- 物体中各个点部位的运动相同时，物体整体模型化为一个质点
- 物体中各个点部位的运动不同，但其间差异相对于所考察运动的线度可忽略时，物体也可整体模型化为一个质点，例如绕着太阳转的地球

质点运动学基本方程：

$$\boldsymbol{r} = \boldsymbol{r}(t): \begin{cases} x = x(t) \\ y = y(t) \\ z = z(t) \end{cases}$$

质点运动学基本方程也是力学中运动学的基本方程，是解析几何中点（几何点或质点）运动轨迹所成空间曲线以 t 为参量的参量方程.

力学中的运动学内容与数学的关联度最强，其差异仅在于力学中将 t 界定为时间坐标量.

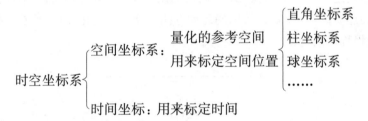

1.3 质点运动分类

质点运动可分为直线运动、平面曲线运动和空间曲线运动.

1.3.1 质点直线运动的速度、加速度

如图 1.1 所示,设质点 P 在 x 轴上做直线运动.从 t_A 时刻所在位置 $x(t_A)$ 经过一段 $\Delta t = t_B - t_A > 0$ 的时间到达位置 $x(t_B)$,位移量为

$$\Delta x(t_B - t_A)\boldsymbol{i} = [x(t_B) - x(t_A)]\boldsymbol{i}$$

引入平均速度

$$\overline{\boldsymbol{v}_x} = \frac{\Delta x(t_B - t_A)\boldsymbol{i}}{\Delta t}$$

它可以粗略地表述为质点 P 在此 Δt 时间段内的运动方向和运动的平均快慢程度.但它不能细微地描述质点在 Δt 时间段内的运动方向可能有的变化(时而朝右、时而朝左的变化)和运动快慢程度的变化.

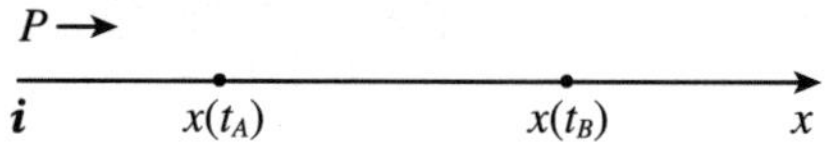

图 1.1

为描述这些变化的可能性,显然将 Δt 取得越小越好.为此,将 Δt 缩短为无穷小量 $\mathrm{d}t$,对应的位移量为无穷短的位移 $\mathrm{d}x\boldsymbol{i}$,将两者的微商(微分间的除法运算)

$$\boldsymbol{v}_x(t) = \frac{\mathrm{d}x\boldsymbol{i}}{\mathrm{d}t} = v_x(t)\boldsymbol{i}$$

定义为质点 P 在 t 时刻的速度量.

务必理解,称 $\boldsymbol{v}_x(t)$ 是 t 时刻的速度,是无穷小量时间 $\mathrm{d}t$ 极限意义下 t 时刻速度的定义.因此必须理解,质点的运动是其空间位置随时间 t 的变化.故必须有 $\mathrm{d}t$、$\mathrm{d}x\boldsymbol{i}$ 才可定义 $\dfrac{\mathrm{d}x\boldsymbol{i}}{\mathrm{d}t}$ 为 t 时刻的速度 $\boldsymbol{v}_x(t)$.顺便一提,过去的中文版力学教材常称 $\boldsymbol{v}_x(t)$ 为 t 时刻的瞬时(形容眨眼睛快速动作中所经历的极短时间)速度.现在定义时简称 $\boldsymbol{v}_x(t)$ 为 t 时刻的速度.这体现了早期学者、教师工作中的精细程度.

若速度 $\boldsymbol{v}_x(t)$ 恒为常量,即有

$$\boldsymbol{v}_x(t) = \boldsymbol{v}_0(\text{常量})$$

则称此运动为匀速直线运动,否则为变速直线运动.如图 1.2 所示,质点 P 在 x 轴上做变速直线运动,在 $\Delta t = t_B - t_A$ 时段内速度增量为 $\Delta\boldsymbol{v} = \boldsymbol{v}(t_B) - \boldsymbol{v}(t_A)$,则称

$$a=\frac{\Delta \boldsymbol{v}}{\Delta t}=\frac{\boldsymbol{v}(t_B)-\boldsymbol{v}(t_A)}{t_B-t_A}$$

为质点 P 在 Δt 时间段内的平均加速度.

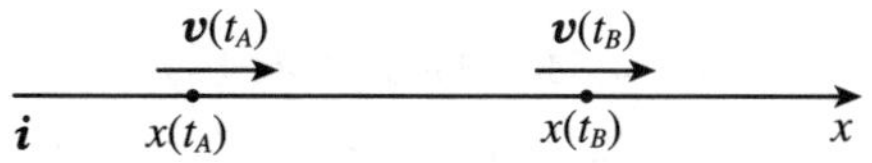

图 1.2

若将图 1.2 中时间段 $\Delta t=t_B-t_A$ 改取为图 1.3 中无穷短时间段 $\mathrm{d}t=(t+\mathrm{d}t)-t$，则速度增量为无穷小量

$$\mathrm{d}\boldsymbol{v}=\boldsymbol{v}(t+\mathrm{d}t)-\boldsymbol{v}(t)$$

将两者的微商

$$\boldsymbol{a}_x(t)=\frac{\mathrm{d}\boldsymbol{v}}{\mathrm{d}t}=\frac{\boldsymbol{v}(t+\mathrm{d}t)-\boldsymbol{v}(t)}{\mathrm{d}t}$$

定义为质点 P 在 t 时刻的加速度.

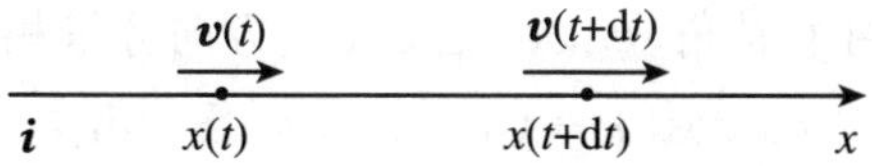

图 1.3

将$\boldsymbol{v}_x(t)=\dfrac{\mathrm{d}x\boldsymbol{i}}{\mathrm{d}t}$代入上式,得

$$\boldsymbol{a}_x(t)=\frac{\mathrm{d}^2x\boldsymbol{i}}{\mathrm{d}t^2}$$

即加速度为质点运动方程对 t 的二阶微商.继而可引入一系列的

$$\frac{\mathrm{d}^3x\boldsymbol{i}}{\mathrm{d}t^3}(\text{加加速度}),\quad \frac{\mathrm{d}^4x\boldsymbol{i}}{\mathrm{d}t^4}(\text{加加加速度}),\quad \cdots$$

力学课程中,运动学之后便是牛顿定律中的第一个量化式的定律:

$$\boldsymbol{F}=m\boldsymbol{a},\quad \boldsymbol{a}=\frac{\mathrm{d}\boldsymbol{v}}{\mathrm{d}t}$$

为此,在运动学中必须讲加速度 $\boldsymbol{a}$,而不必逐个讲解加加速度……

质点直线运动位移矢量和质点直线运动路程长度:图 1.4 中,质点 P 在 t_A 时刻从 x_A 位置沿 x 轴正方向运动,于 $t_B>t_A$ 时刻到达 $x_B>x_A$ 位置;接着继续朝右运动,在 $t_C>t_B$ 时刻到达 $x_C>x_B$ 位置.接着又在 $t_D>t_C$ 时刻到达 $x_D>x_C$ 位置. P 到达 x_D 位置立即在 t_D 时刻反向朝左运动,在 $t_C'>t_D$ 时刻返回 x_C 位置.整个运动过程中,质点 P 全运动的位移矢量为

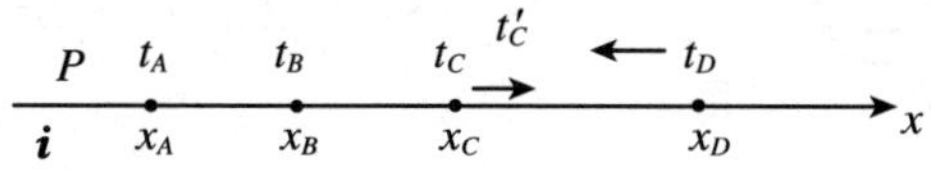

图 1.4

$$L_{t_A-t_C'} = (x_B - x_A)\boldsymbol{i} + (x_C - x_B)\boldsymbol{i} + (x_D - x_C)\boldsymbol{i} + (x_C - x_D)\boldsymbol{i} = (x_C - x_A)\boldsymbol{i}$$

路程长度为

$$S = (x_D - x_A) + (x_D - x_C)$$

例 1 如图 1.5 所示，在 Oxy 坐标平面上放着直角三角板 ABC，其边长 $BC = a$，$AC = b$. 开始时 AB 边靠 y 轴上，B 与坐标原点 O 重合. 今使 A 点沿 y 轴负方向朝 O 点单调地移动，B 点沿 x 轴正方向单调地移动. 最终结果是 A 点到达 O 点，AB 边倒在 x 轴上. 试求三角板的移动过程中 C 点经过的路程 S_C.

解 从图 1.5 到图 1.6 只能获得 C 点在其间经过的位移方向和长度. 题目要求解 C 点的路程 S_C，间接地提示解题者，求解 S_C 首先要有 C 点经过的轨道路线，此路线应由 C 点一系列的中间态合成. 思维开阔的解题者也许会画出一个中间态如图 1.7 所示. 数学基础好的解题者一眼就看出 O、A、B、C 四点共圆，图中标以 α 的两个角因对应同一圆弧而相等. CO 与 x 轴的夹角 α 便是定值，过程中 C 必沿此连线做直线运动. 引入图示 $\boldsymbol{v}_A$ 和 $\boldsymbol{v}_C$ 标量化为 v_A、v_C. 其中，v_A 始终为正. v_C 取正时，$\boldsymbol{v}_C$ 指向 O 点；v_C 取负时，$\boldsymbol{v}_C$ 背离 O 点. 参考同一圆弧对应的两个 β 角，$\boldsymbol{v}_A$、$\boldsymbol{v}_C$ 沿 CA 边方向分量相等的条件可表述成

$$v_A \cos[\pi - (\alpha + \beta)] = v_C \sin\beta$$

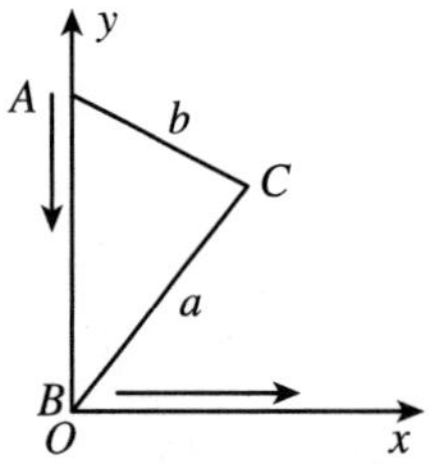

图 1.5

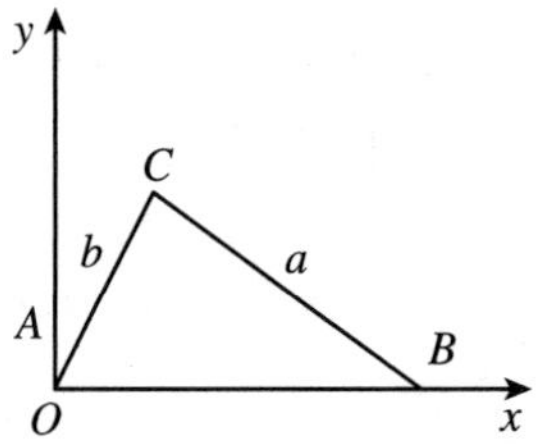

图 1.6

得

$$v_C = -\frac{\cos(\alpha + \beta)}{\sin\beta} v_A \begin{cases} < 0 & \left(\alpha < \alpha + \beta < \frac{\pi}{2}\right) \\ = 0 & \left(\alpha + \beta = \frac{\pi}{2}\right) \\ > 0 & \left(\frac{\pi}{2} < \alpha + \beta < \alpha + \frac{\pi}{2}\right) \end{cases}$$

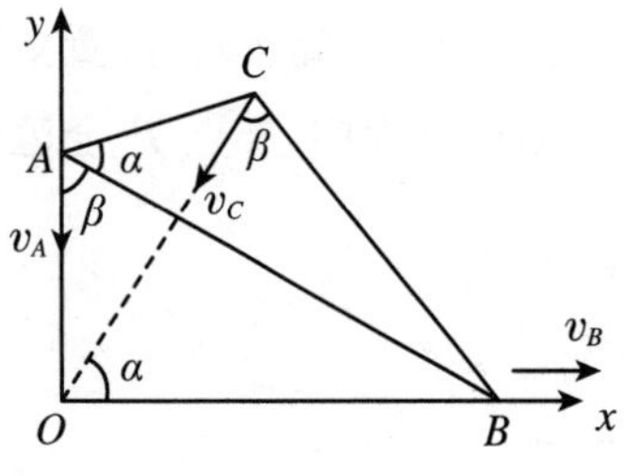

图 1.7

可见 C 点开始时沿直线背离 O 点运动，到达 $\alpha + \beta = \frac{\pi}{2}$ 位置时停下，而后沿直线指向 O 点运动，一直到图 1.7 中所示位置为止，据此得

$$S_C = 2\sqrt{a^2 + b^2} - (a + b)$$

即

$$S_C = (\sqrt{a^2 + b^2} - a) + (\sqrt{a^2 + b^2} - b)$$

例 2 某人用双手做 3 个相同小球的抛球、接球、传球、再抛球……游戏. 过程中左手接住空中落下的一个球,再传递给右手,右手接过小球,并将小球斜向上抛出. 假设每只手中至多留有一个小球,左手接球点高度与右手抛球点高度相同,每个小球离开右手后的升高量均达 H,小球相互不碰撞,试求系统运动周期 T.

解 3 个球构成的系统的运动周期可简化为其中任意一个球的运动周期,为同一个 T. 随意取一个小球记为 1 号球. 1 号球从右手第一次抛出开始,到返回右手,再被第二次抛出为止,其间经过的时间即为 T. T 可分成两段,第一段时间 t_1 是小球在空中运动的时间,即有

$$t_1 = 2\sqrt{\frac{2H}{g}}$$

第二段时间 t_2 包括小球在左手停留的时间、从左手到右手的传递时间和在右手停留的时间. t_2 可短可长,最短趋向零(不可达到),即有

$$t_2 > 0$$

最长需受“每只手中至多留有一个小球”的限制,故 t_2 的上限对应空中几乎始终只有一个球在运动,即讨论的小球几乎在另外两个小球依次都在空中运动过后才从右手抛出,可得

$$t_2 < 2t_1$$

因 $T = t_1 + t_2$,故

$$3t_1 > T > t_1, \quad t_1 = 2\sqrt{\frac{2H}{g}}$$

例 3 如图 1.8 所示,直角三角形 ABC 在竖直平面内. 斜边 AC 与水平边 BC 的夹角为 α. 一质点从 A 点由静止出发,在重力作用下到达 C 点,当所循路径从 A 经过 AB 和 BC 时,从 A 到 B 需时 t_1,从 B 到 C 需时 t_2;当所循路径为 AC 时,需时 t_3. 假设质点拐折时不花费时间,且只改变速度方向而速度大小不变.

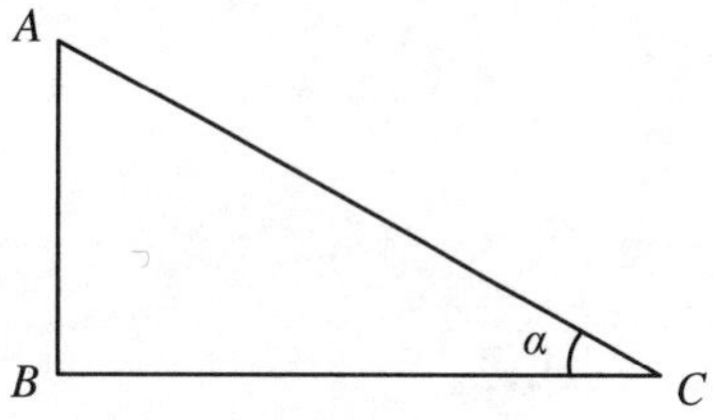

图 1.8

(1) 为使循上述两条路径由 A 到 C 所需时间相等,即使 $t_1 + t_2 = t_3$,试问此 α 角应为多大?

(2) 设角 α 取上述值,且质点只能在三角形范围内沿竖直路径和水平路径从 A 点到达 C 点,显然有无穷多种选择. 试问:什么路径花费的时间最长? 什么路径花费的时间最短? 所需的最长时间与最短时间之比是多少?

分析 质点在 AB 段和 AC 段均做匀加速直线运动,前者的加速度为 g,后者的加速度为 $g\sin\alpha$,在 BC 段做匀速直线运动. 运用运动学公式可找到各段所需时间之间的关系,再根据 $t_1 + t_2 = t_3$ 的要求可确定相应的特定角度 α.

如图 1.9 所示，符合题意的路径除 AC 路径外还有由许多水平段以及把各水平段连接起的各竖直段构成的各种路径. 符合题意的各种路径中，各竖直段长度之和等于直角边 AB，各水平段长度之和等于直角边 BC. 由于质点拐折时不花费时间且速度大小也不改变，故走完各竖直段所需的总时间 $t_{总}$ 就等于直接从 A 经 AB 到达 B 所需的时间 t_1. 但走完各水平段所需的总时间与质点在各水平段的速度大小有关，即与各水平段的高度有关. 如果选择的路径使各水平段均位于三角形的底部（BC 边），则质点在该水平段具有的速度最大，所需时间就最短. 如果选择的路径使各水平段位于尽可能高的位置（当然，以不超出边线为条件），则质点在该水平段具有的速度最小，所需时间应最长. 所以，需时最长的路径为图 1.9 中虚线所示的锯齿状路径，各锯齿的水平段 $\mathrm{d}x$ 和竖直段 $\mathrm{d}y$ 均为无穷小量，各锯齿紧靠着 AC 而又都不超出 AC 边. 确定了需时最短和最长的路径，求出相应的最短时间和最长时间，即可得出两者之比.

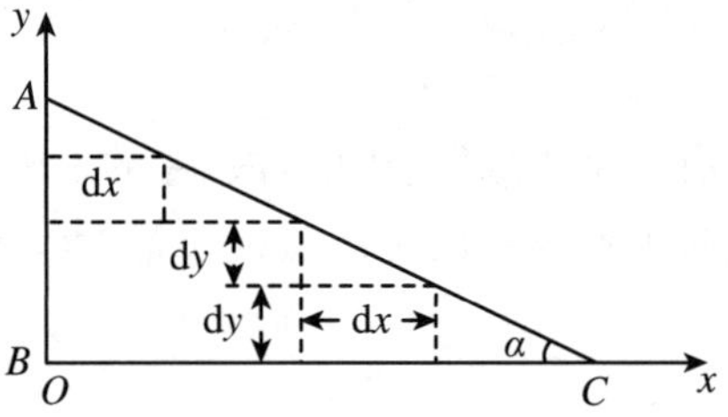

图 1.9

解　方法 1　设 $AC=L$，由运动公式有

$$L\sin\alpha = \frac{1}{2}gt_1^2 \quad ①$$

$$L\cos\alpha = gt_1t_2 \quad ②$$

$$L = \frac{1}{2}(g\sin\alpha)t_3^2 \quad ③$$

由①、②式得

$$t_1 = \sqrt{\frac{2L\sin\alpha}{g}},\quad t_2 = \cos\alpha\sqrt{\frac{L}{2g\sin\alpha}} \quad ④$$

故

$$t_1 + t_2 = \sqrt{\frac{L}{g}}\left(\sqrt{2\sin\alpha} + \cos\alpha\sqrt{\frac{1}{2\sin\alpha}}\right) \quad ⑤$$

将③式代入⑤式，得

$$t_1 + t_2 = t_3\left(\sin\alpha + \frac{1}{2}\cos\alpha\right)$$

由题意，要求

$$t_1 + t_2 = t_3$$

故应有

$$\sin\alpha + \frac{1}{2}\cos\alpha = 1$$

即

$$2\sin\alpha + \sqrt{1-\sin^2\alpha} = 2$$

解出

$$\sin\alpha = \frac{3}{5} \quad 或 \quad \cot\alpha = \frac{4}{3}$$

所以

$$\alpha = 36.8°$$

方法2 根据上述分析，需时最短的路径为由 A 点经 AB 和 BC 到达 C 点，或由 A 点经 AC 到达 C 点，需时最长的路径为图 1.9 中虚线所示的锯齿状路径，各锯齿的水平段 $\mathrm{d}x$ 和竖直段 $\mathrm{d}y$ 均为无穷小量，且紧靠着 AC 而又都不超过 AC 边.

对于需时最短的路径，所需时间为 $t_{\min} = t_1 + t_2$. 由④式及第一问的答案可得

$$\frac{t_2}{t_1} = \frac{1}{2}\cot\alpha = \frac{2}{3}$$

故

$$t_{\min} = t_1 + \frac{2}{3}t_1 = \frac{5}{3}t_1$$

对于需时最长的路径，所有竖直段时间 $t_{总} = t_1$，所有水平段所需总时间用 τ_2 表示，则需时间 $t_{\max} = t_1 + \tau_2$. 为了计算 τ_2，考虑高度为 y 的任一水平段 $\mathrm{d}x$，质点以速度 v 经过 $\mathrm{d}x$ 所需时间为

$$\mathrm{d}\tau_2 = \frac{\mathrm{d}x}{v} = \frac{\mathrm{d}x}{\sqrt{2g(L\sin\alpha - y)}}$$

因 $\cot\alpha = -\dfrac{\mathrm{d}x}{\mathrm{d}y}$，故

$$\mathrm{d}\tau_2 = -\frac{\cot\alpha}{\sqrt{2g}} \cdot \frac{\mathrm{d}y}{\sqrt{L\sin\alpha - y}}$$

所有水平段所需总时间为

$$\tau_2 = \int \mathrm{d}\tau_2 = -\frac{\cot\alpha}{\sqrt{2g}}\int_{L\sin\alpha}^{0}\frac{\mathrm{d}y}{\sqrt{L\sin\alpha - y}} = \cot\alpha\sqrt{\frac{2L\sin\alpha}{g}} = t_1\cot\alpha = \frac{4}{3}t_1$$

所以

$$t_{\max} = t_1 + \tau_2 = \left(1 + \frac{4}{3}\right)t_1 = \frac{7}{3}t_1$$

$t_{\max}$ 与 $t_{\min}$ 之比为

$$\frac{t_{\max}}{t_{\min}} = \frac{7}{5}$$

1.3.2 质点平面曲线运动

1. 平面曲线运动

平面曲线运动的运动学量可分为标量(速率、角位移、角速度等)和矢量(位矢、速度、加速度等).

凡是平面矢量,每一时刻都可按照平行四边形法则分解为该平面上的两个方向的矢量.

$$\text{平面曲线运动分解}\begin{cases}\text{方向固定的正交分解}\\ \text{方向固定的斜交分解}\\ \text{方向可移动的正交分解}\end{cases}$$

≫方向固定的正交分解

例如,在图 1.10 所示的平面中设置 Oxy 坐标系,x 轴的方向是恒定的,它的固定方向矢量记为 $\boldsymbol{i}$;y 轴的方向也是恒定的,它的固定方向矢量记为 $\boldsymbol{j}$.平面上的矢量 $\boldsymbol{A}$ 可分解为 x 轴方向的矢量 $\boldsymbol{A}_x$ 和 y 轴方向的矢量 $\boldsymbol{A}_y$.即称

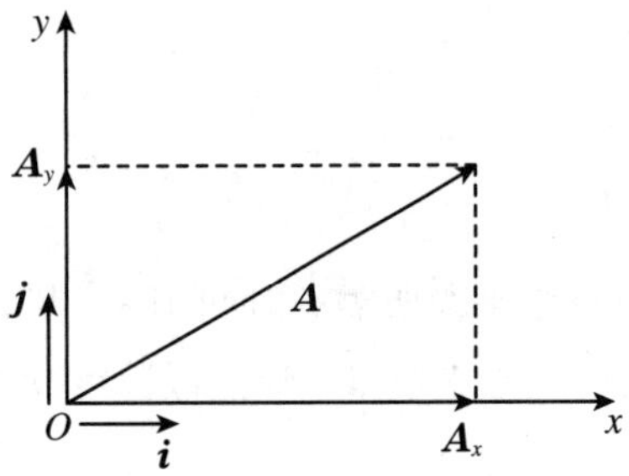

图 1.10

$$\boldsymbol{A}=\boldsymbol{A}_x+\boldsymbol{A}_y,\quad \begin{cases}\boldsymbol{A}_x=A_x\boldsymbol{i}\\ \boldsymbol{A}_y=A_y\boldsymbol{j}\end{cases}$$

为平面矢量 $\boldsymbol{A}$ 的方向固定的正交分解.习惯上也可说成是平面(曲线和直线)运动实为两个正交固定方向直线运动的合运动.

实例:斜抛运动为方向固定的正交分解(其内容,同学们均很熟悉,故略).

例 1 如图 1.11 所示,在某竖直平面上设置 Oxy 坐标系,其中 x 轴水平,y 轴竖直向上.从 O 点抛出一个小球,初速度 $\boldsymbol{v}_0$ 在 Oxy 坐标面内,大小 v_0 恒定,方向与 x 轴的夹角 θ 在 0 到 2π 之间.小球所有可能的抛物线轨道对应的包络线已在图中用虚线表示,试求包络线方程.

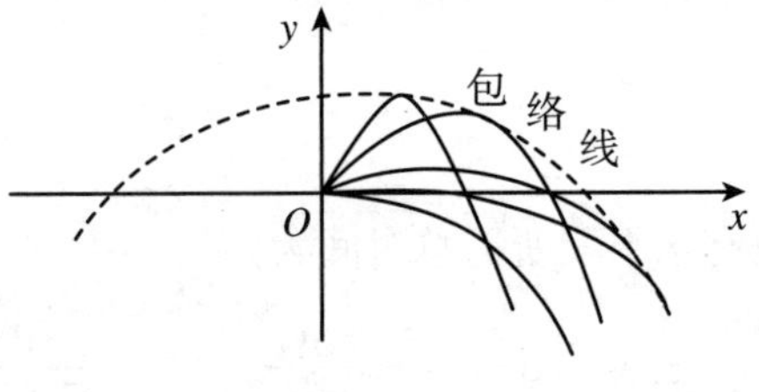

图 1.11

解 稍微留心观察,几何上包络线外的点 (x,y) 均无 θ 角对应的抛物线轨道经过,包络线内的各点 (x,y) 似乎可有两个 θ 角对应的抛物线轨道经过,包络线上的各点 (x,y) 则只有且必有一个 θ 角对应的抛物线轨道经过.据此,将小球抛物线轨道由常见的表达式

$$y=-\frac{g}{2v_0^2\cos^2\theta}x^2+(\tan\theta)x$$

改述为

$$y=-\frac{g}{2v_0^2}(1+\tan^2\theta)x^2+(\tan\theta)x$$

由于对称,只取象限Ⅰ、Ⅱ的 θ 角解:

$$\theta=\arctan\frac{v_0^2\pm\sqrt{v_0^4-2v_0^2gy-g^2x^2}}{gx}$$

$$\text{判别式:}\begin{cases}v_0^4-2v_0^2gy-g^2x^2<0\text{:包络线外的点}(x,y)\\v_0^4-2v_0^2gy-g^2x^2=0\text{:包络线上的点}(x,y)\\v_0^4-2v_0^2gy-g^2x^2>0\text{:包络线内的点}(x,y)\end{cases}$$

延展到 Oxy 平面象限Ⅰ、Ⅱ、Ⅲ、Ⅳ,得包络线方程为

$$y=\frac{1}{2v_0^2g}(-g^2x^2+v_0^4)$$

这是一条数学上的抛物线.

顺便一提,包络线内的点 (x,y) 对应判别式大于0,故有两个 θ 解,这表明包络线内任何一个点必有且仅有两条小球的抛物线轨道经过.

➢方向固定的斜交分解

例2 如图1.12所示,水平地面上高为 h 的灯柱顶端有一个小灯泡.某时刻,灯泡爆炸成碎片,朝各个方向射出,初速度大小同为 v_0.设碎片落地后不会反弹,试将每一块碎片的运动斜交地分解成沿其速度 $\boldsymbol{v}_0$ 方向的直线运动和从静止开始的竖直向下的自由落体运动,以此求解地面上碎片分布区域的半径 R.

解 设某碎片在 $t=0$ 时刻于 O 点以初速度 $\boldsymbol{v}_0$ 抛出.设置沿 $\boldsymbol{v}_0$ 方向的 x 轴和竖直向下的 y 轴,t 时刻该碎片落到地面 P 处,如图1.13所示.P 到灯柱的距离记为 r,则应有

$$r^2=(v_0t)^2-\left(\frac{1}{2}gt^2-h\right)^2=-\frac{1}{4}g^2t^4+(v_0^2+gh)t^2-h^2$$

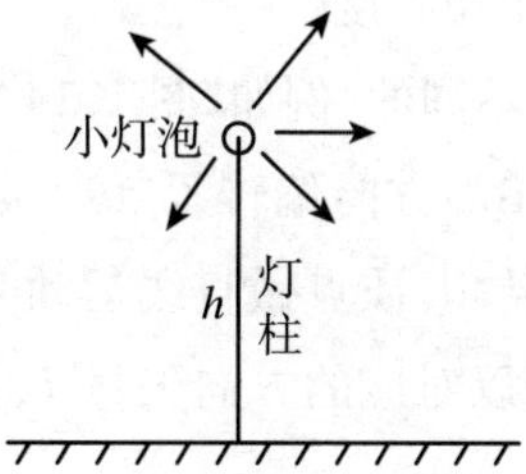

图1.12

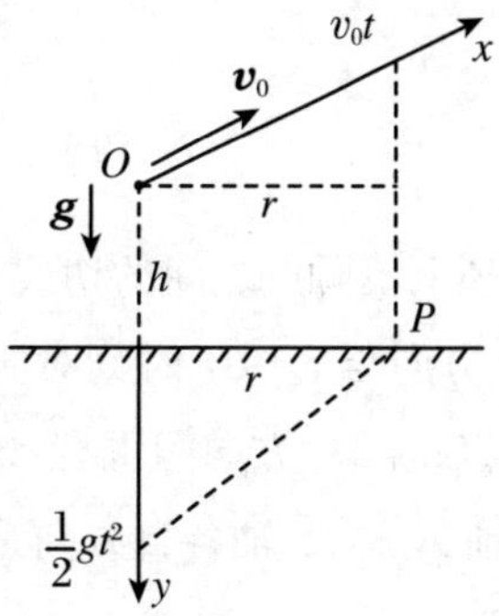

图1.13

不同的碎片有不同的$\boldsymbol{v}_0$方向,对应不同的落地时间 t,落地点有不同的 r 值,所求 R 即为这些r 中的极大值.因 r^2 是 t^2 的二次函数,当 $t^2=\dfrac{2}{g^2}(v_0^2+gh)$时,$r^2$ 取得极大值,对应的 r 取得极大值,即有

$$R=\frac{v_0}{g}\sqrt{v_0^2+2gh}$$

➢方向可移动的正交分解

(1) 圆运动

质点平面曲线运动的典型实例是图 1.14 所示的圆运动.

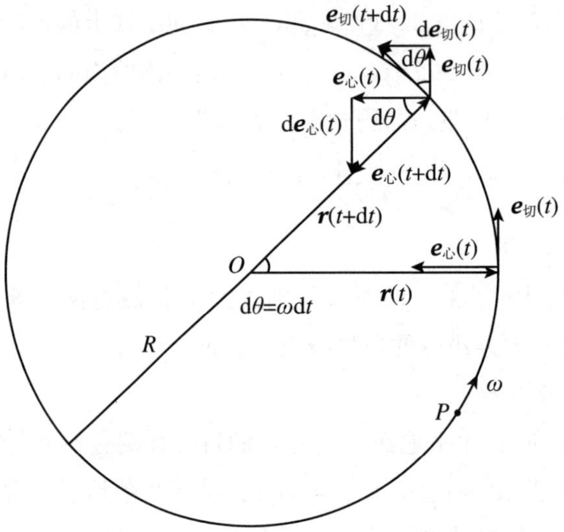

图 1.14

一个质点在半径为 R 的圆周上运动.任一 t 时刻质点P 所在位置有一个沿着圆周切线的方向矢量和另一个指向圆心的方向矢量.

将 t 时刻沿着切线和指向圆心的方向矢量分别记为:

$$\boldsymbol{e}_{切}(t):\begin{cases}方向:沿圆环的切线\\大小:一个单位长度\end{cases}$$

$$\boldsymbol{e}_{心}(t):\begin{cases}方向:指向圆心\\大小:一个单位长度\end{cases}$$

要注意,圆环上不同点之间的切线方向是可以不同的.例如,图 1.14 中质点 P 在t 时刻对应的$\boldsymbol{e}_{切}(t)$方向与 $t+\mathrm{d}t$ 时刻对应的$\boldsymbol{e}_{切}(t+\mathrm{d}t)$方向偏转了 $\mathrm{d}\theta=\omega\mathrm{d}t$ 角度.同样,$\boldsymbol{e}_{心}(t)$方向与$\boldsymbol{e}_{心}(t+\mathrm{d}t)$方向间也有 $\mathrm{d}\theta=\omega\mathrm{d}t$ 偏转角.质点做直线运动时引入方向矢量 $\boldsymbol{i}$、$\boldsymbol{j}$、$\boldsymbol{k}$,因为 x 轴、y 轴、z 轴各自方向是固定的,所以对应的方向矢量 $\boldsymbol{i}$、$\boldsymbol{j}$、$\boldsymbol{k}$也都是方向固定的方向矢量.

质点做圆周运动时,方向矢量$\boldsymbol{e}_{切}(t)$、$\boldsymbol{e}_{心}(t)$的方向都是可随 t 变化的,因此都是方

向可变的方向矢量.又因$\boldsymbol{e}_{切}(t)$与$\boldsymbol{e}_{心}(t)$仍是相互垂直的,圆周运动中运动学矢量被分解为切向分量和向心方向分量,因此将这称为方向可移动的正交分解. t 时刻质点位矢为 $\boldsymbol{r}(t)$,经 $\mathrm{d}t$ 时间到位矢 $\boldsymbol{r}(t+\mathrm{d}t)$. $\mathrm{d}t$ 时间段内位矢转过的无穷小平面角 $\mathrm{d}\theta$,称为角位移标量;$\omega=\dfrac{\mathrm{d}\theta}{\mathrm{d}t}$,称为转动角速度标量;$\beta=\dfrac{\mathrm{d}\omega}{\mathrm{d}t}=\dfrac{\mathrm{d}^2\theta}{\mathrm{d}t^2}$,称为转动角加速度标量,当 $\beta=0$ 时 $\omega=\omega_0$(常量),表示质点匀速转动,当 $\beta\neq 0$ 时 $\omega=\omega(t)$(变量),表示质点变速转动.

质点 P 沿圆周运动的运动方程和速度分别为

$$\boldsymbol{r}=-R\,\boldsymbol{e}_{心}(t),\quad \boldsymbol{v}=\frac{\mathrm{d}\boldsymbol{r}}{\mathrm{d}t}=-R\,\frac{\mathrm{d}\boldsymbol{e}_{心}(t)}{\mathrm{d}t}$$

因没有$\boldsymbol{e}_{心}=\boldsymbol{e}_{心}(t)$数学方程,故不能直接应用矢量微商知识获得

$$\frac{\mathrm{d}\boldsymbol{e}_{心}(t)}{\mathrm{d}t}$$

的结果.还原到数学上的函数微商是自变量 t 的无穷小增量 $\mathrm{d}t$ 与产生的矢量函数$\boldsymbol{e}_{心}(t)$的无穷小增量 $\mathrm{d}\boldsymbol{e}_{心}(t)$之间的商(除法)运算.参考图 1.14,得

$$\mathrm{d}t\ \Rightarrow\ \mathrm{d}\boldsymbol{e}_{心}(t):\begin{cases}方向:与\boldsymbol{e}_{切}(t)\text{ 相反}\\ 大小:\mathrm{d}e_{心}=\mathrm{d}\theta(方向矢量大小\ e_{心}\ 为\ 1)\end{cases}$$

$$\Rightarrow\ \mathrm{d}\boldsymbol{e}_{心}=-\mathrm{d}\theta\,\boldsymbol{e}_{切}=-\omega\mathrm{d}t\,\boldsymbol{e}_{切}$$

即得

$$\boldsymbol{v}=-R\,\frac{\mathrm{d}\boldsymbol{e}_{心}(t)}{\mathrm{d}t}=-R\,\frac{-\omega\mathrm{d}t\,\boldsymbol{e}_{切}}{\mathrm{d}t}\quad\Rightarrow\quad \boldsymbol{v}=\omega R\,\boldsymbol{e}_{切}$$

质点 P 的加速度为

$$\boldsymbol{a}=\frac{\mathrm{d}\boldsymbol{v}}{\mathrm{d}t}=\frac{\mathrm{d}\omega}{\mathrm{d}t}R\,\boldsymbol{e}_{切}+\omega R\,\frac{\mathrm{d}\boldsymbol{e}_{切}}{\mathrm{d}t},\quad \frac{\mathrm{d}\omega}{\mathrm{d}t}=\beta$$

参考图 1.14,得

$$\mathrm{d}\boldsymbol{e}_{切}:\begin{cases}方向:与\boldsymbol{e}_{心}\text{ 方向一致}\\ 大小:\mathrm{d}e_{切}=\mathrm{d}\theta\end{cases}\ \Rightarrow\ \mathrm{d}\boldsymbol{e}_{切}=\mathrm{d}\theta\,\boldsymbol{e}_{心},\mathrm{d}\theta=\omega\mathrm{d}t$$

即得

$$\boldsymbol{a}=\beta R\,\boldsymbol{e}_{切}+\omega^2R\,\boldsymbol{e}_{心}$$

从而有

$$\boldsymbol{a}=\boldsymbol{a}_{切}+\boldsymbol{a}_{心},\quad \boldsymbol{a}_{切}=a_{切}\boldsymbol{e}_{切},\quad \boldsymbol{a}_{心}=a_{心}\boldsymbol{e}_{心},\quad \begin{cases}a_{切}=\beta R\\ a_{心}=\omega^2R\end{cases}$$

例 3 4 根长度同为 l 的细杆用铰链首尾相接,组成一个菱形 $ABCD$,放在某水平面上,如图 1.15 所示.设 A 端固定,C 端沿着 A、C 连线方向运动,当$\angle A$ 恰好为 90°时,C 端速度为 v,加速度为 a,试求此时 B 端的加速度大小 a_B.

解 拟采用加速度 $\boldsymbol{a}$ 的两种正交分解组合应用方法,求解$\boldsymbol{a}_B$的大小.

以 A 为原点，建立图 1.16 所示的直角坐标系. 由 B、C 间运动关联可将 $\boldsymbol{a}_B$ 正交分解为 a_{Bx} 和 a_{By}，其中 $a_{Bx}=a/2$，a_{By} 待定. 由 B、A 间运动关联，又可将 $\boldsymbol{a}_B$ 分解为圆弧运动中的 $a_{B心}$ 和 $a_{B切}$，其中 $a_{B心}=v_B^2/l$，$a_{B切}$ 待定. 由得到的 a_{Bx} 和 $a_{B心}$ 可得到 a_{By}(或 $a_{B切}$)，继而得到 $a_B=\sqrt{a_{Bx}^2+a_{By}^2}$.

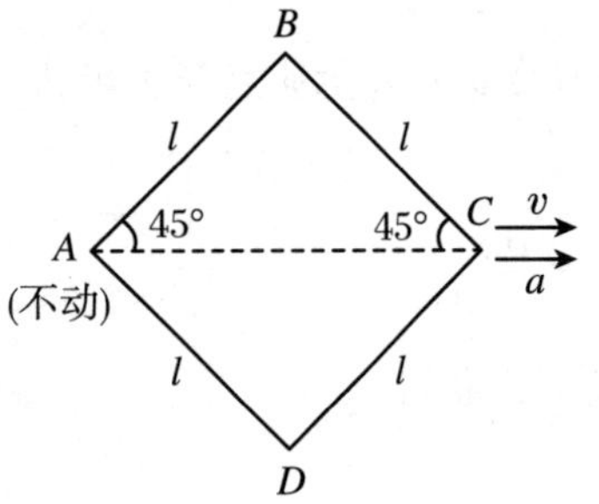

图 1.15

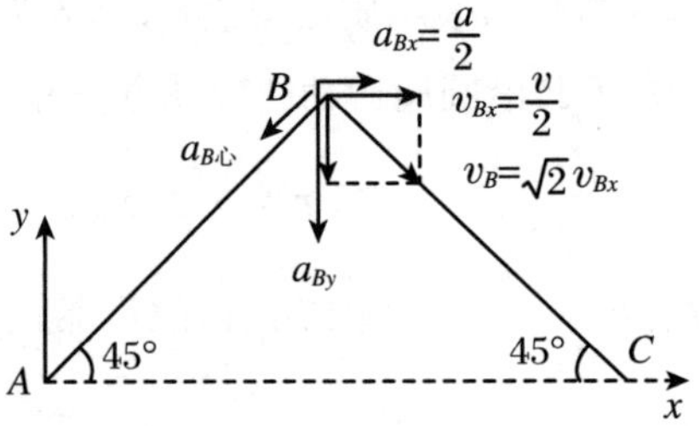

图 1.16

参考图 1.16，有

$$x_B=\frac{1}{2}x_C,\quad v_{Bx}=\frac{1}{2}v,\quad a_{Bx}=\frac{1}{2}a$$

$$v_B=\sqrt{2}v_{Bx}=\frac{\sqrt{2}}{2}v$$

$$a_{B心}=\frac{v_B^2}{l}=\frac{v^2}{2l}$$

$$a_{B心}=a_{By}\cos45^\circ-a_{Bx}\cos45^\circ\ \Rightarrow$$

$$a_{By}=\sqrt{2}a_{B心}+a_{Bx}=\frac{\sqrt{2}}{2}\frac{v^2}{l}+\frac{1}{2}a$$

得

$$a_B=\frac{\sqrt{l^2a^2+v^4+\sqrt{2}lv^2a}}{\sqrt{2}l}$$

例 4 长 L 的均匀弹性绳 AB 自由伸直地放在光滑水平桌面上，绳的 A 端固定. $t=0$时，一小虫开始从 A 端出发以相对其足下绳段的匀速度 u 在绳上朝 B 端爬去，同时绳的 B 端以相对桌面的匀速度 v 沿绳长方向运动，试求小虫爬到 B 端的时刻 t_e.

附注：B 端运动使绳各部分之间有相对运动，绳的整体不可作为小虫运动的参考物，严格而言，不宜说“小虫开始从 A 端出发以相对绳的匀速度 u 在绳上朝 B 端爬去”. 但是可以说“……以相对其足下绳段的匀速度 u 在绳上朝 B 端爬去”，因为小虫已按习惯模型化为质点，“其足下绳段”当为无穷短绳段，无穷短时间内此绳段各部分间相对运动可忽略，故可取为该时刻附近小虫爬行运动的“瞬时”参考系.

解 本题给出两种解法作答.

方法 1 如图 1.17 所示，在原长的绳上建立从 A 到 B 的 x 坐标，在 A 端 $x_A=0$，在

B 端$x_B = L$.设 t 时刻小虫P 处于x 坐标上的x 位置,此时绳的真实长度已成为 $L+vt$,即$x_B = L$已对应真实长度坐标的$x_B' = L+vt$,绳中 x 坐标对应真实长度为

$$x' = \frac{x}{L}(L+vt)$$

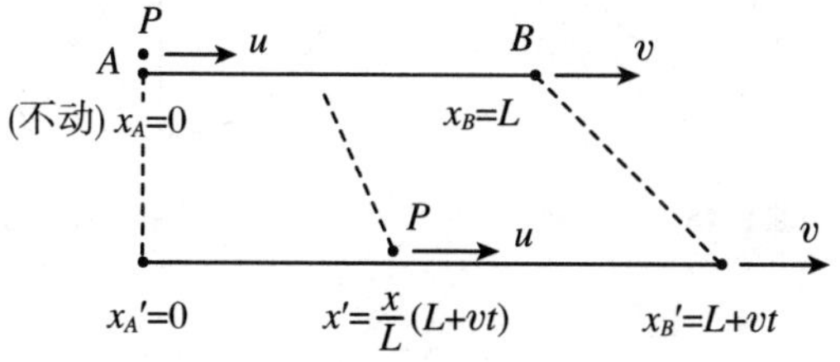

图 1.17

P 相对其足下绳段不动,B 运动会使x'有增量

$$dx_1' = \frac{x}{L}v\,dt$$

但 x 不会变化,故对 P 爬绳无贡献.再令 B 不动,P 相对其足下绳段运动,使 x'的增量dx_2'对应 x 的增量 dx,其间关系为

$$u\,dt = dx_2' = \frac{dx}{L}(L+vt)$$

由此可得

$$\int_0^{t_e}\frac{Lu}{L+vt}dt = \int_0^L dx$$

从而有

$$t_e = \frac{L}{v}(e^{\frac{v}{u}}-1)$$

方法 2 方法 1 中 P 随B 相对桌面的真实运动量 dx_1'与 P 爬绳相对桌面的真实运动量 dx_2'在同一方向,故不易区分.

本解法提供的是一种等效处理方法,将直长为 L 的 AB 绳弯曲成半径为 $r_0 = \frac{L}{2\pi}$的 A、B 相接圆环绳,如图 1.18 所示.t 时刻,因 B 运动,绳长增为 $L+vt$,对应图 1.19 中圆半径增为 $r = \frac{L+vt}{2\pi}$.此过程中,原来 P 随B 沿绳长方向的运动转化为P 的径向朝外运动,而 P 的爬绳运动转化为P 的切向运动,两个正交方向的运动截然分离.P 从$\theta = 0$ 爬到 $\theta = 2\pi$,即到达 B 端.参考图 1.18、图 1.19 中的参量,有

$$\int_0^{2\pi}d\theta = \int_0^{t_e}\frac{u\,dt}{r} = \int_0^{t_e}\frac{2\pi u}{L+vt}dt$$

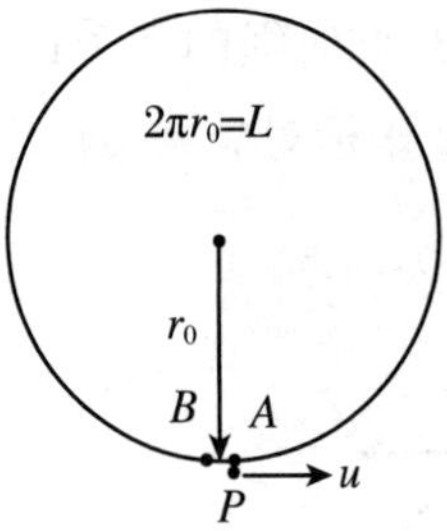

图 1.18

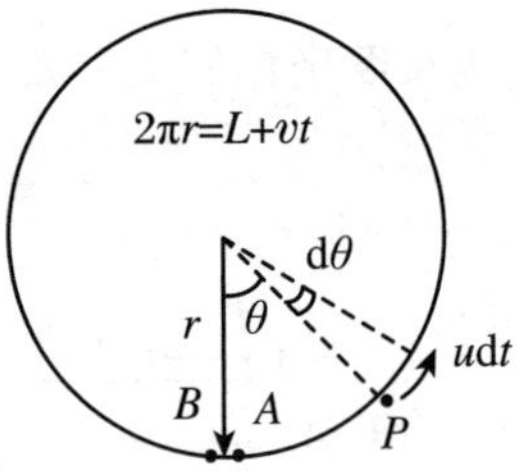

图 1.19

即得

$$t_e = \frac{L}{v}(e^{\frac{v}{u}} - 1)$$

(2) 圆周运动的角量矢量化(参考图 1.20)

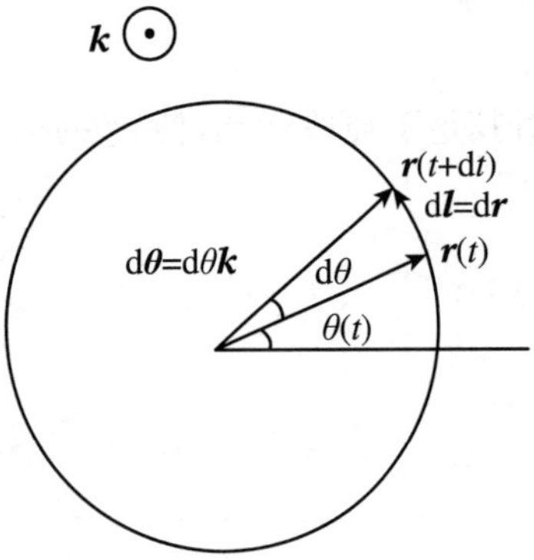

图 1.20

标量:无穷小角位移 $d\theta = \theta(t+dt) - \theta(t)$,角速度 $\omega = \frac{d\theta}{dt}$,角加速度

$$\beta = \frac{d\omega}{dt}\begin{cases} = 0 & (匀速率圆周运动) \\ \neq 0 & (变速率圆周运动) \end{cases}$$

矢量:线位移

$$d\boldsymbol{l} = dl\,\boldsymbol{e}_{切}, \quad dl = R d\theta$$

线速度

$$\boldsymbol{v} = \frac{d\boldsymbol{l}}{dt} = R\frac{d\theta}{dt}\boldsymbol{e}_{切} = R\omega\,\boldsymbol{e}_{切}$$

角量矢量化:

$$d\theta \Rightarrow d\boldsymbol{\theta} = d\theta\,\boldsymbol{k}(\boldsymbol{k}\text{ 是不随 }t\text{ 变化的方向矢量})$$

$$\omega \Rightarrow \boldsymbol{\omega} = \frac{d\boldsymbol{\theta}}{dt} = \frac{d\theta}{dt}\boldsymbol{k} = \omega\boldsymbol{k}, \quad \boldsymbol{\beta} = \frac{d\boldsymbol{\omega}}{dt} = \frac{d\omega}{dt}\boldsymbol{k} = \beta\boldsymbol{k}$$

线矢量的重构:

$$d\boldsymbol{l} = d\boldsymbol{\theta} \times \boldsymbol{r}\ (r = R)$$

$$\boldsymbol{v} = \frac{d\boldsymbol{l}}{dt} = \frac{d\boldsymbol{\theta} \times \boldsymbol{r}}{dt} = \frac{d\boldsymbol{\theta}}{dt} \times \boldsymbol{r} = \boldsymbol{\omega} \times \boldsymbol{r}\ (r = R)$$

$$\boldsymbol{a} = \frac{d\boldsymbol{v}}{dt} = \frac{d\boldsymbol{\omega}}{dt} \times \boldsymbol{r} + \boldsymbol{\omega} \times \frac{d\boldsymbol{r}}{dt} = \boldsymbol{\beta} \times \boldsymbol{r} + \boldsymbol{\omega} \times \boldsymbol{v}\ (r = R)$$

补充规定:$\boldsymbol{k}$规定为右手螺旋进动方向的固定的方向矢量.

上述矢量矢积运算(例如 $d\boldsymbol{\theta} \times \boldsymbol{r}, \boldsymbol{\omega} \times \boldsymbol{v}$)必须取右手系的矢积运算.

约束:上述讨论只限于一个质点在由一个圆心、一个半径确定的平面圆周上运动.

2. 自然坐标系——平面光滑曲线运动的圆分解

质点在平面曲线上运动，考虑到质点运动方向会有变化，则可将曲线上每一无穷小曲线段处理为无限小圆弧段. 如图 1.21 所示，质点处在无限小圆弧段中的运动速度 $\boldsymbol{v}$ 必沿圆弧切线方向. 质点运动的加速度在切向、向心方向的两个加速度分量的大小为

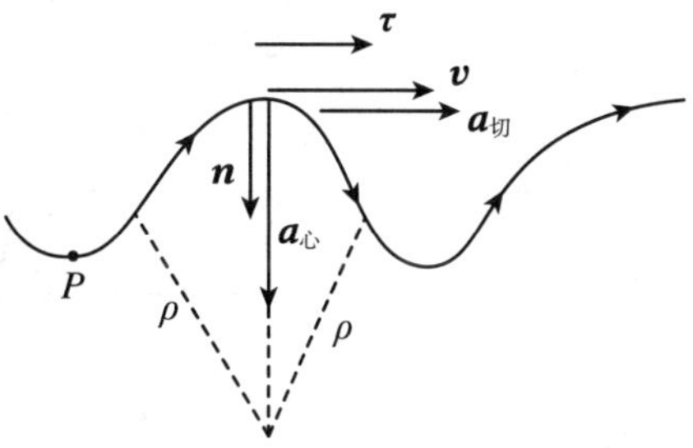

图 1.21

$$a_{切} = \frac{\mathrm{d}v}{\mathrm{d}t}\begin{cases} = 0 & (匀速(率)曲线运动) \\ \neq 0 & (变速(率)曲线运动) \end{cases}$$

$$a_{心} = \frac{v^2}{\rho} \quad (\rho\ 为数学曲线在该处的曲率半径)$$

➢自然坐标系(本性坐标系)

曲线切线方向矢量记为 $\boldsymbol{\tau}$，向心方向矢量改称为法向矢量，记为 $\boldsymbol{n}$，图 1.22 中 $\boldsymbol{n}$ 指向无穷小曲线段“圆心”方向. $\boldsymbol{n}$ 的另一个方向是背离无穷小曲线段“圆心”、指向朝外的法向矢量.

取 $\boldsymbol{\tau}$、$\boldsymbol{n}$ 作为一对正交方向矢量的坐标系，称为自然坐标系或本性坐标系. 质点运动学量可分解为这两个正交方向的运动学量. 例如

$$\boldsymbol{v} = v\boldsymbol{\tau}, \quad \boldsymbol{a} = a_\tau\boldsymbol{\tau} + a_n\boldsymbol{n}, \quad a_\tau = a_{切}, \quad a_n = \pm a_{心}$$

若曲率半径为已知量，则有

$$a_{心} = \frac{v^2}{\rho}$$

质点运动学量可分解为这两个正交方向($\boldsymbol{\tau}$、$\boldsymbol{n}$)的运动学量，但因 $\boldsymbol{\tau}$、$\boldsymbol{n}$ 方向是可变化的，故这样的分解仍属于一对方向可移动的正交方向分解.

➢平面光滑曲线运动的圆分解

此处光滑并非动力学中无摩擦力的光滑，而是数学中曲线处处的切线方向均无突然的变化. 例如，图 1.22(a)中的余弦函数曲线便是平面光滑曲线；图 1.22(b)中的滚轮线就不是整体的平面光滑曲线. 前面图中给出的也是平面光滑曲线，质点 P 在此曲线上运动，就可分解为一系列无穷小圆弧段的运动. 这就是平面光滑曲线运动的圆分解. 在图 1.21中取一无穷小圆弧段的运动，则有

$$a_{心} = \frac{v^2}{\rho}, \quad \begin{cases} a_{心}、v^2\ 是运动学量 \\ \rho(曲率半径)\ 是数学中的曲线几何量 \end{cases}$$

将其改写为

$$\rho = \frac{v^2}{a_{心}}$$

等号左边是数学量 ρ，等号右边是两个运动学量.此式意味着要求数学曲线中的数学量，可在运动学中设置一个质点在曲线上运动的模式，得到运动学量 v、$a_{心}$，即可求得曲线中数学量 ρ 的分布函数.

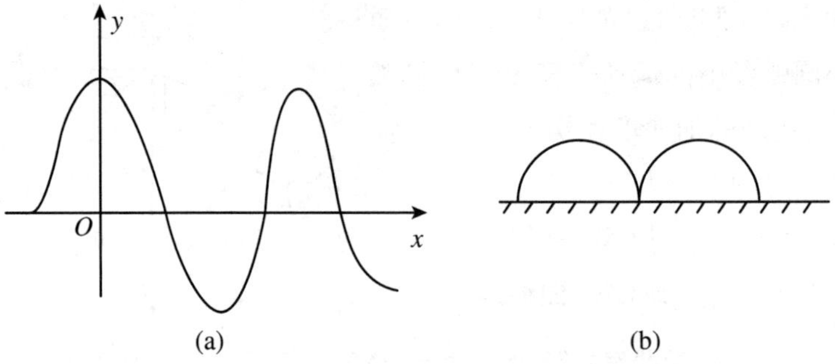

图 1.22

例 5　试求图 1.23 所示的椭圆 $\dfrac{x^2}{A^2}+\dfrac{y^2}{B^2}=1$ 的顶点 A、B 处的曲率半径 ρ_A、ρ_B.

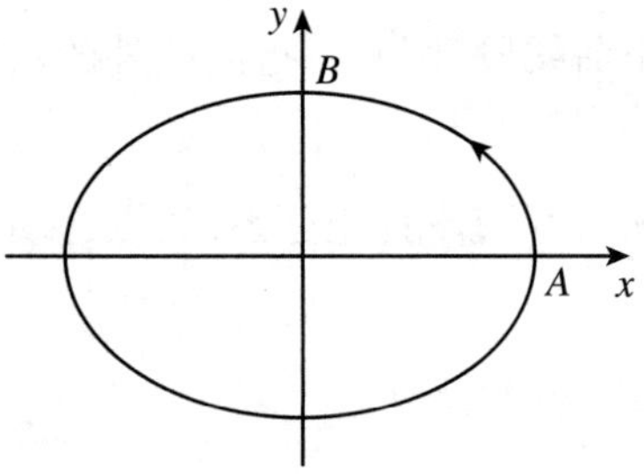

图 1.23

解　取在 x、y 方向分别做简谐振动

$$x = A\cos\omega t,\quad y = B\sin\omega t$$

的质点，其轨道即为所给椭圆. x、y 方向的速度、加速度分别为

$$v_x = -\omega A\sin\omega t$$

$$v_y = \omega B\cos\omega t$$

$$a_x = -\omega^2 A\cos\omega t = -\omega^2 x$$

$$a_y = -\omega^2 B\sin\omega t = -\omega^2 y$$

在图 1.23 的顶点 A 处，$x=A$，$y=0$，即可对应 $t=0$，因此有

$$v_x = 0,\quad v_y = \omega B,\quad v = \omega B,\quad a_x = -\omega^2 A,\quad a_y = 0$$

A 处的加速度即为向心加速度，即有 $a_{心}=|a|=\omega^2 A$.

于是可算得顶点 A 处的曲率半径为

$$\rho_A = \frac{v^2}{a_{心}} = \frac{B^2}{A}$$

由于对称性，将 A、B 置换后即得顶点 B 处的曲率半径为

$$\rho_B = \frac{A^2}{B}$$

例 6　(1) 如图 1.24 所示，半径 R 的轮子在水平直线 MN 上方纯滚动，轮心 O 点的水平直线匀速度为 v_0(常量)，则轮绕 O 旋转的角速度为 $\omega=v_0/R$.轮子边缘任意点 P 的运动轨迹曲线可称为上滚轮线，其最高点记为 $P_上$；将上滚轮线绕 MN 向下翻转 180° 成为下滚轮线，上、下滚轮线最高点、最低点分别记为 $P_上$、$P_下$.试求 $P_上$、$P_下$ 处的曲率半径 $\rho_{P_上}$、$\rho_{P_下}$.

(2) 沿下滚轮线设置光滑(无摩擦)轨道,小球在轨道内侧除 $P_{下}$ 点外任意一处从静止自由滑下,可形成周期性的往返运动(摆动).惠更斯已证得摆动周期 T 与小球初始位置无关,后人将此摆称为惠更斯等时摆.试在认知等时性前提下,求出以 R 为参量的 T 算式.

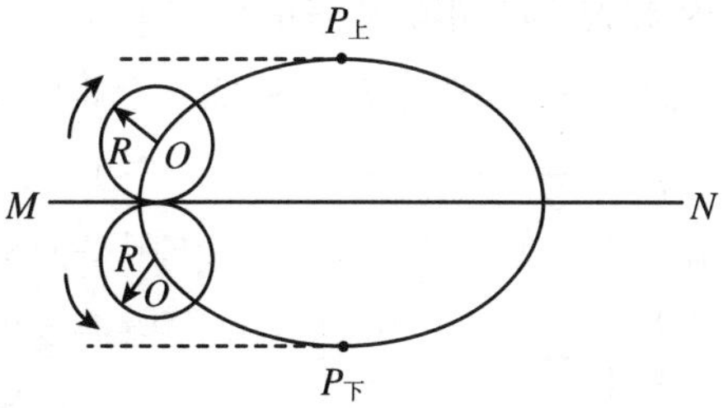

图 1.24

解 (1) 环上 P 点运动到 $P_{上}$ 点位置时,它绕着 O 点沿水平朝右方向的速度为 v_0,它随 O 点一起沿水平朝右方向的速度也为 v_0,所以在地面参考系中,它合成的朝右速度为 $2v_0$.因 O 点无加速度,环上 P 点只有绕 O 点竖直向下的加速度

$$a_{心} = \frac{v_0^2}{R}$$

此加速度也是环上 P 点运动到 $P_{上}$ 点时曲线运动的向心加速度,于是可得

$$\rho_{P_{上}} = \frac{(2v_0)^2}{a_{心}} = 4R$$

因对称,有

$$\rho_{P_{下}} = \rho_{P_{上}} = 4R$$

(2) 等时摆的摆动是振动,与已学过的水平弹簧振子振动比较,在共性方面,T 的表达式参量是明确的已知量 R;水平弹簧振子的振动周期表达式为 $2\pi\sqrt{\frac{m}{k}}$,参量 m、k 也是已知的量.在异性方面,等时摆的摆动是曲线运动,而水平弹簧振子的振动是直线运动.运动学中曲线运动与直线运动有方向性的差异,很难一致.

显然,等时摆的运动与小角度单摆的运动同是曲线运动,这是共性;但等时摆的 T 表达式是严格的,而小角度单摆的摆动公式是近似的.

曲线运动与直线运动很难一致,便考虑等时摆与小角度单摆的差异能否被弱化.学生也许会想到让小角度单摆的摆角减小到无穷小量,则小角度单摆周期 $T=2\pi\sqrt{\frac{l}{g}}$ 几乎是一个够"准确"的表达式,而且还使等时摆小球初始位置尽量靠近 $P_{下}$ 位置,也成为无穷小摆角的单摆.小角度单摆的 l 可取代为 $\rho_{P_{下}}=4R$,即得等时摆的摆动周期为

$$T = 2\pi\sqrt{\frac{4R}{g}} = 4\pi\sqrt{\frac{R}{g}}$$

例 7 空间光滑连续曲线上取三个点,可确定一个平面.这三个点无限靠近时确定的极限平面记为 σ,曲线上由这三个点的两个端点界定的无穷小曲线段必定都在 σ 平面内,并可逼近处理成无穷小圆弧段,圆的半径便是这一空间曲线在此位置处的曲率半径.

等距螺旋线的曲率半径必定处处相同,试用运动学方法求解旋转圆半径和螺距分别

为 R 和 H 的等距螺旋线的曲率半径 ρ.

解 图 1.25 为 R 圆柱面上等距螺旋线的正视图.该曲线相对其中任意一点 P 具有左上、左下对称性,因此 P 点附近无穷小曲线段确定的极限平面 σ 必定是过 P 点的圆柱斜截面.这一无穷小曲线段逼近为无穷小圆弧段,圆半径便是所求曲率半径 ρ.

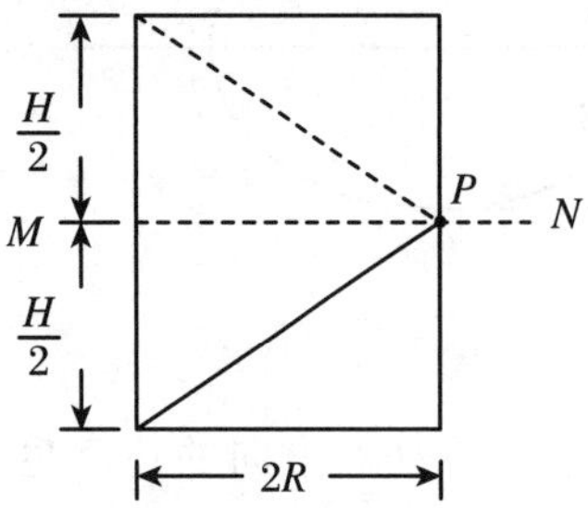

图 1.25

设质点沿此曲线运动(分速度记作 v_R)和平行于圆柱面中央轴线的匀速直线运动(分速度记作 v_H).质点在 P 处的速度为

$$\boldsymbol{v} = \boldsymbol{v}_R + \boldsymbol{v}_H$$

由于对称性,ρ 圆的圆心必定在 P 点和 R 圆圆心的连线 MN 上,$\boldsymbol{v}_R$ 对应的向心加速度 $\boldsymbol{a}_{R_{心}}$ 即为 ρ 圆运动的向心加速度 $\boldsymbol{a}_{\rho_{心}}$,即有

$$\frac{v^2}{\rho} = a_{\rho_{心}} = a_{R_{心}} = \frac{v_R^2}{R}$$

式中

$$v^2 = v_R^2 + v_H^2$$

将质点沿等距螺旋线轨道在 R 圆柱面上绕行一周的时间记为 T,则有

$$v_R T = 2\pi R, \quad v_H T = H$$

得

$$v_H = \frac{H}{2\pi R} v_R, \quad v^2 = \left(1 + \frac{H^2}{4\pi^2 R^2}\right) v_R^2$$

即有

$$\rho = \frac{v^2}{v_R^2} R = \left(1 + \frac{H^2}{4\pi^2 R^2}\right) R$$

3.平面极坐标系——平面曲线运动的径向、角向可移动的正交分解平面极坐标系

图 1.26(a)中平面上的位置点可取正交坐标系坐标量(x, y)来标定;也可改为幅角 θ 和矢径 r 组成的坐标量(r, θ)表述该位置点.

平面曲线方程可表述为 $r = r(\theta)$.例如,图 1.26(b)中的数学心脏线可表述为

$$r = A(1 - \cos\theta)$$

两组坐标量间的变换关系为

$$x = r\cos\theta, \quad y = r\sin\theta$$

$$r = \sqrt{x^2 + y^2}, \quad \theta = \begin{cases} \arctan\dfrac{y}{x} & (x > 0) \\ \pi + \arctan\dfrac{y}{x} & (x < 0) \end{cases}$$

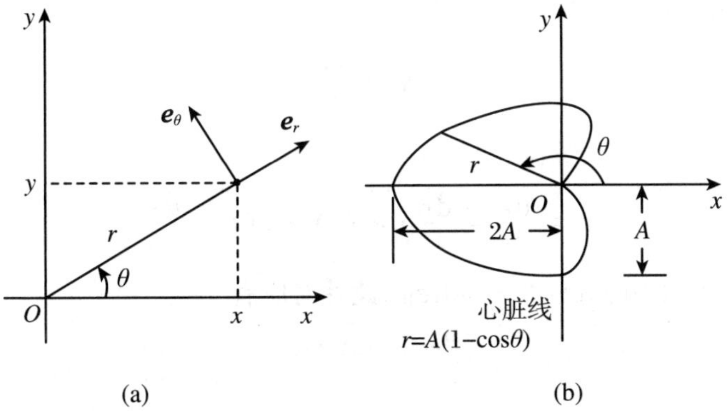

图 1.26

下面介绍平面运动学量的径向、角向分布.

径向运动方向矢量(常称为基矢)$\boldsymbol{e}_r$的方向会随时间 t 变化,即$\boldsymbol{e}_r = \boldsymbol{e}_r(t)$.

角向运动方向矢量(常称为基矢)$\boldsymbol{e}_\theta$的方向会随时间 t 变化,即$\boldsymbol{e}_\theta = \boldsymbol{e}_\theta(t)$.

因 $\boldsymbol{e}_r \perp \boldsymbol{e}_\theta$,它们的方向又随 t 变化,故平面极坐标系中平面曲线运动的径向、角向分解仍属于方向可移动的正交分解.

现需求解的是在此平面极坐标系中质点的曲线运动采用方向可移动的正交分解可得到的速度和加速度的表达式.

仿照前文关于质点圆运动采用方向可移动的切线、向心方向正交分解方法的求解过程来解决现在的问题.

绘制图 1.26 和图 1.27、图 1.28,可帮助读者以 $r(t)\boldsymbol{e}_r(t)$、$\theta(t)\boldsymbol{e}_\theta(t)$为基础,直观地理解质点速度 $\boldsymbol{v}$ 和加速度 $\boldsymbol{a}$ 分解为分量 $\boldsymbol{v}_r$、$\boldsymbol{v}_\theta$ 和 $\boldsymbol{a}_r$、$\boldsymbol{a}_\theta$ 的过程.

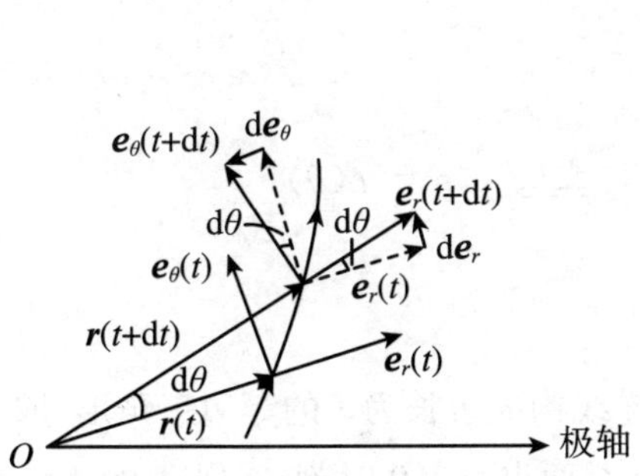

图 1.27

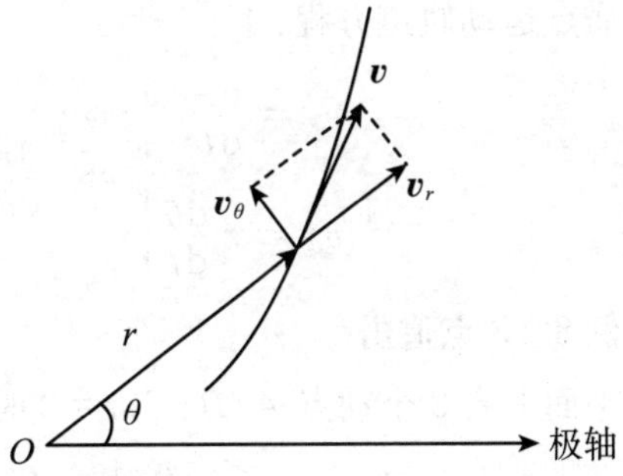

图 1.28

质点运动方程:

$$\boldsymbol{r}_\theta = r(t)\ \boldsymbol{e}_r(t)$$

质点速度:

$$\boldsymbol{v} = \frac{\mathrm{d}\boldsymbol{r}}{\mathrm{d}t}$$

质点加速度：

$$a = \frac{d\boldsymbol{v}}{dt}$$

$\boldsymbol{v}$ 的求解：

$$\boldsymbol{v} = \frac{d\boldsymbol{r}}{dt} = \frac{dr}{dt}\cdot \boldsymbol{e}_r(t) + r(t)\cdot\frac{d\boldsymbol{e}_r}{dt}$$

参考前文质点圆运动中的 $d\boldsymbol{e}_{心} = -\omega dt\boldsymbol{e}_{切}$，此处对应有

$$d\boldsymbol{e}_r = d\theta\cdot\boldsymbol{e}_\theta$$

可得

$$\boldsymbol{v} = v_r\boldsymbol{e}_r + v_\theta\boldsymbol{e}_\theta,\quad \begin{cases} v_r = \dfrac{dr}{dt} \\ v_\theta = r\dfrac{d\theta}{dt} \end{cases}$$

$\boldsymbol{a}$ 的求解：

$$\boldsymbol{a} = \frac{d\boldsymbol{v}}{dt} = \left(\frac{d^2r}{dt^2}\cdot\boldsymbol{e}_r + \frac{dr}{dt}\cdot\frac{d\boldsymbol{e}_r}{dt}\right) + \left(\frac{dr}{dt}\frac{d\theta}{dt}\cdot\boldsymbol{e}_\theta + r\frac{d^2\theta}{dt^2}\boldsymbol{e}_\theta + r\frac{d\theta}{dt}\frac{d\boldsymbol{e}_\theta}{dt}\right)$$

联系图 1.27，应有

$$d\boldsymbol{e}_\theta = -d\theta\cdot\boldsymbol{e}_r$$

可得

$$\boldsymbol{a} = a_r\boldsymbol{e}_r + a_\theta\boldsymbol{e}_\theta,\quad \begin{cases} a_r = \dfrac{d^2r}{dt^2} - r\left(\dfrac{d\theta}{dt}\right)^2 \\ a_\theta = r\dfrac{d^2\theta}{dt^2} + 2\dfrac{dr}{dt}\dfrac{d\theta}{dt} \end{cases}$$

质点运动轨道方程：

$$\left.\begin{aligned} v_r &= \frac{dr}{dt} \\ v_\theta &= r\frac{d\theta}{dt} \end{aligned}\right\} \Rightarrow \frac{dr}{d\theta} = r\frac{v_r}{v_\theta} \xrightarrow{\text{积分}} r = r(\theta)$$

例 8　3 点追击.

平面上有 3 个动点 A、B、C，$t=0$ 时刻三者连线构成边长为 l 的等边三角形. 取三角形中心 O 为极坐标系原点，$t=0$ 时刻 O 到 A 的连线为极轴，如图 1.29 所示. 若 A、B、C 均在此平面内做匀速率运动，速率同为 u，过程中 A 始终朝着 B 运动，B 始终朝着 C 运动，C 始终朝着 A 运动，试求 A 点运动轨道方程.

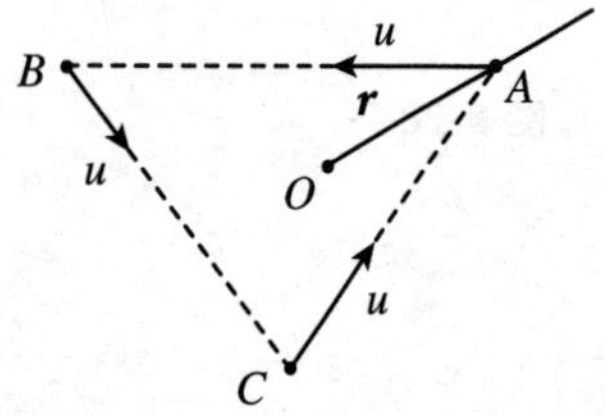

图 1.29

解　参照图 1.29，有

$$v_r = -u\cos 30^\circ = -\frac{\sqrt{3}}{2}u,\quad v_\theta = u\sin 30^\circ = \frac{1}{2}u$$

可得

$$\frac{\mathrm{d}r}{\mathrm{d}\theta} = r\frac{v_r}{v_\theta} = r(-\sqrt{3})$$

从而得

$$\int_{r_0}^{r}\frac{\mathrm{d}r}{r} = \int_0^\theta -\sqrt{3}\mathrm{d}\theta, \quad r_0 = \frac{l}{\sqrt{3}}$$

轨道方程便为

$$r = \frac{l}{\sqrt{3}}\mathrm{e}^{-\sqrt{3}\theta} \quad \text{（对数螺线方程）}$$

例 9 人拉船.

人在岸上用绳拉船，岸高 h，如图 1.30 所示.绳与水平面的夹角为锐角 φ 时人左行，速度和加速度分别为 v 和 a，试求此时船的左行速度 $v_{船}$ 和加速度 $a_{船}$.

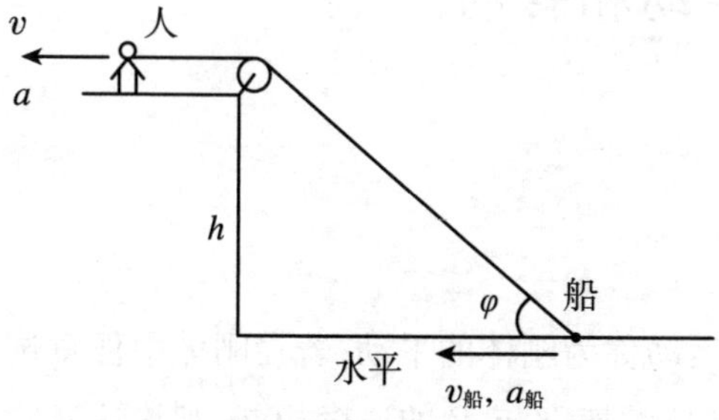

图 1.30

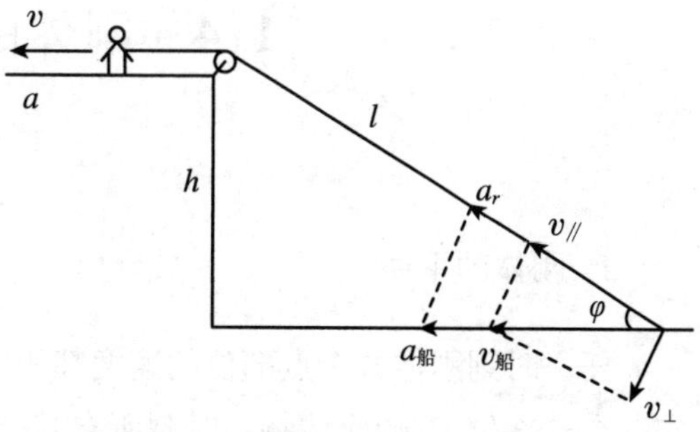

图 1.31

解 参考图 1.31，应有

$$v_{船}\cos\varphi = v_{/\!/} = v$$

得

$$v_{船} = \frac{v}{\cos\varphi}$$

将 φ 对应的绳长记为 l，将 $a_{船}$ 沿绳方向的分量记为 a_r. a_r 由 $\frac{\mathrm{d}v_{/\!/}}{\mathrm{d}t}$ 和 $\frac{v_\perp^2}{l}$ 两个贡献量构成，因

$$\frac{\mathrm{d}v_{/\!/}}{\mathrm{d}t} = \frac{\mathrm{d}v}{\mathrm{d}t} = a$$

$$v_\perp = v_{/\!/}\tan\varphi = v\tan\varphi, \quad l = \frac{h}{\sin\varphi}$$

故

$$a_r = \frac{\mathrm{d}v_{/\!/}}{\mathrm{d}t} + \frac{v_\perp^2}{l} = a + \frac{v^2}{h}\sin\varphi\cdot\tan^2\varphi$$

所以

$$a_{船} = \frac{a_r}{\cos\varphi} = \frac{a}{\cos\varphi} + \frac{v^2}{h}\tan^3\varphi$$

1.3.3 质点空间曲线运动

(1) 柱面曲线运动:等距螺旋曲线运动.已知 R 和 h(螺距),试求曲率半径(见 1.3.2 小节例 7).

(2) 圆锥面曲线运动:等距螺旋圆锥面曲线运动.留给学生课外编题兼解题.

(3) 球面曲线运动.

1.4 刚体的平动和转动

1. 刚体的平动

任一时刻刚体各个点部位的速度都相同的运动称为刚体的平动;若在刚体中任意选定一个点部位 P,使刚体每一时刻所有其余点部位的速度与 P 的速度相同,则称这样的运动为刚体随"基点 P"的平动.刚体可以绕着一个点部位转动,例如可以绕着"基点 P"转动.

2. 刚体的定点转动

如果在某一参考系中该点部位是不动的,则称之为刚体的定点转动.如图 1.32 所示,陀螺绕地面固定点 O 转动.转动又可分解为绕自转轴的自转转动、绕竖直方向轴的进动转动和上下摆动式的章动.

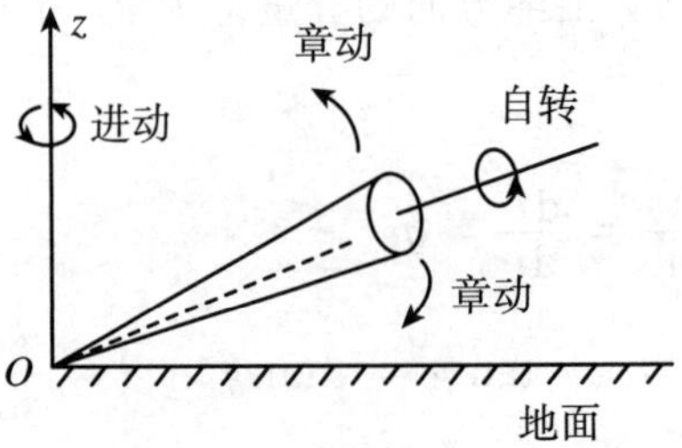

图 1.32

1.5 参考系之间的相对运动

参考系中的空间坐标系(量化的空间参考系)是“几何刚体”,因此参考系 B 相对参考系 A 的运动,即 A 观察到的 B 的运动,如同刚体的运动.也就是说,在参考系 A 中,参考系 B 的运动可分解为平动和定轴转动两种基元运动.

平动范例:地心参考系相对日心参考系的运动.

1.6 质点与质点之间的相对运动

如图 1.33 所示,质点 A、B 各自在参考系 S 中运动,方程为

$$\boldsymbol{r}_A = \boldsymbol{r}_A(t), \quad \boldsymbol{r}_B = \boldsymbol{r}_B(t)$$

称 S 系为 A、B 运动方程的背景参考系.

背景参考系中质点 A、B 间的相对运动方程为

$$\boldsymbol{r}_{B-A} = \boldsymbol{r}_{B-A}(t) = \boldsymbol{r}_B(t) - \boldsymbol{r}_A(t)$$

对于不同的背景参考系,B 相对 A 的运动可以不同.例如图 1.34 中,背景参考系取 S_1 系,P 相对 O 点不动;背景参考系取 S_2 系,P 相对 O 转动.

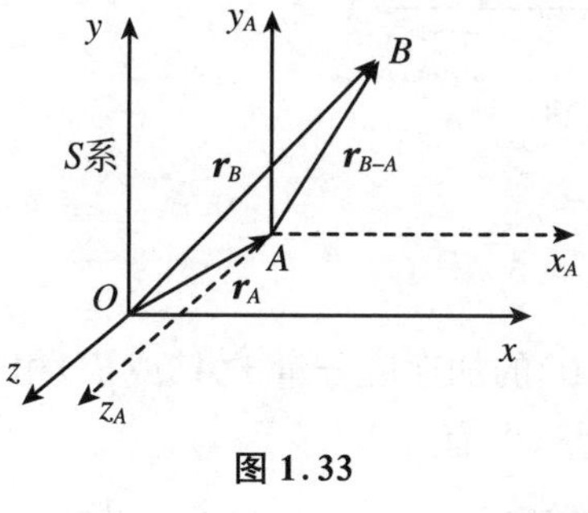

图 1.33

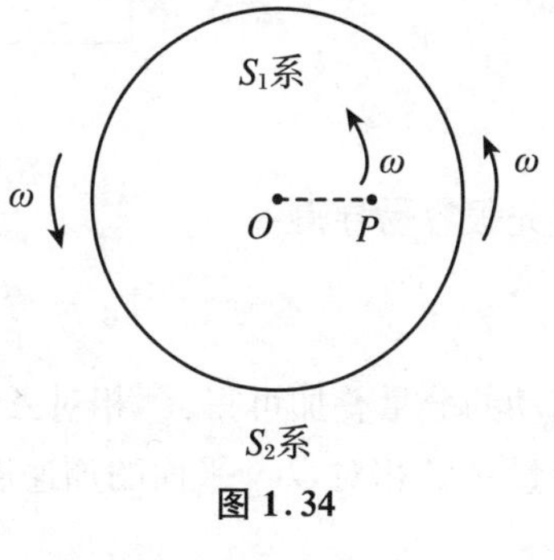

图 1.34

1.7 质点参考系

随质点一起相对背景参考系 S 做平动的参考系称为以 S 系为背景参考系的质点 A 参考系.图 1.33 中参考系 $Ax_Ay_Az_A$ 即为以 S 系为背景参考系的点 A 参考系.

例如常用的质心参考系,如果不给定是哪个背景参考系,应理解为大家都已约定:质心参考系是随质心相对任一惯性系平动的参考系.

这样定义的质心参考系中,即使有可能出现惯性力,也只能是平移惯性力,不会出现惯性离心力和科里奥利力.

1.8 相对运动的叠加

质点 B 相对质点 A 的运动学量(位矢整体或者一个分量,速度整体或者一个分量,加速度……)+质点 A 相对 S 系的运动学量(位矢整体或者一个分量,速度整体或者一个分量,加速度……)=质点 B 相对 S 系的运动学量(位矢整体或者一个分量,速度整体或者一个分量,加速度……).

例1 如图1.35所示,直角三角板 ABC 的斜边端点 A 沿 y 轴负方向运动,B 沿 x 轴方向运动.某时刻三角板的位形已在图1.35中画出,即 AC 边恰好平行于 x 轴,A 的速度大小为 v_A.已知 AC 边的长度为 b,BC 边的长度为 a,试求此时直角顶点 C 的加速度 $\boldsymbol{a}_C$.

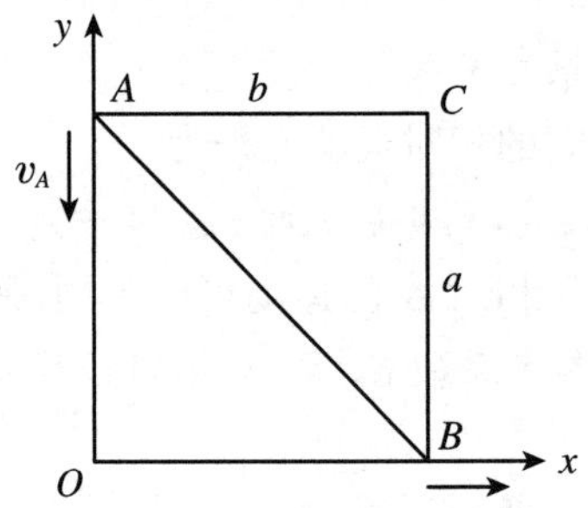

图1.35

解 首先很容易导得

$$v_B = \frac{a}{b}v_A, \quad v_C = 0$$

根据相对运动的分量叠加可得:C 相对 A(或 B)的加速度分量+A(或 B)相对 Oxy 平面的加速度分量=C 相对 Oxy 平面的加速度分量,即有

$$a_{Cx} = a_{CAx} + a_{Ax}, a_{CAx} = -\frac{v_A^2}{b}, a_{Ax} = 0 \Rightarrow a_{Cx} = -\frac{v_A^2}{b}$$

$$a_{Cy} = a_{CBy} + a_{By}, a_{CBy} = -\frac{v_B^2}{a}, a_{By} = 0 \Rightarrow a_{Cy} = -\frac{a}{b^2}v_A^2$$

可得

$$\boldsymbol{a}_C: \begin{cases} \text{方向:指向 } O \text{ 点} \\ \text{大小:} a_C = \sqrt{a^2 + b^2}\,\dfrac{v_A^2}{b^2} \end{cases}$$

2　牛顿定律和动量定理

2.1　牛 顿 定 律

1. 真实力

自然界中真实存在的物体(或物质)之间真实存在的相互作用力不妨称为“真实力”.

2. 牛顿第一定律

任何物体都会保持静止或者沿一条直线做匀速运动的状态,除非作用于它的力(真实力)迫使它改变这种状态.

此定律涉及两个基本概念:惯性是物体保持静止或匀速直线运动状态的内在属性;力(真实力)是迫使物体改变静止或匀速直线运动状态的原因.

3. 牛顿第二定律

$$\boldsymbol{F} = \frac{\mathrm{d}\boldsymbol{p}}{\mathrm{d}t},\boldsymbol{p} = m\boldsymbol{v},\ m\ \text{为不变量}\ \Rightarrow\ \boldsymbol{F} = m\boldsymbol{a}$$

m 是物体惯性量化而成的动力学量;$\boldsymbol{F}$ 是物体所受的外加力(真实力).

4. 牛顿第三定律

$$\boldsymbol{F}_1 + \boldsymbol{F}_2 = \boldsymbol{0}$$

$\boldsymbol{F}_1$、$\boldsymbol{F}_2$是真实力、径向力.

(1) 真实力的参考系不变性:牛顿力学中的真实力 $\boldsymbol{F}$ 在任何参考系中的度量(量值和方向)都相同.

(2) 参考系分类:惯性参考系是牛顿第一定律、牛顿第二定律都成立的参考系,或者说是牛顿三定律整体成立的参考系,惯性参考系之间的相对运动均为匀速平动;非惯性参考系是牛顿第一定律、牛顿第二定律都不成立的参考系,或者说是牛顿三定律整体不成立的参考系，它们与惯性系之间的相对运动不是匀速平动.

牛顿第三定律的普适性：牛顿第三定律在惯性系和非惯性系中都成立.

5. 牛顿第二、三定律的质点性

例如牛顿第二定律：

$$\boldsymbol{F}=\frac{\mathrm{d}(m\boldsymbol{v})}{\mathrm{d}t}\quad \text{或}\quad \boldsymbol{F}=m\boldsymbol{a}$$

如果受力者为物体，若该物体各个点部位的 $\boldsymbol{v}$ 或 $\boldsymbol{a}$ 不同，则公式中的 $\boldsymbol{v}$、$\boldsymbol{a}$ 如何选定？

如果受力者为质点（包括物体模型化成的质点），则 $\boldsymbol{v}$、$\boldsymbol{a}$ 都是唯一的，逻辑上便不存在“如何选定”的困难.质点没有内部结构，因此逻辑上牛顿第二定律中 $\boldsymbol{F}$ 只能是外力即 $\boldsymbol{F}_{外}$.因已是常识，还是简化写为 $\boldsymbol{F}$.

实例：由两个小滑块1、2和其间轻质细软绳联结成的系统如图2.1所示，若要求滑块1、2产生朝右方向的加速度 $\boldsymbol{a}$，则将此系统模型化为一个质点，滑块1右侧的拉力 $\boldsymbol{F}$ 即为系统所受外力，有

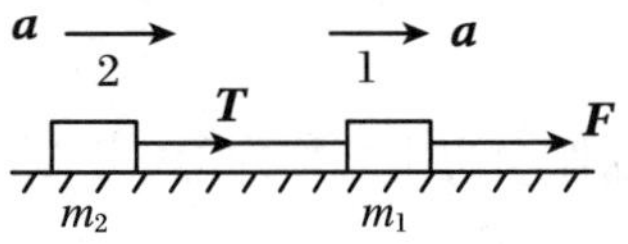

图 2.1

$$\boldsymbol{F}=(m_1+m_2)\boldsymbol{a}\ \Rightarrow\ \boldsymbol{a}=\frac{\boldsymbol{F}}{m_1+m_2}$$

若要求解软绳对滑块2的拉力 $\boldsymbol{T}$，必须从原质点化的系统还原出系统本来的内部结构，把滑块2从原系统中隔离出来，使得 $\boldsymbol{T}$ 成为滑块2的外力，再用牛顿第二定律处理成

$$\boldsymbol{T}=m_2\boldsymbol{a}\ \Rightarrow\ \boldsymbol{T}=m_2\boldsymbol{a}=\frac{m_2}{m_1+m_2}\boldsymbol{F}$$

（由此可见隔离体法是牛顿第二定律质点性派生出的一种解题方法.）

牛顿第三定律：每一个作用总是有一个相等的反作用与它相对抗，或者说，两物体之间彼此的相互作用力大小相等并且各自指向其对方.

如果彼此双方都是物体，力指向其对方物体的哪一个部位显然不定；如果彼此双方都是质点，指向便唯一.

顺便一提，牛顿第三定律中关于力的指向常被更明确地表述为“在两物体的连心线上”.此说易为初学者误解成非质点性物体间相互作用力存在力心.先应指出，这样的力心应分为施力方的力心（例如地球的地心为“施力方力心”）和受力方的力心（例如地球上的物体的重心为受力方的力心）.这首先要给出这两种力心的定义，而后需要论证哪些力的施力方存在力心.例如，地心因地球具有球对称性结构而成为万有引力施力方的力心.但如果地球是匀质立方体，地球中心点便不是力心，而且此“地球”根本不存在施力方的力心.牛顿第三定律中若把物体理解成质点（包括物体模型化成的质点），力心便成质点自身，取“连心线”一说便也无妨.

牛顿第三定律的对象是质点，在此基础上可获得两个非质点的物体之间的作用力、

反作用力的数学结构.

如图 2.2 所示,用微分方法将物体 1、2 均分解为无穷多的无穷小体元.物体 1 的每个小体元的总受力是一级无穷小量,它受到的物体 2 的每个小体元作用力为二级无穷小量.将物体 1 中一个小体元受到的物体 2 中无穷多个小体元施力求和,即为无穷多个二级无穷小量求和,对应为二级无穷小量的定积分,结果升为一级无穷小量.对物体 1 中无穷多个小体元的此类一级无穷小量求和,对应为一级无穷小量的定积分,所得即为物体 1 受物体 2 的大小有限、有方向的整体作用力 $\boldsymbol{F}_1$.同样可得物体 2 受物体 1 的整体反作用力 $\boldsymbol{F}_2$,必有

$$\boldsymbol{F}_2 = -\boldsymbol{F}_1 \Rightarrow \boldsymbol{F}_1 + \boldsymbol{F}_2 = \boldsymbol{0}$$

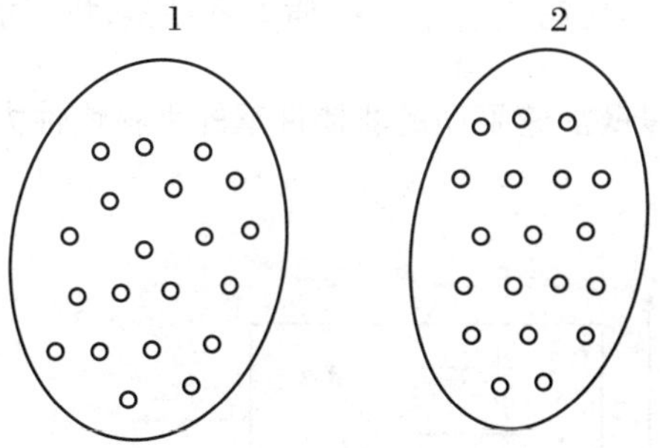

图 2.2

可见,微积分与牛顿力学在同一时代问世,也许有内在的思维性关联.

6. 牛顿力学理论结构

$$\text{牛顿三定律}\begin{cases}\text{牛顿第一定律、牛顿第二定律} \Rightarrow \text{质点动量、动能、角动量定理}\\ +\text{牛顿第三定律} \Rightarrow \text{质点系动量、机械能、角动量定理}\end{cases}$$

7. 力的结构性定律

力的结构性定律包括牛顿万有引力定律、胡克弹性力定律、库仑摩擦定律等.

2.2 惯 性 力

引言:

惯性系 S 中,$\boldsymbol{F} = m\boldsymbol{a}$,$\boldsymbol{F}$ 是真实力(参考系不变量),即 $\boldsymbol{F}_{\text{真}} = m\boldsymbol{a}$.

非惯性系 S'中,$\boldsymbol{F}_{\text{真}} \neq m\boldsymbol{a}'$.

愿望:

$$\boldsymbol{F}' = m\boldsymbol{a}' \quad (\text{数学形式上与牛顿第二定律同构})$$

构造：

$$\boldsymbol{F}' = \boldsymbol{F}_{\text{真}} + \boldsymbol{F}_{\text{虚拟}}$$

后者称为惯性力，改写为$\boldsymbol{F}_{\text{惯}}$，无所谓作用、反作用.

后效应：

$$\text{惯性系}\begin{cases}\boldsymbol{F}_{\text{真}} = m\boldsymbol{a} \Rightarrow \text{质点动量、动能、角动量定理} \\ + \text{牛顿第三定律} \Rightarrow \text{质点系动量、机械能、角动量定理}\end{cases}$$

$$\text{非惯性系}\begin{cases}\boldsymbol{F}' = m\boldsymbol{a}' \Rightarrow \text{质点动量、动能、角动量定理} \\ + \text{牛顿第三定律} \Rightarrow \text{质点系动量、机械能、角动量定理}\end{cases}$$

1. 相对惯性系沿直线做加速平动的非惯性系的平移惯性力$\boldsymbol{F}_i$

如图 2.3 所示.

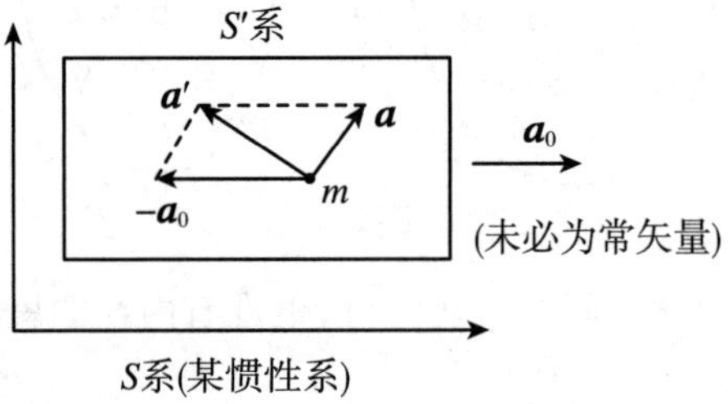

图 2.3

S 系：质点 m 的加速度为$\boldsymbol{a}$.

S'系：质点 m 的加速度为$\boldsymbol{a}' = \boldsymbol{a} + (-\boldsymbol{a}_0)$.

第一步：由 S 系(惯性系)找出$\boldsymbol{F}_{\text{真}} = m\boldsymbol{a}$.

第二步：在 S'系中写下

$$\left.\begin{aligned}\boldsymbol{F}' &= m\boldsymbol{a}' = m\boldsymbol{a} + m(-\boldsymbol{a}_0) \\ \boldsymbol{F}' &= \boldsymbol{F}_{\text{真}} + \boldsymbol{F}_{\text{惯}} = m\boldsymbol{a} + \boldsymbol{F}_{\text{惯}}\end{aligned}\right\} \text{找出}\boldsymbol{F}_{\text{惯}} = m(-\boldsymbol{a}_0)$$

命名：平移惯性力$\boldsymbol{F}_i = m(-\boldsymbol{a}_0)$.

例 1 高 h、长 $l>h$ 的长方形车厢沿水平地面以 $a_0<g$ 匀加速前行. 某时刻在车厢前壁顶部某处自由释放小球 A，同时在车厢后壁底部以初速率 v_0 对准 A 抛出小球 B，如图 2.4 所示. 试问 v_0 取何值，两球能在与车厢相碰前彼此相遇？

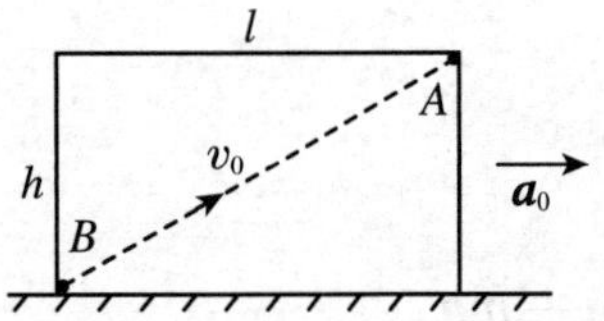

图 2.4

解 车厢为平动非惯性系，记为 S'系. 在 S'系中 A 有竖直向下的重力加速度，故有竖直向下的分运动，经时间

$$t_0 = \sqrt{\frac{2h}{g}} \qquad ①$$

落到车厢地板上.在 S' 系中 A 有朝后的加速度 $-\boldsymbol{a}_0$,故落地点在车厢前壁后方 $\frac{a_0}{g}$ 处.

S' 系中平移惯性力 $m(-\boldsymbol{a}_0)$ 与重力 $m\boldsymbol{g}$ 的合力 $\boldsymbol{F}'$ 可处理成"类重力"$\boldsymbol{F}'=m\boldsymbol{g}'$,如图 2.5 所示.引入随 A 一起运动的参考系 S_A,它相对 S' 系具有 $\boldsymbol{g}'$ 平动加速度.在 S_A 系中 A 静止,B 以初速率 v_0 对准 A 做匀速直线运动,经过时间

$$t = \frac{\sqrt{l^2 + h^2}}{v_0} \qquad ②$$

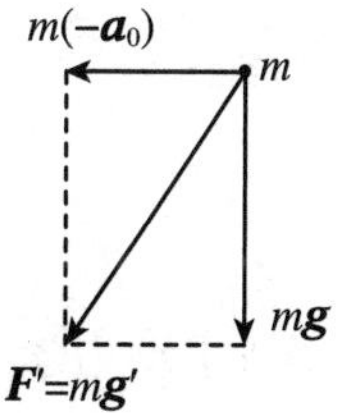

图 2.5

与 A 相遇,很容易看出,只要

$$t < t_0 \qquad ③$$

两球相遇前均不会与车厢碰撞.联立①、②、③式,v_0 可取值为

$$v_0 > \sqrt{\frac{l^2 + h^2}{2h}g}$$

例 2 对于无外力作用,仅存在一对相互间作用力、反作用力的两个质点 A、B,讨论相对运动(A 相对 B 的运动或 B 相对 A 的运动)的二体约化质量方法.牛顿力学中的两个质点 A、B 之间的一对作用力均为径向力,即力的作用线都在 A、B 连线上.

(1) 如图 2.6 所示,质量分别为 m_A、m_B 的质点 A、B 间吸引性的作用力、反作用力 $\boldsymbol{F}_A$、$\boldsymbol{F}_B$ 在 A、B 连线上,无外力作用.为此系统引入一个力学量——二体约化质量

$$\mu = \frac{m_A m_B}{m_A + m_B}$$

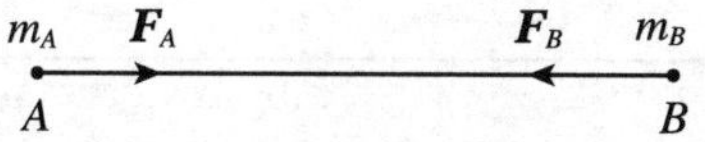

图 2.6

① 试导出 A 相对 B(实为点 B 参考系)的动力学方程;

② 再导出 B 相对 A(实为点 A 参考系)的动力学方程.背景参考系简约地取为惯性系 S,并要求动力学方程中不会有平移惯性力 $\boldsymbol{F}_\mathrm{i}$.

(2) 设开始时,质点 A、B 分别静止在 S 系中一条长为 l 的直线段两个端点上,若令质点 A 始终不动,质点 B 在 $t=0$ 时从静止自由释放,在 $\boldsymbol{F}_B$ 作用下,在

$$t = T_0$$

时 B 与 A 相遇.现若令质点 A、B 同时在 $t=0$ 时从静止自由释放,在 $\boldsymbol{F}_A$、$\boldsymbol{F}_B$ 作用下,在

$$t = T$$

时 A、B 相遇,试求 T.

解 (1) 在 S 系中 B 的运动加速度为 $\boldsymbol{a}_B=\dfrac{\boldsymbol{F}_B}{m_B}$，$A$ 在点 B 参考系中的动力学方程为

$$m_A\boldsymbol{a}'_A=\boldsymbol{F}_A+m_A(-\boldsymbol{a}_B)$$

$\boldsymbol{a}'_A$ 为 A 相对 B 的运动加速度.

将 $\boldsymbol{a}_B=\dfrac{\boldsymbol{F}_B}{m_B}=-\dfrac{\boldsymbol{F}_A}{m_B}$ 代入上式，得

$$m_A\boldsymbol{a}'_A=\boldsymbol{F}_A+m_A\frac{\boldsymbol{F}_A}{m_B}=\frac{m_B+m_A}{m_B}\boldsymbol{F}_A$$

可得所求动力学方程为

$$\frac{m_Am_B}{m_A+m_B}\boldsymbol{a}'_A=\boldsymbol{F}_A\Rightarrow\boldsymbol{F}_A=\mu\boldsymbol{a}'_A$$

同样也可得 B 相对 A 的动力学方程为

$$\boldsymbol{F}_B=\mu\boldsymbol{a}'_B$$

注解

如果图 2.6 中的吸引力 $\boldsymbol{F}_A$、$\boldsymbol{F}_B$ 改为排斥力 $\boldsymbol{F}_A$、$\boldsymbol{F}_B$，则上述的推导和结果不变.

(2) 如图 2.7 所示，B 从静止朝左移动路程 x 时，$\boldsymbol{F}_B$ 的做功量为 $W(x)$，B 的动能为 $E_k(x)$，速度大小为 $v_B(x)$，应有

$$\frac{1}{2}m_Bv_B^2(x)=E_k(x)=W(x)=\int_0^x F_B\mathrm{d}x$$

得

$$v_B(x)=\left(\frac{2}{m_B}\int_0^x F_B\mathrm{d}x\right)^{\frac{1}{2}}$$

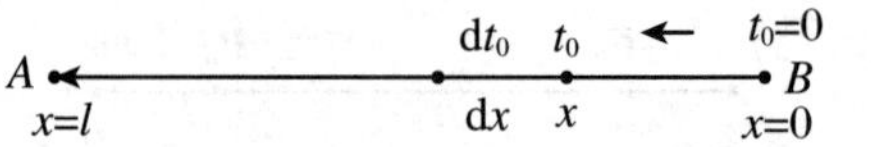

图 2.7

再经 $\mathrm{d}t_0$ 时间左行 $\mathrm{d}x$，则有

$$\mathrm{d}t_0=\frac{\mathrm{d}x}{v_B(x)}$$

再参考图 2.8.

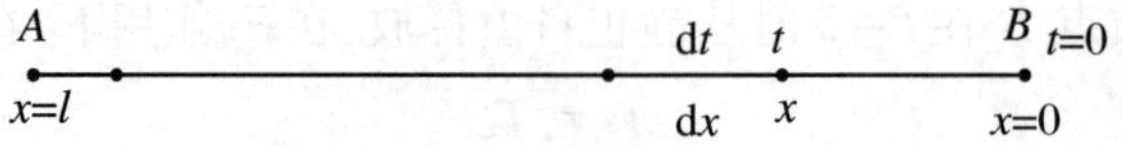

图 2.8

在点 A 参考系中，质点 A 始终不动，$t=0$ 时质点 B 处于静止位置，与 A 位置相距 l，仍设置 x 坐标轴. 在点 A 参考系中，B 从静止朝左移动路程 x 时，点 A 参考系中真实

力 $\boldsymbol{F}_B$ 不变,做功量仍为 $W(x)$,B 的动能为 $E_k(x)$,速率大小为 $v_B(x)$,同样应有

$$\frac{1}{2}m_B v_B^2(x) = E_k(x) = W(x) = \int_0^x F_B \mathrm{d}x$$

得

$$v_B(x) = \left(\frac{2}{\mu}\int_0^x F_B \mathrm{d}x\right)^{\frac{1}{2}} \quad \text{(注意原 } m_B \text{ 现改为}\mu\text{)}$$

再经 $\mathrm{d}t$ 时间左行 $\mathrm{d}x$,则有

$$\mathrm{d}t = \frac{\mathrm{d}x}{v_B(x)}$$

与上式相较,有

$$\frac{\mathrm{d}t}{\mathrm{d}t_0} = \frac{\dfrac{\mathrm{d}x}{\left(\dfrac{2}{\mu}\displaystyle\int_0^x F_B \mathrm{d}x\right)^{\frac{1}{2}}}}{\dfrac{\mathrm{d}x}{\left(\dfrac{2}{m_B}\displaystyle\int_0^x F_B \mathrm{d}x\right)^{\frac{1}{2}}}} = \sqrt{\frac{\mu}{m_B}} = \sqrt{\frac{m_A}{m_A + m_B}} < 1$$

因过程中恒有

$$\frac{\mathrm{d}t}{\mathrm{d}t_0} = \sqrt{\frac{m_A}{m_A + m_B}} < 1$$

$\mathrm{d}t$ 累积量 T 与 $\mathrm{d}t_0$ 累积量 T_0 之间也必有

$$\frac{T}{T_0} = \sqrt{\frac{m_A}{m_A + m_B}} \Rightarrow T = \sqrt{\frac{m_A}{m_A + m_B}}T_0 < T_0$$

2. 相对惯性系沿曲线做加速平动的非惯性系的平移惯性力 $\boldsymbol{F}_i$

例如,地球绕太阳的轨道可近似为圆轨道,运动中时时有朝着太阳的向心力和向心加速度.在地心参考系中对应有背离太阳心平移惯性力 $\boldsymbol{F}_i$.据此可解释地球表面潮汐现象中太阳引力所起的部分作用.

相对惯性系 S 做匀速定轴转动的非惯性系的惯性力有惯性离心力 $\boldsymbol{F}_C$ 和科里奥利力 $\boldsymbol{F}_{cor}$.

3. 惯性离心力 $\boldsymbol{F}_C$ 的引入

图 2.9 中惯性系 S 可观察到圆盘绕着过 O 点的几何轴做角速度为 ω(常量)的定轴转动.将圆盘沿转轴上下无限延展,同时径向无限延展,便得完整的 S' 系空间.图 2.9 中仅用圆盘象征着 S' 系的存在.

图 2.9 中质点 m 在 S' 系中静止在矢径为 $\boldsymbol{r}$ 处,加速度 $\boldsymbol{a}' = \boldsymbol{0}$,此质点相对 S 系做逆时针方向圆周运动,加速度 $\boldsymbol{a} = -\omega^2\boldsymbol{r}$.

S 系:

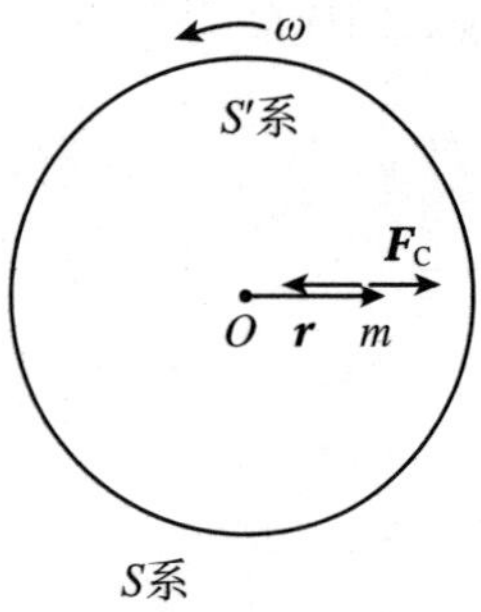

图 2.9

$$F_{真} = ma = -m\omega^2 \boldsymbol{r}$$

S' 系：

$$\boldsymbol{F}' = m\boldsymbol{a}' = \boldsymbol{0}$$

$$\boldsymbol{F}' = \boldsymbol{F}_{真} + \boldsymbol{F}_{惯} \Rightarrow \boldsymbol{F}_{惯} = m\omega^2 \boldsymbol{r} \Rightarrow \text{惯性离心力} \boldsymbol{F}_C = m\omega^2 \boldsymbol{r}$$

胡克力：$F_x = -kx$ 或 $\boldsymbol{F}_x = -k\boldsymbol{x}$，是保守力，势能

$$E_p(\boldsymbol{r}) = \frac{1}{2}kx^2$$

惯性离心力：$\boldsymbol{F}_C = -k_C\boldsymbol{r}$，$k_C = -m\omega^2$，是“保守力”，势能

$$E_p(\boldsymbol{r}) = \frac{1}{2}k_C r^2 = -\frac{1}{2}m\omega^2 r^2$$

4. 利里奥利力的引入

如图 2.10 所示，质点相对 S 系静止，$\boldsymbol{a} = \boldsymbol{0}$，$\boldsymbol{F}_{真} = \boldsymbol{0}$. 质点 m 相对 S' 系做匀速圆运动，$\boldsymbol{a}' = -\omega^2 \boldsymbol{r}$.

S' 系：

$$\boldsymbol{F}' = m\boldsymbol{a}' = -m\omega^2 \boldsymbol{r}$$

已引入的 $\boldsymbol{F}_C$ 应保留，若需要再引入一个惯性力，可记为 $\boldsymbol{F}_{惯新}$，便有

$$\boldsymbol{F}' = \boldsymbol{F}_{真} + \boldsymbol{F}_C + \boldsymbol{F}_{惯新} = \boldsymbol{0} + m\omega^2 \boldsymbol{r} + \boldsymbol{F}_{惯新} \Rightarrow$$

$$\boldsymbol{F}_{惯新} = -2m\omega^2 \boldsymbol{r}$$

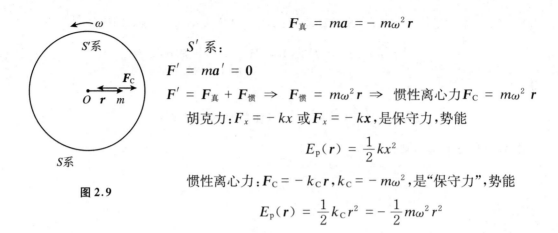

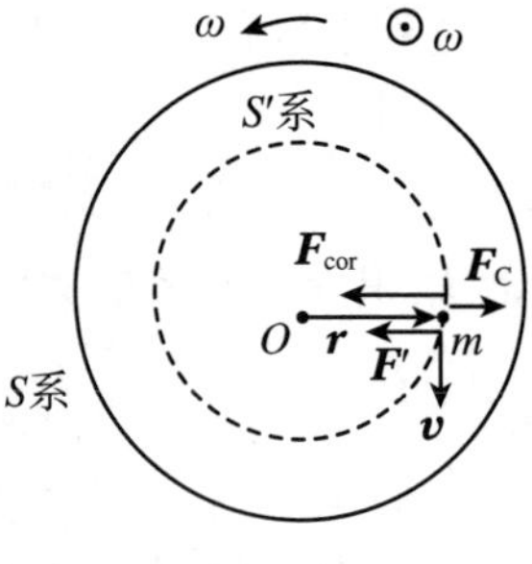

图 2.10

得科里奥利力

$$\boldsymbol{F}_{cor} = -2m\omega^2 \boldsymbol{r}$$

说明：(1) 此种引入方法基于质点相对 S' 系运动，即 $\boldsymbol{v} \neq \boldsymbol{0}$，故数学上可考虑等效表述成 $\boldsymbol{F}_{cor} = -2m\boldsymbol{v} \times \boldsymbol{\omega}$. 与磁场力 $\boldsymbol{F}_m = q\boldsymbol{v} \times \boldsymbol{B}$ 类比，$\boldsymbol{F}_{cor}$ 与 $\boldsymbol{F}_m$ 数学上同构，也不做功.

(2) $\boldsymbol{F}_{cor}$ 系在 $\boldsymbol{F}_C$ 之后引入，若先引入 $\boldsymbol{F}_{cor}$，则应得 $\boldsymbol{F}_{cor} = -m\omega^2 \boldsymbol{r}$，故存在逻辑上的欠缺.

(3) 在普通物理课程中，用上述的特殊简单情况隔离地先后引入 $\boldsymbol{F}_C$ 和 $\boldsymbol{F}_{cor}$，为的是让大一学生较容易接受. 合乎逻辑的推导应是在质点相对 S' 系的位置量 $\boldsymbol{r}$ 和速度量 $\boldsymbol{v}$ 一起给出的完整前提下，经整体推导，可得整体的惯性力为

$$\boldsymbol{F}_{惯} = -m\omega^2 \boldsymbol{r} + 2m\boldsymbol{v} \times \boldsymbol{\omega}$$

再定义

$$\boldsymbol{F}_C = -m\omega^2 \boldsymbol{r}, \quad \boldsymbol{F}_{cor} = 2m\boldsymbol{v} \times \boldsymbol{\omega}$$

给物理专业学生上课时，可鼓励学生课后在教材或参考书中找到相应的补充内容，通过自学体会到科学中的逻辑美.

(4) 惯性力常出现在 S' 系，为方便起见，将 S' 系中的 $\boldsymbol{r}'$、$\boldsymbol{v}'$ 简写成 $\boldsymbol{r}$、$\boldsymbol{v}$ 等.

5. 科里奥利力的三个分量

$$F_{cor} = 2m\boldsymbol{v} \times \boldsymbol{\omega}, \quad \boldsymbol{v} = \boldsymbol{v}_\theta + \boldsymbol{v}_r + \boldsymbol{v}_z$$

其中$\boldsymbol{v}_\theta$、$\boldsymbol{v}_r$、$\boldsymbol{v}_z$分别是质点在S'系中的角向、径向和轴向分速度.

角向分速度对应的$\boldsymbol{F}_{cor} = 2m\boldsymbol{v}_\theta \times \boldsymbol{\omega}$,其中$\boldsymbol{v}_\theta$即为图 2.10 中的 $\boldsymbol{v}$.

径向分速度对应的$\boldsymbol{F}_{cor} = 2m\boldsymbol{v}_r \times \boldsymbol{\omega}$,其中$\boldsymbol{v}_r$对应平面极坐标系中从质点位置发出的径向速度$\boldsymbol{v}_r$.

轴向分速度对应的$\boldsymbol{F}_{cor} = 2m\boldsymbol{v}_z \times \boldsymbol{\omega}$,因 $\boldsymbol{v}_z$ 与$\boldsymbol{\omega}$ 方向平行,故对应的 $\boldsymbol{F}_{cor}$分量为零.

例 3 如图 2.11 所示,某水平面上,半径为 R 的大圆环绕着环上的不动点A 以恒定的角速度ω 旋转.小圆环 P 套在大环上,从 A 的对径点B 处以相对大环的初速度$\boldsymbol{v}_0$沿图示方向运动.设系统处处无摩擦,试问 $\boldsymbol{v}_0$ 取何值可使 P 刚好能到达A 点?

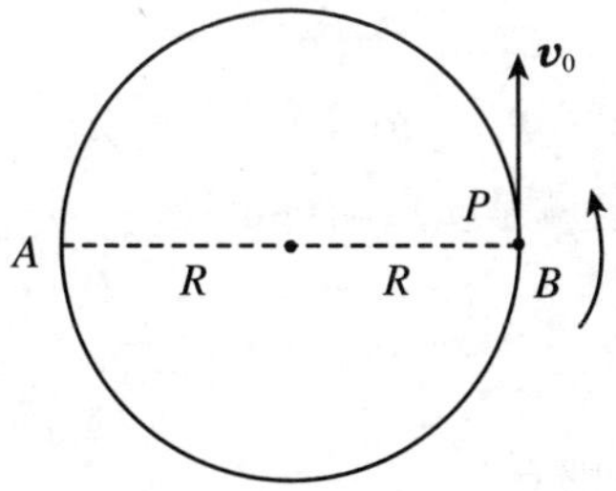

图 2.11

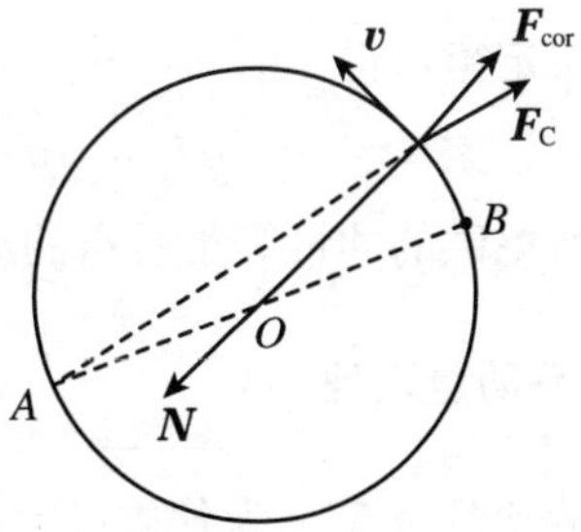

图 2.12

解 过程态中 P 的速度$\boldsymbol{v}$、受大环的力 $\boldsymbol{N}$ 及$\boldsymbol{F}_C$、$\boldsymbol{F}_{cor}$如图 2.12 所示,因 $\boldsymbol{N}$、$\boldsymbol{F}_{cor}$均不做功,$\boldsymbol{F}_C$为“保守力”,故 P 的机械能守恒.可由末态和初态机械能等式

$$0 + 0 = \frac{1}{2}mv_0^2 + \left(-\frac{1}{2}m\omega^2 r^2\right)\bigg|_{r=2R}$$

得

$$v_0 = 2\omega R$$

2.3 动 量 定 理

1. 质点动量定理

作用于质点的力在时间上的累积量称为力的冲量.导致的力学效应是质点的动量发生变化.

质量为 m 的质点在某参考系中的速度为 $\boldsymbol{v}$，相对此参考系的动量定义为

$$\boldsymbol{p} = m\boldsymbol{v}$$

质点所受力 $\boldsymbol{F}$ 经 $\mathrm{d}t$ 时间提供的冲量定义为

$$\mathrm{d}\boldsymbol{I} = \boldsymbol{F}\mathrm{d}t$$

在 t_1 到 t_2 时间内提供的冲量便是

$$\boldsymbol{I} = \int_{t_1}^{t_2} \mathrm{d}\boldsymbol{I} = \int_{t_1}^{t_2} \boldsymbol{F}\mathrm{d}t$$

质点所受力 $\boldsymbol{F}$ 可由若干分力 $\boldsymbol{F}_i$ 合成，即有

$$\boldsymbol{F} = \sum_i \boldsymbol{F}_i$$

那么合力冲量等于分力冲量之和，即

$$\boldsymbol{I} = \sum_i \boldsymbol{I}_i, \quad \boldsymbol{I}_i = \int_{t_1}^{t_2} \boldsymbol{F}_i \mathrm{d}t$$

根据牛顿第二定律可得

$$\mathrm{d}\boldsymbol{I} = \mathrm{d}\boldsymbol{p}, \quad \boldsymbol{I} = \Delta\boldsymbol{p} = \boldsymbol{p}_2 - \boldsymbol{p}_1$$

即力(合力)所提供的冲量等于质点的动量增量，这就是质点动量定理.

2. 质点系动量定理

质点系的动量 $\boldsymbol{p}$ 定义为各质点动量 $\boldsymbol{p}_i$ 之和，即有

$$\boldsymbol{p} = \sum_i \boldsymbol{p}_i$$

将质点系各质点受力分为内力与外力两类，内力指这些质点之间的相互作用力，外力指质点系外的物体或物质提供的力.内力冲量之和记为 $\boldsymbol{I}_{内}$，外力冲量之和记为 $\boldsymbol{I}_{外}$，则有

$$\mathrm{d}\boldsymbol{I}_{内} + \mathrm{d}\boldsymbol{I}_{外} = \mathrm{d}\boldsymbol{p}$$

根据牛顿第三定律，任何一对作用力、反作用力冲量之和为零，得

$$\mathrm{d}\boldsymbol{I}_{内} = \boldsymbol{0}$$

便有

$$\mathrm{d}\boldsymbol{I}_{外} = \mathrm{d}\boldsymbol{p}, \quad \boldsymbol{I}_{外} = \Delta\boldsymbol{p} = \boldsymbol{p}_2 - \boldsymbol{p}_1$$

这就是质点系动量定理.因为时间是公共的，所以外力冲量之和等于合外力冲量，即有

$$\boldsymbol{F}_{合外}\mathrm{d}t = \mathrm{d}\boldsymbol{I}_{外} = \mathrm{d}\boldsymbol{p} \Rightarrow \boldsymbol{F}_{合外} = \frac{\mathrm{d}\boldsymbol{p}}{\mathrm{d}t}$$

即质点系所受合外力等于质点系动量对时间的变化率.

若所取参考系是惯性系，则所有外力均属真实力.若所取参考系为非惯性系，则还需加入惯性力提供的冲量，上面的关系式应修改为

$$\mathrm{d}\boldsymbol{I}_{外} + \mathrm{d}\boldsymbol{I}_{惯} = \mathrm{d}\boldsymbol{p}$$

惯性参考系中，质点系有动量守恒定律为：在力学过程中，若质点系所受合外力始终

为零,则质点系动量为守恒量.

非惯性参考系中,质点系的动量守恒定律为:在力学过程中,若质点系所受合外力和惯性力均始终为零,则质点系动量为守恒量.

质点系动量分量守恒如下:

取惯性系:在力学过程中,若质点系所受合外力在某方向上分量恒为零,则质点系动量在该方向的分量为守恒量.

取非惯性系:在力学过程中,若质点系所受合外力和惯性力在某方向上分量始终为零,则质点系动量在该方向的分量为守恒量.

注解

作为特殊质点系的单个质点动量及动量分量的守恒性同上.

例1 如图2.13所示,足够高的桌面上开一个小孔,长 L、质量为 M 的均匀细杆竖直穿过小孔,一半在孔的上方,细杆下端有一质量 $m<M$ 的小虫,小虫正下方的地面上有一支点燃的蜡烛.设开始时细杆、小虫均处于静止状态,而后在系统自由释放后的瞬间,小虫以相对细杆恒定的速度 v 向上爬行,且在到达小孔前始终未离开细杆.

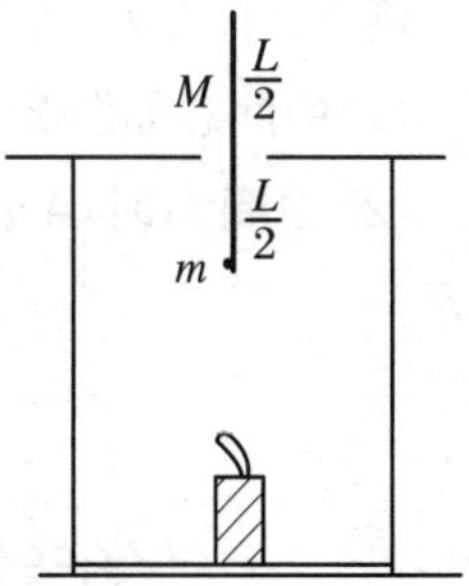

图2.13

(1) 小虫为避免被蜡烛烧伤,试求 v 可取的最小 v_0 值.

(2) 小虫取 v_0 相对细杆向上爬行,试求到达小孔处时相对桌面的向上速度 v_m.

解 小虫相对细杆向上爬行实为变速运动,题目中取平均,模型化为匀速运动.按此模型,在初速度为零的自由落体参考系中,小虫与细杆在开始后的极短时间内形成相对速度 v 后,两者间便无相对加速度,因此无相互作用力.还原到地面系,这可模型化为开始时小虫借助细杆向上跳跃,获得向上的初速度 $v_m(0)$,极短时间内系统动量守恒,细杆获得向下的初速度 $v_M(0)$.而后,小虫、细杆分别做上抛、下落运动.

小虫为到孔位,$v_m(0)$似乎可小到$\sqrt{2g\cdot\frac{l}{2}}$,但需注意题目规定"在到达小孔前始终未离开杆".$v_m(0)$过小,小虫上行时间过长,下落的细杆有可能在此时间内顶部已落在小孔之下,这将不符合题目要求.

(1) 先写出下述两个方程:

$$mv_m(0)=Mv_M(0),\quad v=v_m(0)+v_M(0)$$

为使小虫到达孔位前未离开细杆,至少要求细杆顶端也恰好落到孔位.设所经时间为 t,则又有两个方程:

$$vt=L,\quad v_M(0)t+\frac{1}{2}gt^2=\frac{L}{2}$$

含 4 个未知量 $v_m(0)$、$v_M(0)$、v、t 的 4 个方程可解，由此解得的 v 即为题目要求的 v_0：

$$v_0 = \sqrt{\frac{M+m}{M-m}gL}$$

(2) 取 v_0，可解得

$$v_m(0) = \frac{M}{M+m}v_0 = \sqrt{\frac{M^2}{M^2-m^2}gL}$$

经$\dfrac{L}{2}$路程，到达小孔时相对桌面的向上速度大小为

$$v_m = \sqrt{v_m^2(0) - 2g\frac{L}{2}} = \sqrt{\frac{m^2}{M^2-m^2}gL}$$

例 2　有长 L、质量为 M 的匀质软绳，初态如图 2.14 所示.

(1)中间态如图 2.15 所示，试求此时 A 端所受向上拉力 N.

(2)中间态时 A 端脱落掉下，问：经多长时间（记为 t），全绳刚好伸直如图 2.16 所示？

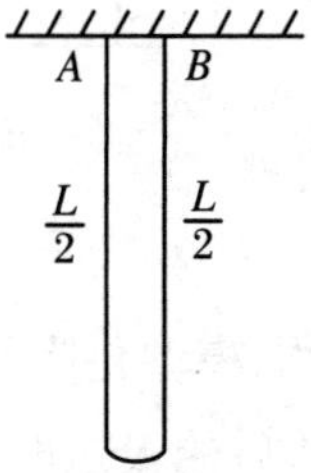

图 2.14

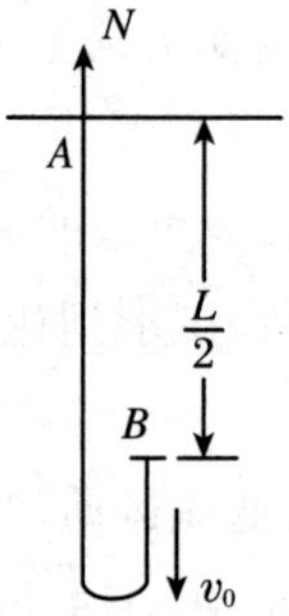

图 2.15

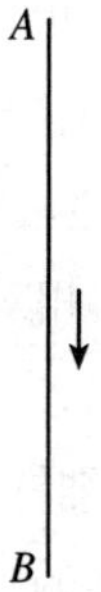

图 2.16

解　(1)

$$N = N_1 + N_2, \quad N_1 = \frac{3}{4}Mg$$

由

$$N_2 \mathrm{d}t = \left(\frac{\frac{1}{2}v_0 \mathrm{d}t}{L}M\right)v_0, \quad v_0 = \sqrt{gL}$$

得

$$N_2 = \frac{1}{2}Mg$$

$$N = \frac{5}{4}Mg$$

(2) A 脱落时，取初速度为零的自由落体参考系，该系中右侧绳段匀速运动，左侧绳段增长 x 时速度记为 v，则有

$$\left(\frac{3}{4}L + x\right)v = xv_0$$

得

$$v = \frac{x}{\frac{3}{4}L + x}v_0 = \frac{4x}{3L + 4x}v_0$$

所以

$$v_0 - v = \frac{3L}{3L + 4x}v_0$$

从而有

$$\mathrm{d}x = \frac{1}{2}(v_0 - v)\mathrm{d}t = \frac{3L}{6L + 8x}v_0\mathrm{d}t$$

进而有

$$\int_0^{\frac{L}{4}}\left(2 + \frac{8x}{3L}\right)\mathrm{d}x = \int_0^t v_0\mathrm{d}t$$

得

$$t = \frac{7}{12}\sqrt{\frac{L}{g}}$$

例 3 如图 2.17 所示，在光滑水平桌面上有一个周长为 L 的固定椭圆轨道. 质量为 m 的小球紧靠着无摩擦的轨道内壁，沿着切线方向运动，初始速度大小为 v_0，小球从图中 P 处出发，直到小球转过一周又返回到 P 处为止. 试求小球受的轨道内壁径向推力 $\boldsymbol{N}$ 的大小平均值 $\overline{N}$.

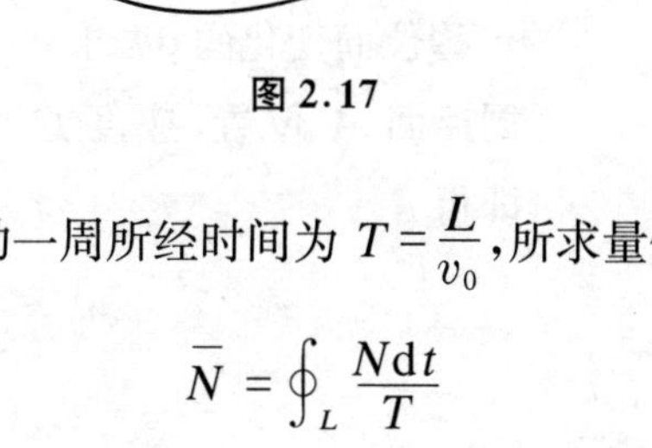

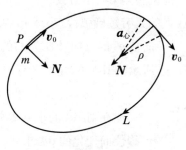

图 2.17

解 因无摩擦，小球运动一周所经时间为 $T = \frac{L}{v_0}$，所求量便为

$$\overline{N} = \oint_L \frac{N\mathrm{d}t}{T}$$

将无穷短曲线段处理为圆弧段，如图 2.17 所示，N 承担了该处向心力，即有

$$N=\frac{mv_0^2}{\rho}\Rightarrow N\mathrm{d}t=\frac{mv_0v_0\mathrm{d}t}{\rho}\quad(v_0\mathrm{d}t\text{ 为圆弧段长度 }\mathrm{d}l)$$

$$=mv_0\frac{\mathrm{d}l}{\rho}=mv_0\mathrm{d}\theta\quad(\mathrm{d}\theta\text{ 为圆心角})$$

$$\Rightarrow\overline{N}=\oint_L\frac{N\mathrm{d}t}{T}=\oint_L\frac{mv_0v_0\mathrm{d}t}{\rho T}=\oint_L\frac{mv_0\mathrm{d}\theta}{T}=\frac{mv_0}{T}\oint_L\mathrm{d}\theta$$

有同学认为$\oint_L\mathrm{d}\theta$是对闭合椭圆轨道各处的小圆弧对应的圆心角求和,结果必定是2π,即直接写出

$$\oint_L\mathrm{d}\theta=2\pi\Rightarrow\overline{N}=\frac{mv_0}{T}\cdot2\pi,\ T=\frac{L}{v_0}$$

$$\Rightarrow\overline{N}=\frac{2\pi mv_0^2}{L}$$

有同学对此感到疑惑,认为平面上一条闭合曲线分解为一系列连接的无穷短圆弧段,相对闭合曲线内取一参考点,各圆弧段相对该参考点的无穷小平面角之和必定为2π,这是可以证明的.但如果将这一系列连接的无穷短圆弧段各自取“自己的”曲率圆心为参考点的圆心角求和,这些参考点彼此之间都是移位的,故不能没有依据地认定这些圆心角之和也一定是2π.当然,如果在数学书上发现此结论已被认可,那么这样处理是可接受的.老师因学生感到疑惑而高兴,要他自己试着解决这一疑惑,并判定已给$\overline{N}$是否可取.

过了一周,那位同学给出了他解决这一疑惑的如下过程.

出于直观的感觉,圆心角求和应该就是2π.可是直接求和的话圆心角的参考点是不同的,于是悟到出路是试着将圆心角的参考点合并为一个参考点.由此想到能否采用诸多参与物理竞赛的学生已经熟悉的变换角色方法,继而编了一个圆心角$\mathrm{d}\theta$作为被求和的角色,转换到小球m速度方向偏转角$\mathrm{d}\varphi$作为被求和的新角色.

如图2.18所示,取一段放大的无穷短圆弧段,小球m从A端运动到B端,其速度方向从$\boldsymbol{v}_A$的方向转变为$\boldsymbol{v}_B$的方向.速度方向偏转了图中所示的$\mathrm{d}\varphi$角,显然必有

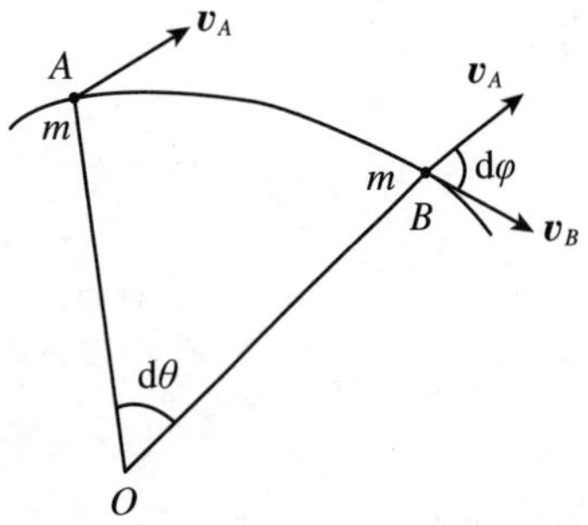

图2.18

$$\mathrm{d}\theta=\mathrm{d}\varphi$$

现在对$\mathrm{d}\theta$的求和等效于对时时随着唯一的小球m移位而变化的$\mathrm{d}\varphi$求和.小球m从A位置开始,转一周返回A位置,速度方向偏转过的角度必定是2π,即得

$$\oint\mathrm{d}\theta=\oint\mathrm{d}\varphi=2\pi$$

从而有

$$\overline{N} = \frac{2\pi m v_0^2}{L}$$

故可判定本题所给 $\overline{N} = 2\pi m v_0^2 / L$ 可取.

2.4　变质量物体的平动

质点系通常指组元不变的物质系统，组元变化的物质系统原则上也可归属于组元不变的物质系统. 例如某个待考察的主体系统在 t 时刻记为 $Q(t)$，另外一个小系统记为 $q_+(t)$，在 t 到 t' 期间经历的力学过程中两者复合变化，最终使主体系统成为 $Q(t')$，同时分离出新的小系统 $q_-(t')$. 着眼于 Q，是组元变化的系统，将范围扩大为 Q 与 q 的组合，便是在 t 到 t' 时间内组元不变的系统，系统 Q 的力学内容自然包含在 Q 与 q 组合系统的力学内容之中. 将 t 到 t' 的时间间隔取为无穷小量 $\mathrm{d}t$，若 q_+、q_- 所含质量也都是无穷小量，就可以在时间上连续讨论主体 Q 的力学内容. 如果在每一个 $\mathrm{d}t$ 时间内，Q 各部分的运动学量一致，便可处理成质量变化的质点，Q 的运动也就成为变质量物体的平动. 经常遇到两种简单情况：或是只有 q_+ 而没有 q_-，或是没有 q_+ 而只有 q_-，前者可谓增质型(例如下落的雨滴)，后者可谓减质型(例如喷气过程中的火箭).

1. 增质型

如图 2.19 所示，t 时刻主体质量为 m，速度为 $\boldsymbol{v}$，受力 $\boldsymbol{F}$；将被吸附的质量为 $\mathrm{d}m$，速度为 $\boldsymbol{v}'$，受力 $\mathrm{d}\boldsymbol{F}$；经 $\mathrm{d}t$ 时间主体质量增为 $m+\mathrm{d}m$，速度增为 $\boldsymbol{v}+\mathrm{d}\boldsymbol{v}$. 根据质点系动量定理有

$$(\boldsymbol{F} + \mathrm{d}\boldsymbol{F})\mathrm{d}t = (m + \mathrm{d}m)(\boldsymbol{v} + \mathrm{d}\boldsymbol{v}) - (m\boldsymbol{v} + \boldsymbol{v}'\mathrm{d}m)$$

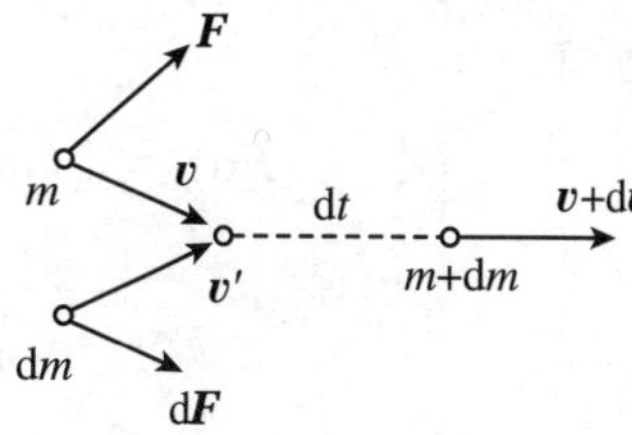

图 2.19

略去高阶小量，得

$$\boldsymbol{F} = m\frac{\mathrm{d}\boldsymbol{v}}{\mathrm{d}t} + (\boldsymbol{v} - \boldsymbol{v}')\frac{\mathrm{d}m}{\mathrm{d}t}$$

如果过程中始终有 $\boldsymbol{v}' = 0$，则可简化成

$$\boldsymbol{F} = m\frac{\mathrm{d}\boldsymbol{v}}{\mathrm{d}t} + \boldsymbol{v}\frac{\mathrm{d}m}{\mathrm{d}t} = \frac{\mathrm{d}(m\boldsymbol{v})}{\mathrm{d}t}$$

形式上虽然与牛顿第二定律一致，但有本质区别，第二定律中的 m 是不变量.

雨滴在降落过程中吸附的水气速度 $\boldsymbol{v}'$ 几乎为零，有减速作用，但仍有重力在对雨滴起着加速作用.

例1 太空无动力航天器的主体质量为 m_0，$t=0$ 时刻航天器的直线航行速度为 v_0，每经过1个单位长度航程必会吸附质量为 α 的宇宙静止尘埃.试求 $t>0$ 时刻此航天器的速度 $v(t)$.

解 增质型物体平动方程为

$$F = m\frac{\mathrm{d}v}{\mathrm{d}t} + (v - v')\frac{\mathrm{d}m}{\mathrm{d}t}$$

又

$$F = 0, \quad v' = 0, \quad \mathrm{d}m = \alpha v\mathrm{d}t, \quad m = \frac{m_0 v_0}{v}$$

有

$$0 = \frac{m_0 v_0}{v}\frac{\mathrm{d}v}{\mathrm{d}t} + v\frac{\alpha v\mathrm{d}t}{\mathrm{d}t} = \frac{m_0 v_0}{v}\frac{\mathrm{d}v}{\mathrm{d}t} + \alpha v^2$$

从而有

$$\int_{v_0}^{v(t)}\frac{\mathrm{d}v}{v^3} = -\int_0^t \frac{\alpha}{m_0 v_0}\mathrm{d}t$$

得

$$v(t) = \left(\frac{1}{v_0^2} + \frac{2\alpha}{m_0 v_0}t\right)^{-\frac{1}{2}}$$

2. 减质型

参考图2.20，t 时刻质量为 m、速度为 $\boldsymbol{v}$ 的主体受外力 $\boldsymbol{F}$，经 $\mathrm{d}t$ 时间，质量减为 $m+\mathrm{d}m$（$\mathrm{d}m<0$），速度变为 $\boldsymbol{v}+\mathrm{d}\boldsymbol{v}$，与主体分离部分的质量为 $-\mathrm{d}m>0$，速度为 $\boldsymbol{v}'$.由动量定理得

$$\boldsymbol{F}\mathrm{d}t = [(m+\mathrm{d}m)(\boldsymbol{v}+\mathrm{d}\boldsymbol{v}) + (-\boldsymbol{v}'\mathrm{d}m)] - m\boldsymbol{v}$$

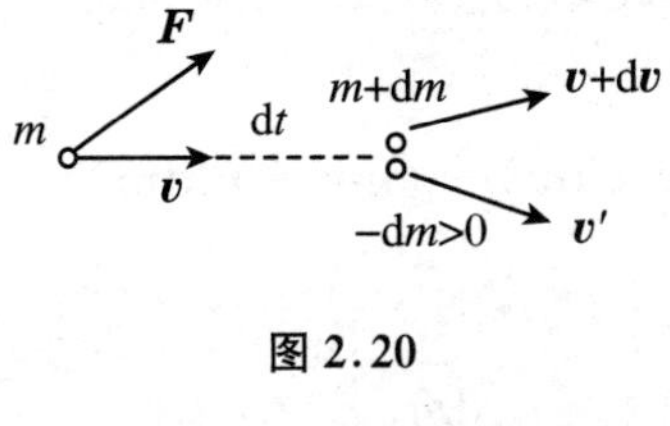

图2.20

改写成

$$\boldsymbol{F}\mathrm{d}t = (m+\mathrm{d}m)(\boldsymbol{v}+\mathrm{d}\boldsymbol{v}) - (m\boldsymbol{v} + \boldsymbol{v}'\mathrm{d}m)$$

与增质型公式比较，只是减少了 $\mathrm{d}\boldsymbol{F}\mathrm{d}t$ 项，因高阶小量可忽略，两者在形式上一致，同样可得

$$\boldsymbol{F} = m\frac{\mathrm{d}\boldsymbol{v}}{\mathrm{d}t} + (\boldsymbol{v} - \boldsymbol{v}')\frac{\mathrm{d}m}{\mathrm{d}t} \quad ①$$

减质型问题中，常引入分离速度

$$\boldsymbol{u} = (\boldsymbol{v} + \mathrm{d}\boldsymbol{v}) - \boldsymbol{v}' = \boldsymbol{v} - \boldsymbol{v}'$$

则①式可简化成

$$\boldsymbol{F} = m\frac{\mathrm{d}\boldsymbol{v}}{\mathrm{d}t} + \boldsymbol{u}\frac{\mathrm{d}m}{\mathrm{d}t}$$

火箭尾部喷出的气体的速度 $\boldsymbol{v}'$与 $\boldsymbol{v}$ 几乎在一直线，$\boldsymbol{u}$ 与 $\boldsymbol{v}$ 同向. t 时刻 $\boldsymbol{F}$ 给定，上式右边第二项因 $\mathrm{d}m<0$ 而为负，对右边的第一项有正的贡献，起着加速作用，与真实的物理过程是一致的.

例 2 火箭初始质量为 m_0，其中液体燃料质量为 m_{liq}，自地面竖直向上发射，重力加速度近似取成常量 g，略去大气阻力. 设火箭在单位时间向下喷出的液体燃料质量为 α，喷射速度为常量 u_0，试求燃料喷尽时火箭的速度 v_e.

解 设 $t=0$ 时刻发射，t 时刻火箭质量记为 m，经 $\mathrm{d}t$ 时间，喷出燃料质量 $-\mathrm{d}m = \alpha\mathrm{d}t$，速度 v 向上为正，向下的重力可记为 $-mg$. 据动力学方程

$$\boldsymbol{F} = m\frac{\mathrm{d}\boldsymbol{v}}{\mathrm{d}t} + \boldsymbol{u}\frac{\mathrm{d}m}{\mathrm{d}t}$$

有

$$-mg = m\frac{\mathrm{d}v}{\mathrm{d}t} + u_0\left(\frac{-\alpha\mathrm{d}t}{\mathrm{d}t}\right)$$

结合

$$\frac{\mathrm{d}v}{\mathrm{d}t} = \frac{\mathrm{d}v}{\mathrm{d}m}\frac{\mathrm{d}m}{\mathrm{d}t} = -\alpha\frac{\mathrm{d}v}{\mathrm{d}m}$$

可得积分式

$$\int_0^{v_e}\mathrm{d}v = \int_{m_0}^{m_0-m_{\text{liq}}}\left(\frac{g}{\alpha} - \frac{u_0}{m}\right)\mathrm{d}m$$

积分得

$$v_e = u_0\ln\frac{m_0}{m_0 - m_{\text{liq}}} - \frac{m_{\text{liq}}}{\alpha}g$$

3 能量定理

3.1 动能定理

1. 功

用力做功，起源于人们在生活中的感觉. 手提重物，将它从地面上提升到高处，感觉是要费“功夫”的. 提炼成科学的观念，便是手施加的力做了功. 形成功有两个因素，一是作用于质点（物体）的力，二是质点的位移. 力所做的元功定义为

$$\mathrm{d}W = \boldsymbol{F}\cdot\mathrm{d}\boldsymbol{l}$$

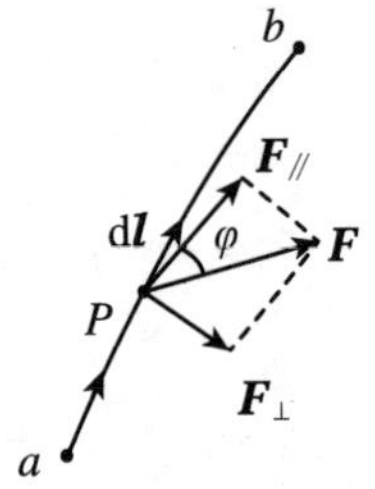

图 3.1

式中 $\boldsymbol{F}$ 是作用于质点 P 的力，$\mathrm{d}\boldsymbol{l}$ 是 P 的无穷小位移，将 $\boldsymbol{F}$ 分解为图 3.1中的$\boldsymbol{F}_{\perp}$与$\boldsymbol{F}_{/\!/}$，$\mathrm{d}\boldsymbol{l}$ 是 P 的无穷小位移，这与

$$\boldsymbol{F}\cdot\mathrm{d}\boldsymbol{l} = F\mathrm{d}l\cos\varphi = F_{/\!/}\mathrm{d}l\begin{cases} >0 & (\varphi\text{ 为锐角}) \\ =0 & (\varphi\text{ 为直角}) \\ <0 & (\varphi\text{ 为钝角}) \end{cases}$$

是一致的. 质点从 a 到 b 的运动过程中，力 $\boldsymbol{F}$ 做的功便是

$$W = \int_a^b \boldsymbol{F}\cdot\mathrm{d}\boldsymbol{l}$$

可见，功是力的空间累积量.

上述讨论内容既适用于真实力在惯性系中做功的计算，也适用于真实力在非惯性系中做功的计算，以及惯性力在非惯性系中形式上做功的计算. 在国际单位制（SI）中，功的单位是 J（焦耳），J = N · m.

➢重力功

在讨论范围内设 $\boldsymbol{g}$ 为恒定矢量，质量为 m 的质点从空间某处 a 运动到另一处 b 的过程中，重力做的功为

$$W = mgh \quad (h\text{ 是从 }a\text{ 到 }b\text{ 改变的高度，可正可负})$$

重力功的计算过程（略）表明，重力对物体所做功与物体初始位置和终止位置有关，

而与其经过的路径无关.

➢胡克弹力功

参量如图 3.2 所示,物块在 $x=0$ 位置对应轻弹簧处于无形变状态,物块在 x 处受弹性力 $F_x=-kx$,物块位移为 $\mathrm{d}x$,弹性力做功

$$\boldsymbol{F}\cdot\mathrm{d}\boldsymbol{l}=F_x\mathrm{d}x=-kx\mathrm{d}x$$

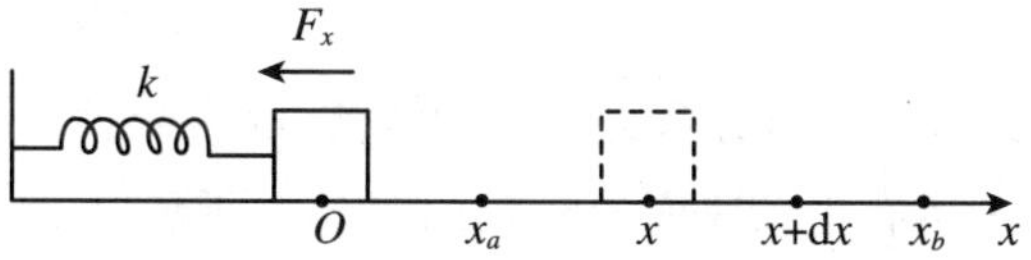

图 3.2

物块从 x_a 到 x_b,弹性力做功

$$W=\int_{x_a}^{x_b}\mathrm{d}W=\int_{x_a}^{x_b}(-kx)\mathrm{d}x=\frac{1}{2}k(x_a^2-x_b^2)$$

考虑物块沿 x 轴正半轴只朝一个方向运动的简单情况:$x_b>x_a$ 时,力与位移反向,做负功;$x_b<x_a$ 时,力与位移同向,做正功.物块的其他运动情况对应做功正负值的讨论从略.值得一提的是,物块即使在 x 轴上做往返运动,弹性力所做总功仍由上式给出.因为其中任何一段循环或往返功均相当于 $x_a=x_b$ 对应的零功,积分式中也已经自然地包含这样的部分循环计算内容.

弹性力功的计算式表明,弹性力对物体所做功与物体初始位置和终止位置有关,而与其间经过的(单向或往返)路径无关.

质点在运动过程中受若干个力作用时,分力 $\boldsymbol{F}_i$ 做功之和 $\sum\limits_i W_i$ 等于合力 $\boldsymbol{F}=\sum\limits_i \boldsymbol{F}_i$ 做的功 W(证明从略).

参考系之间可有相对运动,质点在不同参考系中可有不同的位移,因此同一个力在不同参考系中的做功量可以有差异.例如匀速运动的车厢中,单摆摆线拉力 $\boldsymbol{T}$ 始终与摆球位移 $\mathrm{d}\boldsymbol{l}'$ 垂直,车厢系中 $\boldsymbol{T}$ 做的功为零.地面系中,除了最低位置,$\boldsymbol{T}$ 与摆球位移 $\mathrm{d}\boldsymbol{l}$ 不垂直,$\boldsymbol{T}$ 做的功便未必为零.

在牛顿第三定律径向约束下,一对作用力、反作用力做功之和的参考系普适性:

一对作用力、反作用力 $\boldsymbol{F}_1$、$\boldsymbol{F}_2$ 提供的冲量之和 $\mathrm{d}\boldsymbol{I}$ 必为零,这是因为两个受力质点 P_1、P_2 经过的时间 $\mathrm{d}t$ 是相同的.在同一参考系中,$\boldsymbol{F}_1$、$\boldsymbol{F}_2$ 做功之和 $\mathrm{d}W$ 却未必为零,这是因为 P_1、P_2 各自的位移 $\mathrm{d}\boldsymbol{l}_1$、$\mathrm{d}\boldsymbol{l}_2$ 一般不同.图 3.3 中,P_1、P_2 在某参考系 S 中的位矢分别是 $\boldsymbol{r}_1$、$\boldsymbol{r}_2$,它们的位移 $\mathrm{d}\boldsymbol{l}_1$、$\mathrm{d}\boldsymbol{l}_2$ 可改述成 $\mathrm{d}\boldsymbol{r}_1$、$\mathrm{d}\boldsymbol{r}_2$,有

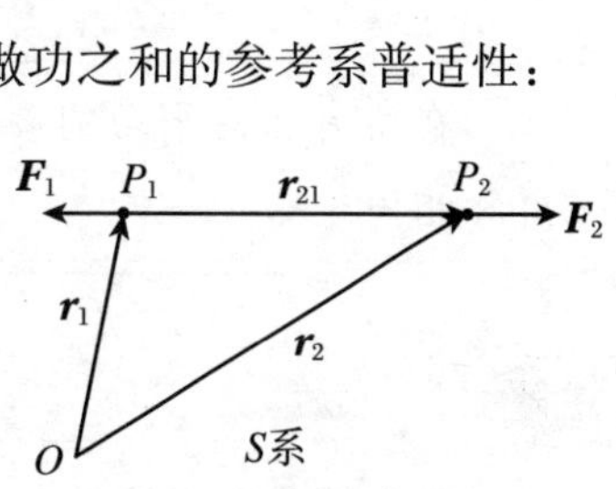

图 3.3

$$\begin{aligned}\mathrm{d}W &= \boldsymbol{F}_1\cdot\mathrm{d}\boldsymbol{r}_1+\boldsymbol{F}_2\cdot\mathrm{d}\boldsymbol{r}_2=(-\boldsymbol{F}_2)\cdot\mathrm{d}\boldsymbol{r}_1+\boldsymbol{F}_2\cdot\mathrm{d}\boldsymbol{r}_2\\ &=\boldsymbol{F}_2\cdot(\mathrm{d}\boldsymbol{r}_2-\mathrm{d}\boldsymbol{r}_1)=\boldsymbol{F}_2\mathrm{d}(\boldsymbol{r}_2-\boldsymbol{r}_1)\\ &=\boldsymbol{F}_2\cdot\mathrm{d}\boldsymbol{r}_{21}\end{aligned}$$

这一结果表明，$\mathrm{d}W$ 仅由质点 P_2 在 S 系中相对于质点 P_1 的位移 $\mathrm{d}\boldsymbol{r}_{21}$ 确定. P_2 相对于 P_1 的位移 $\mathrm{d}\boldsymbol{r}_{21}$ 在不同的参考系中未必相同，但是 $\mathrm{d}W$ 在不同的参考系中有没有可能是相同的呢？

参考系之间有相对运动，它可分解为平动和转动. 取两个参考系 S 和 S'，先设其间有相对平动. 现在取相对 S 系有平动速度的 S' 系如图 3.4 所示，S' 系的坐标原点 O' 相对 S 系 O 点的位矢为 $\boldsymbol{r}_{O'}$. 设

$$\boldsymbol{u}=\frac{\mathrm{d}\boldsymbol{r}_{O'}}{\mathrm{d}t}$$

S' 系中 P_1、P_2 的位矢 $\boldsymbol{r}_1'$、$\boldsymbol{r}_2'$ 以及 P_2 相对 P_1 的位矢 $\boldsymbol{r}_{21}'$ 都已在图中示出，应有

$$\boldsymbol{r}_1'=\boldsymbol{r}_1-\boldsymbol{r}_{O'},\quad \boldsymbol{r}_2'=\boldsymbol{r}_2-\boldsymbol{r}_{O'},\quad \boldsymbol{r}_{21}'=\boldsymbol{r}_2'-\boldsymbol{r}_1'$$

便有

$$\mathrm{d}\boldsymbol{r}_{21}'=\mathrm{d}(\boldsymbol{r}_2'-\boldsymbol{r}_1')=\mathrm{d}[(\boldsymbol{r}_2-\boldsymbol{r}_{O'})-(\boldsymbol{r}_1-\boldsymbol{r}_{O'})]=\mathrm{d}(\boldsymbol{r}_2-\boldsymbol{r}_1)=\mathrm{d}\boldsymbol{r}_{21}$$

即得

$$\mathrm{d}\boldsymbol{r}_{21}'=\mathrm{d}\boldsymbol{r}_{21}\Rightarrow\ \boldsymbol{F}_2\cdot\mathrm{d}\boldsymbol{r}_{21}'=\boldsymbol{F}_2\cdot\mathrm{d}\boldsymbol{r}_{21}\Rightarrow\ \mathrm{d}W_2'=\mathrm{d}W_2$$

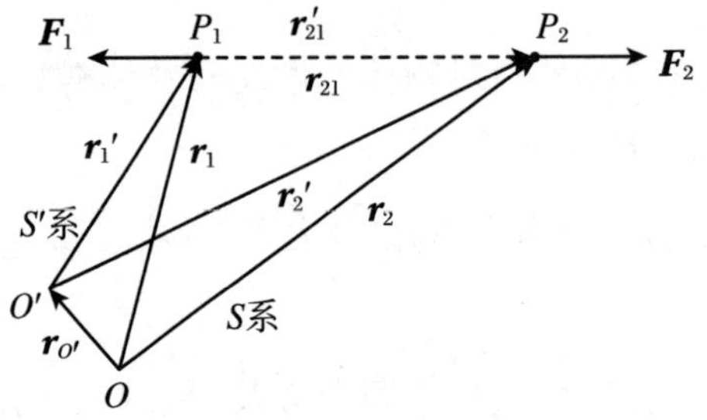

图 3.4

于是得到这样的结论：

> 在所有相对平动的参考系中，两个质点之间的一对作用力、反作用力做功之和相同.

注解

可以是惯性系与惯性系之间的相对平动(自然还必定是相对匀速平动)，可以是非惯性系与非惯性系之间的平动，也可以是惯性系与非惯性系之间的平动.

补充

再设 S'系相对 S 系绕着一个固定点转动，此时 $\mathrm{d}\boldsymbol{r}'_{21}$与 $\mathrm{d}\boldsymbol{r}_{21}$未必相同. 例如 P_1、P_2 在 S 系中都处于静止状态(此时 P_1、P_2 当然还应受其他力的作用)，$\mathrm{d}\boldsymbol{r}_{21}=\boldsymbol{0}$，设 S'系恰好绕着 P_1 所在位置相对于 S 系转动，便有 $\mathrm{d}\boldsymbol{r}'_{21}\neq\boldsymbol{0}$，导致 $\mathrm{d}\boldsymbol{r}'_{21}\neq\mathrm{d}\boldsymbol{r}_{21}$. 但是考虑到 P_1、P_2 间的作用力与反作用力是符合牛顿第三定律的径向力(P_1、P_2 连线方向上的力)，必定有 $\boldsymbol{F}_2\cdot\mathrm{d}\boldsymbol{r}'_{21}=0$，又得

$$\boldsymbol{F}_2\cdot\mathrm{d}\boldsymbol{r}'_{21}=\boldsymbol{F}_2\cdot\mathrm{d}\boldsymbol{r}_{21}$$

可以证明(略)，在 S'系相对于 S 系绕着任何一个固定点转动时，无论 P_1、P_2 处于何种运动状态，只要 $\boldsymbol{F}_1$、$\boldsymbol{F}_2$ 是径向力，上式仍然成立. 将参考系之间的平动与转动结合起来，可以得到这样的结论：

受牛顿第三定律的径向力约束，在任意参考系中，两个质点之间的一对作用力、反作用力做功之和都相同.

➢万有引力功

质量分别为 M、m 的两个质点之间的一对万有引力在某一力学过程中，相对于任何一个参考系做功之和是相同的. 为计算此功，随意设想一个参考系 S，在 S 系中质点 M 的速度记为$\boldsymbol{v}_M$. 可建立相对于 S 系以$\boldsymbol{v}_M$速度平动的质点 M 参考系. M 系中质点 m 相对于质点 M 的位矢记作$\boldsymbol{r}$，在讨论的力学过程中，质点 m 从初始位置 a 到终止位置 b 的运动路径如图 3.5 所示. 质点 m 所受万有引力$\boldsymbol{F}_m$的元功记为

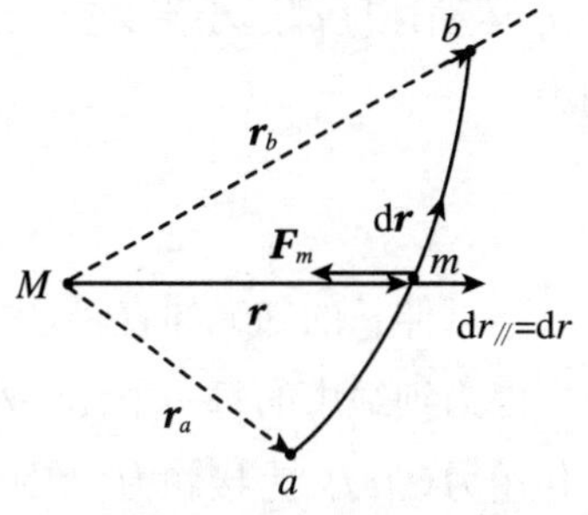

图 3.5

$$\mathrm{d}W=\boldsymbol{F}_m\cdot\mathrm{d}\,\boldsymbol{r}=-G\frac{Mm}{r^3}\,\boldsymbol{r}\cdot\mathrm{d}\boldsymbol{r}=-G\frac{Mm}{r^3}\,r\mathrm{d}r_{/\!/}$$

其中 $\mathrm{d}r_{/\!/}$是 $\mathrm{d}\boldsymbol{r}$ 沿 $\boldsymbol{r}$ 方向的分量，也就是 $\mathrm{d}r$ 产生的 r 长度的增量. 从 a 到 b，$\boldsymbol{F}_m$做功

$$W=\int_{r_a}^{r_b}\left(-G\frac{Mm}{r^2}\right)\mathrm{d}r$$

即得

$$W=GMm\left(\frac{1}{r_b}-\frac{1}{r_a}\right)$$

若 $r_b>r_a$，则质点 m 自近至远，引力$\boldsymbol{F}_m$做负功；若 $r_b<r_a$，则质点 m 自远至近，引力$\boldsymbol{F}_m$做正功.

➢库仑力功

在某惯性系 S 中，静止的点电荷 Q 对另一个运动点电荷 q 的作用力可表述成

$$\boldsymbol{F} = k\frac{Qq}{r^3}\boldsymbol{r}$$

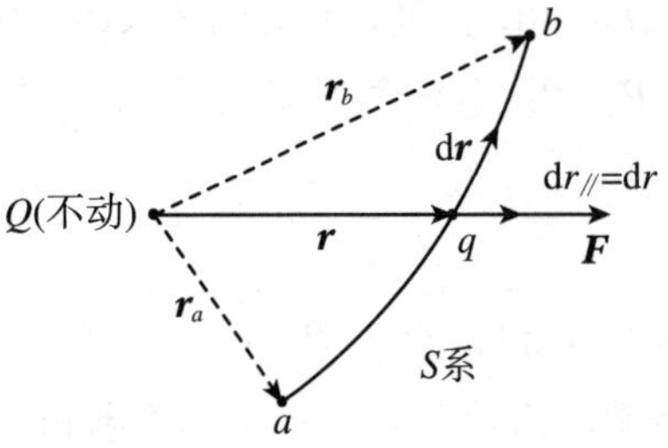

图 3.6

参照图 3.6，其中 $\boldsymbol{r}$ 是 q 在 S 系中相对 Q 的矢径. 若 q 从图中位置 a 移动到位置 b，数学处理仿照例 2 万有引力做功的计算，可导得库仑力 $\boldsymbol{F}$ 对 q 做功为

$$W = kQq\left(\frac{1}{r_a} - \frac{1}{r_b}\right)$$

形式上与万有引力功表达式差一个负号.

在惯性系 S 中，如果 Q 是运动电荷，严格而言，q 所受力以及力做的功都要重新讨论，因此上述内容不能随意转换惯性系. 例如，在惯性系 S 中 Q 是静止电荷，在惯性系 S' 中却未必是静止电荷. 上述内容更不能转换到非惯性系中去，因为直到狭义相对论为止，经典的电学理论也只在惯性系中成立. 在惯性系 S 中，如果点电荷 Q、q 运动速度都远小于真空光速，那么 Q、q 所受力都可以近似为库仑力，形式上成为符合牛顿第三定律的一对作用力与反作用力. 在若干个惯性系中，如果 Q、q 运动速度都远小于真空光速，那么 Q、q 间这一对库仑力相对各个惯性系做功之和同为

$$W = kQq\left(\frac{1}{r_a} - \frac{1}{r_b}\right)$$

不可伸长的细绳伸直时，内部张力做功之和是否在任何参考系中均为零?

因为细绳中的每一个无限小绳段(质元)不可伸长而可模型化为质点，它们之间的相互作用力(张力)为接触力(零距离相互作用力)，其间的径向相对位移为零，故在任何参考系中均为零.

可伸长的细绳伸直时，内部张力做功之和为何可以不为零?

因为此时质元本身也可“伸长”，即有内部结构，不可能再模型化为质点. 为讨论内力做功，必须将质元分解为微观粒子(分子、原子、电子、原子核)，再将微观粒子模型化为质点，绳子张力归结为此种质点之间的非零距离作用力，故做功之和可以不为零.

2. 功率

牛顿力学中，力作用的基本对象是质点；牛顿力学中功的基本单元是力对质点做功. 牛顿力学中功率 P 界定为单位时间力对质点所做功，即为

$$P = \frac{\mathrm{d}W}{\mathrm{d}t} = \frac{\boldsymbol{F}\cdot\mathrm{d}\boldsymbol{l}}{\mathrm{d}t} = \boldsymbol{F}\cdot\boldsymbol{v}$$

3. 质点系引申的功

质点系各质点所受外力对其做功之和简称外力功.

质点系质点间内力做功之和简称内力功,是参考系不变量.

热运动气体分子碰撞活塞分子,使活塞整体外移,其间气体分子个体对活塞分子个体做功之和可等效模型化为气体整体对活塞整体做功,称为气体膨胀做功,简称体积功.

气体的此类"体积功"可转化为活塞的动能、重力势能,即转化为活塞机械能.

……

4. 引申的功率

单位时间某系统(例如发动机)对外提供的机械能称为该系统的做功功率.

5. 质点动能定理

惯性系中由牛顿第二定律 $\boldsymbol{F}=m\boldsymbol{a}$ 可得

$$\mathrm{d}W=\boldsymbol{F}\cdot\mathrm{d}\boldsymbol{l}=m\boldsymbol{a}\cdot\mathrm{d}\boldsymbol{l}=m\frac{\mathrm{d}\boldsymbol{v}}{\mathrm{d}t}\cdot\mathrm{d}\boldsymbol{l}=m\mathrm{d}\boldsymbol{v}\cdot\boldsymbol{v}=mv\mathrm{d}v_{/\!/}$$

式中 $\mathrm{d}v_{/\!/}$ 为 $\mathrm{d}\boldsymbol{v}$ 在 $\boldsymbol{v}$ 方向上的分量,即为 $\mathrm{d}v_{/\!/}=\mathrm{d}v$,$\mathrm{d}v$ 为标量 v 的增量.所以

$$\mathrm{d}W=mv\mathrm{d}v=\mathrm{d}\left(\frac{1}{2}mv^2\right)$$

引入质点动能 $E_\mathrm{k}=\dfrac{1}{2}mv^2$,则有

$$\mathrm{d}W=\mathrm{d}E_\mathrm{k}\quad\text{(质点动能定理微分式)}$$

或

$$W=\Delta E_\mathrm{k}\quad\text{(质点动能定理积分式)}$$

6. 质点系动能定理

质点系在任一参考系的动能 E_k 定义为各质点动能 $E_{\mathrm{k}i}$ 之和,即有

$$E_\mathrm{k}=\sum_i E_{\mathrm{k}i}$$

各质点所受外力做功之和记为 $W_{外}$,所受内力做功之和记为 $W_{内}$,可得

$$\text{惯性系中质点系动能定理}\begin{cases}\mathrm{d}W_{外}+\mathrm{d}W_{内}=\mathrm{d}E_\mathrm{k}\text{(微分式)}\\W_{外}+W_{内}=\Delta E_\mathrm{k}\text{(积分式)}\end{cases}$$

非惯性系中将各质点所受惯性力做功之和记为 $W_{惯}$,则有

$$\text{非惯性系中质点系动能定理}\begin{cases}\mathrm{d}W_{外}+\mathrm{d}W_{内}+\mathrm{d}W_{惯}=\mathrm{d}E_\mathrm{k}\text{(微分式)}\\W_{外}+W_{内}+W_{惯}=\Delta E_\mathrm{k}\text{(积分式)}\end{cases}$$

例 1 系统如图 3.7 所示,很小的定滑轮与轻绳间无摩擦,绳的 A 端由变力 $\boldsymbol{F}$ 拉动,使 A 始终具有水平匀速度 $\boldsymbol{v}_0$,系统的其他参量均已在图中示出,试求 $\boldsymbol{F}$ 的功率 P.

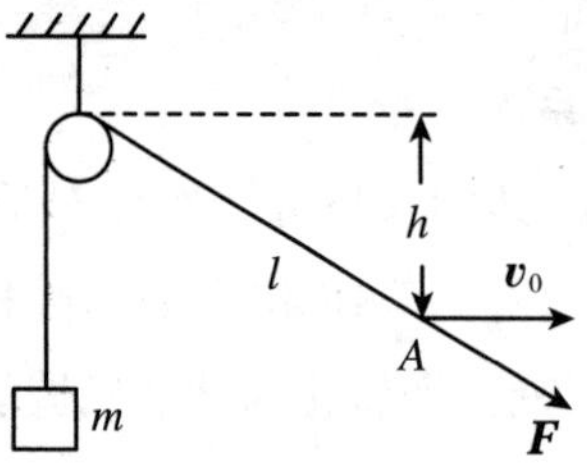

图 3.7

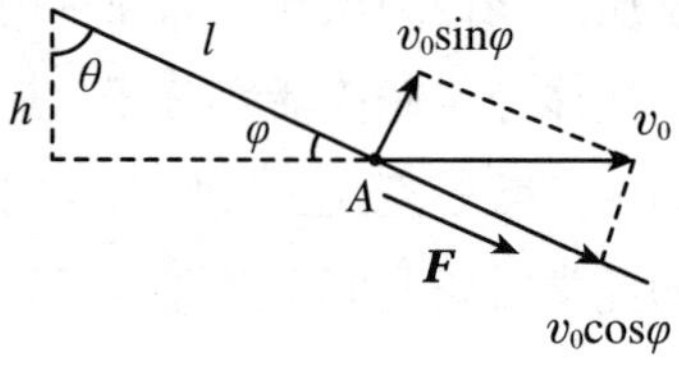

图 3.8

解 参考图 3.8,所求功率为

$$P = \boldsymbol{F} \cdot \boldsymbol{v}_0 = \boldsymbol{F} \cdot v_0 \cos\varphi = F v_0 \frac{\sqrt{l^2 - h^2}}{l}$$

轻绳 A 端质量为零,$\boldsymbol{F}$ 与绳张力 $\boldsymbol{T}$(图中未画出)平衡,即有

$$F = T$$

左侧悬挂物上升加速度记为 a_m,则有 $T = mg + ma_m$. a_m 需与 A 点运动量关联后方能获解. 以小滑轮为原点的竖直平面极坐标系中,A 点径向加速度为

$$a_r = \frac{\mathrm{d}^2 l}{\mathrm{d}t^2} - l\left(\frac{\mathrm{d}\theta}{\mathrm{d}t}\right)^2$$

A 点运动匀速,便得

$$a_r = 0, \quad \frac{\mathrm{d}^2 l}{\mathrm{d}t^2} = l\left(\frac{\mathrm{d}\theta}{\mathrm{d}t}\right)^2$$

$\frac{\mathrm{d}^2 l}{\mathrm{d}t^2}$即为 a_m,$l\frac{\mathrm{d}\theta}{\mathrm{d}t}$即为图 3.8 中 v_0 分速度 $v_0 \sin\varphi$,于是有

$$a_m = \frac{l^2\left(\frac{\mathrm{d}\theta}{\mathrm{d}t}\right)^2}{l} = \frac{v_0^2 \sin^2\varphi}{l} = \frac{v_0^2 h^2}{l^3}, \quad F = T = m\left(g + \frac{v_0^2 h^2}{l^3}\right)$$

即得

$$P = \boldsymbol{F} \cdot \boldsymbol{v}_0 = F v_0 \cos\varphi = m\left(g + \frac{v_0^2 h^2}{l^3}\right) v_0 \frac{\sqrt{l^2 - h^2}}{l}$$

例 2 如图 3.9 所示,长 L、质量为 M 的平板静止放在光滑水平面上,质量为 m 的小木块以水平初速 v_0 滑入平板上表面,两者间摩擦因数为 μ,试求小木块恰好未能滑离平板上表面的条件.

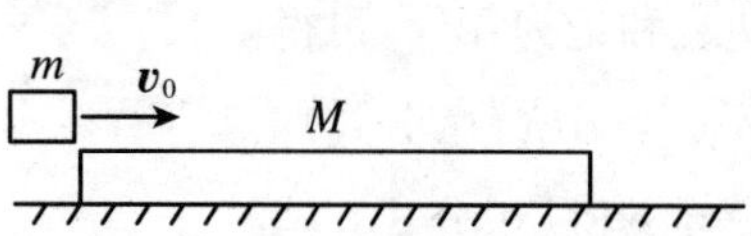

图 3.9

解 小木块恰好未能滑离平板上表面,意指小木块运动到平板右端时与平板速度相同,记为 v,即有

$$(M+m)v = mv_0$$

过程中 m 与 M 间一对摩擦力做功之和 W 可在 M 参考系中算得:

$$W = -\mu mgL$$

地面系中根据动能定理,有

$$W = \frac{1}{2}(M+m)v^2 - \frac{1}{2}mv_0^2$$

解得本题所求条件为

$$v_0^2 = 2\mu\frac{M+m}{M}gL$$

3.2 保守力与势能

1. 保守力

一个力有保守性与非保守性的区分.这样的区分首先是在惯性系中进行的,进而可引申到非惯性系,惯性力在形式上也可分为保守性的与非保守性的.

惯性系 S 中,如果一个力对质点所做功与质点的初始位置和终止位置有关,而与其间通过的路径无关,便称为保守力.

参看图 3.10,惯性系中,设质点从位置 a 可沿路径 L_1 到达位置 b,也可沿路径 L_2 到达位置 b,质点运动过程中若受保守力 $\boldsymbol{F}$,则有

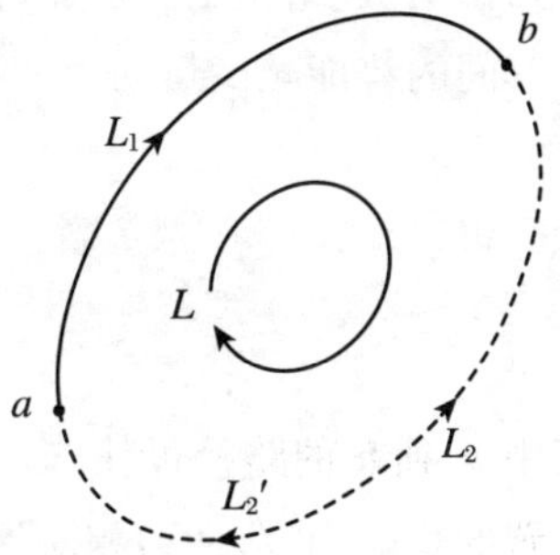

图 3.10

$$\int_{L_1}\boldsymbol{F}\cdot\mathrm{d}\boldsymbol{l} = \int_{L_2}\boldsymbol{F}\cdot\mathrm{d}\boldsymbol{l}$$

令质点从 b 沿着与 L_2 相反的路径 L'_2 返回 a,便有

$$\int_{L'_2}\boldsymbol{F}\cdot\mathrm{d}\boldsymbol{l} = -\int_{L_2}\boldsymbol{F}\cdot\mathrm{d}\boldsymbol{l} = -\int_{L_1}\boldsymbol{F}\cdot\mathrm{d}\boldsymbol{l}$$

或

$$\int_{L_1}\boldsymbol{F}\cdot\mathrm{d}\boldsymbol{l} + \int_{L'_2}\boldsymbol{F}\cdot\mathrm{d}\boldsymbol{l} = 0$$

意即从 a 沿路径 L_1 到 b,再经路径 L'_2 返回 a 的整个闭合路径 L 中,保守力做的功为零.这可表述成

$$\oint_L\boldsymbol{F}\cdot\mathrm{d}\boldsymbol{l} = 0$$

L 为 $\boldsymbol{F}$ 存在的空间区域内任何一条闭合回路.此式也就成为保守力的判别式.

力的保守性的上述讨论可引申到非惯性系，例如在非惯性系中一端固定的直弹簧对另一端物体的弹性力也是保守力.非惯性系 S' 的惯性力 $\boldsymbol{F}'_{惯}$ 如果也满足

$$\oint_{L'} \boldsymbol{F}'_{惯} \cdot \mathrm{d}\boldsymbol{l} = 0$$

L' 为 $\boldsymbol{F}'_{惯}$ 在 S' 系存在的空间区域内任何一条闭合回路，那么在形式上可称为保守性的惯性力.匀加速平动非惯性系中的平移力、匀速转动非惯性系中的惯性离心力都是这样的力.

2. 势能

结合质点动能定理，惯性系中一个保守力对质点所做功等于质点动能增量.现代人已普遍建立起这样的理念：增加的反方是减少.某人走出银行大门时，若口袋里多了几千元钱，可能性较大的是银行柜台内少了这几千元钱.在惯性系 S 中，质点的动能增加可通过保守力做功来实现，保守力做功量又由前后两个位置的改变确定.可以设想质点在 S 系的每一个位置都有一种由该位置确定的做功能力，称为势能（或位能），记为 $E_{\mathrm{p}}(\boldsymbol{r})$.整理后，可得这样的关系：

质点从 $\boldsymbol{r}_a$ 到 $\boldsymbol{r}_b$：势能减少量 = 保守力做功量 = 动能增加量

其中，"势能减少量 = 动能增加量"便是能量守恒理念对应的实例之一；"势能减少量 = 保守力做功量"给出了势能差的计算途径.质点在无穷小位移 $\mathrm{d}\boldsymbol{l}$ 中若受保守力 $\boldsymbol{F}$，那么质点在其间的势能减少量为

$$-\mathrm{d}E_{\mathrm{p}} = \boldsymbol{F} \cdot \mathrm{d}\boldsymbol{l}$$

积分得

$$E_{\mathrm{p}}(\boldsymbol{r}_a) - E_{\mathrm{p}}(\boldsymbol{r}_b) = \int_a^b \boldsymbol{F} \cdot \mathrm{d}\boldsymbol{l}$$

其中 a 到 b 的路径可任选，上式可确定任意两个点位置间的势能差，如果再设定某一点位置的势能为零，便可相对地确定所有其他点位置的势能值.势能零点具有任选性，如果可能，常选 $\boldsymbol{F}=\boldsymbol{0}$ 的点为势能零点.

➢重力势能

取地面系，讨论范围内无重力为零的点，可视方便选定一个点（例如二楼上课教室地面上某点）的重力势能为零.该点所在水平面 σ_0 上所有点的重力势能便都为零，于是经常省略地说成取某水平面 σ_0 的重力势能为零.这样质量为 m 的质点在水平面 σ_0 上方 h 处具有重力势能

$$E_{\mathrm{p}} = mgh, \quad h \text{ 可正可负：} \begin{cases} h > 0, E_{\mathrm{p}} > 0 \\ h < 0, E_{\mathrm{p}} < 0 \end{cases}$$

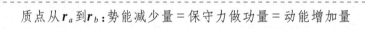

质点系各质点重力势能之和称为质点系重力势能.质点系存在一个重心,将质点系各质点所受重力平移到重心处,求和后对应的重力势能即为质点系重力势能.对于质量分布和几何形状都是对称的物体,重心在它的中心位置.一般质点系的重心位置与质点系的质心位置重合,质心将在后文中介绍.

➢弹性势能

前面介绍过,胡克弹力功与被弹力作用的物体的初始位置和终止位置有关,而与其间经过的路径无关,故胡克弹力是个保守力.图 3.2 中物块处于 $x=0$ 位置时,弹簧无形变,弹力为零,便取 $x=0$ 点为弹性势能零点.物块在 $x\neq0$ 位置的弹性势能为

$$E_{\mathrm{p}}(x) = \frac{1}{2}kx^2$$

➢ $-\mathrm{d}E_{\mathrm{p}}(\boldsymbol{r})=\boldsymbol{F}(\boldsymbol{r})\cdot\mathrm{d}\boldsymbol{l}$ 的逆运算,哈密顿算符

现实空间为三维空间,结合多元函数全微分,有

$$E_{\mathrm{p}}(\boldsymbol{r}) = E_{\mathrm{p}}(x,y,z),\quad \boldsymbol{F}(\boldsymbol{r}) = F_x(x,y,z)\boldsymbol{i} + F_y(x,y,z)\boldsymbol{j} + F_z(x,y,z)\boldsymbol{k}$$

$$-\mathrm{d}E_{\mathrm{p}}(\boldsymbol{r}) = -\left(\frac{\partial E_{\mathrm{p}}}{\partial x}\mathrm{d}x + \frac{\partial E_{\mathrm{p}}}{\partial y}\mathrm{d}y + \frac{\partial E_{\mathrm{p}}}{\partial z}\mathrm{d}z\right)$$

$$\boldsymbol{F}\cdot\mathrm{d}\boldsymbol{l} = F_x\mathrm{d}x + F_y\mathrm{d}y + F_z\mathrm{d}z$$

x、y、z 独立坐标量要求

$$F_x = -\frac{\partial E_{\mathrm{p}}}{\partial x},\quad F_y = -\frac{\partial E_{\mathrm{p}}}{\partial y},\quad F_z = -\frac{\partial E_{\mathrm{p}}}{\partial z}$$

即得逆运算结果:

$$\boldsymbol{F} = -\left(\frac{\partial E_{\mathrm{p}}}{\partial x}\boldsymbol{i} + \frac{\partial E_{\mathrm{p}}}{\partial y}\boldsymbol{j} + \frac{\partial E_{\mathrm{p}}}{\partial z}\boldsymbol{k}\right)$$

$\boldsymbol{F}$ 又可表述为

$$\boldsymbol{F} = -\left(\frac{\partial}{\partial x}\boldsymbol{i} + \frac{\partial}{\partial y}\boldsymbol{j} + \frac{\partial}{\partial z}\boldsymbol{k}\right)E_{\mathrm{p}}$$

引入一个偏导数运算且具有矢量特征的运算符号

$$\nabla = \frac{\partial}{\partial x}\boldsymbol{i} + \frac{\partial}{\partial y}\boldsymbol{j} + \frac{\partial}{\partial z}\boldsymbol{k}$$

$\boldsymbol{F}$ 又可简单表述为

$$\boldsymbol{F} = -\nabla E_{\mathrm{p}}$$

称 ∇ 为哈密顿算符.

$\boldsymbol{F}(\boldsymbol{r})\cdot\mathrm{d}\boldsymbol{l}\sim-\mathrm{d}E_{\mathrm{p}}(\boldsymbol{r})$:$\boldsymbol{r}$ 意指 $\boldsymbol{F}$ 的方向是 E_{p} 减少的方向,即 $-\nabla E_{\mathrm{p}}$ 是指向 E_{p} 减少的方向,于是 ∇E_{p} 是 E_{p} 增加的方向,故称 ∇E_{p} 为 E_{p} 的梯度(爬高方向的升高快慢度量).

例 1 取一根劲度系数为 k、自由长度为 L、质量为 m 的均匀柱形弹性体.

(1) 将其放在光滑水平面上,一端固定,另一端施以外力,使弹性体缓慢伸长 ΔL_1,试

求其内含弹性势能 E_{p1}.

(2) 将其竖直悬挂,平衡后计算弹性体伸长量 Δl_2 和内含弹性势能 E_{p2}.

分析 对于原长为 L、劲度系数为 k 的柱形弹性体,如果原长中任意一段长度 l 的劲度系数为

$$k_l = \frac{L}{l}k$$

则称为弹性结构处处相同的柱形弹性体.通常约定,若无特殊说明,所给柱形弹性体均按弹性结构处处相同处理.

设柱形弹性体两端受拉力或压力 F,沿长度方向无其他外力,平衡时体内弹性力处处同为 F,长度方向形变量为

$$\Delta L = \frac{F}{k}$$

任意原长 l 段的形变量为

$$\Delta l = \frac{l}{L}\Delta L$$

整个弹性体内含的弹性势能为

$$E_p = \frac{1}{2}k(\Delta L)^2$$

质量可忽略的柱形弹性体无论水平或竖直放置,也无论沿长度方向处于什么样的运动状态,如果弹性体本身除两端受拉力或压力外,沿长度方向不受其他外力(竖直悬挂时弹性体所受重力可忽略),那么弹性体内弹性力仍处处与两端外力相同.关于 ΔL、Δl、E_p 的上述三式均成立,轻弹簧便属此一例.

质量不可忽略的柱形弹性体水平放置,除两端受力外,沿长度方向无其他外力.平衡时体内弹性力仍处处与两端外力相同,故关于 ΔL、Δl、E_p 的上述三式仍成立.若弹性体沿长度方向处于变化的运动状态,则因质量和加速度的存在,体内弹性力不再处处相同,关于 ΔL、Δl、E_p 的上述三式不再成立.这样的弹性体若竖直悬挂,下端不施外力,平衡时也会因重力的存在而使体内弹性力从下端的零值单调递增到上端的 mg 值,其中 m 是弹性体质量.于是,关于 ΔL、Δl、E_p 的上述三式也不再成立.质量不可忽略的弹簧便是这样的弹性体.

解 (1) 缓慢伸长可处理为时时平衡,据上所述,有

$$E_{p1} = \frac{1}{2}k(\Delta L_1)^2$$

(2) 弹性体处于原长时,将悬挂点记为 $x=0$,弹性体沿长度方向各部位均可用坐标 $x(0\leqslant x\leqslant L)$标记,悬挂平衡后,取 x 到 $x+\mathrm{d}x$ 段,其劲度系数为

$$k_{\mathrm{d}x} = \frac{L}{\mathrm{d}x}k$$

该小段上下两端分别受拉力

$$\frac{m}{L}(L-x)g,\quad \frac{m}{L}[L-(x+\mathrm{d}x)]g$$

两者差为无穷小量，可处理为两端各有$\frac{m}{L}(L-x)g$ 拉力，该小段伸长量为

$$\mathrm{d}l_2=\frac{\frac{m}{L}(L-x)g}{k_{\mathrm{d}x}}=\frac{mg}{kL^2}(L-x)\mathrm{d}x$$

x 到 $x+\mathrm{d}x$ 段内弹性力处处相同，内含的弹性势能为

$$\mathrm{d}E_{\mathrm{p}2}=\frac{1}{2}k_{\mathrm{d}x}(\mathrm{d}l_2)^2=\frac{m^2g^2}{2kL^3}(L-x)^2\mathrm{d}x$$

弹性体内含的弹性势能便是

$$E_{\mathrm{p}2}=\int_0^L\mathrm{d}E_{\mathrm{p}2}=\frac{m^2g^2}{6k}$$

3.3 二体系统势能

在每一个参考系中，一个物体的动能 $E_{\mathrm{k}}=\frac{1}{2}mv^2$，其中 m 是该物体的质量，v 是该物体在此参考系中的运动速度量，因此动能 E_{k} 属于该物体在此参考系中的动能是客观性很强的力学观念. 一个物体的势能是通过其他物体或物质施加的力做功来实现的，将势能定义为受力物体所有，客观上有欠缺. 力是成对出现的，作用力、反作用力都在做功(特殊情况下，其中一个力做功为零).

在每一个参考系中，质点 A 所受质点 B 的作用力$\boldsymbol{F}_A$如果是保守力，即有

$$\oint_{L_A}\boldsymbol{F}_A\cdot\mathrm{d}\boldsymbol{l}_A=0$$

L_A 为$\boldsymbol{F}_A$ 所在空间区域内任取的一条闭合回路，那么对于质点 B 所受质点 A 的反作用力$\boldsymbol{F}_B$，因$\boldsymbol{F}_B=-\boldsymbol{F}_A$，也必有

$$\oint_{L_A}-\boldsymbol{F}_A\cdot\mathrm{d}\boldsymbol{l}_A=0\ \Rightarrow\ \oint_{L_B}\boldsymbol{F}_B\cdot\mathrm{d}\boldsymbol{l}_B=0$$

故$\boldsymbol{F}_A$的反作用力$\boldsymbol{F}_B$在此参考系中也是保守力.

于是一个力保守性的讨论可引申到一对作用力与反作用力保守性的讨论，或将这两个质点(或物体)构成的系统称为一对保守性的作用力、反作用力系统. 一对保守性作用力、反作用力做功之和与两个物体间相对位置有关. 由此得到启发，势能并非一个物体所有，而是两个物体构成的系统所有.

这样定义的系统势能 E_p 定义为 A、B 间相对位置确定的力学量. $\boldsymbol{F}_A$、$\boldsymbol{F}_B$ 做功之和即为 E_p 减少量.这样定义的系统势能 E_p 在所有参考系中都是相同的,它等于质点 A 参考系中质点 B 所受保守力 $\boldsymbol{F}_B$ 独自对应的一个保守力的势能 E_B,或等于质点 B 参考系中质点 A 所受保守力 $\boldsymbol{F}_A$ 独自对应的一个保守力的势能 E_A.

为方便起见,将这一势能称为二体系统势能.

据此,前文所得地面系中一个质点的重力势能即为该质点与地面构成的系统所具有的二体重力势能.公式仍为

$$E_p = mgh$$

前文讨论的一个保守力对应的势能公式都可直接转换成对应的二体系统势能.例如前文讨论的胡克弹力功对应的图 3.2,弹簧右端小物块因弹簧力做功而对应有弹性势能公式

$$E_p(x) = \frac{1}{2}kx^2$$

若将图 3.2 中弹簧左端连接的墙与右端小物块处理为成对的物体,两者之间的作用力、反作用力均由弹性力表现,则对应的二体系统势能仍为

$$E_p(x) = \frac{1}{2}kx^2$$

➢二体万有引力势能

质量分别为 M 和 m 的两个质点,在质点 M 参考系中,质点 m 相对于质点 M 的位矢记为 $\boldsymbol{r}$.选定某个方向无穷远点为引力势能零点,沿着无穷远圆弧路径到达另一方向无穷远点的过程中,m 所受万有引力做的功为零.据此,所有方向无穷远处的引力势能均为零,于是可省略地说成取无穷远处引力势能为零.将 m 所受 M 的万有引力处理为一个保守力,则 m 相对 M 处于 $\boldsymbol{r}$ 位置的引力势能为

$$E_p(\boldsymbol{r}) = -G\frac{Mm}{r}$$

因 r 相同处 E_p 值相同,故以 M 为中心点的 r 球面引力势能为

$$E_p(r) = -G\frac{Mm}{r}$$

改取 M、m 构成的二体系统,则又有二体系统势能

$$E_p(\boldsymbol{r}) = -G\frac{Mm}{r}$$

r 球面引力势能为

$$E_p(r) = -G\frac{Mm}{r}$$

➢二体库仑势能

将二体万有引力势能中的 M、m 分别改为 Q、q,并将 $-G$ 改为 k,即得二体库仑势能(公式略).一个保守力所对应的势能属于受力者所有,客观上有欠缺,故引入了一对保

守性作用力、反作用力对应的二体系统势能.势能并非一个物体所有,而是两个物体构成的系统所有.地面参考系中将重力势能归属于重物与地面构成的系统所有,显然比单独归属于重物所有更客观些.可是,再进一步追究,必然会面对这样的问题:势能究竟"藏"在系统何处?如果说分别"藏"在这两个物体中,那么各"藏"多少?对此,力学无法给出相应的分配法则.考察一下弹性势能给出的 E_p 已经从弹簧右端一个物体所有进一步到由这个物体和弹簧左端物体(墙)构成的系统所有.不难意识到,这一系统其实还应包括两个物体之间的弹簧,系统弹性势能的变化与弹簧状态的变化是同时发生的,如果将弹性势能解释为形变中弹簧"藏"有的能量,显然更符合客观事实.同样可以理解,重力势能应为重物与地面之间某种分布性物质所具有,这种物质是看不见的重力场物质,或者确切地说是引力场物质.至此,得到这样的结论:势能是场能的组成部分.尽管如此,在不深入涉及场物质的牛顿力学中,仍然可以将势能简单而笼统地处理为系统所有.在某些场合,甚至可更加简便地将势能退还为一个物体所有.

3.4 机械能定理与机械能守恒定律

1. 机械能定理

质点间的相互作用力或是保守性的,或是非保守性的.质点系中各对保守性内力对应的势能之和称为质点系内势能,记为 E_p.各对保守性内力做功之和 $W_{内保}$ 便等于 E_p 的减少量,即有

$$W_{内保} = -\Delta E_p$$

质点系内势能在各参考系中相同,上式在所有参考系中都成立.

惯性系中质点系动能定理改述成

$$W_{内保} + W_{内非保} + W_{外} = \Delta E_k + \Delta E_p$$

其中 $W_{内非保}$ 是非保守性内力做功之和,联合上两式,得

$$W_{内非保} + W_{外} = \Delta(E_k + E_p)$$

定义质点系动能与内势能之和为质点系机械能 E,即得

$$E = E_k + E_p \Rightarrow W_{内非保} + W_{外} = \Delta E$$

这就是质点系机械能定理,或称功能原理.

质点系所受外力若是保守力,也有对应的势能,称为外势能.外势能的归属涉及质点系外的物体或物质,不能仅归质点系所有,因此质点系的机械能未将它包括在内,处理具体问题时,则又常常简化地将外势能当作质点系机械能的一部分.例如小球从高处落下

的过程，地面系中可将小球与地面视为质点系，机械能包括小球动能和系统重力势能，空气阻力为外力，空气阻力做功(负功)等于系统的机械能增加量.或具体叙述为：系统重力势能减少量一部分转化为小球动能增加量，另一部分克服空气阻力做功.简化的处理方式是只谈论小球，质点系仅由小球组成，虽然重力势能仍属外势能，但说成是小球的势能.功能关系叙述为：小球重力势能减少量一部分转化为小球动能增加量，另一部分克服空气阻力做功.物理学科中若干简化的叙述是可取的，但须防止取为本质性内容，否则容易出差错.例如，爱因斯坦的质能关系式

$$E = mc^2$$

其中 E 是物体内含的全部能量，自然不包括外势能.若过分习惯于将小球重力势能当成小球的机械能，日后可能会误以为重力势能对小球质量有贡献.这样的误解确曾发生过.

非惯性系中各质点所受保守性惯性力对应的势能之和组成质点系的惯性势能 $E_{\text{p惯}}$.将质点系动能、内势能与惯性势能之和记为 E，即有

$$E = E_{\text{k}} + E_{\text{p}} + E_{\text{惯}} \Rightarrow W_{\text{惯非保}} + W_{\text{内非保}} + W_{\text{外}} = \Delta E$$

即为非惯性系中质点系的功能关系，式中 $W_{\text{惯非保}}$ 是非保守性惯性力做功之和.

2. 机械能守恒定律

运动的宏观物体有动能，早期将动能理解为运动物体具有的做功能力.通过对保守力做功特性的认识，引入了势能，“势能减少量等于动能增加量”揭示势能与动能有内在的共性.于是又引入了包括动能与势能的机械能.动能由各质点质量和运动速度确定，势能由系统自身几何位置和几何结构确定，速度和几何位形都是运动状态的表征，因此，机械能是由系统运动状态确定的力学量.势能的减少通过保守力做功实现，表明保守力做功的过程是势能与动能间转换的过程，可见保守力做的功是过程量，引申后可以理解功均为过程量.

非保守性内力与外力做功会使系统机械能变化.保守性外力做功的过程可以解释为更大系统中部分势能与它所包含的原小系统机械能之间的转换过程.非保守性内力与非保守性外力做功的过程中，却往往找不到有其他物体机械能的变化.例如，蒸汽机内热膨胀过程中气体对气缸活塞施力做功，带动车轮，使机车获得动能，这是非保性内力做功引起系统机械能增加的过程.空气阻力和铁轨摩擦力做功，又会使运动的机车损失动能，同时产生热，这是非保守性外力做功导致系统机械能减少的过程.这两个过程中周围相关物体的机械能都没有减少或增加.研究表明，物体内存在着与热相关的一种做功能力，即热学中的内能(热力学能).前一例中内能转化为机械能，后一例中机械能转化为内能.

宏观物体由大量微观粒子，例如分子组成.力学中宏观物体可模型化为质点，物体中一个宏观足够小的部位也可模型化为质点.宏观上足够小，微观上仍然足够大，内含的微观分子足够多.总之，力学中的质点是宏观质点，进入微观世界，分子或分子中的原子也

可处理成质点.为了有所区分,称为微观质点.将宏观物体处理成由大量微观质点构成的质点系,内能便可比喻为这一微观质点系的“机械能”.可以理解,内能与机械能的物理本质是相通的,从此产生了更普遍的能量概念.能量有各种各样的形式,除了有机械能、内能,还有电相互作用中的电磁能以及强相互作用有关的核能等.各种物理过程中,能量可以传送,可以转换.

惯性系中(宏观)质点系经历的某一力学过程中,如果每一个无穷小过程非保守性内力和外力都不做功,那么整个过程中质点系机械能在内、外两个方面都不发生变化,称为过程中系统机械能守恒,这可表述为:

若过程中恒有 $dW_{内非保}=0, dW_{外}=0$,则 E 为守恒量.

机械能守恒强调的是对内、对外两个方向都没有能量转换,因此守恒的条件不可写为

$$dW_{内非保} + dW_{外} = 0$$

上面的表述是机械能定理在某类过程中的表现,故暂称为机械能守恒定理.

每一对内部非保守力做功恒为零的质点系称为保守系,只有保守系才有可能保持机械能守恒.不受外力作用的保守系在各惯性系中机械能都守恒.受外力作用的保守系在某惯性系中恒有 $dW_{外}=0$,则机械能守恒.外力做功与参考系有关,惯性系 S_1 中机械能守恒的保守系在惯性系 S_2 中机械能未必守恒.

$dW_{内非保}<0$ 的非保守性内力会消耗系统的机械能,称为耗散力,系统中的内摩擦力便是一例.$dW_{内非保}>0$ 的非保守性内力也是可以存在的,对应的物理过程中有其他形式能量换成系统机械能.

非保守性内力或外力做功使系统机械能发生变化的同时,总会在系统内或系统外伴随有各种可能形式能量的变化.综合考察,总能量不增不减.涉及机械能的物理过程是如此,不涉及机械能的物理过程也是如此,这就是更普遍的能量守恒定律.将上述的物理解释性内容纳入质点系机械能守恒定理,那么这一定理可理解为普遍的能量守恒定律在宏观力学过程中的表现,因此又称为机械能守恒定律.非惯性系中,可据前文已给出的公式

$$W_{惯非保} + W_{内非保} + W_{外} = \Delta E \quad (E = E_k + E_p + E_{p惯})$$

计算质点系的 E 在过程中是否为不变量,但没有相应的“机械能守恒定理或定律”一说.

例1 某惯性系中质量分别为 m、M 的质点 A、B 开始时相距 l_0,A 静止,B 具有沿 A、B 连线延伸方向速度 $\boldsymbol{v}_0$.为抵消 B 所受 A 的万有引力,可如图 3.11 所示,对 B 施加一个与$\boldsymbol{v}_0$同方向的变力 $\boldsymbol{F}$,使 B 从此做匀速直线运动.

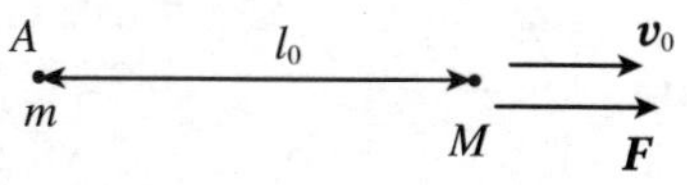

图 3.11

(1) 试求 A、B 间距可达到的最大值 $l_{\max}$.

(2) 计算从开始时刻到 A、B 间距达最大值的过程中,变力 $\boldsymbol{F}$ 所做总功 W.

解 (1) 在原惯性系中变力 $\boldsymbol{F}$ 做的功 W 等于系统机械能增加量 ΔE,其中的势能变化与 $l_{\max}$有关,一个方程包含 W 和 $l_{\max}$两个未知量,不好求解.改取随 B 运动的惯性系,此参考系中变力 $\boldsymbol{F}$ 做功为零,即得

$$-G\frac{Mm}{l_{\max}}=\frac{1}{2}mv_0^2-G\frac{Mm}{l_0}$$

解得

$$l_{\max}=\frac{2l_0GM}{2GM-l_0v_0^2} \quad ①$$

(2) 在原惯性系中由机械能定理得

$$W=\left[\frac{1}{2}(m+M)v_0^2-G\frac{Mm}{l_{\max}}\right]-\left(\frac{1}{2}Mv_0^2-G\frac{Mm}{l_0}\right)=mv_0^2 \quad ②$$

讨论:由①式,因 $l_{\max}$只能取正,上述结果只适用于

$$v_0<\sqrt{\frac{2GM}{l_0}}$$

如果

$$v_0\geqslant\sqrt{\frac{2GM}{l_0}}$$

A 未达无穷远前,速度不可能降到零,故上述 $l_{\max}$所满足的机械能方程失效,此时必有

$$l_{\max}\to\infty$$

在该参考系,A、B 相距无穷远时,A 的速度大小可由

$$\frac{1}{2}mv_\infty^2=\frac{1}{2}mv_0^2-G\frac{Mm}{l_0}$$

解得

$$v'_\infty=\sqrt{v_0^2-2\frac{GM}{l_0}}$$

在原惯性系中,A 的速度大小为 $v_0-v'_\infty$,B 的速度大小仍为 v_0,于是 $\boldsymbol{F}$ 做功所得②式改取为

$$W=\left[\frac{1}{2}m(v_0-v'_\infty)^2+\frac{1}{2}Mv_0^2\right]-\left(\frac{1}{2}Mv_0^2-G\frac{Mm}{l_0}\right)$$

解得

$$W=mv_0\left(v_0-\sqrt{v_0^2-2\frac{GM}{l_0}}\right)$$

(本题也可有其他解法,略.)

例 2 半径为 R 的匀质圆环形光滑细管道放在光滑的水平面上,管内有两个相同的

小球 A_1 和 A_2，它们位于一条直径的两端，管道质量是每个小球质量的 γ 倍. 开始时管道静止，A_1 和 A_2 沿切线方向有相同的初速度，而后将通过管道的两个对称缺口 P_1 和 P_2 穿出，P_1、P_2 的位置已在图 3.12 中用方位角 φ 标定. A_1、A_2 从缺口穿出后，将在水平面上某处相碰，试求：

(1) 相碰时两球与管道中心 O 之间的距离 l；

(2) 从小球穿出缺口直到小球相碰的过程中，管道在水平面上经过的路程 s.

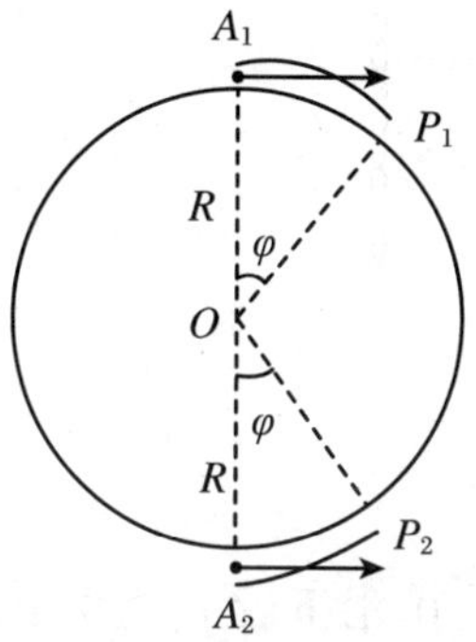

图 3.12

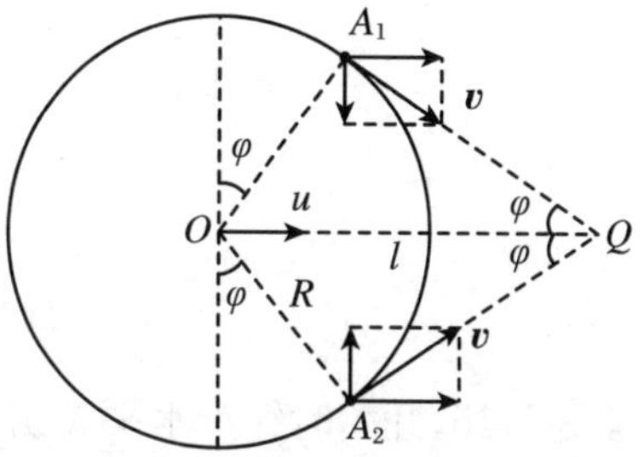

图 3.13

解 A_1 和 A_2 沿切线方向的初速度记为 v_0，质量同记为 m，管道质量为 γm.

(1) 在从 P_1、P_2 穿出前，A_1、A_2 一方面随管道一起沿着 $\boldsymbol{v}_0$ 方向线相对水平面运动，速度记为 $\boldsymbol{u}$，另一方面相对管道做圆周运动，速度大小记为 v. 从 A_1、A_2 穿出缺口开始，管道将以 A_1、A_2 穿出时的 $\boldsymbol{u}$ 做直线运动，A_1、A_2 相对管道则做切向匀速直线运动. 因此，相对管道而言，A_1 与 A_2 将在图 3.13 中的 Q 点相碰，Q 与管道中心 O 之间的距离为

$$l = \frac{R}{\sin\varphi}$$

(2) 将 A_1、A_2 穿出缺口后直到相碰前经过的时间记为 t，参考图 3.13，可见 t 时间内 A_1、A_2 相对管道各自经过的路程为

$$R\cot\varphi = vt$$

管道相对水平面经过的路程为

$$s = ut = \frac{u}{v}R\cot\varphi$$

结合 A_1、A_2 穿出缺口时系统沿 $\boldsymbol{v}_0$ 方向的动量守恒方程和机械能守恒方程：

$$\gamma mu + 2m(v\cos\varphi + u) = 2mv_0$$

$$\frac{1}{2}(\gamma m)u^2 + \frac{1}{2}(2m)[(v\sin\varphi)^2 + (v\cos\varphi + u)^2] = \frac{1}{2}(2m)v_0^2$$

解得

$$v = \sqrt{\frac{\gamma}{\gamma + 2\sin^2\varphi}}v_0,\quad u = \frac{2\sqrt{\gamma + 2\sin^2\varphi} - \sqrt{\gamma}\cos\varphi}{(\gamma + 2)\sqrt{\gamma + 2\sin^2\varphi}}v_0$$

$$s = 2R\frac{\sqrt{1+\dfrac{2}{\gamma}\sin^2\varphi} - \cos\varphi}{\gamma + 2}\cot\varphi$$

例 3 长 L 的匀质软绳绝大部分沿长度方向直放在水平桌面上，仅有很少一部分悬挂在桌面外，如图 3.14(a)所示.而后绳将从静止开始下滑，问：绳能否滑到图 3.14(b)所示状态？若不能，再问：绳滑下的长度 l 为多大时，绳会甩离桌面棱边？

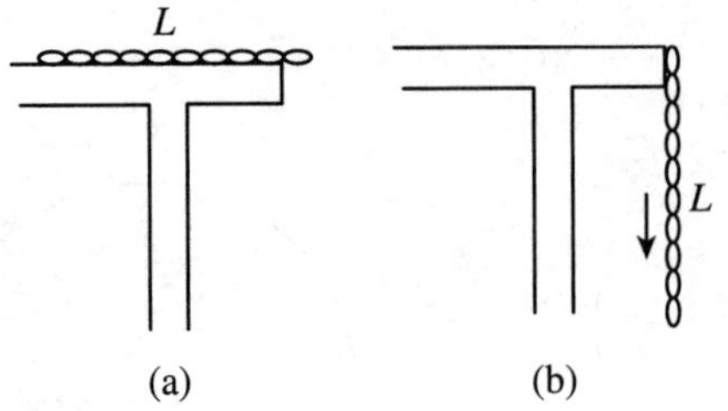

图 3.14

解 参考图 3.15，开始时绳沿水平 x 方向动量 $p_x = 0$，滑下后 $p_x > 0$，若最后能滑到图 3.14(b)所示状态，又将减至 $p_x = 0$，其间 p_x 的变化来源于x 方向外力冲量，此冲量不可能由重力提供，只能由桌面棱边支持力 $\boldsymbol{N}$ 提供. p_x 增加，要求 $\boldsymbol{N}$ 朝右上方，p_x 减少，要求 $\boldsymbol{N}$ 朝左下方.考虑到真实情况中 $\boldsymbol{N}$ 不可能朝左下方，因此绳不能滑到图 3.14(b)所示的位置.

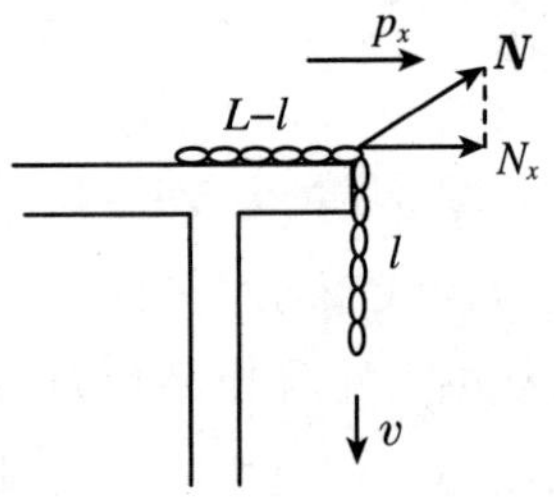

图 3.15

绳滑下长度 l 时，将绳各部位运动速率记为 v，有能量关联式：

$$\frac{1}{2}(\lambda L)v^2 = (\lambda l)g\frac{l}{2}$$

λ 为绳的质量线密度，可解得

$$v = \sqrt{\frac{g}{L}}l$$

绳的水平方向动量便为

$$p_x = \lambda(L-l)v = \lambda\sqrt{\frac{g}{L}}(L-l)l$$

p_x 从零增加到极大值时，$\boldsymbol{N}$ 对应降到零，从上式很易确定 $l = \dfrac{L}{2}$时，p_x 达极大值，绳将甩离桌面棱边.

3.5 碰　撞

宏观世界经常会发生物体的碰撞,碰撞过程经历的时间一般很短,物体的动量却有明显变化,可见碰撞力很大,常规力(例如重力、地面摩擦力等)与其相比提供的冲量可以略去.碰撞前后系统动量守恒.物体因运动到一起而发生碰撞,全过程中物体间力的作用有可能不损耗系统动能,犹如其间是弹性力的作用.这样的碰撞称为弹性的,否则称为非弹性的.碰后物体一起运动,系统动能损失最大,称为完全非弹性碰撞.两个物体的碰撞为二体碰撞,自然也有多体碰撞.将碰撞的物体模型化为质点,碰撞前后各质点速度若都在一条直线上,称为一维碰撞;不在一条直线上,但在一个平面内,称为二维碰撞;再有三维碰撞.一维碰撞也称为正碰撞,二维、三维碰撞为斜碰撞.后文将述及质心参考系中的二体斜碰撞都是二维碰撞.

碰撞的基本问题是已知碰撞前系统的运动状态,要求确定碰撞后系统的运动状态.处理多体碰撞或斜碰撞时,将物体模型化为质点,常会丢失真实物体互相挤压和真实物体几何位形可提供的力学关系,使得碰撞物体的解出现不定性.这种情况下,物体可以不处理成质点.

微观粒子间的相互作用也会使粒子彼此快速接近,继而快速分离,略去细节,同样可处理成碰撞过程.宇观星体间类似的接近、分离过程中,如果其他天体的引力提供的冲量可以略去,也可处理成碰撞过程.

3.5.1 一维碰撞

1. 二体正碰撞

质点1、2碰撞前后的运动状态如图3.16所示.

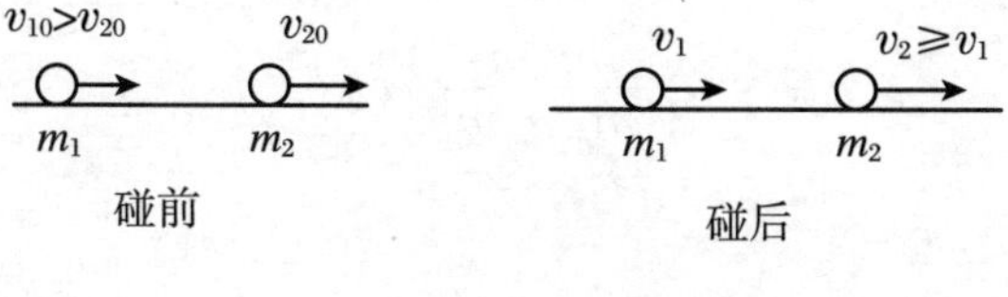

图 3.16

2. 弹性碰撞

动量守恒方程：

$$m_1 v_1 + m_2 v_2 = m_1 v_{10} + m_2 v_{20}$$

碰撞前后系统动能不变，补充方程

$$\frac{1}{2}m_1 v_1^2 + \frac{1}{2}m_2 v_2^2 = \frac{1}{2}m_1 v_{10}^2 + \frac{1}{2}m_2 v_{20}^2$$

数学上可得两组解，其一为 $v_1 = v_{10}$，$v_2 = v_{20}$，物理上对应碰前运动状态量，须删；其二为

$$v_1 = \frac{(m_1 - m_2)v_{10} + 2m_2 v_{20}}{m_1 + m_2}, \quad v_2 = \frac{(m_2 - m_1)v_{20} + 2m_1 v_{10}}{m_2 + m_1} \quad \text{（下标对称性解）}$$

进而可得

$$v_2 - v_1 = v_{10} - v_{20}$$

即碰后的分离速度大小等于碰前的接近速度大小，或者说碰撞前后相对速度大小不变.

又，若 $m_1 = m_2$，则有

$$v_1 = v_{20}, \quad v_2 = v_{10}$$

即此种碰撞使得质点 1、2 互相交换速度(矢量)：

$$\begin{cases} \boldsymbol{v}_1 = \boldsymbol{v}_{20} \\ \boldsymbol{v}_2 = \boldsymbol{v}_{10} \end{cases}$$

实例：台球桌上球 1 对准静止的球 2 打去，碰后球 2 被打走，球 1 有可能停下.

弹性碰撞中，若 $m_2 \gg m_1$，且 $v_{20} = 0$，则有

$$v_1 = -v_{10}, \quad v_2 = 0$$

足球碰撞墙便属此例.

3. 完全非弹性碰撞

碰后质点 1、2 一起运动，可补充方程并得解

$$v_1 = v_2 = \frac{m_1 v_{10} + m_2 v_{20}}{m_1 + m_2}$$

碰后系统动能损失最大，为

$$E_{损} = \frac{1}{2}\frac{m_1 m_2}{m_1 + m_2}(v_{10} - v_{20})^2$$

4. 非弹性碰撞

介于弹性与完全非弹性之间的碰撞称为非弹性碰撞.此类碰撞可引入恢复系数

$$e = \frac{v_2 - v_1}{v_{10} - v_{20}} \quad (1 > e > 0)$$

可解得碰后运动状态量:

$$v_1 = v_{10} - \frac{(1+e)m_2(v_{10} - v_{20})}{m_1 + m_2}, \quad v_2 = v_{20} - \frac{(1+e)m_1(v_{20} - v_{10})}{m_2 + m_1}$$

碰后动能损失量为

$$E_{\text{损}} = \frac{1}{2}(1 - e^2)\frac{m_1 m_2}{m_1 + m_2}(v_{10} - v_{20})^2$$

小于完全非弹性碰撞的动能损失量.

例 1 如图 3.17 所示,水平地面上方两个质量相同的小球 A、B 在同一竖直线上,它们离地的高度分别为 H_A、H_B. 将 A、B 同时从静止释放,会发生的都是弹性碰撞. 试导出既能使{A 球,B 球}系统形成周期运动,又不会发生 A、B 同时与地面碰撞(三体碰撞)的条件.

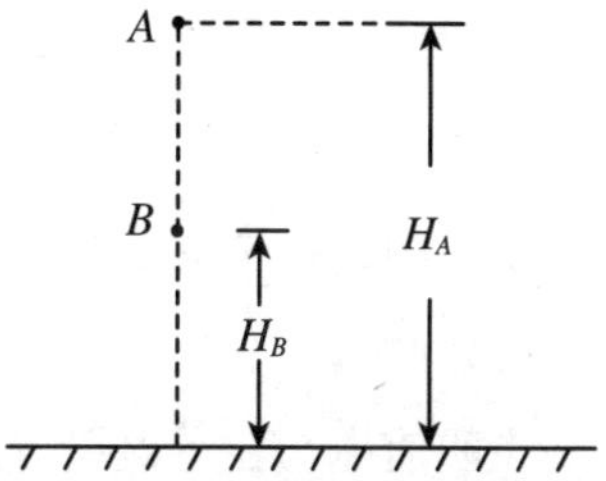

图 3.17

解题思路 A、B 相碰,A、B 各自运动状态不断变换,单独追踪 A 的运动,或者单独追踪 B 的运动都较麻烦. 考虑到 A、B 质量相同,每一次弹性碰撞彼此交换运动状态(速度). 引入没有 B 球碰撞的 A 类运动状态和没有 A 球碰撞的 B 类运动状态,无论 A、B 碰撞多少次,A 类运动状态一直连续着,变化的是其承担者,顺序为 A-B-A-…;B 类运动状态也一直连续着,变化的是其承担者,顺序为 B-A-B-…. 于是可采取讨论的对象转换的方法来求解,即讨论对象从原来的两个球的运动公共周期转换为两类运动状态的公共周期. {A 类运动状态,B 类运动状态}系统形成周期变化的条件:A 类运动状态周期为

$$t_A = 2\sqrt{\frac{2H_A}{g}}$$

B 类运动状态周期为

$$t_B = 2\sqrt{\frac{2H_B}{g}}$$

两类运动状态形成周期变化的条件也就是 T_A、T_B 间有最小公倍数(记为 T_{AB})的条件:

$$\frac{T_A}{T_B} = \frac{N_A}{N_B} \Rightarrow \frac{H_A}{H_B} = \left(\frac{N_A}{N_B}\right)^2$$

N_A、N_B 为两个互质正整数.

因 A、B 碰撞不改变上下关系,故经 T_{AB},A 类运动状态返回到原位时承担者必定是 A,B 类运动状态返回到原位时承担者必定是 B. 即上述条件可返回成{A 球,B 球}系统形成周期运动的条件.

为避免 A、B、地面发生三体碰撞,应增补条件:N_A、N_B 为一奇一偶或一偶一奇.

例 2 宇宙飞船在陨石碎块粒子流中以匀速度 v 迎着粒子流运行. 后来飞船转过头,以匀速度 v 顺着粒子流方向运行,此时发动机牵引力为原来的四分之一. 将飞船处理成两端为平面的圆柱体,粒子与飞船的碰撞是弹性的,试求陨石粒子流速度 u.

解 陨石粒子流的密度可近似处理成常量,记为 ρ,飞船端面积记为 S,飞船的两种运行方向对应牵引力分别记为 F_1、F_2.

飞船迎着陨石粒子流运行时,碰撞前后粒子相对于飞船系的速度分别为 $v+u$ 和 $-(v+u)$,粒子相对原太空系速度分别为 $(v+u)-v=u$ 和 $-(v+u)-v=-(2v+u)$,$\mathrm{d}t$ 时间内碰撞的粒子流质量为 $\rho S(v+u)\mathrm{d}t$,动量大小的变化为

$$|\mathrm{d}p_1|=|\rho S(v+u)\mathrm{d}t[-(2v+u)-u]|$$

得

$$F_1=\frac{|\mathrm{d}p_1|}{\mathrm{d}t}=2\rho S(v+u)^2$$

飞船顺着粒子流运行时,有两种可能情况:

(1) $v>u$

飞船前端与粒子碰撞,碰撞前后粒子相对于飞船系速度分别为 $-(v-u)$ 和 $v-u$,相对于太空系速度分别为 $-(v-u)+v=u$,和 $(v-u)+v=2v-u$,$\mathrm{d}t$ 时间内碰撞的粒子流质量为 $\rho S(v-u)\mathrm{d}t$,得

$$|\mathrm{d}p_2|=|\rho S(v-u)\mathrm{d}t[(2v-u)-u]|$$

$$F_2=\frac{|\mathrm{d}p_2|}{\mathrm{d}t}=2\rho S(v-u)^2$$

(2) $v<u$

飞船后端受粒子碰撞,碰撞前后粒子相对于飞船速度分别为 $u-v$ 和 $-(u-v)$,粒子相对于太空系速度分别为 $(u-v)+v=u$ 和 $-(u-v)+v=2v-u$,与(1)类似,可得

$$F_2=2\rho S(v-u)^2$$

综上所述,无论 $v>u$ 或 $v<u$,同有

$$\frac{1}{4}=\frac{F_2}{F_1}=\frac{(v-u)^2}{(v+u)^2}$$

因此,若 $v>u$,则 $u=\frac{1}{3}v$;若 $v<u$,则 $u=3v$.

5. 三体正碰撞

例 3 三个质量相同的小球发生沿着 x 坐标轴的三体正碰撞,碰撞前后运动状态如图 3.18 所示.其中球 2、3 靠得很近,间隙不为零.

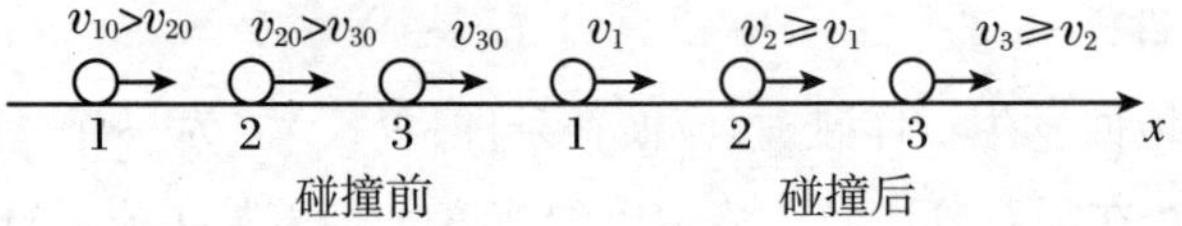

图 3.18

设整个碰撞前后，系统动量不变，系统的动能也不变. 显然球 1、2 先发生二体正碰撞，球 2、3 后发生二体正碰撞.

(1) 设先发生的球 1、2 碰撞为二体弹性正碰撞，后发生的球 2、3 碰撞也是二体弹性正碰撞，试求 v_1、v_2、v_3.

(2) 假设先发生的球 1、2 碰撞与后发生的球 2、3 碰撞都未必是二体弹性正碰撞，再求 v_1、v_2、v_3.

解 (1) 系统发生的三体正碰撞为球 1、2 弹性正碰撞与球 2、3 弹性正碰撞的两个二体弹性正碰撞的组合，即得

$$v_1 = 0, \quad v_2 = 0, \quad v_3 = v_0$$

(2) 三球系统在三体碰撞前后，动量不变，动能也不变. 即有动量守恒方程：

$$mv_1 + mv_2 + mv_3 = mv_{10} + mv_{20} + mv_{30}$$

动能不变方程：

$$\frac{1}{2}mv_1^2 + \frac{1}{2}mv_2^2 + \frac{1}{2}mv_3^2 = \frac{1}{2}mv_{10}^2 + \frac{1}{2}mv_{20}^2 + \frac{1}{2}mv_{30}^2$$

两个独立方程，三个待求的未知量(v_1、v_2、v_3)，解具有不定性.

其中的原因在于将碰撞过程时间取为零，真实物体在碰撞过程中互相挤压现象可提供的力学方程也都被略去了. 物体没有了挤压，相当于刚体化，在此基础上将物体质点化，于是就出现了解的不定性.

取一个简单的实例：三个相同的小球排成一直线，球 2 和 3 彼此靠得很近. 球 1 以速度 v_0 朝球 2 运动，如图 3.19 所示. 真实情况必定是球 1 与 2 接触部位的挤压早发生，球 2 和 3 接触部位的挤压晚发生. 后一挤压可能开始于前一挤压过程中，也可能开始于前一挤压过程之后. 球 2 和 3 这样的相互挤压也就是二体正碰撞. 系统这样的三体正碰撞实为两个二体正碰撞的组合. 但是，据题目所述，这两个二体正碰撞都未必是二体弹性正碰撞，故最后碰撞结果未必为 $v_1 = 0, v_2 = 0, v_3 = v_0$.

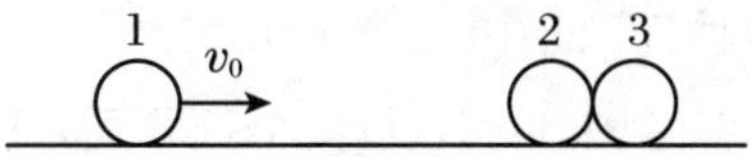

图 3.19

3.5.2 二维斜碰撞

两个质点的二维斜碰撞如图 3.20 所示，动量守恒方程为

$$m_1 \boldsymbol{v}_1 + m_2 \boldsymbol{v}_2 = m_1 \boldsymbol{v}_{10} + m_2 \boldsymbol{v}_{20}$$

若是完全非弹性碰撞，可得唯一解：

$$\boldsymbol{v}_1 = \boldsymbol{v}_2 = \frac{m_1 \boldsymbol{v}_{10} + m_2 \boldsymbol{v}_{20}}{m_1 + m_2}$$

若是弹性碰撞,补充方程

$$\frac{1}{2} m_1 v_1^2 + \frac{1}{2} m_2 v_2^2 = \frac{1}{2} m_1 v_{10}^2 + \frac{1}{2} m_2 v_{20}^2$$

后,两个平面速度矢量$\boldsymbol{v}_1$和$\boldsymbol{v}_2$的解仍具有不定性.出现这种不定解的原因也是物体的刚性化与质点化.某些二维弹性碰撞给出物体的几何结构后,不止二体,甚至多体问题都可能有唯一解.回到两个质点的二维碰撞,若补充碰后某质点速度(例如$\boldsymbol{v}_1$)与平面上一个参考方向之间的夹角(例如图 3.20 中的 φ),在弹性假设下,$\boldsymbol{v}_1$、$\boldsymbol{v}_2$均会有唯一解.

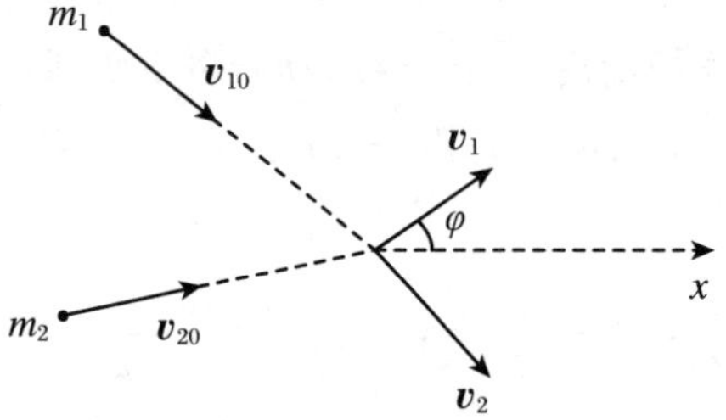

图 3.20

例 1 正方形台球桌的四角有四个小洞,桌上摆有两个相同的匀质小球 A 和B,桌面无摩擦,A 和 B 的碰撞是无摩擦的弹性斜碰.球很小,略去它的转动,但球也不是几何点,A 球可以朝着B 球心,也可以朝着 B 球某个边缘部位打去.只要求 A 击中B 后两球不与桌壁相碰,各自直接落入两个球洞,试问 A 与B 分别可放在桌面上哪些位置?

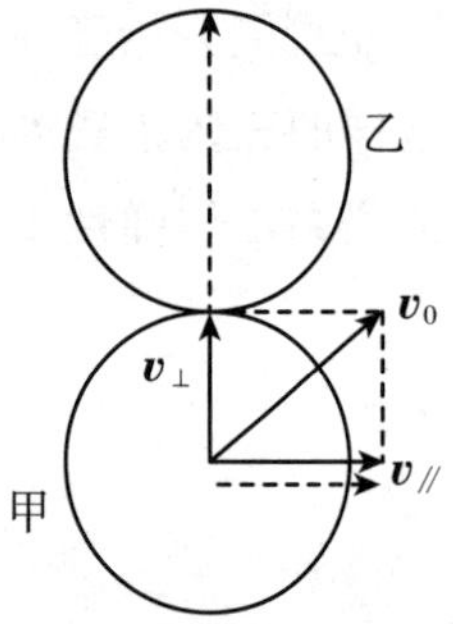

图 3.21

解 两个相同的匀质小球甲与乙的无摩擦弹性斜碰撞如图 3.21所示,球甲初速度$\boldsymbol{v}_0$可分解为切向分量 $\boldsymbol{v}_{/\!/}$和法向分量 $\boldsymbol{v}_{\perp}$,球乙的初速度为零.相碰时因无切向摩擦力,球甲保留 $\boldsymbol{v}_{/\!/}$,法向为弹性碰撞,球甲失去 $\boldsymbol{v}_{\perp}$,球乙获得 $\boldsymbol{v}_{\perp}$.碰后两球运动方向互相垂直,如图中虚线所示.

参考图 3.22,设球 A 打B 后,A、B 分别进入该图中的洞 1、2,则 B 球初始位置必须满足到洞 1 和到洞 2 的两条连线互相垂直的条件,满足此条件的所有位置构成以洞 1 和 2 连线为直径的半圆周.A 球的初始位置必须在此半圆之外.例如,B 球摆在图中位置时,则 A 球可摆在图中画斜线的区域内.球杆击 A 球时需对着球洞 1、2 之间连线的某处且使 A、B 间能发生图 3.21 所示的碰撞.真实情况下,靠桌壁的部位都是不可取的.

根据以上分析,B 球可摆在图 3.23 所示的四个半圆周上,对每一个摆好的 B 球位置,再按图 3.22所示确定 A 球可摆放的位置.

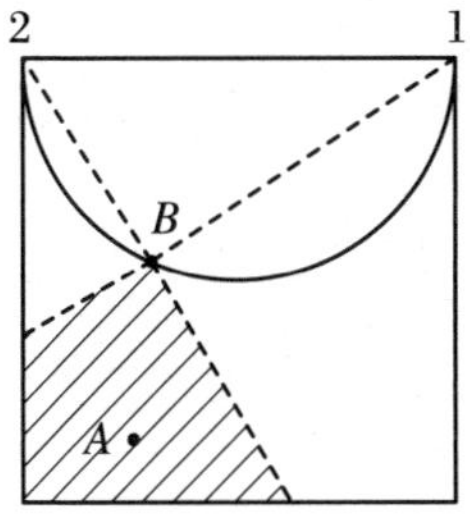

图 3.22

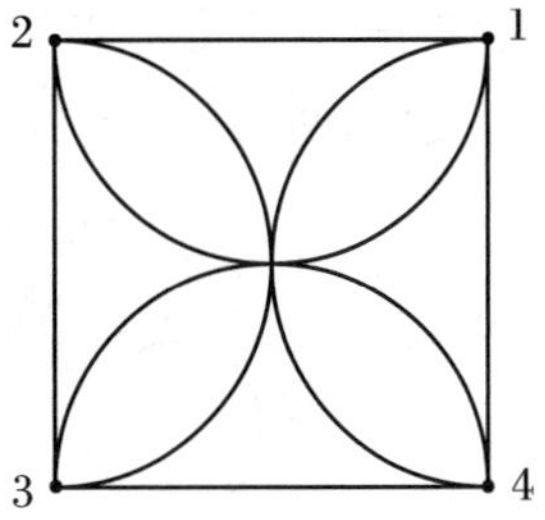

图 3.23

例 2 光滑水平面上放有 N 个相同的匀质小球，令一个球平动，使它经受 K 次球间弹性碰撞后，又停在初始位置. 问至少需要放多少个球，这种现象才可能发生？N 个球应如何放置？

解 先讨论两个相同匀质小球 1、2 间的(无摩擦)弹性斜碰撞. 如图 3.24 所示，1 号球初速度 $\boldsymbol{v}_0$ 可分解为切向分量 $\boldsymbol{v}_{/\!/}$ 和法向分量 $\boldsymbol{v}_{\perp}$，2 号球的初速度为零. 相碰时因无切向摩擦力(否则动能会损耗，不再是弹性斜碰撞)，1 号球保留 $\boldsymbol{v}_{/\!/}$；法向为弹性正碰撞，球 1 失去 $\boldsymbol{v}_{\perp}$，2 号球获得 $\boldsymbol{v}_{\perp}$. 碰后两球运动方向互相垂直，1 号球运动方向相对其碰前运动方向偏转一个锐角.

本题的解答是至少放 5 个球，按图 3.25 所示位置放置.

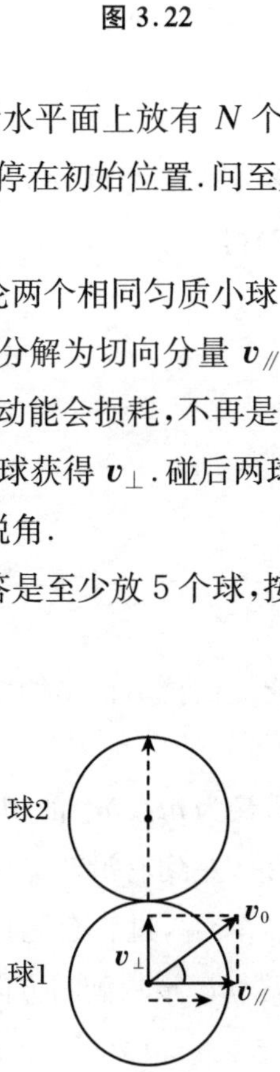

图 3.24

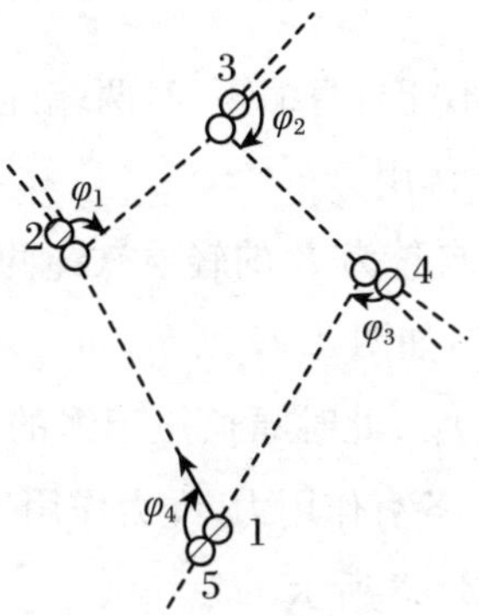

图 3.25

1 号球先与 2 号球碰撞，碰后 1 号球运动方向与 2 号球运动方向垂直，1 号球运动方向相对其初始运动方向偏转锐角 φ_1. 1 号球相继再与 3 号球、4 号球碰撞，运动方向相继偏转锐角 φ_2、φ_3. 1 号球最终与 5 号球碰撞，碰后停在其初始位置. 图 3.25 中 φ_4 为钝角，取 $\varphi_1 + \varphi_2 + \varphi_3 + \varphi_4 = 2\pi$，使 1 号球运动轨迹成为闭合的四边形.

补充说明：题目并未限定球间碰撞是二体碰撞，解题时因受常规思维影响，自然地让 1 号球逐个地与别的球碰撞.

摆脱常规思维约束，将多体碰撞纳入可选择的求解方案中来，则可以尝试着取 4 个球,按图3.26所示放置.令1号球先与2号球、3号球一起发生对称的三体弹性碰撞,如果碰后1号球速度反向,便会与4号球发生弹性正碰撞,碰后停在其初始位置.

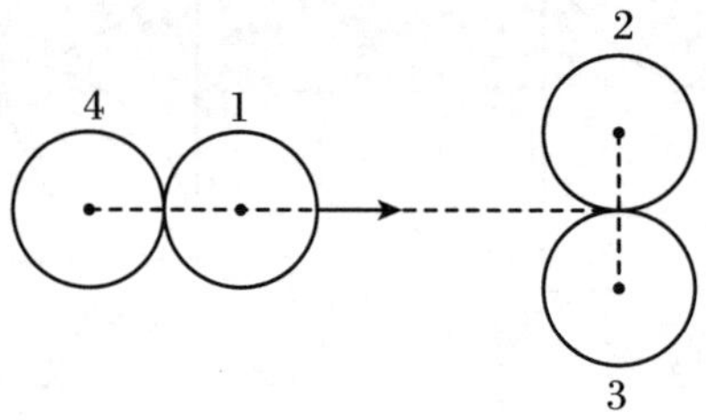

图3.26

将各小球质量记为 m,1号球初速度记为 v_0,与2号球、3号球发生对称的三体弹性碰撞后,1号球速度记为 v_1.列方程组后,可解(过程略)得

$$v_1=-\frac{1}{5}v_0$$

确实可与4号球相碰,碰后停在原位.

按这样的解题方案,至少放的球可从5个降到4个.

3.5.3 软绳的类碰撞作用

不能伸长,不能自身缩短,对两端连接的物体只能提供拉力而不能提供压力的轻质软绳具有类碰撞作用.

例1 一条自长为 L 的轻质软绳两端分别连接质量为 m_1、m_2 的物块,平放在光滑水平面上.开始时如图3.27所示.m_1、m_2 物块各自有从左到右沿软绳长度方向的速度 v_{10}、v_{20} 且 $v_{10}>v_{20}$.此时绳长短于绳的原长 L.因 $v_{10}>v_{20}$,过一会绳长又恢复为原长 L,绳对 m_1、m_2 各有作用力.绳力作用过程结束时,m_1、m_2 滑块朝右方向的速度分别记为 v_1、v_2,如图3.28所示.

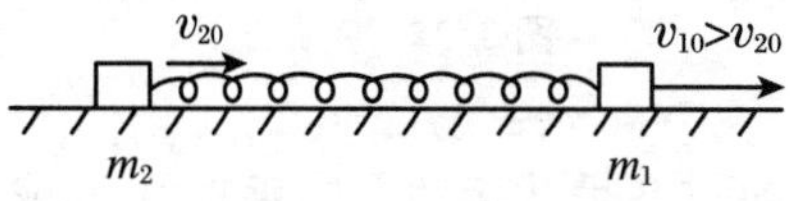

图3.27

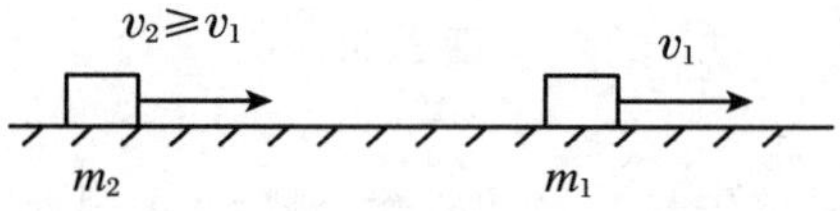

图3.28

设系统处处无摩擦力,且无空气阻力,试求 v_1、v_2.

解 动量守恒方程为

$$m_1v_1+m_2v_2=m_1v_{10}+m_2v_{20}$$

(1) 设绳力作用前后,系统动能不变,即绳不会消耗系统动能:

$$\frac{1}{2}m_1v_1^2+\frac{1}{2}m_2v_2^2=\frac{1}{2}m_1v_{10}^2+\frac{1}{2}m_2v_{20}^2$$

所得方程组与二体弹性正碰撞方程组一致，故称为轻质软绳的类二体弹性正碰撞作用.解为

$$v_1=\frac{(m_1-m_2)v_{10}+2m_2v_{20}}{m_1+m_2},\quad v_2=\frac{(m_2-m_1)v_{20}+2m_1v_{10}}{m_2+m_1}$$

有

$$v_2-v_1=v_{10}-v_{20}$$

又若 $m_1=m_2$，则

$$v_1=v_{20},\quad v_2=v_{10}$$

(2) 设绳力作用后，$v_1=v_2$，所得方程组与二体完全非弹性方程组一致，故称为轻质软绳的类二体完全非弹性正碰撞作用.解为

$$v_1=v_2=\frac{m_1v_{10}+m_2v_{20}}{m_1+m_2}$$

绳力作用后动能损失最大，有

$$E_{\text{k损}}=\frac{1}{2}\frac{m_1m_2}{m_1+m_2}(v_{10}-v_{20})^2$$

在(1)、(2)之间，绳力作用过程中，系统动能从零损失到损失最大之间，可以引入一个类恢复系数

$$e=\frac{v_2-v_1}{v_{10}-v_{20}}\quad(1>e>0)$$

所得方程组与二体非弹性碰撞方程组一致，故称为轻质软绳的类二体非弹性的正碰撞作用.解为

$$v_1=v_{10}-\frac{(1+e)m_2(v_{10}-v_{20})}{m_1+m_2},\quad v_2=v_{20}-\frac{(1+e)m_1(v_{20}-v_{10})}{m_1+m_2}$$

绳力作用后，系统动能损失量为

$$E_{\text{k损}}=\frac{1}{2}(1-e^2)\frac{m_1m_2}{m_1+m_2}(v_{10}-v_{20})^2$$

例 2 质量相同的两个小球 A 和 B 用原长为 L 的轻绳连接后放在光滑的水平桌面上，开始时 A 与 B 间距为 $\frac{\sqrt{2}}{2}L$. B 静止，A 朝着与 A、B 连线垂直的方向运动，如图 3.29 所示.假设绳不可伸长且不损耗机械能，试分析并画出而后 A、B 的运动轨迹.

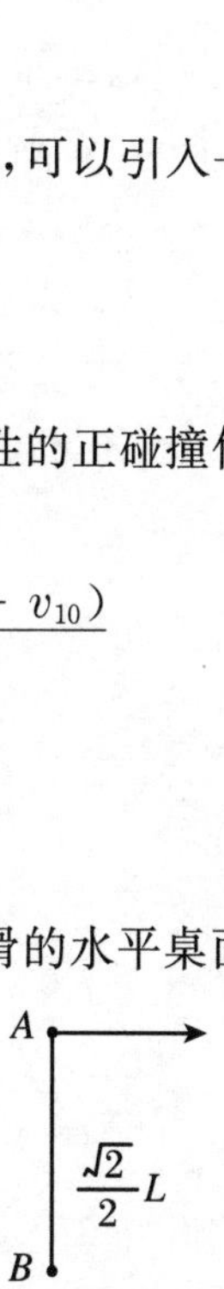

图 3.29

解 A 的初速度记为 $\boldsymbol{v}_0$，A 运动到绳被拉直时，$\boldsymbol{v}_0$ 与绳长方向成 45° 角，如图 3.30 所示.将 $\boldsymbol{v}_0$ 分解为图示的 $\boldsymbol{v}_\perp$ 与 $\boldsymbol{v}_{/\!/}$.沿绳长方向绳中张力的作用可类比成二体弹性正碰撞作用，使 A、B 交换沿绳长方向的速度，即 A 失去 $\boldsymbol{v}_{/\!/}$，B 得到 $\boldsymbol{v}_{/\!/}$.绳中张力对 A 的 $\boldsymbol{v}_\perp$ 无影响，A 将保留 $\boldsymbol{v}_\perp$ 分速度.于是 A、B 运动速度将如图 3.31 所示.在 B

未到达图中的最高点前，A 与 B 的间距小于 L，绳呈松弛状态.

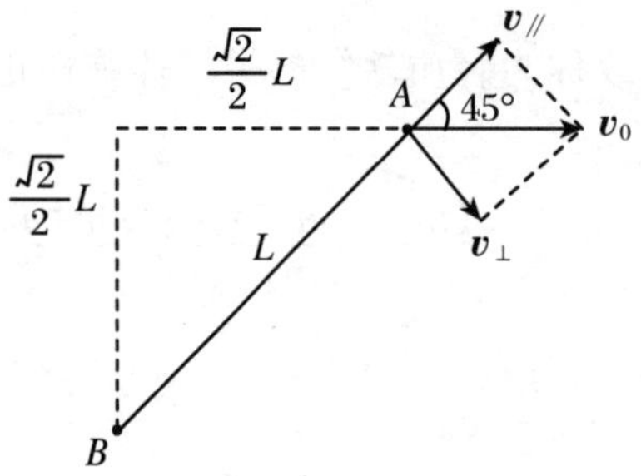

图 3.30

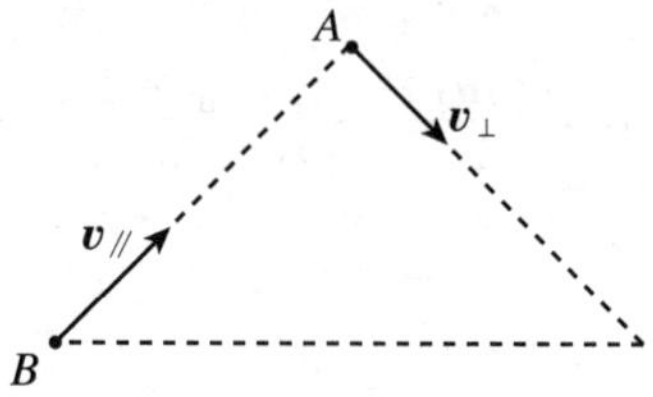

图 3.31

当 B 到达图 3.31 所示最高点时，A、B 间距又达 L，绳第二次被拉直，此时 B 的速度因与绳长方向垂直而转化为新的 $\boldsymbol{v}_\perp$，A 的速度恰好沿绳长方向而转化为新的 $\boldsymbol{v}_{/\!/}$，绳的作用使 A 失去 $\boldsymbol{v}_{/\!/}$ 而停下，B 则在原有的 $\boldsymbol{v}_\perp$ 之外又获得 $\boldsymbol{v}_{/\!/}$，从而具有合成速度 $\boldsymbol{v}_0$. 当 B 向前行 $\frac{\sqrt{2}L}{2}$ 路程时，系统又呈现与图 3.31 相似的状态，只是 A 和 B 互相置换.

A、B 而后的运动分别与前面所述的 B、A 运动相同，如此进行下去，A、B 运动轨迹如图 3.32 所示.

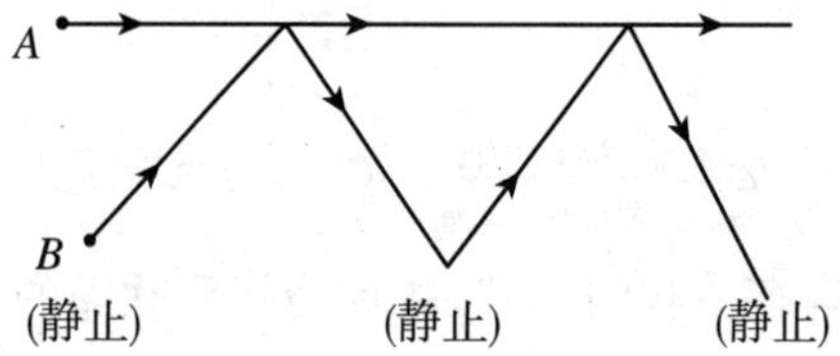

图 3.32

4　角动量定理和天体运动

4.1　角动量定理

运动学中最基本的内容是质点运动方程$\boldsymbol{r}=\boldsymbol{r}(t)$，此方程与参考系有关. 方程中要素是空间、时间的度量和参考点的选择. 选定了参考点才有位矢$\boldsymbol{r}$和位矢随t的变化.

在参考系S的某平面上一个质点P的运动轨道如图4.1所示.

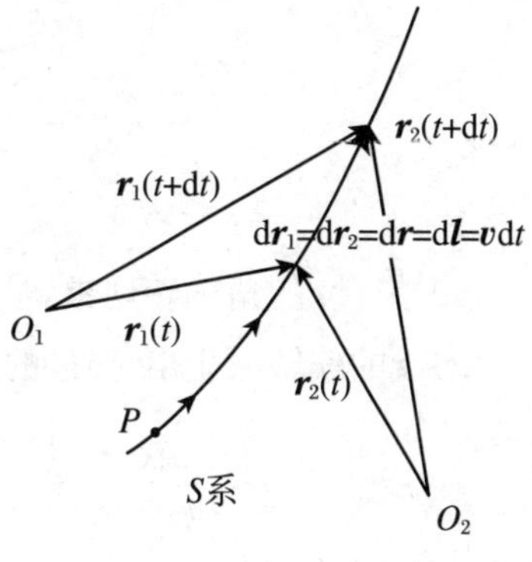

图4.1

S系中取O_1为参考点，t时刻P相对O_1点的位矢为$\boldsymbol{r}_1(t)$，t时刻P相对O_2点的位矢为$\boldsymbol{r}_2(t)$. 显然$\boldsymbol{r}_1(t)$与$\boldsymbol{r}_2(t)$不同，在$t+\mathrm{d}t$时刻P相对O_1、O_2点的位矢$\boldsymbol{r}_1(t+\mathrm{d}t)$与$\boldsymbol{r}_2(t+\mathrm{d}t)$也不同. 从$t$到$t+\mathrm{d}t$相对$O_1$点、相对$O_2$点的位移量分别为

$$\mathrm{d}\boldsymbol{r}_1=\boldsymbol{r}_1(t+\mathrm{d}t)-\boldsymbol{r}_1(t)$$

$$\mathrm{d}\boldsymbol{r}_2=\boldsymbol{r}_2(t+\mathrm{d}t)-\boldsymbol{r}_2(t)$$

可知$\mathrm{d}\boldsymbol{r}_1=\mathrm{d}\boldsymbol{r}_2$，即参考点$O_1$与$O_2$的差异消失.

引申到其他参考点O_i，即有位移$\mathrm{d}\boldsymbol{r}_i$，与$O_i$点的选取无关，故可归纳为$\mathrm{d}\boldsymbol{r}_i$为参考点的普适量，改记为$\mathrm{d}\boldsymbol{r}$，进而可将$\mathrm{d}\boldsymbol{r}$改写为$\mathrm{d}\boldsymbol{l}=\boldsymbol{v}\mathrm{d}t\Rightarrow\mathrm{d}\boldsymbol{r}=\boldsymbol{v}\mathrm{d}t$. 至此，运动学中参考点的差异被消除了.

反过来，有

$$\boldsymbol{v}=\frac{\mathrm{d}\boldsymbol{l}}{\mathrm{d}t}=\frac{\mathrm{d}\boldsymbol{r}}{\mathrm{d}t}\Rightarrow\boldsymbol{v}\begin{cases}\text{与参考系有关}\\\text{与参考点无关}\end{cases}$$

$$\boldsymbol{v}\left.\begin{cases}\text{有时过程中不随 }t\text{ 变化}\\\text{有时过程中随 }t\text{ 变化}\end{cases}\right\}\text{原因是什么？}$$

$$\text{引入动力学量 }\boldsymbol{p}=m\boldsymbol{v}:\begin{cases}\boldsymbol{p}\text{ 不随 }t\text{ 变化，则 }\boldsymbol{v}\text{ 不随 }t\text{ 变化}\\\boldsymbol{p}\text{ 随 }t\text{ 变化，则 }\boldsymbol{v}\text{ 随 }t\text{ 变化}\end{cases}$$

$$\left.\begin{array}{l}\boldsymbol{p}\text{ 不变}\\ \boldsymbol{p}\text{ 变化}\end{array}\right\}\text{原因？}\Rightarrow\ \text{原因：}\boldsymbol{F}=\frac{\mathrm{d}\boldsymbol{p}}{\mathrm{d}t}=m\frac{\mathrm{d}\boldsymbol{v}}{\mathrm{d}t}\text{（牛顿第二定律）}$$

$$\left.\begin{array}{l}\text{动力学量 }\boldsymbol{p}=m\boldsymbol{v}\text{ 及动量定理}\\ \text{动力学量 }E_{\mathrm{k}}=\frac{1}{2}mv^2\text{ 及动能定理}\end{array}\right\}\Rightarrow\left\{\begin{array}{l}\text{与参考系有关}\\ \text{与参考点无关}\end{array}\right.$$

看来值得讨论运动学中参考点的互异性对运动学基本量乃至动力学量的影响.为此,首先要寻找出$\boldsymbol{r}$随t变化过程中出现的与参考点有关的运动派生现象,以及该现象的量化表述.

参考图4.2.

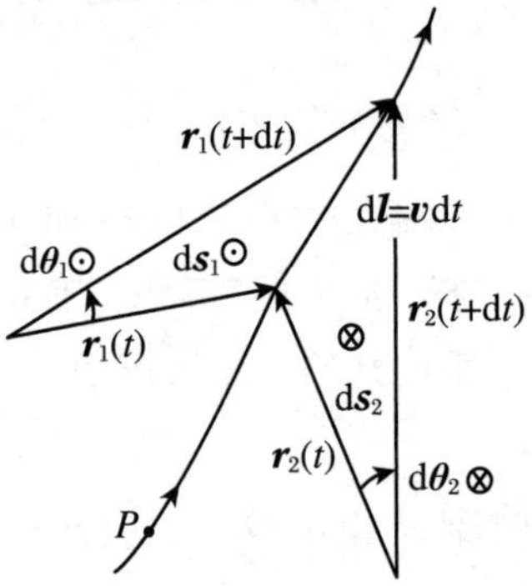

图4.2

(1) 矢量$\boldsymbol{r}$的角偏转现象,量化为$\mathrm{d}\theta$,进而矢量化为$\mathrm{d}\boldsymbol{\theta}$(角位移矢量).

(2) $\boldsymbol{r}$的偏转派生出$\boldsymbol{r}$扫过的区域,量化为

$$\mathrm{d}s=\frac{1}{2}\left|\boldsymbol{r}\times\boldsymbol{v}\mathrm{d}t\right|\xrightarrow{\text{矢量化}}\mathrm{d}\boldsymbol{s}=\frac{1}{2}\boldsymbol{r}\times\boldsymbol{v}\mathrm{d}t$$

进而引入:

$$\text{质点 }P\text{ 矢径面积速度 }\boldsymbol{k}=\frac{\mathrm{d}\boldsymbol{s}}{\mathrm{d}t}$$

$$=\frac{1}{2}\boldsymbol{r}\times\boldsymbol{v}\left\{\begin{array}{l}\text{与参考系有关}\\ \text{与参考点有关}\end{array}\right.$$

$$\text{运动学矢量 }\boldsymbol{k}\left\{\begin{array}{l}\text{有些运动学过程中不随 }t\text{ 变化}\\ \text{有些运动学过程中随 }t\text{ 变化}\end{array}\right\}\text{原因是什么？}$$

$$\text{引入动力学量 }\boldsymbol{L}=2m\boldsymbol{k}=\boldsymbol{r}\times\boldsymbol{p}:\left\{\begin{array}{l}\text{动量 }\boldsymbol{p}=m\boldsymbol{v}\text{ 为动力学量}\\ \boldsymbol{r}\times\boldsymbol{p}=\boldsymbol{L}\text{ 为动力学量}\end{array}\right.$$

在动力学中找原因:

$$\boldsymbol{L}\left\{\begin{array}{l}\text{不变，则 }\boldsymbol{k}\text{ 不变}\\ \text{变，则 }\boldsymbol{k}\text{ 变}\end{array}\right.\xrightarrow{\text{转换}}\boldsymbol{L}\left\{\begin{array}{l}\text{不变}\\ \text{变}\end{array}\right\}\text{原因是什么？}$$

如果用已有的力学知识可找到原因,结果产生了一个定理.

如果用已有的力学知识不能找到原因，可尝试通过数理分析为力学理论系统构建一个猜测性的新命题，而后若能通过足够多次实验获得此命题为真的结论，那么力学理论中出现了一个新的定律.

让热爱探索的学生感到“不爽”的是先产生出了一个如下定理：

结合牛顿第二定律可导得

$$\frac{\mathrm{d}\boldsymbol{L}}{\mathrm{d}t}=\frac{\mathrm{d}\boldsymbol{r}}{\mathrm{d}t}\times\boldsymbol{p}+\boldsymbol{r}\times\frac{\mathrm{d}\boldsymbol{p}}{\mathrm{d}t}=\boldsymbol{r}\times\boldsymbol{F}\xlongequal{\text{令}}\boldsymbol{M}(\text{力矩})$$

$$\text{质点角动量定理：}\boldsymbol{M}=\frac{\mathrm{d}\boldsymbol{L}}{\mathrm{d}t}\begin{cases}\text{与参考系相关}\\\text{与参考点相关}\end{cases}$$

$$\text{结论：原因}\begin{cases}\boldsymbol{M}=0,\boldsymbol{L}\text{ 不变}\Rightarrow\ \boldsymbol{k}\text{ 不变}\\\boldsymbol{M}\neq0,\boldsymbol{L}\text{ 变化}\Rightarrow\ \boldsymbol{k}\text{ 变化}\end{cases}$$

$\boldsymbol{L}$ 的整体守恒：若过程中恒有 $\boldsymbol{M}=0$，则过程中 $\boldsymbol{L}$ 为守恒量.

$\boldsymbol{L}$ 的分量守恒：若过程中恒有$M_z=0$，则过程中L_z为守恒量.

例 1 质量为 m 的质点相对固定力心（施力方的力心）O 的矢径为$\boldsymbol{r}$时受力 $\boldsymbol{F}=\alpha\boldsymbol{r}$，其中 α 是正的常量. 质点初始速度 $\boldsymbol{v}_0$ 及其初始位置 P_0 与力心间的相对几何关系如图 4.3所示，质点运动到图中 P_e 位置时，速度方向恰好与其相对力心的矢径方向垂直. 设 $4\alpha a^2=mv_0^2$，其中 a 为图示的几何参量，试求质点位于 P_e 时的速度大小 v_e 与初始速度大小 v_0 的比值 γ，答案只能用数字表述.

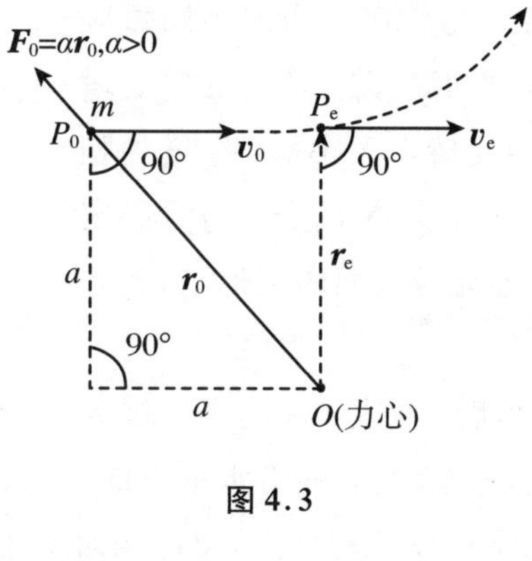

图 4.3

解 因 $\boldsymbol{F}=\alpha\boldsymbol{r}$ 数学形式上与弹性力$\boldsymbol{F}_k=-\alpha\boldsymbol{x}$ 同构，可以引入势能

$$E_p(\boldsymbol{r})=E_p(r)=\frac{1}{2}(-\alpha)r^2=-\frac{1}{2}\alpha r^2$$

由能量守恒方程和以 O 为参考点的角动量守恒方程：

$$\frac{1}{2}mv_e^2-\frac{1}{2}\alpha r_e^2=\frac{1}{2}mv_0^2-\frac{1}{2}\alpha(a^2+a^2),$$

$$r_e m v_e=amv_0$$

与题设关系式

$$4\alpha a^2 = mv_0^2$$

联立,可解得

$$v_e = \frac{1}{2}\sqrt{1+\sqrt{5}}\,v_0 \Rightarrow \gamma = \frac{1}{2}\sqrt{1+\sqrt{5}} = 0.899$$

例 2 如图 4.4 所示,在半顶角为 φ 的倒立固定圆锥面光滑内壁上,一小球在距锥顶 H_0 高度处做水平圆周运动.

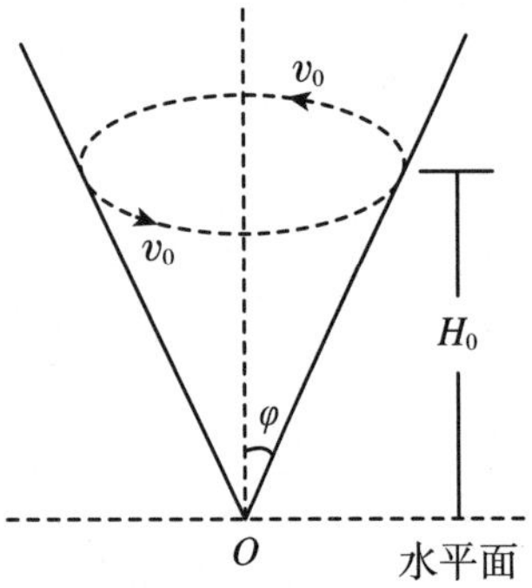

图 4.4

(1) 试求圆运动速度大小 v_0.

(2) 若在某时刻,小球的速度不改变方向,其大小从 v_0 增为 $\sqrt{1+\alpha}v_0$,其中 $\alpha>0$. 假设而后的运动中小球不会离开锥面内壁,试讨论小球而后的运动.

解 (1) 将小球受锥面内壁法向支持力的大小记为 N_0,则由

$$\frac{mv_0^2}{H_0\tan\varphi} = N_0\cos\varphi,\quad N_0 = \frac{mg}{\sin\varphi}$$

m 为小球的质量,可解得

$$v_0 = \sqrt{gH_0}$$

(2) 小球因速度已超过 v_0,不能在 H_0 高处继续做水平匀速圆周运动.

小球速度增为 $\sqrt{1+\alpha}v_0$ 时,在极短时间内可做的空间曲线运动仍可处理为无穷小的原水平面内的圆弧段运动,曲率半径仍为 $H_0\tan\varphi$. 此时所需向心力必定要增大,这只能通过被动力的法向支持力大小从 N_0 增为相应的 $N>N_0$ 来满足,如图 4.5 所示. $\boldsymbol{N}$ 的竖直分量必定大于 mg,据此可以判定小球不会沿锥面向下运动,而是朝上运动.

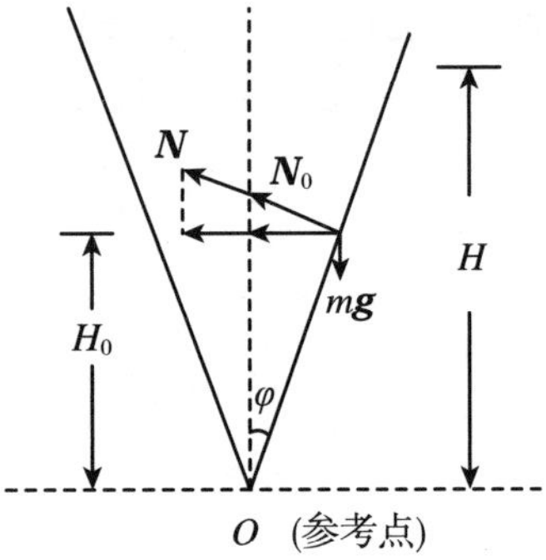

图 4.5

考虑到机械能守恒,小球爬高可达的高度必有极大值,记为 H,在该处速度若不为零,也只能沿水平方向. 从 H_0 到 H 的过程中以锥面顶点 O 为参考点,小球相对 O 的矢径 $\boldsymbol{r}$、所受重力 $m\boldsymbol{g}$ 和弹力 $\boldsymbol{N}$ 在同一竖直平面内,由此构成的力矩 $\boldsymbol{M}$ 必定与此竖直平面垂直,即为水平矢量,$\boldsymbol{M}$ 的竖直分量必为零,故角动量竖直分量守恒. 于是得能量守恒方程:

$$mgH + \frac{1}{2}mv^2 = mgH_0 + \frac{1}{2}m(\sqrt{1+\alpha}v_0)^2$$

角动量竖直分量守恒方程:

$$(H\tan\varphi)mv = (H_0\tan\varphi)m(\sqrt{1+\alpha}v_0)$$

联立上述方程，解得

$$H_1 = H_0(\text{初态})$$

$$H_2 = \frac{1+\alpha}{4}\left(1+\sqrt{1+\frac{8}{1+\alpha}}\right)H_0 > H_0$$

即小球爬到 H_2 高处因竖直方向速度为零而停止爬高.

在 H_2 高处小球不能爬高，而后小球能否在 H_2 高处做水平匀速圆运动？若能，则要求上述两个守恒方程解得的 v 必须满足方程

$$v = \sqrt{gH}$$

于是共有三个方程，但只有两个未知量 H 和 v. 为使方程有解，可增设 α 为未知量，便可解得(过程略)

$$\alpha_1 = 0, \quad \alpha_2 = -9$$

这与题设 $\alpha>0$ 矛盾.

现在，小球只能从 H_2 高度处沿锥面向下运动. 运动过程中假设能到达一个最低高度 H'，其速度方向水平，则可写出下述方程：

$$mgH' + \frac{1}{2}mv^{2\prime} = mgH_2 + \frac{1}{2}mv^2$$

$$(H'\tan\varphi)mv' = (H_2\tan\varphi)mv$$

将等号左右对换一下，将 H'用 H_0 代替，v'用$\sqrt{1+\alpha}v_0$ 代替，即为前面两个守恒方程，故现在所得解必定为

$$H' = H_0, \quad v' = \sqrt{1+\alpha}v_0$$

即小球会从 H_2 高度向下爬行到原来的初始状态(H_0，$\sqrt{1+\alpha}v_0$)的高度处.

结论：小球将在 H_0 高度和 H_2 高度之间沿内壁往返运动.

4.2 天体运动

天体系统中恒星、行星和卫星数量繁多，星体之间的万有引力又是距离平方反比例的力. 这两大困难使得讨论求解各个天体的运动方程极为困难.

天体系统中最基本的讨论对象显然是两个星球(例如太阳和地球)之间相对运动的力学内容. 古代天文学者就是通过观察白天天空中太阳位置和晚上天空中一些亮星位置的变化规律，认定了它们都在绕着地球做大小不同的圆轨道运转，因此得到了地球是宇宙中心的结论.

地球中心说常常遇到它的反对者，但它受到的第一次猛烈攻击来自出生于普鲁士托

恩的哥白尼.哥白尼认为地球确是球形,它绕着自己的轴自转,地球又绕着太阳公转.按照现代的观念,日心说是“正确的”,而地心说是“错误的”,这也不十分恰当.它们二者都是正确的,但仍不十分恰当.它们二者都是正确的,但代表了不同的观点.一种观点是把太阳系中的各种运动的参照点(坐标原点)放在太阳上;另一种观点是把这些运动的参照点放在地球上.前者的处理方法胜过后者是因为我们发现在研究太阳系的动力学方面它更为“方便”.

丹麦天文学家第谷有着非凡的天文观察和实验的才干,他记载了关于行星位置变化的观察结果.后来开普勒成了第谷的助手,他开始研究他的老师所记载的数据.他以火星为例进行研究,经过了4年多的刻苦计算,最后发现了火星绕太阳运行的真实轨道是一个椭圆.而后在继续进行的研究中他总结出了后人以他的名字命名的开普勒三定律:

第一定律(轨道定律):行星围绕太阳的轨道为椭圆,太阳在椭圆的一个焦点上.

第二定律(面积定律):行星与太阳的连线在相等的时间内扫过相等的面积.

第三定律(周期定律):各行星椭圆轨道半长轴 A 的三次方与轨道运动周期 T 的二次方之比值为相同的常量,即

$$\frac{A^3}{T^2} = k$$

正是这些实验定律帮助牛顿发现了他的万有引力定律.反之,也可以在牛顿力学范畴内结合引力定律,借助简化了的二体引力系统,从理论上导得开普勒三定律.

太阳系中的太阳是质量最大的天体,它的周围有许多运动着的行星,大行星周围还有运动着的卫星.这些天体之间都有万有引力相互作用,形成一个庞大的多体引力系统.法国数学家庞加莱指出,即使只取三个彼此仅有万有引力相互作用的质点所构成的系统,在给定的初始位置和初始速度分布的条件下,理论上也不能获得甚至降至积分形式的解析解.

太阳系中的天体尽管众多,但各大行星受到的其他天体的引力远弱于受到的太阳的引力,它们的运动几乎由太阳引力支配.小行星除非在运动过程中偶尔靠近大行星或其他天体,其余时间的运动几乎也由太阳引力支配.

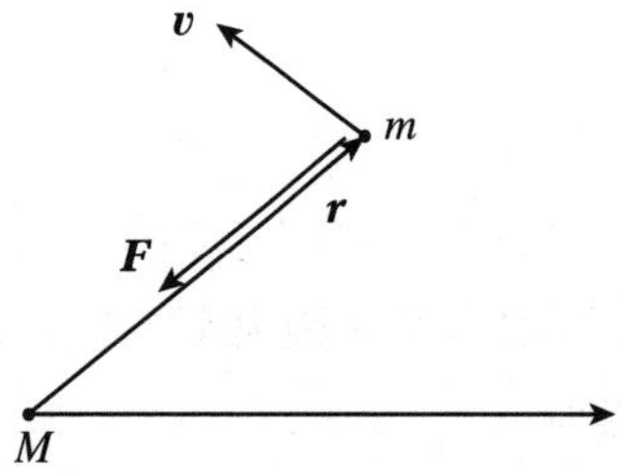

图 4.6

卫星距大行星很近,围绕着行星的运动主要受行星引力支配.于是,行星围绕太阳的运动和卫星围绕行星的运动都可简化成二体引力系统的问题来获得解决.两个天体常模型化成两个质点,其中一个质点(例如太阳)的质量远大于另一个质点时,可以略去它的运动.在某一个太空惯性参考系中,若已将太阳处理成不动的质点,则这一太空惯性系可等效地称为日心参考系,或不计自转的太阳参考系.将太阳质量记为 M,待考察的行星质量记为 m.在某时刻 M 至 m 的矢径 $\boldsymbol{r}$ 和 m 的速度 $\boldsymbol{v}$ 所确定的平面上,建立以 M 为原点的极坐标系,如图 4.6 所示.m 所受引力为

$$\boldsymbol{F} = -G\frac{Mm}{r^3}\boldsymbol{r}$$

下面介绍开普勒第一定律的理论导出和引申.

平面极坐标系中 m 的轨道曲线可表述成 $r = r(\theta)$ 函数. 这一函数可由 m 的径向速度 v_{r_1} 和角向速度 v_θ 与 $\frac{\mathrm{d}r}{\mathrm{d}\theta}$ 间的下述关系来导得:

$$\frac{\mathrm{d}r}{\mathrm{d}\theta} = r\frac{v_r}{v_\theta},\quad v_r = \frac{\mathrm{d}r}{\mathrm{d}t},\quad v_\theta = r\frac{\mathrm{d}\theta}{\mathrm{d}t}$$

m 运动过程中相对于 M 的角动量 $\boldsymbol{L}$ 守恒,能量 E 守恒,即有

$$mrv_\theta = L(\text{常量}),\quad \frac{1}{2}m(v_r^2 + v_\theta^2) - G\frac{Mm}{r} = E(\text{常量})$$

首先可得

$$v_\theta = \frac{L}{mr},\quad v_r = \sqrt{\left(\frac{2E}{m} + 2G\frac{M}{r}\right) - \frac{L^2}{m^2 r^2}}$$

继而可得

$$\begin{aligned}\frac{\mathrm{d}r}{\mathrm{d}\theta} &= \frac{mr^2}{L}\sqrt{\frac{2E}{m} + 2G\frac{M}{r} - \frac{L^2}{m^2 r^2}}\\ &= r^2\sqrt{\left(\frac{GMm^2}{L^2}\right)^2\left(1 + \frac{2EL^2}{G^2M^2m^3}\right) - \left(\frac{1}{r} - \frac{GMm^2}{L^2}\right)^2}\end{aligned}$$

引入参量

$$p = \frac{L^2}{GMm^2} \tag{4.1}$$

$$\varepsilon = \sqrt{1 + \frac{2EL^2}{G^2M^2m^3}} \tag{4.2}$$

则有

$$\mathrm{d}\theta = \frac{\mathrm{d}r/r^2}{\sqrt{\left(\frac{\varepsilon}{p}\right)^2 - \left(\frac{1}{r} - \frac{1}{p}\right)^2}}$$

引入变量 $u = \frac{1}{r} - \frac{1}{p}$,则 $\mathrm{d}u = -\frac{\mathrm{d}r}{r^2}$,有

$$\mathrm{d}\theta = -\frac{\mathrm{d}u}{\sqrt{(\varepsilon/p)^2 - u^2}}$$

积分得

$$\theta = \arccos\frac{u}{\varepsilon/p} + \theta_0$$

其中 θ_0 为某个积分常量,上式可还原成

$$r = \frac{p}{1 + \varepsilon\cos(\theta - \theta_0)}$$

总可选取 $\theta_0=0$,行星 m 的轨道曲线方程便为

$$r=\frac{p}{1+\varepsilon\cos\theta} \tag{4.3}$$

行星轨道能量为

$$E=E_k+E_p \quad (\text{动能 } E_k \text{ 为正,势能 } E_p \text{ 为负})$$

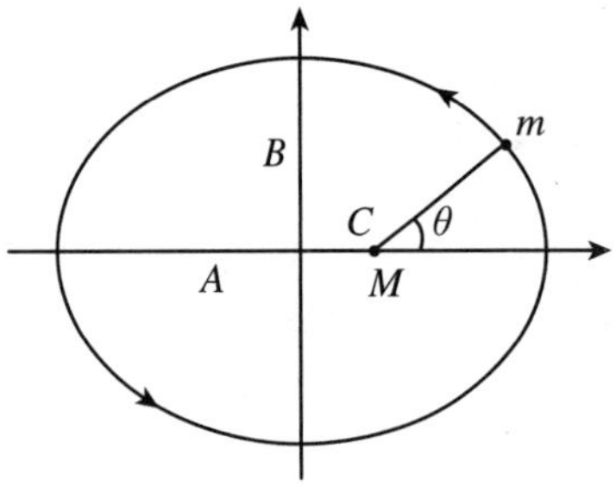

图 4.7

大行星受太阳引力束缚强,$E<0$,轨道是椭圆.这就是开普勒第一定律.此种轨道如图 4.7 所示,即 $\theta=0$ 时,m 位于近 M 点.对于椭圆参量有

$$C=\sqrt{A^2-B^2}$$

由

$$A-C=r|_{\theta=0}=\frac{p}{1+\varepsilon},\quad A+C=r|_{\theta=\pi}=\frac{p}{1-\varepsilon}$$

可得

$$2A=\frac{p}{1+\varepsilon}+\frac{p}{1-\varepsilon},\quad 2C=\frac{p}{1-\varepsilon}-\frac{p}{1+\varepsilon}$$

从而得

$$\frac{2C}{2A}=\frac{\dfrac{p}{1-\varepsilon}-\dfrac{p}{1+\varepsilon}}{\dfrac{p}{1+\varepsilon}+\dfrac{p}{1-\varepsilon}}=\frac{\dfrac{1}{1-\varepsilon}-\dfrac{1}{1+\varepsilon}}{\dfrac{1}{1+\varepsilon}+\dfrac{1}{1-\varepsilon}}=\frac{2\varepsilon}{2}$$

即得椭圆偏心率

$$e=\frac{C}{A}=\varepsilon$$

上述理论上的讨论导出了开普勒第一定律.理论上导出的行星 m 的轨道曲线是普适的太阳 M 位于焦点的圆锥曲线.这就是理论上的讨论.

将开普勒第一定律的椭圆轨道引申为三种圆锥曲线:椭圆、抛物线、双曲线.具体分类如下:

$$\begin{cases}E<0,\varepsilon<1, & \text{对应椭圆},M\text{ 位于其中一个焦点}\\ E=0,\varepsilon=1, & \text{对应抛物线},M\text{ 位于焦点}\\ E>0,\varepsilon>1, & \text{对应双曲线之一支},M\text{ 位于其内焦点}\end{cases}$$

值得一提的是,$e=\varepsilon=0$ 时,椭圆退化为圆.除了水星、火星和冥王星,其他行星轨道偏心率都接近于零,轨道几乎都圆形的,这使早期天文学家得出了行星轨道都是圆的结论.

当椭圆的半短轴缩短时,椭圆可退化为直线段,小行星突然在原曲线轨道上停下来就会沿着直线段冲向太阳.抛物线和双曲线也可退化为射线.例如,在地球表面竖直向上

发射一个速度超过第二宇宙速度的飞行器,相对地球的运动轨道就是射线.

行星无论取哪一种轨道,相对太阳的角动量都是守恒的,对于大行星的椭圆轨道,这正是开普勒第二定律的内容.开普勒第一定律中行星 m 的轨道可引申到圆锥曲线中的抛物线或双曲线轨道,显然开普勒第二定律(面积定律或者说面积速度定律)也可引申到抛物线或双曲线轨道.

开普勒第三定律(周期定律)中,椭圆轨道因是闭合曲线而存在运动周期,但引申的抛物线或双曲线因不是闭合曲线而无周期可言.

例 1 将太阳质量记为 M,质量为 m 的行星椭圆轨道的半长轴记为 A,半短轴记为 B.试求行星在图 4.8 中 1、2、3 点的速度大小 v_1、v_2、v_3,继而导出开普勒第三定律.

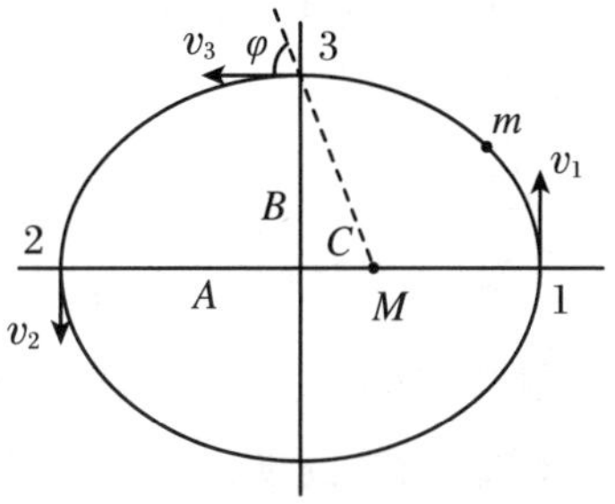

图 4.8

解 1、2 两处的能量关联式和面积速度关联式分别为

$$\frac{1}{2}mv_1^2 - G\frac{Mm}{A-C} = \frac{1}{2}mv_2^2 - G\frac{Mm}{A+C}$$

$$\frac{1}{2}v_1(A-C) = \frac{1}{2}m_2(A+C)$$

可解得

$$v_1 = \frac{A+C}{B}\sqrt{\frac{GM}{A}},\quad v_2 = \frac{A-C}{B}\sqrt{\frac{GM}{A}}$$

利用 3 处的面积速度:

$$\begin{cases}\frac{1}{2}v_3 A\sin\varphi = \frac{1}{2}v_3 B\\ \frac{1}{2}v_3 A\sin\varphi = \frac{1}{2}v_1(A-C)\end{cases}$$

得

$$v_3 = \sqrt{\frac{GM}{A}}$$

椭圆轨道面积速度为

$$K = \frac{1}{2}v_3 B = \frac{1}{2}\sqrt{\frac{GM}{A}}B$$

椭圆轨道包围的面积为 $S = \pi AB$,得轨道运动周期为

$$T = \frac{S}{K} = \frac{\pi AB}{\frac{1}{2}\sqrt{\frac{GM}{A}}B} = 2\pi A\sqrt{\frac{A}{GM}}$$

可得

$$\frac{A^3}{T^2} = k, \quad k = \frac{GM}{4\pi^2} \quad \text{（开普勒第三定律）}$$

附注

利用动力学方程导出1、2、3处的曲率半径ρ_1、ρ_2、ρ_3.

1、2处：

$$\frac{mv_1^2}{\rho_1} = \frac{GMm}{(A-C)^2} \Rightarrow \rho_1 = \frac{mv_1^2(A-C)^2}{GMm} = \frac{m\frac{(A+C)^2}{B^2}\frac{GM}{A}(A-C)^2}{GMm}$$

$$\Rightarrow \rho_1 = \frac{B^2}{A}, \rho_2 = \rho_1 = \frac{B^2}{A}$$

3处：因对称，有$\rho_3 = \dfrac{A^2}{B}$.

例2 携带无动力飞行器的宇航站绕地球运动的轨道为椭圆.运行过程中朝前方发射飞行器，分离速度u给定不变.

发射方案1：近地点发射，发射后，飞行器相对地球的运动轨道为抛物线.

发射方案2：远地点发射，发射后，飞行器相对地球的运动轨道是何种曲线？

解 发射前，飞行器轨道能量E_0守恒.

发射过程中动能增量（轨道势能变化可略）记为ΔE_k.

方案1：$E_0 + \Delta E_{k1} = 0$（抛物线轨道能量为零）.

方案2：

$$E_k + \Delta E_{k2} \begin{cases} > 0, & \text{当 } \Delta E_{k2} > \Delta E_{k1} \text{ 时轨道为双曲线} \\ = 0, & \text{当 } \Delta E_{k2} = \Delta E_{k1} \text{ 时轨道为抛物线} \\ < 0, & \text{当 } \Delta E_{k2} < \Delta E_{k1} \text{ 时轨道为椭圆} \end{cases}$$

将方案1、2发射前飞行器的速度记为v_0（有v_{01}、v_{02}区分）；飞行器的质量记为m. ΔE_k的计算结果（过程略）：

$$\Delta E_k = \frac{1}{2}m(2v_0 + u')u', \quad u' = \frac{M}{M+m}u$$

因$v_{02} < v_{01}$，故有

$$\Delta E_{k2} < \Delta E_{k1}$$

所以，方案2中发射后的飞行器轨道为椭圆.

例3 通过天文观察，发现存在非圆的行星椭圆轨道.假设质点间的万有引力大小与间距r的关系为$F = GMmr^{\alpha}$，其中α为待定常数，试就下面两种情况分别确定α值：

(1) 太阳在椭圆的一个焦点上（开普勒第一定律）；

(2) 太阳在椭圆的中心.

解 行星所受引力指向太阳，行星轨道角动量守恒，面积速度仍是不变量.

(1) 图 4.8 中 1 和 2 处可建立下述方程组：

$$v_1(A-C)=v_2(A+C)$$

$$\frac{mv_1^2}{\rho_1}=GMm(A-C)^{\alpha}$$

$$\frac{mv_2^2}{\rho_2}=GMm(A+C)^{\alpha}$$

可得

$$\frac{v_1}{v_2}=\frac{A+C}{A-C}\Rightarrow\frac{v_1^2}{v_2^2}=\frac{(A+C)^2}{(A-C)^2}$$

$$\frac{v_1^2}{v_2^2}=\frac{\rho_1(A-C)^{\alpha}}{\rho_2(A+C)^{\alpha}}$$

由 $\rho_1=\rho_2$ 得

$$\frac{(A+C)^2}{(A-C)^2}=\frac{(A-C)^{\alpha}}{(A+C)^{\alpha}}$$

从而得

$$(A-C)^{\alpha+2}=(A+C)^{\alpha+2}$$

对于非圆的椭圆，必有 $C\neq0$，即得 $\alpha+2=0$.

结论：$\alpha=-2$，即 F 为牛顿万有引力.

(2) 设太阳 M 已在椭圆中心处，图 4.8 中 1、3 处可建立下述方程组：

$$v_1A=v_3B\Rightarrow\frac{v_1}{v_3}=\frac{B}{A}\Rightarrow\frac{v_1^2}{v_3^2}=\frac{B^2}{A^2}$$

$$\left.\begin{aligned}\frac{mv_1^2}{\rho_1}&=GMmA^{\alpha},\rho_1=\frac{B^2}{A}(\text{见前文})\\\frac{mv_3^2}{\rho_3}&=GMmB^{\alpha},\rho_3=\frac{A^2}{B}(\text{见前文})\end{aligned}\right\}\Rightarrow\frac{v_1^2}{v_3^2}=\frac{A^{\alpha-3}}{B^{\alpha-3}}$$

合并成

$$A^{\alpha-1}=B^{\alpha-1}$$

对于非圆的椭圆，必有 $A\neq B$，得 $\alpha=1$，即 F 为线性引力.

上面的讨论适用于前文定义的两体距离二次方反比引力系统，其实也适用于两体距离二次方反比斥力系统(例如同号电荷库仑斥力系统).

库仑力与万有引力的数学结构相同，用 kQq 替换掉 $-GMm$，上面的讨论便适用于由两个带电质点构成的两体库仑力系统. Q 与 q 异号时，库仑力为吸引力，若电量为 Q 的质点近似不动，电量为 q 的质点的运动轨道也是如前文方程

$$r=\frac{p}{1+\varepsilon\cos\theta}$$

所表述的三种圆锥曲线. 例如，电子绕氢核的运动轨道便是椭圆(包括圆)；Q 和 q 同号

时，库仑力为斥力，恒有 $E\geqslant 0$，轨道是抛物线或双曲线，例如 α 粒子的散射轨道便是双曲线.

例 4 α 粒子散射的双曲线轨道和有关参量已在图 4.9 示出，其中 m 是 α 粒子质量，e 是电子电量绝对值，z 是重核（假设不动）的质子数，$\boldsymbol{v}_0$ 为 α 粒子从远处射来的初速度，b 称为瞄准距离. 试求 α 粒子在与重核最近距离 d 处的速度 v_d.

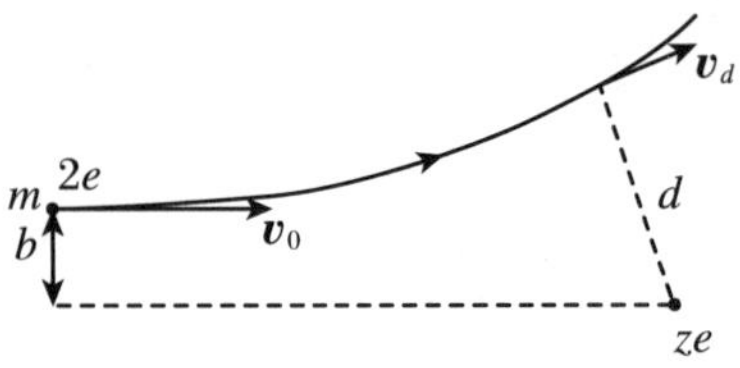

图 4.9

解 α 粒子在无穷远射入处的能量和在与重核相距 d 处的能量关联方程为

$$\frac{1}{2}mv_0^2 = \frac{1}{2}mv_d^2 + k\frac{2ze^2}{d}$$

角动量关联方程为

$$mv_0 b = mv_d d$$

消去 d，得

$$v_d^2 + 4k\frac{ze^2}{mv_0 b}v_d - v_0^2 = 0$$

考虑到应有 $v_d > 0$，解为

$$v_d = 2\left[\sqrt{\left(k\frac{ze^2}{mv_0 b}\right)^2 + \frac{v_0^2}{4}} - k\frac{ze^2}{mv_0 b}\right]$$

例 5 由太阳与某个行星构成二体引力系统，若考虑到引力对太阳运动的影响，开普勒三定律应作哪些修正？

解 假设太阳不动时，将万有引力定律与牛顿第二定律导得的行星运动角动量、机械能守恒性相结合，可导出开普勒三定律. 如果引力对太阳运动的影响不被略去，那么需采用两体约化质量的方法（2.2 节例 2）来讨论行星相对太阳的运动，此时的动力学方程（相当惯性系中的牛顿第二定律）为

$$\boldsymbol{F}_m = \mu_m \boldsymbol{a}_m, \quad \mu_m = \frac{Mm}{M+m}$$

其中 m 和 M 分别为行星和太阳的惯性质量. $\boldsymbol{F}_m$ 是行星受太阳的引力，有

$$\boldsymbol{F}_m = -G\frac{M_g m_g}{r^3}\boldsymbol{r}$$

式中 M_g 和 m_g 分别为太阳和行星的引力质量. 考虑到 $M_g = M$，$m_g = m$，可将动力学方程改述成

$$-G\frac{(M+m)m}{r^3}\boldsymbol{r} = m\boldsymbol{a}_m$$

相当于在行星惯性质量依旧的惯性系中牛顿第二定律式与修正的万有引力式之组合，后者将太阳原有的引力质量 M 替换成 $M+m$. 于是可沿用原有的推导及其结果，例如仿

(4.1)～(4.3)式,现有

$$r = \frac{p}{1 + \varepsilon\cos\theta}, \quad p = \frac{L^2}{G(M+m)m^2}, \quad \varepsilon = \sqrt{1 + \frac{2EL^2}{G^2(M+m)^2m^3}}$$

行星轨道仍是圆锥曲线,只是将曲线参量 p、ε 中原有的太阳引力质量 M 替换成 $M+m$. 开普勒第一、第二定律不受此项替换的影响,因此仍然成立.

本节例 1 给出了太阳不动时的椭圆轨道周期为 $T = 2\pi A\sqrt{\frac{A}{GM}}$,新的轨道周期需要修正为

$$T = 2\pi A\sqrt{\frac{A}{G(M+m)}}$$

于是得

$$\frac{A^3}{T^2} = \frac{GM}{4\pi^2}\left(1 + \frac{m}{M}\right)$$

可见开普勒第三定律在严格意义下不再成立,其间偏差系数为 m/M. 以行星中质量最大的木星为例,$m = M/1047.35$,得 $m/M = 9.55\times10^{-4}$,确实小到可以略去.

5　质心和刚体

质点系的力学基本问题是已知质点系的初始运动状态，即某时刻各质点的位矢 $\boldsymbol{r}_i(0)$ 和速度 $\boldsymbol{v}_i(0)$，以及质点系的内力和外力分布，即各质点所受内力 $\boldsymbol{F}_{i内}$ 和外力 $\boldsymbol{F}_{i外}$ 的时空分布. 要求解出质点系而后的运动状态，即各质点的位矢随时间的变化 $\boldsymbol{r}_i = \boldsymbol{r}_i(t)$. 原则上这一问题是可解的，因为牛顿第二定律可为每一个质点列出一个动力学方程，方程个数与所求量个数相同. 实际求解却因系统的多体性、力的位矢关联性及力的非线性而变得非常困难，一般的质点系各个质点都可以在空间自由运动，包含的质点越多，待解的位矢越多，方程组也越庞大，这就是多体性的困难. 相互作用力常与质点间相对位置有关，例如三质点引力系统的动力学方程组为

$$m_1\ddot{\boldsymbol{r}}_1 = -G\frac{m_2m_1}{|\boldsymbol{r}_1-\boldsymbol{r}_2|^3}(\boldsymbol{r}_1-\boldsymbol{r}_2) - G\frac{m_3m_1}{|\boldsymbol{r}_1-\boldsymbol{r}_3|^3}(\boldsymbol{r}_1-\boldsymbol{r}_3)$$

$$m_2\ddot{\boldsymbol{r}}_2 = -G\frac{m_3m_2}{|\boldsymbol{r}_2-\boldsymbol{r}_3|^3}(\boldsymbol{r}_2-\boldsymbol{r}_3) - G\frac{m_1m_2}{|\boldsymbol{r}_2-\boldsymbol{r}_1|^3}(\boldsymbol{r}_2-\boldsymbol{r}_1)$$

$$m_3\ddot{\boldsymbol{r}}_3 = -G\frac{m_1m_3}{|\boldsymbol{r}_3-\boldsymbol{r}_1|^3}(\boldsymbol{r}_3-\boldsymbol{r}_1) - G\frac{m_2m_3}{|\boldsymbol{r}_3-\boldsymbol{r}_2|^3}(\boldsymbol{r}_3-\boldsymbol{r}_2)$$

各质点所受引力不仅与自己的位矢有关，还与其他质点位矢有关. 相关交叉给数学上的变量分离设置了障碍，这就是力的位矢关联性困难. 如果力与位矢的关系是线性的，动力学方程组便是线性方程组，较易求解. 宏观世界中诸多力，如上述的万有引力，与位矢的关系不是线性的，即使少至三个质点构成的引力系统，都无法获得由积分表达式给出的解析解，这就是力的非线性困难.

刚体是其中任何两个点部位间距都恒定不变的质点系，或者说是刚性质点系，刚体中若由三个不共线的点部位 A_1、A_2、A_3 的位矢确定，其他点部位均被这三点“抓住”，位置随即确定，质点系的多体性困难在刚体中基本消失. A_1、A_2、A_3 三位矢含 9 个空间坐标量，分别为 (x_1, y_1, z_1)、(x_2, y_2, z_2)、(x_3, y_3, z_3)，它们还要满足两两间距不变的约束方程：

$$(x_2-x_1)^2+(y_2-y_1)^2+(z_2-z_1)^2 = l_1^2$$
$$(x_3-x_2)^2+(y_3-y_2)^2+(z_3-z_2)^2 = l_2^2$$
$$(x_1-x_3)^2+(y_2-y_1)^2+(z_2-z_1)^2 = l_3^2$$

可见只有 6 个坐标量是独立的，或者说刚体的运动自由度降为 6. 刚体中任选一个点部位

C,刚体的宏观运动可分解成整体随 C 点的平动和整体绕 C 点的转动. C 点的运动有 3 个自由度,刚体的平动也因此有 3 个自由度. 建立随 C 点平动的参考系,在此参考系中刚体绕 C 点的转动即为刚体的定点转动,有 3 个自由度. 刚体运动的相关内容已在前文运动学内容中较详细地介绍过,不再细述.

从运动学考虑,刚体中任一点部位都可选作平动参考点 C,将 C 点处理为质点,从动力学考虑,为了确定刚体随质点 C 的平动,必须求解位矢 $\boldsymbol{r}_C$ 随时间 t 的变化关系,这就需要首先给出质点 C 所受的全部内力与外力. 一般情况下,内力结构复杂,外力分布相对比较清楚. 值得考虑的是,刚体中是否存在一个点部位 C,它的运动与内力无关,而是由运动的初始状态和外力确定. 这样的点部位是存在的,它就是质点系的质心 C.

取质心 C 为参考点,刚体的平动便与内力无关. 刚体绕 C 点的转动问题可以通过功-能关系和力矩-角动量关系获解. 由于任何两个点部位间距不变,刚体内力做功之和为零. 力矩方面,内力相对于任何一个参考点的力矩也为零. 于是刚体作为一个特殊的质点系,无论内力与点部位间相对位置有什么样的关系,都可以避开其结构来求解刚体的运动问题.

5.1　质　　心

质心 C 首先被定义为一个点,它的位置是由质点系的质量分布确定的,因此也称为质点质量分布中心. 质点系中各质点的质量和位矢分别记为 m_i 和 $\boldsymbol{r}_i$,那么质心 C 的位矢定义为

$$\boldsymbol{r}_C = \sum_i \frac{m_i \boldsymbol{r}_i}{m}, \quad m = \sum_i m_i$$

为动力学讨论方便,通常又将质心质点化,使它成为一个具有质点系质量的假想质点,即有

$$m_C = m = \sum_i m_i$$

需要强调,质心与质点系(或物体)的重心是两个不同的概念. 但是在地面附近重力加速度 $\boldsymbol{g}$ 可处理成常矢量的线度范围内,质点系重心 G 的位置与质心 C 的位置是重合的.

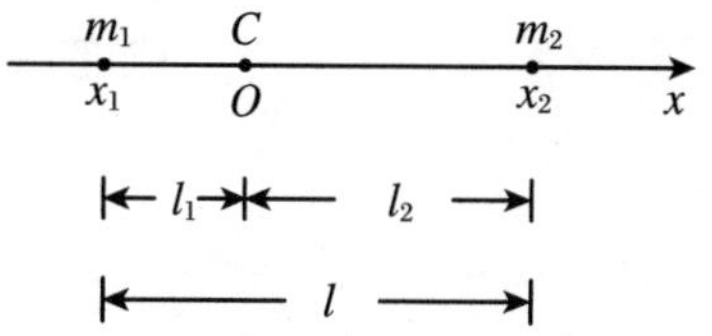

图 5.1

由两个质点构成的质点系,质心 C 必定在这两个质点的连线上,沿连线设置 x 轴,如图 5.1 所示,有

$$x_C = \frac{m_1 x_1 + m_2 x_2}{m_1 + m_2}$$

若坐标原点 O 设置在 C 上，则有

$$m_1 x_1 + m_2 x_2 = 0$$

引入间距 $l_1 = |x_1|, l_2 = |x_2|$，便有

$$m_1 l_1 = m_2 l_2, \quad l_1 + l_2 = l$$

其中 l 为两个质点的间距，可解得

$$l_1 = \frac{m_2}{m_1 + m_2} l, \quad l_2 = \frac{m_1}{m_1 + m_2} l$$

由三个质点构成的质点系的质心位矢为

$$\boldsymbol{r}_C = \frac{m_1 \boldsymbol{r}_1 + m_2 \boldsymbol{r}_2 + m_3 \boldsymbol{r}_3}{m_1 + m_2 + m_3} = \frac{(m_1 + m_2)\dfrac{m_1 \boldsymbol{r}_1 + m_2 \boldsymbol{r}_2}{m_1 + m_2} + m_3 \boldsymbol{r}_3}{(m_1 + m_2) + m_3}$$

后一表达式可解读为：m_1、m_2 两质点构成的质点系的质心再与质点 m_3 构成新的质点系，新质点系的质心即为由 m_1、m_2、m_3 构成的原质点系的质心. 通过类似的数学递推，可得质点系的质心组合关系：

将质点系分成若干小系，各小系质心构成新的质点系，其质心即为原质点系的质心.

例 1 练习用质点系质心组合关系解答下述问题.

(1) 导出匀质细杆的质心位置.

(2) 试证任意三角形的三条中线必定共点.

(3) 试证任意三角形的三条角平分线必定共点.

(4) 课后找出平面几何中余下的三线共点现象，并用本例题题目给出的力学知识来证明此三线共点.

解 (1) 将匀质细杆分成无穷多小组，每一小组由图 5.2 中左右两个对称小部位构成，其质心位于细杆中心 O，这些构成的新质点系的质心即在 O 处，故原匀质细杆的质心也在 O 处.

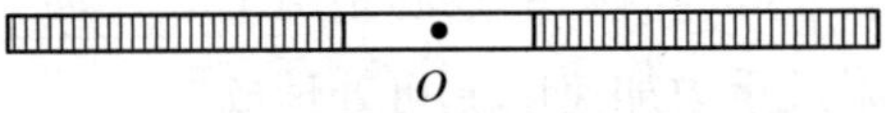

图 5.2

(2) 如图 5.3 所示，将匀质三角板 ABC 平行于 BC 边分割成一系列匀质窄条，各窄条质心位于中心，这些质心构成的新质点形成 BC 边的中线 AD. 三角板的质心 C_0 必定在中线 AD 上. 同理，C_0 也应在 AC 边的中线 BE 上，故 C_0 必在 AD 与 BE 的交点上. 再者，C_0 又应在 AB 边的中线 CF 上. C_0 是唯一的，故 CF 应过 CD 与 BE 的交点，这相当于

用力学方法证明任意三角形的三条中线必定共点.

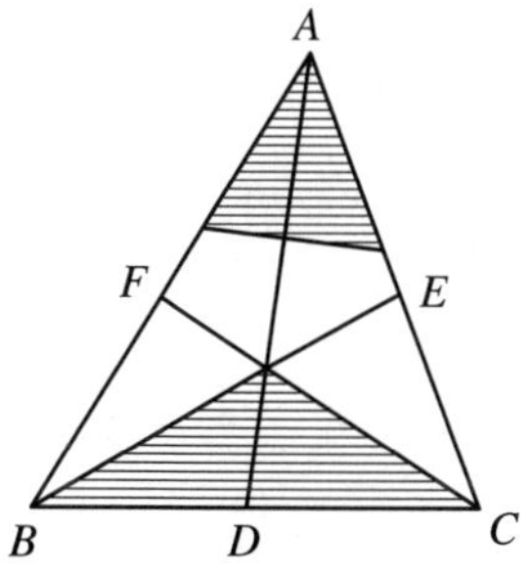

图 5.3

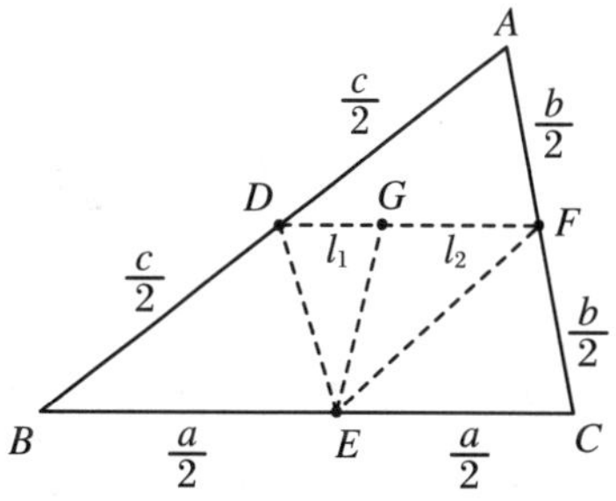

图 5.4

(3) 如图 5.4 所示的匀质三角形框架 ABC，BC 边长为 a，CA 边长为 b，AB 边长为 c，每条边上质量线密度同为 λ，框架分成 3 个小质点系，即 AB 杆、BC 杆、CA 杆. AB 杆的质心在其中点 D 处，质心质量为 λc；BC 杆的质心在其中点 E 处，质心质量为 λa；CA 杆的质心在其中点 F 处，质心质量为 λb. 由这三个小质心构成的质点系的质心即为原三角形框架 ABC 的质心. 由 D、E、F 构成的质点系的质心也就是三角形框架的质心. 先将 F、D 二质点系的质心 G 与 D 的间距记为 l_1，G 与 F 的间距记为 l_2，则有

$$\lambda c l_1 = \lambda b l_2 \Rightarrow \frac{l_1}{l_2} = \frac{b}{c}$$

将 D、E、F 三点用图 5.4 中的虚线连接成一个小三角形，其中 DE 长$\frac{b}{2}$，EF 长$\frac{c}{2}$. 由

$$\frac{l_1}{l_2} = \frac{b}{c}, \quad \frac{DE}{EF} = \frac{b}{c}$$

得

$$\frac{l_1}{l_2} = \frac{DE}{EF}$$

用虚线连接 E、G 点，此虚线即为小三角形中以 E 为顶点的顶角平分线. E 与 G 的二质点系质心必在虚线 EG，即以 E 为顶点的顶角平分线上. 因此，原三角形框架 ABC 的质心必在小三角形以 E 为顶点的顶角平分线上. 同理，原三角形框架质心又必在小三角形以 F 为顶点的顶角平分线上；又必在小三角形以 D 为顶点的顶角平分线上. 原三角形框架质心是唯一的，因此要求小三角形的三条顶角平分线必须共点.

结论 1：原匀质三角形框架 ABC 的质心一定为三条框架中点所构成的小三角形内切圆的圆心.

结论 2：任何几何结构的三角形都可承担图 5.4 中的小三角形角色. 这相当于用力学方法证明了任意三角形三个顶角的平分线共点.（此处“共点”即为三角形内切圆的圆心.）

(4) 无解答.

附注

质心速度：

$$\boldsymbol{v}_C = \frac{\mathrm{d}\boldsymbol{r}_C}{\mathrm{d}t} = \sum_i m_i \boldsymbol{v}_i / \sum m_i = \sum_i m_i \boldsymbol{v}_i / m_C$$

质心动量：

$$\boldsymbol{p}_C = m_C \boldsymbol{v}_C = \sum_i m_i \boldsymbol{v}_i = \sum \boldsymbol{p}_i = \boldsymbol{p} \quad (\boldsymbol{p}\text{ 为质点系动量})$$

质心加速度：

$$\boldsymbol{a}_C = \frac{\mathrm{d}\boldsymbol{v}_C}{\mathrm{d}t} = \sum_i m_i \frac{\mathrm{d}\boldsymbol{v}_i}{\mathrm{d}t} / m_C = \sum m_i \boldsymbol{a}_i / m_C = \sum \boldsymbol{F}_i / m_C$$

$$\sum_i \boldsymbol{F}_i = \boldsymbol{F}_{合内} + \boldsymbol{F}_{合外} = \boldsymbol{F}_{合外} \Rightarrow \boldsymbol{a}_C = \boldsymbol{F}_{合外} / m_C$$

质心运动定理：

$$\boldsymbol{F}_{合外} = m_C \boldsymbol{a}_C$$

质心动能定理：

$$\boldsymbol{F}_{合外} \cdot \mathrm{d}\boldsymbol{l}_C = m_C \frac{\mathrm{d}\boldsymbol{v}_C}{\mathrm{d}t} \cdot \mathrm{d}\boldsymbol{l}_C = m_C \mathrm{d}\boldsymbol{v}_C \cdot \boldsymbol{v}_C = m_C v_C \mathrm{d} v_C = \mathrm{d}\left(\frac{1}{2} m_C v_C^2\right)$$

合外力对质心做元功，记为 $\mathrm{d}W_{合外-C}$，质心动能记为 E_{kC}，则

$$\begin{cases} \mathrm{d}W_{合外-C} = \mathrm{d}E_{kC} & (\text{微分式}) \\ W_{合外-C} = \Delta E_{kC} & (\text{积分式}) \end{cases}$$

例 2 在电场强度为 $\boldsymbol{E}$ 的匀强电场中有两个质量同为 m 的小球 A、B，A 球带电量 $q>0$，B 球不带电. 开始时 A、B 静止，而后 A 在电场力作用下朝 B 运动，A 到 B 的方向与 $\boldsymbol{E}$ 的方向一致，A、B 相距 l，如图 5.5 所示，A、B 会发生弹性正碰撞，且设没有电荷转移，接着 A、B 还会这样碰撞. 试求从开始直到两球发生第 $k \geqslant 1$ 次碰撞时间内电场力对 A 球做的功 W.

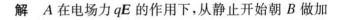

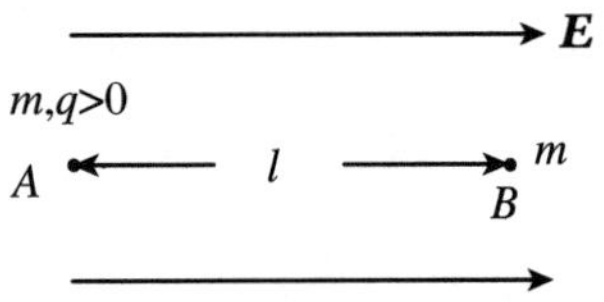

图 5.5

解 A 在电场力 $q\boldsymbol{E}$ 的作用下，从静止开始朝 B 做加速度大小为

$$a = \frac{qE}{m}$$

的运动，经时间

$$t_0 = \sqrt{\frac{2l}{a}} = \sqrt{\frac{2ml}{qE}}$$

与 B 相碰. 碰后 A 静止，B 以 $v = at_0$ 速度朝右运动，改取随 B 一起运动的惯性系 B_1，在 B_1 系中，B 静止，A 以初速度 v 朝左运动，经 $t = \dfrac{v}{a} = t_0$ 时间降速到零，而后反向运动，

又经 t_0 时间与 B 发生第二次碰撞，如此继续下去，可知从开始到第 $k\geqslant1$ 次碰撞，共经时间

$$T_k = (2k-1)t_0$$

$\{A,B\}$系统质心所获加速度为

$$a_C = \frac{qE}{2m}$$

T_k 时间内质心位移量为

$$s_C = \frac{1}{2}a_C T_k^2$$

A 球位移量则为

$$s_A = s_C + \frac{1}{2}l$$

其间电场力做功

$$W = (qE)\cdot s_A = (2k^2-2k+1)qEl$$

例 3 地球质量 $M=5.98\times10^{24}$ kg，月球质量 $m=7.3\times10^{22}$ kg，月球中心与地球中心相距 $r_0=3.84\times10^8$ m，万有引力常量 $G=6.67\times10^{-11}$ m^3/(kg·s^2).

(1) 只考虑地球和月球之间的万有引力，试求月球中心绕地-月系统质心做圆周运动的周期(这也是月球中心绕地球中心做圆周运动的周期)T_0(以 d 为单位).

(2) 将中国农历一个月的平均时间记为 $\overline{T}$(以 d 为单位)，形成 T_0 与 $\overline{T}$ 之间差异的主要原因是什么？

(3) 已知月球绕地球运动的轨道平面与地球绕太阳运动的轨道平面几乎重合，某时刻太阳、地球、月球相对位置以及地球绕太阳运动的方向如图 5.6 所示. 试在图中画出此时月球绕地-月质心运动的方向，并简述原因.

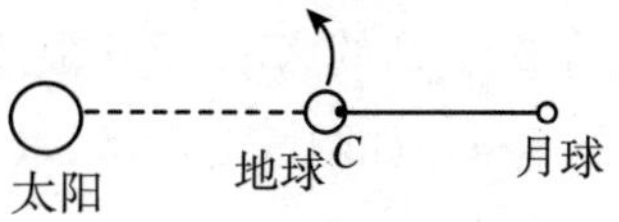

图 5.6

(4) 结合生活常识，计算中国农历一个月的平均时间 $\overline{T}$(以 d 为单位).

解 (1) 月心与地-月系统质心 C 相距

$$r_m = \frac{M}{M+m}r_0 = 3.79\times10^8\ \text{m}\quad(\text{可见 } C \text{ 在地球内})$$

由

$$m\omega^2 r_m = G\frac{Mm}{r_0^2}$$

得

$$\omega = \sqrt{\frac{GM}{r_0^2 r_m}} = 2.67\times10^{-6}/\text{s}$$

从而得

$$T_0 = \frac{2\pi}{\omega} = 27.2\ \mathrm{d}$$

(2) 农历一个月记为 T,定义为从地球上观察到的相邻两次"月圆"相隔时间.以 d 为单位,T 不是整数,为了取整,有时 T 取为 29 d,有时取为 30 d,平均值 $\overline{T}$ 约为 29.5 d.可见,相邻两次"月圆"间隔取 $\overline{T}$ 更为确切.

$$\overline{T} = 29.5\ \mathrm{d} > T_0 = 27.2\ \mathrm{d}$$

主要原因是 T_0 计算中未考虑地-月系统绕太阳的旋转(地球绕太阳的旋转).

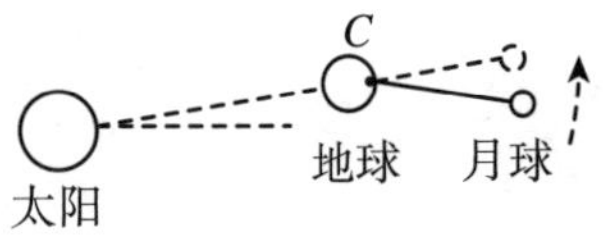

图 5.7

(3) 假设经过 T_0 时间地-月系统绕太阳转过一个角度,太阳、地球、月球的相对位置应从图 5.6 所示"月圆"状态改变为图 5.7 的"非月圆"状态.为了经过大约 2 d 的时间即可到达"月圆"状态,图 5.6 中月球绕地-月系统质心 C 的旋转方向应与地球绕太阳旋转的方向相同,如图 5.7 中的虚线所示.

(4) 设 $\overline{T}$ 时间段内,地球绕太阳转过 θ 角,在 $\overline{T}$ 到 T_0 时间段内月球中心必须绕 C 点转过 θ 角,即有

$$\frac{\overline{T}}{365} \times 2\pi = \theta = \frac{\overline{T} - T_0}{T_0} \times 2\pi$$

解得

$$\overline{T} = (T_0^{-1} - 365^{-1})^{-1} = 29.4\ \mathrm{d}$$

此结果与 $\overline{T}$ 约为 29.5 d 很接近.

例 4 如图 5.8 所示,水平桌面上有 10 个质量同为 m 的静止小木块沿直线放置,相邻两个小木块的间距同为 l,每个小木块的线度可忽略,各自与桌面间的摩擦因数同为 μ.以水平恒力 $\boldsymbol{F}$ 沿小木块排列方向推动第 1 个小木块,而后与前方的小木块相继发生完全非弹性碰撞,力 $\boldsymbol{F}$ 作用始终存在,当到达第 10 个小木块的侧面时,前 9 个小木块刚好停住,未能发生碰撞.将小木块 1,2,…,9 一起构成的系统作为讨论的对象,试求过程中:

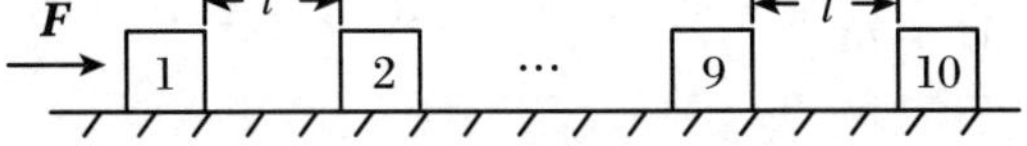

图 5.8

(1) 系统曾经有过的最大动量大小 $p_{\max}$;

(2) 系统曾经有过的最大动能 E_{kmax}.

解 先确定 F 的大小.

根据质心动能定理,合外力对质心的做功量 $W_{合外}$ 等于质心动能 E_{kC} 的增加量,即

$$W_{合外} = \Delta E_{kC}$$

考虑到初态与末态的质心速度同为零,得

$$W_{合外} = 0$$

故全过程中,外力 $\boldsymbol{F}$ 对质心所做正功应等于摩擦力对质心所做负功的绝对值,即有

$$F \cdot 5l = \mu mg \frac{1}{9}l + 2\mu mg \frac{2}{9}l + 3\mu mg \frac{3}{9}l + \cdots + 9\mu mg \frac{9}{9}l$$

$$= \frac{1}{9}(1 + 2^2 + \cdots + 9^2)\mu mgl = \frac{95}{3}\mu mgl$$

得

$$F = \frac{19}{3}\mu mg$$

(1) 由

$$F = \frac{19}{3}\mu mg = 6.33\mu mg < 7\mu mg$$

可知,第 7 个小木块被推动前质心一直在加速,第 7 个小木块被推动后质心开始减速.全过程中第 7 个小木块被推动前,质心速度达到最大,此时系统动量也达最大.

由

$$\frac{1}{2}m_C v_{C\max}^2 = (F - \mu mg)\frac{1}{9}l + (F - 2\mu mg)\frac{2}{9}l + \cdots + (F - 6\mu mg)\frac{6}{9}l$$

$$= \left[\left(\frac{19}{3} - 1\right) + \left(\frac{19}{3} - 2\right)\times 2 + \cdots + \left(\frac{19}{3} - 6\right)\times 6\right]\frac{1}{9}\mu mgl$$

$$= \frac{14}{3}\mu mgl$$

得

$$v_{C\max} = \left(\frac{14}{3}\mu mgl \times \frac{2}{9m}\right)^{\frac{1}{2}} = \frac{2\sqrt{7}}{3\sqrt{3}}\sqrt{\mu gl}$$

从而得

$$p_{\max} = m_C v_{C\max} = 9m\frac{2\sqrt{7}}{3\sqrt{3}}\sqrt{\mu gl} = 2\sqrt{21}m\sqrt{\mu gl} = 9.165m\sqrt{\mu gl}$$

(2) 第 7 个小木块被推动后,为负的合外力对系统(并非对质心)做负功,再考虑到完全非弹性碰撞还会损耗动能,系统动能必定单调减小.

第 7 个小木块被推动前,合外力对系统做的功尽管一直为正,但需考虑非弹性碰撞会损耗动能,故需逐次计算.

将第 1 个小木块与第 2 个小木块碰前瞬时速度记为 v_1,系统动能记为 E_{k1}……前 6 个小木块一起与第 7 个小木块碰前瞬时速度记为 v_6,系统动能记为 E_{k6};相应时刻质心

速度分别记为 $v_{C1},\cdots,v_{C6}$.

$$E_{k1}:\quad \frac{1}{2}m_C v_{C1}^2=(F-\mu mg)\frac{1}{9}l=\left(\frac{19}{3}-1\right)\frac{1}{9}\mu mgl=\frac{16}{27}\mu mgl$$

$$v_{C1}=\left(\frac{16}{27}\mu mgl\times\frac{2}{9m}\right)^{\frac{1}{2}}=\frac{4\sqrt{2}}{9\sqrt{3}}\sqrt{\mu gl}$$

$$v_1=9v_{C1}=\frac{4\sqrt{2}}{\sqrt{3}}\sqrt{\mu gl}$$

$$E_{k1}=\frac{1}{2}mv_1{}^2=\frac{16}{3}\mu mgl=5.333\mu mgl$$

$$E_{k2}:\quad \frac{1}{2}m_C v_{C2}^2=\frac{1}{2}m_C v_{C1}^2+(F-2\mu mg)\frac{2}{9}l=\frac{42}{27}\mu mgl$$

$$v_{C2}=\sqrt{\frac{42}{27}\times\frac{2}{9}}\sqrt{\mu gl}=\frac{2\sqrt{7}}{9}\sqrt{\mu gl}$$

$$v_2=\frac{9}{2}v_{C2}=\sqrt{7}\sqrt{\mu gl}$$

$$E_{k2}=\frac{1}{2}\times 2mv_2^2=7\mu mgl$$

$$E_{k3}:\quad \frac{1}{2}m_C v_{C3}^2=\frac{1}{2}m_C v_{C2}^2+(F-3\mu mg)\frac{3}{9}l=\frac{8}{3}\mu mgl$$

$$v_{C3}=\sqrt{\frac{8}{3}\times\frac{2}{9}}\sqrt{\mu gl}=\frac{4}{3\sqrt{3}}\sqrt{\mu gl}$$

$$v_3=\frac{9}{3}v_{C3}=\frac{4}{\sqrt{3}}\sqrt{\mu gl}$$

$$E_{k3}=\frac{1}{2}\times 3mv_3^2=8\mu mgl$$

$$E_{k4}:\quad \frac{1}{2}m_C v_{C4}^2=\frac{1}{2}m_C v_{C3}^2+(F-4\mu mg)\frac{4}{9}l=\frac{100}{27}\mu mgl$$

$$v_{C4}=\sqrt{\frac{100}{27}\times\frac{2}{9}}\sqrt{\mu gl}=\frac{10\sqrt{2}}{9\sqrt{3}}\sqrt{\mu gl}$$

$$v_4=\frac{9}{4}v_{C4}=\frac{5}{\sqrt{6}}\sqrt{\mu gl}$$

$$E_{k4}=\frac{1}{2}\times 4mv_4^2=\frac{25}{3}\mu mgl=8.333\mu mgl$$

$$E_{k5}:\quad \frac{1}{2}m_C v_{C5}^2=\frac{1}{2}m_C v_{C4}^2+(F-5\mu mg)\frac{5}{9}l=\frac{40}{9}\mu mgl$$

$$v_{C5}=\sqrt{\frac{40}{9}\times\frac{2}{9}}\sqrt{\mu gl}=\frac{4\sqrt{5}}{9}\sqrt{\mu gl}$$

$$v_5 = \frac{9}{5}v_{C5} = \frac{4}{\sqrt{5}}\sqrt{\mu gl}$$

$$E_{k5} = \frac{1}{2}\times 5mv_5^2 = 8\mu mgl$$

$$E_{k6}:\quad \frac{1}{2}m_C v_{C6}^2 = \frac{1}{2}m_C v_{C5}^2 + (F - 6\mu mg)\frac{6}{9}l = \frac{42}{9}\mu mgl$$

$$v_{C6} = \sqrt{\frac{42}{9}\times\frac{2}{9}}\sqrt{\mu gl} = \frac{2\sqrt{7}}{3\sqrt{3}}\sqrt{\mu gl}$$

$$v_6 = \frac{9}{6}v_{C6} = \sqrt{\frac{7}{3}}\sqrt{\mu gl}$$

$$E_{k6} = \frac{1}{2}\times 6mv_6^2 = 7\mu mgl$$

结论：

$$E_{\mathrm{kmax}} = E_{k4} = \frac{25}{3}\mu mgl = 8.333\mu mgl$$

例 5(赛题新解)　有 5 个质量相同、大小不计的小木块 1、2、3、4、5 等距离地依次放在倾角 $\theta=30^\circ$的斜面上，如图 5.9 所示. 斜面在木块 2 以上的部分是光滑的，以下部分是粗糙的，5 个木块与斜面粗糙部分之间的静摩擦因数和滑动摩擦因数都是 μ. 开始时用手扶住木块 1，其余各木块都静止在斜面上. 现在放手使木块 1 自由下滑并与木块 2 发生碰撞，接着陆续发生其他碰撞. 假设碰撞都是完全非弹性的，试问：μ 取何值时木块 4 能被碰而 5 不能被碰?

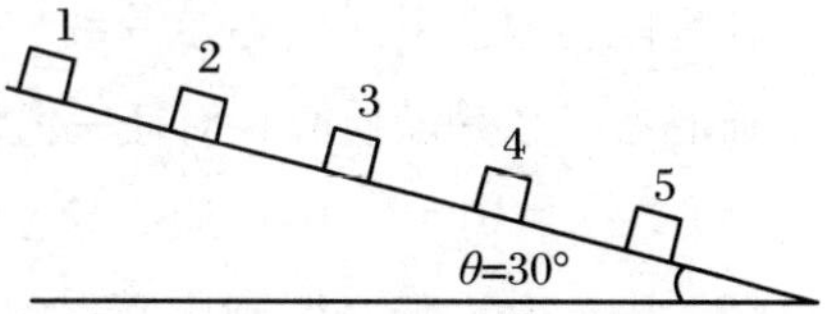

图 5.9

解　将木块间距记为 l，取前 4 块为讨论的质点系.

(1) 木块 4 能被碰的条件：前 3 块运动到木块 4 左侧尚有动能，即

$$mg\sin\theta\cdot\frac{l}{4} - (\mu\cdot 2mg\cos\theta - 2mg\sin\theta)\frac{2l}{4} - (\mu\cdot 3mg\cos\theta - 3mg\sin\theta)\cdot\frac{3}{4}l > 0$$

得

$$\mu < \frac{14}{13}\tan\theta$$

(2) 木块 5 不被碰的条件：假设前 4 块能运动到木块 5 前，则此时其动能必已小于等于零，即

$$mg\sin\theta\cdot\frac{l}{4} - (\mu\cdot 2mg\cos\theta - 2mg\sin\theta)\frac{2l}{4} - (\mu\cdot 3mg\cos\theta - 3mg\sin\theta)\frac{3}{4}l$$
$$- (\mu\cdot 4mg\cos\theta - 4mg\sin\theta)\frac{4}{4}l \leqslant 0$$

得

$$\mu \geqslant \frac{30}{29}\tan\theta$$

故取

$$\frac{14}{13}\tan\theta > \mu \geqslant \frac{30}{29}\tan\theta \quad \left(\frac{14}{13}\frac{\sqrt{3}}{3} > \mu \geqslant \frac{30}{29}\frac{\sqrt{3}}{3}\right)$$

附注

质点系在任意参考系(可为惯性系,也可为非惯性系,统记为 S 系)中动力学量的分解:

质点系相对 S 系的动量 $\boldsymbol{p}$ = 质点系质心相对 S 系的动量 $\boldsymbol{p}_C$ + 质点系相对质心的动量 $\boldsymbol{p}'$ ($\boldsymbol{p}' = \boldsymbol{0}$)

质点系相对 S 系的动能 E_{k} = 质点系质心相对 S 系的动能 $E_{\mathrm{k}C}$ + 质点系相对质心的动能 E_{k}'

质点系相对 S 系某参考点的角动量 $\boldsymbol{L}$ = 质点系质心相对 S 系该参考点的角动量 $\boldsymbol{L}_C$ + 质点系相对质心的角动量 $\boldsymbol{L}'$

这里隐含着已引入质心参考系.

质心参考系是随质心相对任一惯性系平动的点参考系.

(1) $\boldsymbol{F}_{合外} = \boldsymbol{0}, \boldsymbol{a}_C = \boldsymbol{0}$,则质心参考系为惯性系.

(2) $\boldsymbol{F}_{合外} \neq \boldsymbol{0}, \boldsymbol{a}_C \neq \boldsymbol{0}$,则质心系为平动加速非惯性系(可有平移惯性力,但不会出现惯性离心力和科里奥利力).

下面介绍质点系在自己的质心参考系中的动力学定理.

动量定理:

$$\boldsymbol{p}' = \boldsymbol{0}$$

动能定理:

$$\mathrm{d}W_{惯} + \mathrm{d}W_{内} + \mathrm{d}W_{外} = \mathrm{d}E_{\mathrm{k}}$$

可证(略)$\mathrm{d}W_{惯} = 0$,得

$$\mathrm{d}W_{内} + \mathrm{d}W_{外} = \mathrm{d}E_{\mathrm{k}}$$

角动量定理:

$$\boldsymbol{M}_{惯} + \boldsymbol{M}_{外} = \frac{\mathrm{d}\boldsymbol{L}}{\mathrm{d}t}$$

$$\boldsymbol{M}_{惯} = \sum \boldsymbol{r}_i \times m_i(-\boldsymbol{a}_C) = \sum m_i \boldsymbol{r}_i \times (-\boldsymbol{a}_C) = m_C \boldsymbol{r}_C \times (-\boldsymbol{a}_C)$$

若取质心参考系中的质心为参考点,则必有 $\boldsymbol{r}_C = \boldsymbol{0}$,从而 $\boldsymbol{M}_{惯} = \boldsymbol{0}$. 因此,质心系在自己的质心参考系中,其角动量定理与在惯性系中角动量定理同为

$$\boldsymbol{M}_{外} = \frac{\mathrm{d}\boldsymbol{L}}{\mathrm{d}t}$$

例 6 两个质量同为 m 的小球用长为 $2L$ 的轻绳连接后放在光滑的水平面上,绳恰

好处于伸直状态，如图 5.10 所示. 设有一个沿水平面且与绳长方向垂直的恒力 $\boldsymbol{F}$ 作用于绳的中点，两小球因此运动. 试问：在两小球第一次相碰前瞬间，各自在垂直于 $\boldsymbol{F}$ 作用线方向上的分速度大小 $v_{\perp}$ 和沿着 $\boldsymbol{F}$ 作用线方向上的分速度大小 $v_{/\!/}$ 分别为多大？

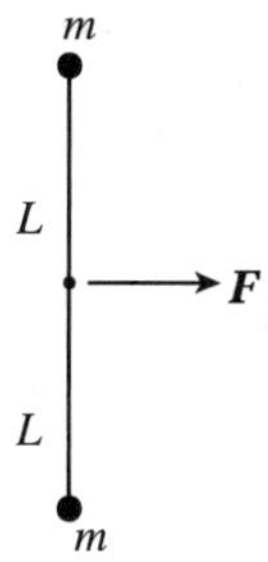

图 5.10

$\left(数学参考：\int_0^{\frac{\pi}{2}} \sqrt{\sin\varphi}\,\mathrm{d}\varphi = \tau = 1.198\cdots.\right)$

解 取{两小球，轻绳}质心参考系.

参照图 5.11，根据质心系、质点系动能定理，有

$$FL \cdot \sin\varphi = 2 \times \frac{1}{2} m v_{\perp}^2$$

得

$$v_{\perp} = \sqrt{\frac{FL}{m}\sin\varphi}$$

两小球第一次相碰前瞬间

$$v_{\perp} = \sqrt{\frac{FL}{m}\sin\varphi}\,\Bigg|_{\varphi=\frac{\pi}{2}} = \sqrt{\frac{FL}{m}}$$

取软绳中心参考系.

参见图 5.12，有运动学关联：

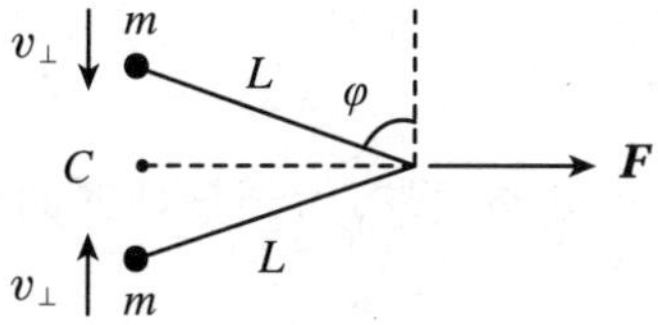

图 5.11

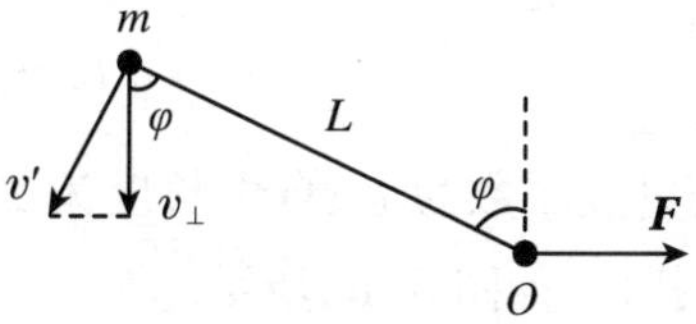

图 5.12

$$v_{\perp} = v'\sin\varphi$$

$\boldsymbol{v}'$ 为小球相对 O 的运动速度，得

$$v' = \frac{v_{\perp}}{\sin\varphi} = \sqrt{\frac{FL}{m\sin\varphi}}$$

转过 $\mathrm{d}\varphi$ 所需时间

$$\mathrm{d}t = \frac{L\mathrm{d}\varphi}{v'} = \sqrt{\frac{mL\sin\varphi}{F}}\mathrm{d}\varphi$$

转过 $\frac{\pi}{2}$ 所需时间

$$t_{\mathrm{e}} = \int_0^{\frac{\pi}{2}} \mathrm{d}t = \sqrt{\frac{mL}{F}}\int_0^{\frac{\pi}{2}} \sqrt{\sin\varphi}\,\mathrm{d}\varphi = \sqrt{\frac{mL}{F}}\tau$$

取地面参考系.

根据动量定理,有

$$Ft_e = 2mv_{/\!/}$$

得

$$v_{/\!/} = \frac{1}{2}\sqrt{\frac{FL}{m}\tau}\Bigg|_{\tau=1.198}$$

附注

鞍山一中2013年暑期高二学生杨涵指出,不必引入轻绳中心参考系,可在质心参考系中直接求出 t_e.简述如下:

以 C 为原点,在图平面上设置向上的 y 轴,有

$$-v_{\perp} = \frac{\mathrm{d}y}{\mathrm{d}t} = -\sqrt{\frac{FL\sin\varphi}{m}}$$

$$y = L\cos\varphi \Rightarrow \mathrm{d}y = -L\sin\varphi\mathrm{d}\varphi$$

得

$$\int_0^{t_e}\mathrm{d}t = \sqrt{\frac{mL}{F}}\int_0^{\frac{\pi}{2}}\sqrt{\sin\varphi}\mathrm{d}\varphi$$

即有

$$t_e = \sqrt{\frac{mL}{F}}\tau$$

例7 将劲度系数为 k、自由长度为 L、质量为 m 的均匀弹性体竖直朝下,上端固定,下端用手托住,如图5.13所示.

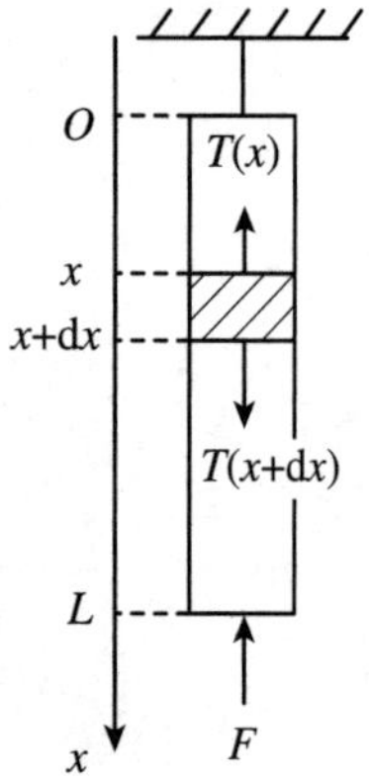

图5.13

(1) 设开始时弹性体处于静止的平衡状态,其长度恰为 L,试求此时手的向上托力 F_0.

(2) 而后将手缓慢向下移动,最终与弹性体下端分开,试求其间手的托力所做功 W.

(3) 再求上述过程中,弹性体曾经有过的最大弹性势能 E_{pmax} 和最小弹性势能 E_{pmin}.

(4) 写出上述过程末态弹性势能 $E_{\mathrm{p竖直}}$,再将末态总伸长量记为 ΔL,写出此弹性体水平静态时总伸长量也为 ΔL 时的弹性势能 $E_{\mathrm{p水平}}$.

(5) 将此弹性体放在光滑水平面上,用恒力 F 拉其一端,最终达到稳定的无内部相对运动的状态,试求弹性体总伸长量 $\Delta L'$ 和此时的弹性势能 $E'_{\mathrm{p水平}}$.

简解 如图5.14所示,有

$$\frac{L}{\Delta L} = \frac{F}{k}$$

$$\frac{l}{\Delta l} = \frac{l}{L}\Delta L = \frac{l}{L}\frac{F}{k}$$

$$\frac{l}{\Delta l} = \frac{F}{k_l} \Rightarrow k_l = \frac{L}{l}k \Rightarrow k_{dx} = \frac{L}{dx}k$$

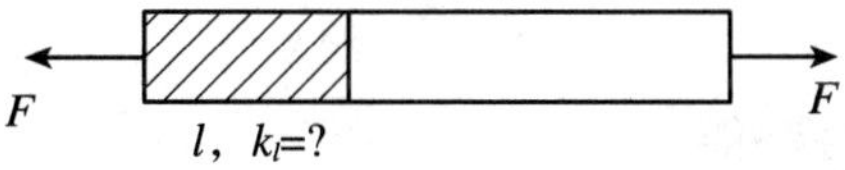

图 5.14

(1) $x \sim x + \mathrm{d}x$ 段：

$$\mathrm{d}\zeta = \frac{T(x)}{k_{dx}}:\begin{cases} k_{dx} = \dfrac{L}{\mathrm{d}x}k \\ T(x) = \dfrac{L-x}{L}mg - F \end{cases} \Rightarrow \mathrm{d}\zeta = \frac{1}{Lk}\left(\frac{L-x}{L}mg - F\right)\mathrm{d}x$$

总伸长量为

$$\zeta = \int_{x=0}^{x=L}\mathrm{d}\zeta = \frac{mg}{L^2k}\left(L^2 - \frac{L^2}{2}\right) - \frac{F}{k} = \frac{mg}{2k} - \frac{F}{k}$$

初态：

$$\zeta = 0 \Rightarrow F_0 = \frac{1}{2}mg$$

(2)

$$W = \int_{\zeta=0}^{\zeta_e=\Delta L} -F\mathrm{d}\zeta:\begin{cases} \text{过程态}: F = \dfrac{1}{2}mg - k\zeta \\ \text{末态}: F = 0, \zeta_e = \Delta L = \dfrac{mg}{2k} \end{cases}$$

得

$$W = \frac{-m^2g^2}{8k}$$

(3) $x \sim x + \mathrm{d}x$ 段：

$$\mathrm{d}E_p = \frac{1}{2}k_{dx}(\mathrm{d}\zeta)^2 = \frac{1}{2}\frac{L}{\mathrm{d}x}k\left[\frac{1}{Lk}\left(\frac{L-x}{L}mg - F\right)\mathrm{d}x\right]^2$$

$$= \frac{1}{2kL}\left(\frac{L-x}{L}mg - F\right)^2\mathrm{d}x$$

弹性体总势能：

$$E_p = \int_{x=0}^{x=L}\mathrm{d}E_p = \frac{1}{2Lk}\int_0^L\left(\frac{L-x}{L}mg - F\right)^2\mathrm{d}x$$

末态$\left(此时总伸长量为\ \Delta L=\dfrac{mg}{2k}\right)F=0$,对应

$$E_{\text{pmax}}=\frac{m^2g^2}{6k}$$

初态(此时总伸长量为 $\zeta=0$)$F=F_0=\dfrac{1}{2}mg$ 最大,对应

$$E_{\text{pmin}}=\frac{m^2g^2}{24k}$$

(4) 上述过程末态弹性势能

$$E_{\text{p竖直}}=\frac{m^2g^2}{6k},\quad 伸长量\ \Delta L=\frac{mg}{2k}$$

水平弹性体总伸长量 $\Delta L=\dfrac{mg}{2k}$时弹性势能

$$E_{\text{p水平}}=\frac{1}{2}k(\Delta L)^2=\frac{m^2g^2}{8k}$$

(5) 取弹性体质心参考系,其中体分布的平移惯性力$\boldsymbol{F}_i=m_i(-\boldsymbol{a}_C)\left(\boldsymbol{a}_C=\dfrac{\boldsymbol{F}}{m}\right)$取代了重力$m_i\boldsymbol{g}$,其标量关系为 $g\sim\dfrac{F}{m}$,即得与(4)问类比的结果:

$$\Delta L'=\frac{F}{2k},\quad E'_{\text{p水平}}=\frac{F^2}{6k}$$

5.2 刚体定轴转动

前已述及,刚体的运动可分解为随刚体某个点部位的平动和绕此点部位的转动.转动有3个自由度,最基本的内容是绕一个固定轴的转动.

刚体在指定的参考系中做这一转动,在此转动时段中,此转轴必须在该参考系中是固定的,而且相对刚体也是固定的轴.将这样的转动称为刚体的定轴转动.

5.2.1 运动学内容

刚体在给定的参考系中做定轴转动,在转轴上选定一个点部位作为原点 O 建立 $Oxyz$ 坐标系,如图5.15所示,z 轴设置在转轴上.刚体中每一个点部位都在做圆周运动,圆轨道平行于 xy 平面,圆心在 z 轴上.取第 i 个点部位,它的位矢$\boldsymbol{r}_i$可分解成$\boldsymbol{r}_i=\boldsymbol{R}_i+\boldsymbol{z}_i$.其中$\boldsymbol{R}_i$为旋转的圆运动径矢.各个点部位圆运动的角速度$\boldsymbol{\omega}$和角加速度$\boldsymbol{\beta}$是相同的,

它们是整个刚体的运动状态量.第 i 个点部位圆运动速度、加速度模量可分别表述成

$$v_i = \omega R_i, \quad a_{i心} = \omega^2 R_i, \quad a_{i切} = \beta R_i$$

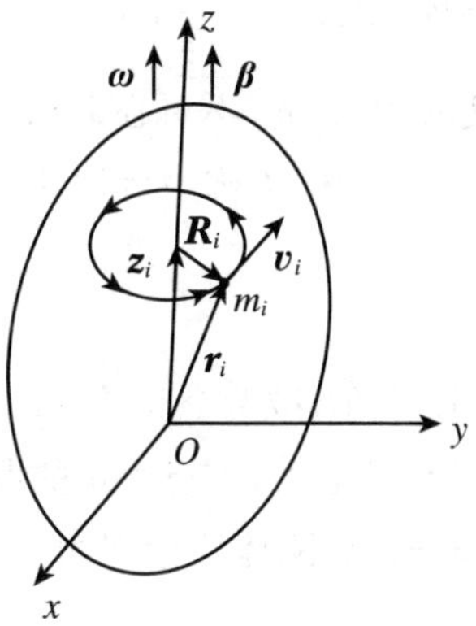

图 5.15

5.2.2 动力学内容

1. 动力学量(继承质点系动力学量)

动量:

$$\boldsymbol{p} = \boldsymbol{p}_C$$

动能:

$$E_k = \sum_i E_{ki} = \sum_i \frac{1}{2} m_i v_i^2 = \frac{1}{2}(\sum m_i R_i^2)\omega^2 \xrightarrow{\text{特殊表现}} \begin{cases} E_k = \dfrac{1}{2} I \omega^2 \\ I = \sum\limits_i m_i R_i^2 \end{cases}$$

内势能:不变量,不参与动力学过程中能量间交换.

外势能:可直接继承,无特殊表现.

机械能:可直接继承,无特殊表现.

角动量:规定参考点为转轴上的点,此点取为 O 点.

$$\boldsymbol{L} = \sum_i \boldsymbol{L}_i = \sum_i \boldsymbol{r}_i \times (m_i \boldsymbol{v}_i) = \sum_i \boldsymbol{z}_i \times (m_i \boldsymbol{v}_i) + \sum_i \boldsymbol{R}_i \times (m_i \boldsymbol{v}_i)$$

上式最后的表达式中,前者是 $\boldsymbol{L}$ 的 xy 平面分量,后者是 $\boldsymbol{L}$ 的转轴方向分量.

角动量转轴分量 $\boldsymbol{L}_z$:

$$\text{模量 } L_z = (\sum_i m_i R_i^2)\omega \xrightarrow{\text{特殊表现}} \begin{cases} L_z = I\omega \\ I = \sum\limits_i m_i R_i^2 \end{cases}$$

类比:

$$\begin{cases}\text{刚体平动}:E_{\mathrm{k}} = \dfrac{1}{2}mv^2 \Rightarrow \ \boldsymbol{p} = m\boldsymbol{v} \\ \text{刚体定轴转动}:E_{\mathrm{k}} = \dfrac{1}{2}I\omega^2 \Rightarrow \ L_z = I\boldsymbol{\omega}\end{cases}$$

牛顿第一、二定律已将 m 定义为惯性质量，不可在此改称 m 为平动惯性质量.因此，不可在此称 I 为转动惯性质量.历史上已将 I 称为转动惯量.

2. 转动惯量的平行轴定理

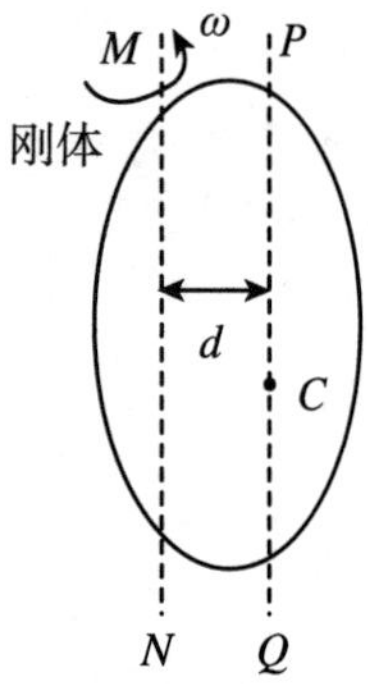

图 5.16

如图 5.16 所示，取两个互相平行、间距为 d 的转轴 MN 和 PQ，其中 PQ 轴过刚体质心 C.在已给定的参考系中，让刚体绕着 MN 轴以角速度 ω 做定轴转动.刚体质量记为 m，则在此参考系中刚体定轴转动的动能为

$$E_{\mathrm{k}}(MN) = \frac{1}{2}I_{MN}\omega^2$$

此转动动能在该参考系中可分解为刚体质心 C 绕 MN 轴转动的动能 $E_{\mathrm{k}C}$ 和刚体相对质心 C' 的转动动能 E_{k}'.质心 C 绕 MN 轴的转动惯量为 md^2，故得

$$E_{\mathrm{k}C} = \frac{1}{2}md^2\omega^2$$

刚体在质心参考系中绕着过质心 C 转轴的转动惯量记为 I_{PQ}，故

$$E_{\mathrm{k}}' = \frac{1}{2}I_{PQ}\omega^2$$

可得

$$\frac{1}{2}I_{MN}\omega^2 = E_{\mathrm{k}}(MN) = E_{\mathrm{k}C} + E_{\mathrm{k}}' = \frac{1}{2}md^2\omega^2 + \frac{1}{2}I_{PQ}\omega^2$$

从而得

$$I_{MN} = I_{PQ} + md^2$$

这就是刚体转动惯量的平行轴定理.

3. 转动惯量的垂直轴定理

如图 5.17 所示，以平板刚体某一点部位为坐标原点设置 $Oxyz$ 坐标系，使板平面恰好在 xy 平面上.将刚体相对于 x 轴、y 轴、z 轴的转动惯量分别记为 I_x、I_y、I_z，则有

$$\begin{aligned}I_x + I_y &= \sum_i m_i y_i^2 + \sum_i m_i x_i^2 = \sum_i m_i(x_i^2 + y_i^2) \\ &= \sum_i m_i r_i^2 = I_z\end{aligned}$$

即得平板刚体的垂直轴定理：$I_x + I_y = I_z$.

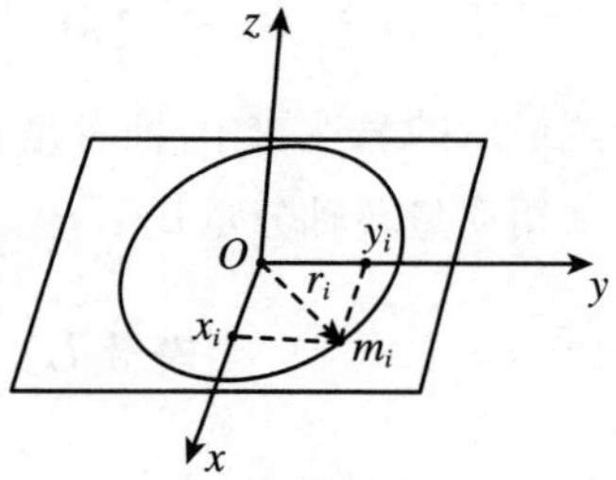

图 5.17

例1　采用导出平板刚体转动惯量垂直轴定理方法，求出匀质薄球壳相对于任一直径转轴的转动惯量 I. 将薄球壳质量记为 m，半径为 R.

解　如图5.18所示，以球心为原点设置 $Oxyz$ 坐标系，球壳上任一点部位质量记为 m_i，坐标记为 (x_i, y_i, z_i)，则有

$$I_x = \sum_i m_i (y_i^2 + z_i^2)$$

$$I_y = \sum_i m_i (z_i^2 + x_i^2)$$

$$I_z = \sum_i m_i (x_i^2 + y_i^2)$$

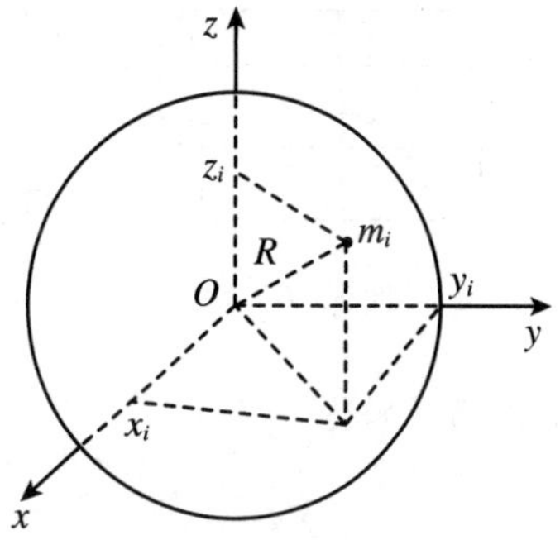

图5.18

相加得

$$I_x + I_y + I_z = 2\sum_i m_i (x_i^2 + y_i^2 + z_i^2) = 2mR^2$$

因 x 轴、y 轴、z 轴均为直径轴，即有

$$I_x = I_y = I_z = I \Rightarrow I = \frac{2}{3}mR^2$$

例2　椭圆细环的半长轴为 a，半短轴为 b，质量为 m（未必匀质）. 已知细环绕长轴的转动惯量为 I_a，试求细环绕短轴的转动惯量 I_b.

解　以椭圆中心为原点，沿长轴设置 x 轴，沿短轴设置 y 轴，椭圆方程为

$$\frac{x^2}{a^2} + \frac{y^2}{b^2} = 1$$

有

$$I_a = I_x = \sum_i m_i y_i^2, \quad I_b = I_y = \sum_i m_i x_i^2$$

其中 m_i 是细环上位于 (x_i, y_i) 质元的质量，继而可得

$$\frac{I_a}{b^2} = \sum_i m_i \frac{y_i^2}{b^2}, \frac{I_b}{a^2} = \sum_i m_i \frac{x_i^2}{a^2} \Rightarrow \frac{I_a}{b^2} + \frac{I_b}{a^2} = \sum m_i \left(\frac{y_i^2}{b^2} + \frac{x_i^2}{a^2}\right) = \sum_i m_i = m$$

即有

$$I_b = ma^2 - \frac{a^2}{b^2} I_a$$

例3　如图5.19所示，匀质立方体的质量为 m，各边长为 a，试求该立方体绕对角线轴 MN 的转动惯量 I.

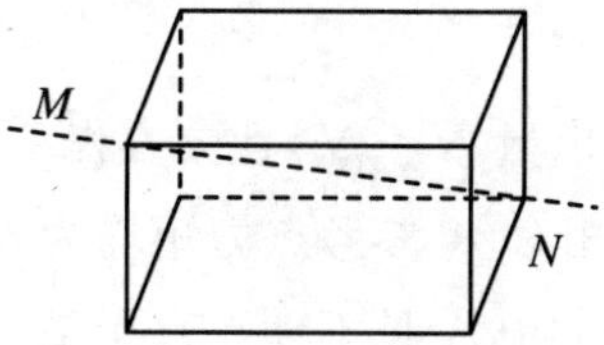

图5.19

解　从量纲方面分析，所求转动惯量必可表述成

$$I = \alpha ma^2$$

其中 α 是待定常数. 将立方体等分成各边长为 $\frac{a}{2}$ 的8个小立方体，每个小立方体绕自身对角线轴的转动惯量为

$$I' = \alpha\left(\frac{m}{8}\right)\left(\frac{a}{2}\right)^2 = \frac{\alpha}{32}ma^2$$

参考图 5.20 中 8 个小立方体，其中有 2 个小立方体的转轴即为 MN 轴，另外 6 个小立方体的对角线轴都与 MN 平行，且与 MN 的距离为

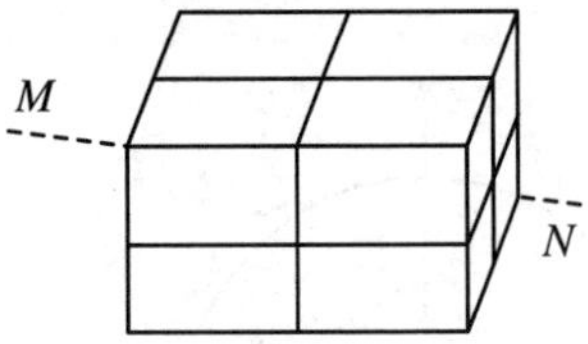

图 5.20

$$a = \frac{\sqrt{2}}{\sqrt{3}} \cdot \frac{a}{2} = \frac{a}{\sqrt{6}}$$

于是有

$$I = 2I' + 6\left(I' + \frac{m}{8}d^2\right)$$

由上述诸式解得

$$\alpha = \frac{1}{6}, \quad I = \frac{1}{6}ma^2$$

4．动力学定理

继承质点系动力学定理，注意其中的特殊表现.

质心运动定理：

$$\boldsymbol{F}_{合外} = m\,\boldsymbol{a}_C$$

动能定理：

$$\mathrm{d}W_{外} = \mathrm{d}E_{\mathrm{k}}, \quad I_{\mathrm{k}} = \frac{1}{2}I\omega^2(\mathrm{d}W_{内} = 0)$$

转动定理(质点角动量转轴分量式)：

$$\boldsymbol{M}_{外z} = \frac{\mathrm{d}\boldsymbol{L}_z}{\mathrm{d}t} = \boldsymbol{I\beta} \xrightarrow{简写} M = I\beta$$

例 4　如图 5.21 所示，在地面上方的一个竖直平面上，有一根长 L、质量为 M 的均匀木棒 AB，A 端的小圆孔水平挂在一个固定在 A 处的水平转轴. 开始时 AB 棒静止不动，而后自由释放，AB 棒绕着 A 轴转动，棒与转轴之间无摩擦. 当木棒转过锐角 θ 时，如图 5.22 所示，转轴给棒的 A 端有支持力 $\boldsymbol{N}$，其分量 $\boldsymbol{N}_\perp$ 和 $\boldsymbol{N}_{/\!/}$ 分别与棒垂直和沿着棒的长度方向，试求各分量的大小 $N_\perp$ 和 $N_{/\!/}$.

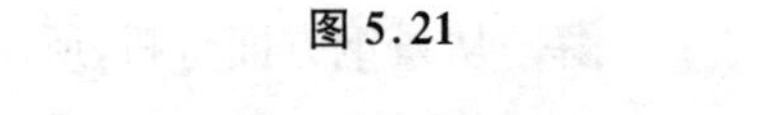

图 5.21

解　首先需确定用上述 3 个动力学定理中的哪一个为待求量 $N_\perp$、$N_{/\!/}$ 建立方程.

显然，$\boldsymbol{N}_\perp$、$\boldsymbol{N}_{/\!/}$ 不能进入转动定理方程中，因为 $\boldsymbol{N}_\perp$、$\boldsymbol{N}_{/\!/}$ 相对 A 参考点力矩均为零；也不能进入动能定理方程中，因为 $\boldsymbol{N}_\perp$、$\boldsymbol{N}_{/\!/}$ 对作用质点 A 不做功(A 是不动点). 于是，只能选取质心运动定理，建立的方程中 $\boldsymbol{F}_{合外}$ 必定包含 $\boldsymbol{N}_\perp$、$\boldsymbol{N}_{/\!/}$.

$N_\perp$的求解：

参考图 5.22，$\boldsymbol{N}_\perp$与木棒所受重力 $M\boldsymbol{g}$ 都沿竖直方向，$M\boldsymbol{g}$ 与$\boldsymbol{N}_\perp$合成的竖直方向力提供质心 C 运动的切向加速度$\boldsymbol{a}_{C切}$，即可建立方程

$$Mg\cos\theta - N_\perp = Ma_{C切}$$

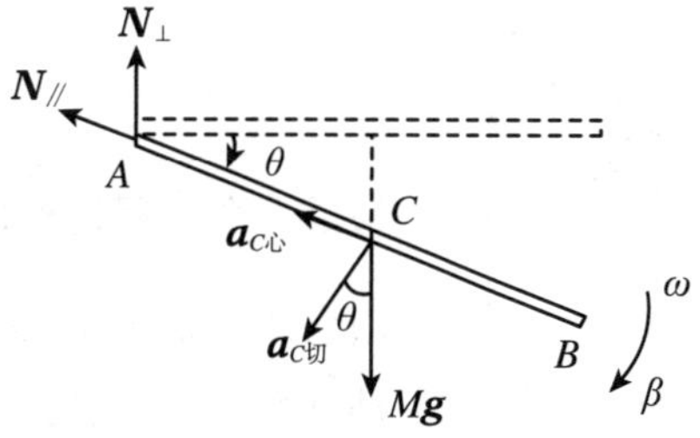

图 5.22

棒绕 A 轴做圆弧运动，有转动角速度 ω 和角加速度β，则

$$a_{C切} = \frac{L}{2}\beta$$

利用转动定理建立方程：

$$Mg\cdot\frac{L}{2}\cos\theta = I_A\beta,\quad I_A = \frac{1}{3}ML^2$$

即得

$$\beta = \frac{3g}{2L}\cos\theta \Rightarrow a_{C切} = \frac{L}{2}\beta = \frac{3}{4}g\cos\theta$$

代入前面的 $Mg\cos\theta - N_\perp = Ma_{C切}$，得

$$N_\perp = Mg\cos\theta - \frac{3}{4}Mg\cos\theta = \frac{1}{4}Mg\cos\theta$$

$N_{/\!/}$的求解：

图 5.22 中质心 C 的向心加速度$a_{C心}$、$N_{/\!/}$分量方程组为

$$a_{C心} = \omega^2R\quad\left(R = \frac{L}{2}\right),\quad N_{/\!/} = Mg\sin\theta + Ma_{C心}$$

利用动能定理，有

$$\Delta W_{外} = \Delta E_k,\quad E_k = \frac{1}{2}I_A\omega^2,\quad \Delta W_{外} = Mg\frac{L}{2}\sin\theta,\quad I_A = \frac{1}{3}ML^2$$

得

$$\omega^2 = \frac{3}{L}g\sin\theta,\quad a_{C心} = \omega^2R\Big|_{R=\frac{L}{2}} = \frac{1}{2}\omega^2L = \frac{3}{2}g\sin\theta$$

$$N_{/\!/} = \frac{5}{2}Mg\sin\theta$$

例 5 系统如图 5.23 所示，质量为 M、半径为 R 的匀质实心滑轮可绕中央固定的水平轴无摩擦地转动，滑轮与轻绳间的摩擦因数处处相同，两侧物块质量的大小关系为 $m_1>m_2$.

(1) 设绳与滑轮间无相对滑动，试求物块运动加速度大小 a.

(2) 为使绳与滑轮间无相对滑动，试求摩擦因数 μ 的取值范围.

解 (1) 参照图 5.24 所示参量，为系统建立下述动力学方程：

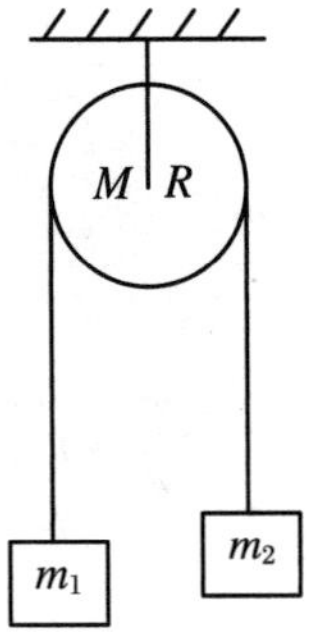

图 5.23

$$m_1g - T_1 = m_1a \tag{①}$$

$$T_2 - m_2g = m_2a \tag{②}$$

$$T_1R - T_2R = I\beta \tag{③}$$

最后一个方程是根据定轴转动定理写出的,其中 $I=\frac{1}{2}MR^2$.三个方程内含四个未知量,需补充方程才能求解.考虑到绳与滑轮间无相对滑动,两者接触点的切向加速度相同,绳的这一运动学量即为 a,滑轮的这一运动学量则为 βR,故有运动量关联式:

$$a = \beta R \tag{④}$$

联立①~④式,可得

$$a = \frac{2(m_1 - m_2)}{M + 2(m_1 + m_2)}g$$

(2) 图 5.24 中,左、右两侧绳段拉力作用的对象实为搭在滑轮上的半圆周绳段,并非滑轮本身.因此,需对③式定轴转动方程 $T_1R - T_2R = I\beta$ 进行解释.第一种解释是将半圆周绳段与滑轮一起处理成建立定轴转动方程的动力学对象,$T_1R - T_2R$ 是外力矩之和,半圆周绳段质量为零,对 I 无贡献,即仍有 $I=\frac{1}{2}MR^2$.第二种解释以滑轮作为讨论的对象,它受轻绳的作用力是半圆周绳段各处通过接触部位施加的正压力和摩擦力,其中摩擦力相对转轴的力矩和可以证明恰好等于 $T_1R - T_2R$.

如图 5.25 所示,在半圆周绳段上取 θ 至 $\theta+\mathrm{d}\theta$ 绳元,两端受拉力 $T(\theta)$和 $T(\theta+\mathrm{d}\theta)$,受滑轮法向支持力 $\mathrm{d}N$ 和摩擦力 $\mathrm{d}f$.绳元质量为零,切向力平衡,有

$$\begin{aligned}\mathrm{d}f &= T(\theta + \mathrm{d}\theta)\cos\frac{\mathrm{d}\theta}{2} - T(\theta)\cos\frac{\mathrm{d}\theta}{2}\\ &= T(\theta + \mathrm{d}\theta) - T(\theta) = \mathrm{d}T\end{aligned}$$

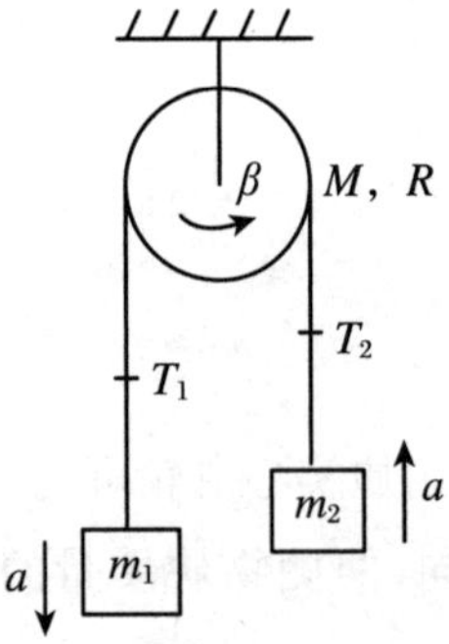

图 5.24

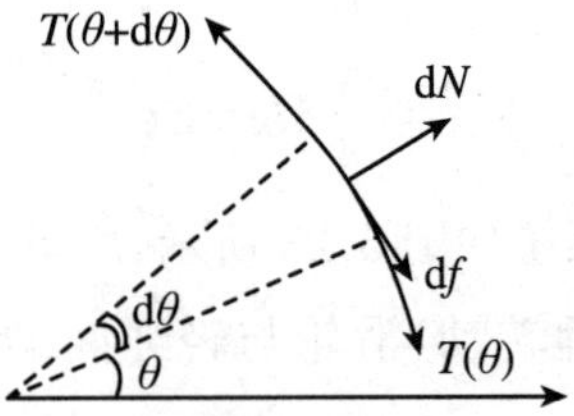

图 5.25

半圆周绳段施于滑轮摩擦力相对转轴的合力矩为

$$\int_{\theta=0}^{\theta=\pi} R\,\mathrm{d}f = \int_{\theta=0}^{\theta=\pi} R\,\mathrm{d}T = R[T(\theta=\pi) - T(\theta=0)]$$

因

$$T(\theta=\pi)=T_1,\quad T(\theta=0)=T_2$$

故

$$\int_{\theta=0}^{\theta=\pi} R\mathrm{d}f = T_1R - T_2R$$

这一结果既适用于绳与滑轮间无相对滑动(对应静摩擦力)的情况,也适用于两者间有相对滑动(对应动摩擦力)的情况.

图 5.25 中绳元的法向力也应平衡,有

$$\mathrm{d}N = T(\theta+\mathrm{d}\theta)\sin\frac{\mathrm{d}\theta}{2} + T(\theta)\sin\frac{\mathrm{d}\theta}{2}$$

$$=[T(\theta)+\mathrm{d}T]\frac{\mathrm{d}\theta}{2} + T(\theta)\frac{\mathrm{d}\theta}{2} = T(\theta)\mathrm{d}\theta$$

设摩擦因数为 μ_0 时 $\mathrm{d}f$ 恰为最大静摩擦力,那么相继有

$$\mathrm{d}f=\mu_0\mathrm{d}N,\quad \mathrm{d}T=\mu_0T\mathrm{d}\theta,\quad \int_{T_2}^{T_1}\frac{\mathrm{d}T}{T}=\int_0^{\pi}\mu_0\mathrm{d}\theta$$

得

$$\mu_0=\frac{1}{\pi}\ln\frac{T_1}{T_2}$$

联立①~③式,可解得

$$T_1=\frac{(M+4m_2)m_1}{M+2(m_1+m_2)}g,\quad T_2=\frac{(M+4m_1)m_2}{M+2(m_1+m_2)}g$$

显然,只要绳与滑轮间的摩擦因数 $\mu\geqslant\mu_0$,两者间便无相对滑动,故 μ 的取值范围为

$$\mu\geqslant\frac{1}{\pi}\ln\frac{(M+4m_2)m_1}{(M+4m_1)m_2}$$

5.3 刚体平面平行运动

1. 麦克斯韦轮的引入

质量为 M、半径为 R 的匀质实心麦克斯韦轮,外周上绕着轻绳,绳的上端固定在天花板上,轮先处于静止状态.然后被自由释放,试求轮朝下运动的加速度 a.解法如下:

如图 5.26 所示,将绳的拉力记为 T,可列方程为

$$Mg-T=Ma \quad ①$$

不能解 2 个未知量 a、T,还需要一个方程.

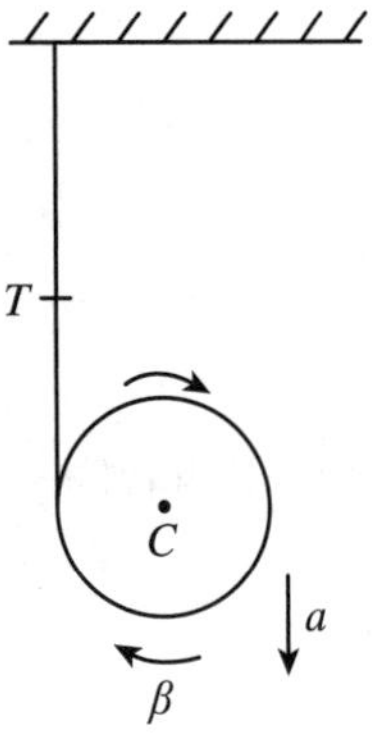

图 5.26

地面参考系中轮子并非定轴转动,改取轮子的质心参考系,轮子在绕着过质心的几何轴做定轴转动.重力 Mg 相对质心力矩为零,绳的拉力提供力矩 RT,对应的转动角加速度方向已在图中示出,大小记为 β.

在惯性系中定轴转动,转动方程实为角动量方程在转轴方向的分量式,转轴常记为 z 轴,即有

$$M_{外z} = I_z\beta \text{ 或简写为 } M = I\beta$$

在刚体自身质心参考系中,若取质心为参考点,则角动量方程便与惯性系方程全同.因此,取质心转轴的转动方程为

$$RT = I_C\beta, \quad I_C = \frac{1}{2}MR^2 \qquad ②$$

图 5.26 中显然已示出,轮子与绳间无相对滑动,对应有

$$a = \beta R \Rightarrow \beta = \frac{a}{R}$$

联立①、②式,可解得

$$a = \frac{2}{3}g, \quad T = \frac{1}{3}Mg$$

2. 麦克斯韦轮的平面平行运动

图 5.26 中轮子整体一直朝下运动,但因轮子同时在做圆运动,轮子内的每一个小部位运动轨道都不是直线,而是二维平面上的曲线,而且每一条曲线所在的平面之间都是互相平行的.因此,可将麦克斯韦轮的这种运动简化为轮的平面平行运动.

5.3.1 运动学内容

刚体在此运动中,每一个点部位都在自己对应的一个平面上运动,所有这些平面相互平行.平面平行运动的一种特例是没有转动,即为两个自由度的纯平动.平面平行运动的另一种特例是定轴转动,即为一个自由度的定点转动.一般情况下的平面平行运动既有平动又有绕着一个轴的转动.轴必须垂直于平行平面.转轴可以是固定的,即为定轴转动,也可以是平动着的.例如,图 5.26 所示的麦克斯韦轮的运动中有平动,同时有绕转轴的转动,过轮心的转轴是平动着的.

1. 平面平行运动的简化图

将运动简化为在一个特征平面 σ 上的投影运动,如图 5.27 所示,σ 面上的一个点代表一条线.

取 A 点为基点，则有

$$\boldsymbol{v}_B = \boldsymbol{v}_A + \boldsymbol{\omega}_A \times \boldsymbol{R}_{AB}$$

取 B 点为基点，则有

$$\boldsymbol{v}_A = \boldsymbol{v}_B + \boldsymbol{\omega}_B \times \boldsymbol{R}_{AB} \Rightarrow \boldsymbol{\omega}_A \times \boldsymbol{R}_{AB} + \boldsymbol{\omega}_B \times \boldsymbol{R}_{AB} = 0$$

$$\Rightarrow \boldsymbol{\omega}_A = \boldsymbol{\omega}_B = \boldsymbol{\omega}$$

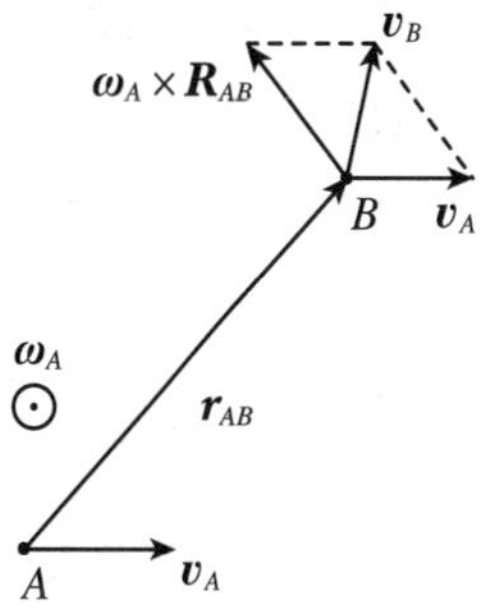

图 5.27

2. 瞬心 M

某时刻速度为零的点(实为刚体的一条线)称为该时刻的瞬心，记为 M. 此时刻 M 点被确定了，则此时刚体在 σ 平面上的点部位 P 的速度 $\boldsymbol{v}_P$ 便为 P 绕 M 点的转动速度.

3. 瞬心 M 的唯一性

设在某时刻点 P 的速度 $\boldsymbol{v}_P$ 如图 5.28 所示，则瞬心必须在 P 点上方的线上，且只能与 P 相距

$$R_{MP} = \frac{v_P}{\omega}$$

图 5.29 中，σ 面上两个点部位 A、B 的速度 $\boldsymbol{v}_A$、$\boldsymbol{v}_B$ 已知，过 A 且与 $\boldsymbol{v}_A$ 垂直的方位线和过 B 与 $\boldsymbol{v}_B$ 垂直的方位线也已知，则这两条方位线的交点 M 必定是 σ 面上的瞬心.

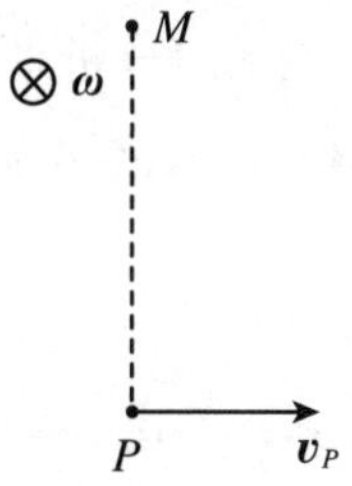

图 5.28

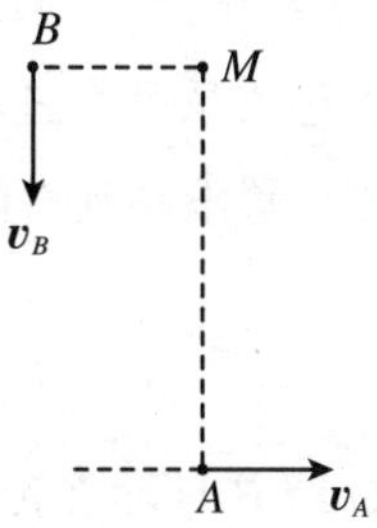

图 5.29

注解

某时刻速度为零的点部位 M，其加速度 $\boldsymbol{a}_M$ 未必为零，故该时刻应有

$$\boldsymbol{a}_P = \boldsymbol{a}_{PM} + \boldsymbol{a}_M \quad (\boldsymbol{a}_{PM} \text{ 为点部位} P \text{ 相对瞬心} M \text{ 的加速度})$$

例 1 半径为 r 的圆环 A 沿着半径为 R 的固定圆环 B 的外侧做纯滚动，A 的环心 O 绕着 B 的环心做圆周运动的角速度记为 ω_θ. 试求：

(1) A 环绕着环心 O 转动的角速度 ω_φ；

(2) A 环瞬心 M 加速度的向心分量 $a_{M心}$ 和切向分量 $a_{M切}$.

解 圆环 A 的运动是平面平行运动,可分解为随 O 点的平动和绕 O 轴的转动. O 点的运动是以角速度 ω_θ 绕着 B 环环心的圆周运动,环 A 绕着 O 轴转动的角速度即为 ω_φ.

(1) 参考图 5.30,应有

$$v_O = (R + r)\omega_\theta$$

相对瞬心 M,又有

$$v_O = r\omega_\varphi$$

即得

$$\omega_\varphi = \frac{R + r}{r}\omega_\theta$$

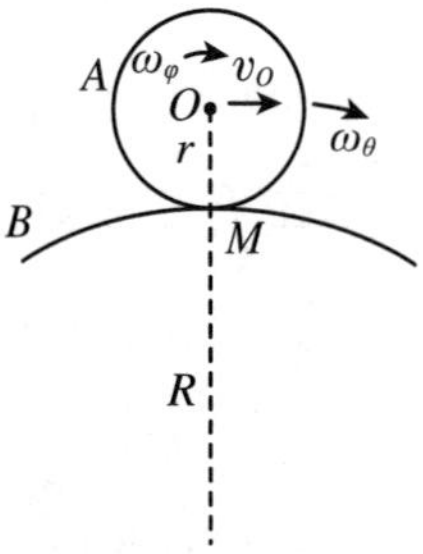

图 5.30

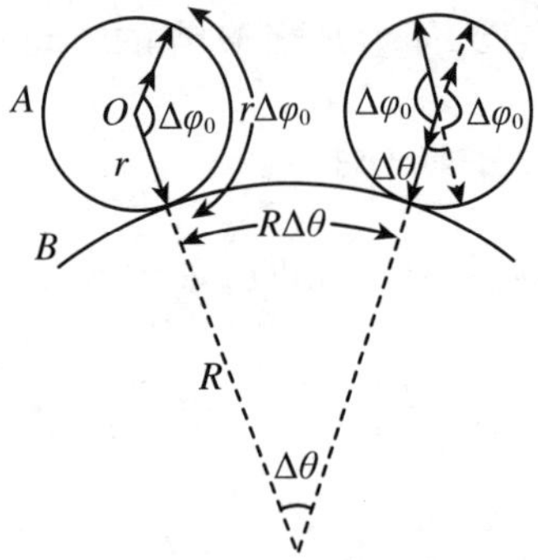

图 5.31

ω_φ 与 ω_θ 之间的上述关系可通过对转角间几何关系的分析来获得. 参考图 5.31,设 A 环从图中左侧 t 时刻位置滚动到右侧 $t + \Delta t$ 时刻位置,其间 A 环在 B 环上压过的弧线长为

$$r\Delta\varphi_0 = R\Delta\theta$$

其中 $\Delta\theta$ 是 A 环环心 O 绕 B 环环心转过的圆心角,但 $\Delta\varphi_0$ 并不是 A 环绕 O 轴转过的角度 $\Delta\varphi$. 图中在 A 环初位置中设置了两个标记性矢量"→"和"→→",在随 O 平动时这两个矢量平移到末位置中两条虚线所示位置,接着再绕 O 轴转到两条实线所示的真实位置,其间转过的角度为

$$\Delta\varphi = \Delta\theta + \Delta\varphi_0$$

将 Δt 改取为 $\mathrm{d}t$,即有 ω_φ-ω_θ 关系:

$$\frac{\mathrm{d}\varphi}{\mathrm{d}t} = \frac{\mathrm{d}\theta}{\mathrm{d}t} + \frac{\mathrm{d}\varphi_0}{\mathrm{d}t} = \frac{R + r}{r}\frac{\mathrm{d}\theta}{\mathrm{d}t}, \quad \omega_\varphi = \frac{R + r}{r}\omega_\theta$$

(2) 瞬心 M 的加速度 $\boldsymbol{a}_M$ 可分解为 O 的加速度 $\boldsymbol{a}_O$ 与 M 相对于 O 的加速度 $\boldsymbol{a}_M'$. 参考图 5.32,有

$$\boldsymbol{a}_{M心} = \boldsymbol{a}_{O心} + \boldsymbol{a}'_{M心}$$

$$\boldsymbol{a}_{O心}:\begin{cases}方向:向下\\ 大小:a_{O心}=(R+r)\omega_\theta^2\end{cases}$$

$$\boldsymbol{a}'_{M心}:\begin{cases}方向:向上\\ 大小:a'_{M心}=r\omega_\varphi^2\end{cases}$$

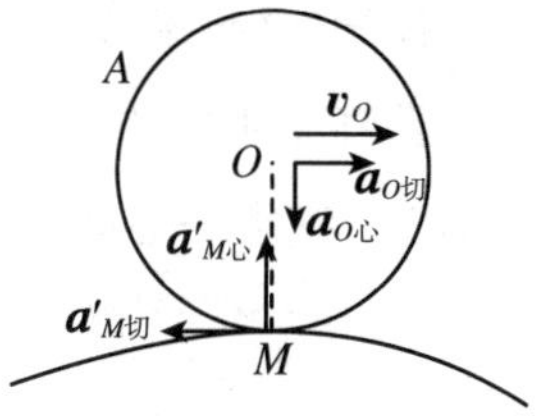

图 5.32

即得

$$\boldsymbol{a}_{M心}:\begin{cases}方向:向上\\ 大小:a_{M心}=\dfrac{R}{r}(R+r)\omega_\theta^2\end{cases}$$

切向上有

$$\boldsymbol{a}_{M切}=\boldsymbol{a}_{O切}+\boldsymbol{a}'_{M切}$$

$$\boldsymbol{a}_{O切}:\begin{cases}方向:向右\\ 大小:a_{O切}=(R+r)\dfrac{\mathrm{d}\omega_\theta}{\mathrm{d}t}\end{cases}$$

$$\boldsymbol{a}'_{M切}:\begin{cases}方向:向左\\ 大小:a'_{M切}=r\dfrac{\mathrm{d}\omega_\varphi}{\mathrm{d}t}=(R+r)\dfrac{\mathrm{d}\omega_\theta}{\mathrm{d}t}\end{cases}$$

即得

$$\boldsymbol{a}_{M切}=\boldsymbol{0}$$

5.3.2 动力学内容

从动力学考虑,宜将刚体的平面平行运动分解为随质心的平动和绕着过质心转轴的转动.惯性系中,质心的平动可由质心运动定理求解,绕着过质心轴的转动可借助质心系中定轴转动定理求解.质心系中取质心为参考点的质点系角动量定理在形式上与惯性系中的角动量定理一致,因此,质心系中刚体绕着过质心转轴的定轴转动定理在形式上与惯性系中的定轴转动定理一致.质心动能与绕质心轴转动动能之和即为刚体平面平行运动动能,根据惯性系中的动能定理,外力做功之和等于这一动能增量.在质心系中,外力做功之和则等于刚体绕质心轴的定轴转动动能增量.

上述四个动力学规律的具体内容如下:

$$相对于外惯性系\begin{cases}质心运动定理:\boldsymbol{F}_{合外}=m\boldsymbol{a}_C\\ 动能定理:W_{外}=\Delta E_k,E_k=\dfrac{1}{2}mv_C^2+\dfrac{1}{2}I_C\omega^2\end{cases}$$

$$相对于质心系\begin{cases}质心轴转动定理:M_{外}=I_C\beta\\ 动能定理:W_{外}=\Delta E_k,E_k=\dfrac{1}{2}I_C\omega^2\end{cases}$$

讨论具体问题时,较少引用质心系动能定理.

非惯性系中关于刚体平面平行运动的动力学规律中,均应计及惯性力的作用.

例 1 在水平地面上用手按动半径为 R 的乒乓球,使其获得向右的初速度 v_0 和逆时针方向转动角速度 ω_0,如图 5.33 所示.乒乓球可处理成匀质薄球壳,球壳与地面间的摩擦因数为常量 μ,试求乒乓球最后达到的稳定运动状态.

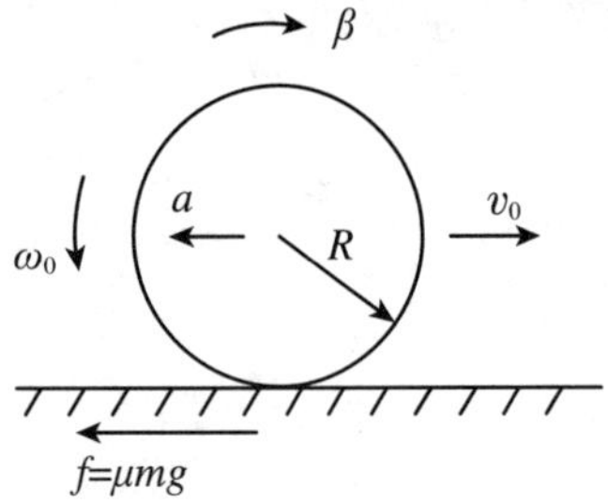

图 5.33

解 参考图 5.33 中引入的参量,m 是乒乓球的质量.初始阶段地面摩擦力朝左,使质心获得左向加速度,球壳获得绕质心轴顺时针方向角加速度.根据质心运动定理和质心轴转动定理,有

$$f = ma,\quad fR = I\beta,\quad f = \mu mg,\quad I = \frac{2}{3}mR^2$$

即得

$$a = \mu g,\quad \beta = \frac{3\mu g}{2R}$$

经时间 t,右行速度 v 和逆时针方向角速度 ω 分别为

$$v = v_0 - at = v_0 - \mu gt$$

$$\omega = \omega_0 - \beta t = \omega_0 - \frac{3\mu g}{2R}t$$

分三种情况进行讨论.

(1) 经某段时间(记为 t_1),同时达到 $v=0,\omega=0$,即

$$v_0 - \mu g t_1 = 0,\quad \omega_0 - \frac{3\mu g}{2R}t_1 = 0$$

这要求 v_0、ω_0 间满足关系

$$v_0 = \frac{2}{3}\omega_0 R$$

此后乒乓球处于静止状态.

(2) 经某段时间(仍记为 t_1),仍有 $v>0$,但恰有 $\omega=0$,即

$$v_0 - \mu g t_1 > 0,\quad \omega_0 - \frac{3\mu g}{2R}t_1 = 0$$

这要求 v_0、ω_0 间满足关系

$$v_0 > \frac{2}{3}\omega_0 R$$

该阶段的末态为

$$v_1 = v_0 - \frac{2}{3}\omega_0 R,\quad \omega = 0$$

此后，摩擦力仍朝左，平动加速度和转动角加速度与前同. 再经时间 t，右行速度 v_2 和顺时针方向角速度 ω_2 分别为

$$v_2 = v_1 - at = v_1 - \mu gt, \quad \omega_2 = \beta t = \frac{3\mu g}{2R}t$$

设 $t = t_2$ 时，恰有

$$v_2 = \omega_2 R$$

摩擦力随即消失，便将进入稳定的右行纯滚运动的状态. 据

$$v_1 - \mu gt_2 = \frac{3\mu g}{2R}t_2 R$$

可得

$$t_2 = \frac{2v_1}{5\mu g}$$

$$v_2 = v_1 - \mu gt_2 = \frac{3}{5}v_1 = \frac{3}{5}\left(v_0 - \frac{2}{3}\omega_0 R\right)$$

$$\omega_2 = \frac{v_2}{R} = \frac{3}{5R}\left(v_0 - \frac{2}{3}\omega_0 R\right)$$

(3) 经某段时间(仍记为 t_1)，恰有 $v = 0$，但仍有 $\omega > 0$，即

$$v_0 - \mu gt_1 = 0, \quad \omega_0 - \frac{3\mu g}{2R}t_1 > 0$$

这要求 v_0、ω_0 间满足关系

$$v_0 < \frac{2}{3}\omega_0 R$$

此阶段的末态为

$$v_1 = 0, \quad \omega_1 = \omega_0 - \frac{3v_0}{2R}$$

此后，摩擦力仍朝左，平动加速度和转动角加速度与前同，这将使乒乓球进入朝左加速平动，且逆时针方向继续减速转动的运动状态. 经时间 t，左行速度 v_2 和逆时针方向角速度 ω_2 分别为

$$v_2 = at = \mu gt, \quad \omega_2 = \omega_1 - \beta t = \omega_1 - \frac{3\mu g}{2R}t$$

设 $t = t_2$ 时，恰有

$$v_2 = \omega_2 R$$

摩擦力随即消失，便将进入稳定的左行纯滚运动状态. 据

$$\mu gt_2 = \left(\omega_1 - \frac{3\mu g}{2R}t_2\right)R$$

可得

$$t_2 = \frac{2\omega_1 R}{5\mu g}$$

$$v_2 = \mu g t_2 = \frac{2}{5}\omega_1 R = \frac{2}{5}\left(\omega_0 R - \frac{3}{2}v_0\right)$$

$$\omega_2 = \frac{v_2}{R} = \frac{2}{5R}\left(\omega_0 R - \frac{3}{2}v_0\right)$$

综上所述，乒乓球最后达到的稳定运动状态为：

若 $v_0 = \frac{2}{3}\omega_0 R$，则乒乓球最后停下；

若 $v_0 > \frac{2}{3}\omega_0 R$，则乒乓球最后达到右行纯滚状态，运动量 v_2、ω_2 已在前面给出；

若 $v_0 < \frac{2}{3}\omega_0 R$，则乒乓球最后达到左行纯滚状态，运动量 v_2、ω_2 已在前面给出.

例 2 某恒星系中小行星 A 沿半径为 R_1 的圆轨道运动，小行星 B 沿抛物线轨道运动，B 在近恒星点处与恒星相距 $R_2 = \sqrt{2}R_1$，且两轨道在同一平面上，运动方向相同. 已知 A、B 均为半径 r_0、密度相同的匀质球体，自转角速度同为 ω_0，转轴与轨道平面垂直，旋转方向如图 5.34 所示. 如果 B 运动到近恒星点时，A 恰好运动到图示位置，A、B 随即发生某种强烈的相互作用而迅速合并为一个新的密度不变的匀质球形星体，其间质量损失可略. 试问：

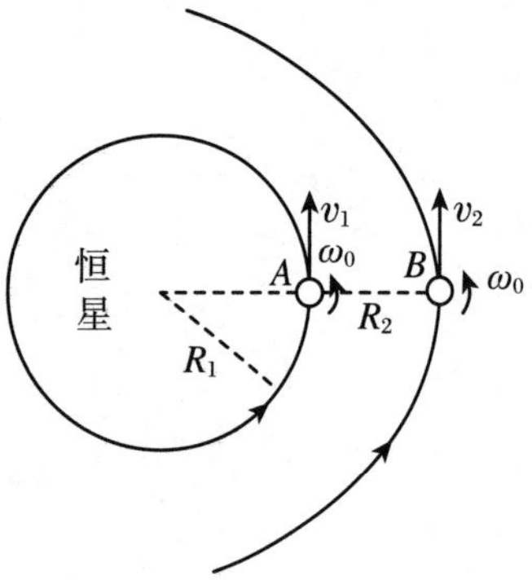

图 5.34

(1) 新星体自转角速度 ω 为多大？

(2) 新星体绕恒星运动的轨道是什么曲线？

解 恒星质量记为 M. 小行星 A、B 各自质量和绕直径转动惯量分别记为

$$m_1 = m_2 = m_0,\quad I_1 = I_2 = I_0 = \frac{2}{5}m_0 r_0^2$$

新星体的质量、半径和绕直径转动惯量分别为

$$m = 2m_0,\quad r = \sqrt[3]{2}r_0,\quad I = \frac{2}{5}mr^2 = \frac{4\sqrt[3]{4}}{5}m_0 r_0^2$$

合并前，A 的轨道速度为

$$v_1 = \sqrt{\frac{GM}{R_1}}$$

B 沿抛物线轨道运动，轨道能量为零，近恒星点速度可由

$$\frac{1}{2}m_2 v_2^2 - G\frac{Mm_2}{R_2} = 0$$

算得为

$$v_2 = \sqrt{\frac{2GM}{R_2}} = \sqrt[4]{2}\,v_1$$

$\{A,B\}$系统质心 C 与恒星相距

$$R = \frac{m_1R_1 + m_2R_2}{m_1 + m_2} = \frac{1}{2}(1+\sqrt{2})R_1$$

合并前 A、B 均无径向速度，A、B 合并前后质心 C 也无径向速度. 合并后，质心 C 的横向速度为

$$v = \frac{m_1v_1 + m_2v_2}{m_1 + m_2} = \frac{1}{2}(1+\sqrt[4]{2})\,v_1$$

这也是新星体球心的轨道速度.

(1) 合并后，新星体初始运动状态如图 5.35 所示，以恒星为参考点，角动量守恒式为

$$mvR + I\omega = m_1v_1R_1 + m_2v_2R_2 + I_1\omega_0 + I_2\omega_0$$

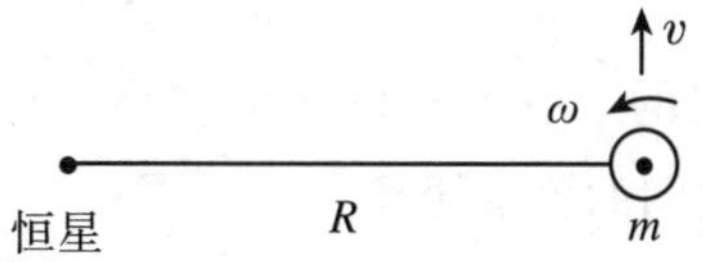

图 5.35

据此可解得

$$\omega = \frac{5}{8\sqrt[3]{4}}(1+\sqrt[4]{8}-\sqrt[4]{2}-\sqrt{2})\frac{\sqrt{GMR_1}}{r_0^2} + \frac{1}{\sqrt[3]{4}}\omega_0$$

其中第一大项是合并前 A 的质心、B 的质心相对于$\{A,B\}$系统质心 C 的角动量之和不为零而形成的贡献.

(2) 新星体轨道能量为

$$E = \frac{1}{2}mv^2 - G\frac{Mm}{R} = \frac{1}{4}(2\sqrt[4]{2} - 15\sqrt{2} - 15)G\frac{Mm_0}{R_1} < 0$$

轨道是椭圆曲线.

例 3 在光滑水平地面上有一质量为 M、半径为 R 的匀质圆盘，盘边缘有一质量为 m 的小车（处理成质点），开始时系统静止，而后小车沿盘边缘逆时针方向运动，如图 5.36 所示. 若小车相对圆盘转过 N 圈，试问：小车与盘心连线相对地面逆时针方向还是顺时针方向转过多少圈？

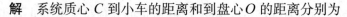

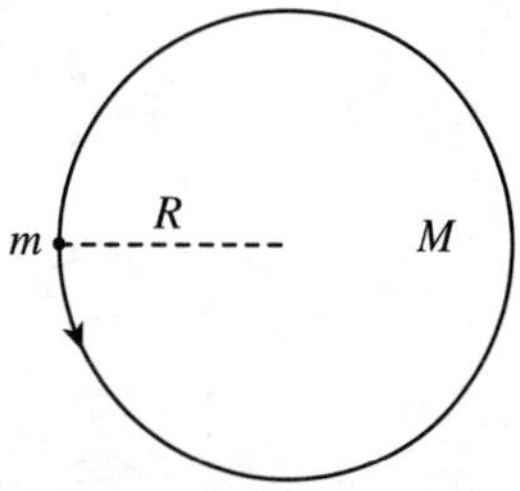

图 5.36

解 系统质心 C 到小车的距离和到盘心 O 的距离分别为

$$l_m = \frac{M}{M+m}R,\quad l_M = \frac{m}{M+m}R$$

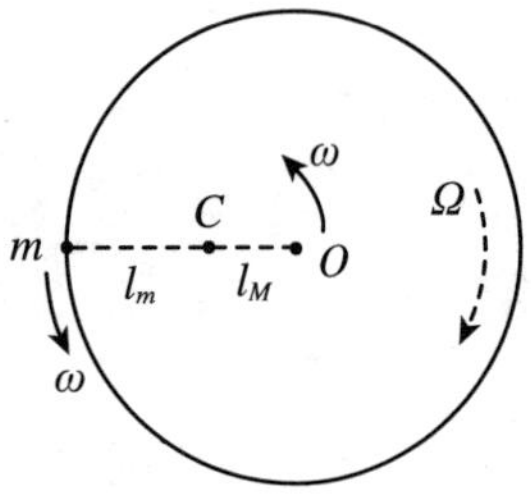

图 5.37

质心 C 相对地面不动，小车、C、盘心 O 始终共线，小车与 O 必以相同的逆时针方向角速度 ω 绕着 C 转动，如图 5.37 所示. 为使系统在地面系相对 C 点角动量守恒，圆盘绕 O 必有顺时针方向自转角速度 Ω，如图 5.37 中虚线所示. 角动量守恒式为

$$I_0\Omega = m\omega l_m^2 + M\omega l_M^2, \quad I_0 = \frac{1}{2}MR^2$$

算得

$$\Omega = \frac{2m}{M+m}\omega$$

小车相对圆盘逆时针方向角速度便为

$$\omega' = \omega + \Omega = \frac{M+3m}{M+m}\omega$$

小车相对圆盘逆时针方向转过的 $\theta' = N \cdot 2\pi$ 角度和小车与盘心连线相对地面逆时针方向转过的 $\theta_0 = N_0 \cdot 2\pi$ 角度之间的关系便是

$$N \cdot 2\pi = \theta' = \frac{M+3m}{M+m}\theta_0 = \frac{M+3m}{M+m}N_0 \cdot 2\pi$$

即得小车与盘心连线相对地面逆时针方向转过的圈数为

$$N_0 = \frac{M+m}{M+3m}N$$

关于本题角速度的合成关系，参看图 5.38，小车 m 位置从(1)平动到(2)，再经 Ω 转动到(3)，最终经 ω'转动到(4).

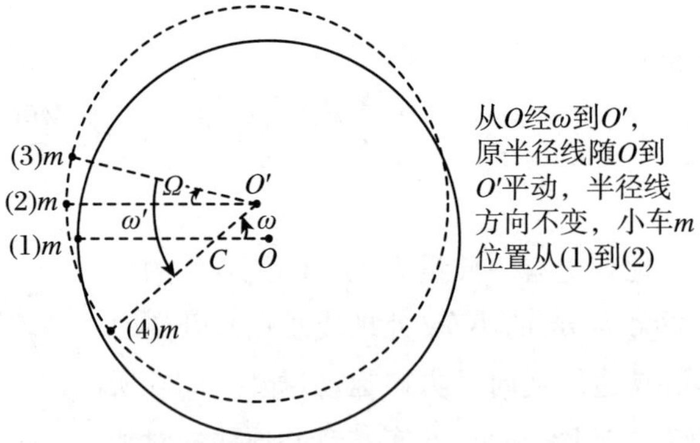

图 5.38

例 4 水平地面上方长 l 的匀质细杆 AB 从图 5.39 所示的几何位置从静止自由下落，A 端着地后即与地面发生弹性碰撞.

(1) 细杆弹起后，质心升到最高点时细杆恰好转过 60°，试求图中的高度 h_0.

(2) 设而后无论杆的 B 端还是 A 端着地时与地面的碰撞都是弹性的，试求细杆运动周

期 T.

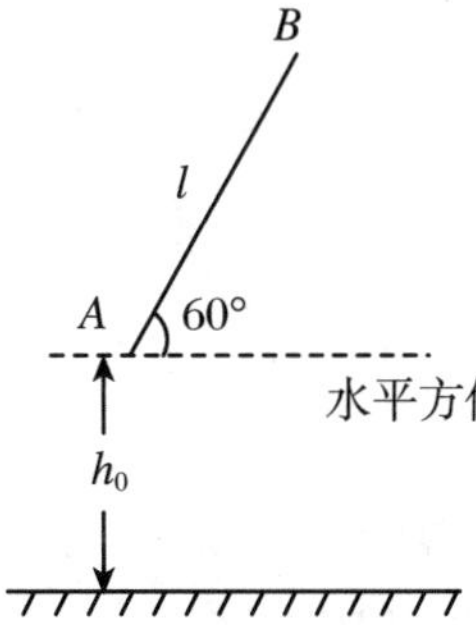

图 5.39

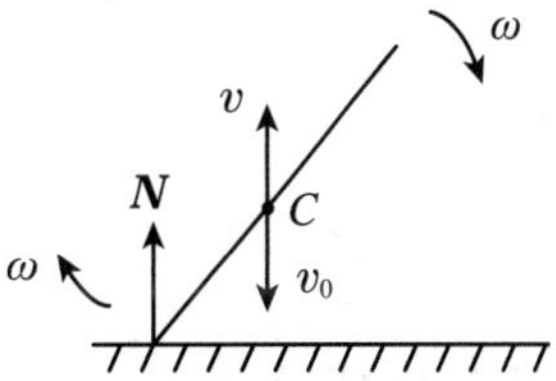

图 5.40

简解 (1) 结合图 5.40 所示碰后运动学量,碰前、碰后有

$$v_0 = \sqrt{2gh_0}, \quad t_0 = \sqrt{\frac{2h_0}{g}} \quad (\text{下落时间})$$

$$\overline{N}\Delta t = m(v + v_0) \quad (m\ \text{为杆的质量};\overline{N}\ \text{为}\ N\ \text{的平均值})$$

$$(\overline{N}\Delta t)\frac{l}{2}\cos 60^\circ = I\omega, \quad I = \frac{1}{12}ml^2$$

$$\frac{1}{2}mv^2 + \frac{1}{2}I\omega^2 = \frac{1}{2}mv_0^2$$

解得

$$v = \frac{1}{7}v_0, \quad \omega = \frac{24}{7}\frac{v_0}{l} = \frac{24}{7}\frac{\sqrt{2gh_0}}{l}$$

碰前细杆质心升高

$$h = \frac{v^2}{2g} = \frac{h_0}{49}$$

经时

$$t = \sqrt{\frac{2h}{g}} = \frac{1}{7}t_0$$

此时细杆转过 60°,有

$$\omega t = \frac{\pi}{3} \Rightarrow \omega = \frac{7\pi}{3t_0} = \frac{7\pi}{3}\sqrt{\frac{g}{2h_0}}$$

联立 ω 的两个表达式,解得

$$h_0 = \left(\frac{7}{12}\right)^2 \pi l$$

(2) 细杆再经过时间 t,转过 60°,同时质心又降到 A 端着地前瞬间的高度,B 端恰好着地. B 端与地面碰撞过程相当于此前 A 端与地面碰撞的逆过程,碰后细杆不再转动,质心以 v_0 大小的速度竖直向上运动,经过时间 t_0,质心到达图 5.39 中的初始高度位置. 至此,细杆经时

$$t_0 + t + t + t_0 = 2(t_0 + t) = \frac{16}{7}t_0$$

所到达的静止状态与初态相比，实现了 A、B 第一次互换上下位置.以后再经时

$$2(t_0 + t) = \frac{16}{7}t_0$$

A、B 第二次互换上下位置，恢复到初始状态，故细杆运动周期为

$$T = 4(t_0 + t) = \frac{32}{7}t_0 = \frac{8}{3}\sqrt{\frac{2\pi l}{g}}$$

例 5 如图 5.41 所示，光滑水平面上有一半径为 R 的固定圆环，长 $2l$ 的匀质细杆 AB 开始时在水平面上绕着中心 C 点旋转，C 点靠在杆上，且无初速度.假设细杆而后可无相对滑动地绕着圆环外侧运动，直到细杆的 B 端与环接触后彼此分离.已知细杆与圆环间的摩擦因数 μ 处处相同，试求 μ 的取值范围.

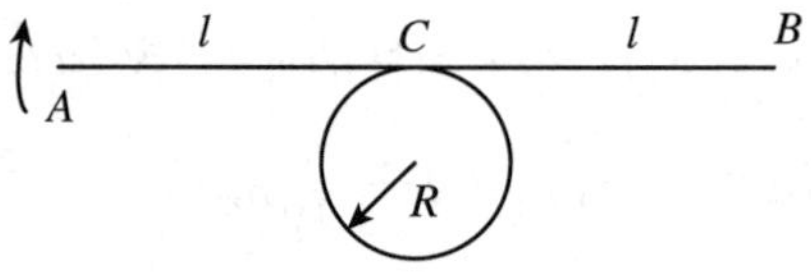

图 5.41

解 参照图 5.42，细杆运动过程中，某时刻与环接触点 P 处，受环的径向弹力 N 和切向静摩擦力 f，其间摩擦因数 μ 的取值范围便是

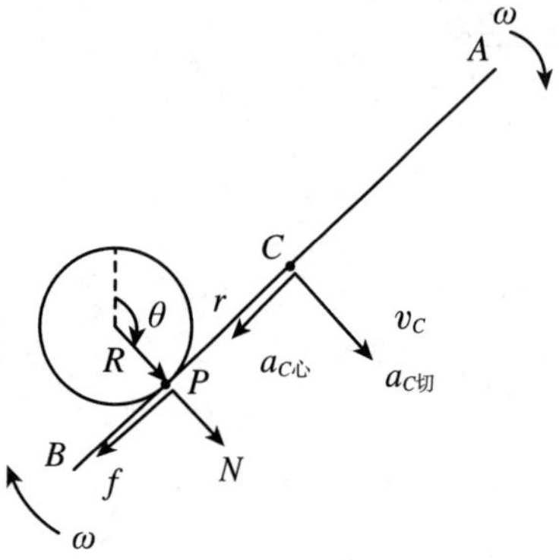

图 5.42

$$\mu \geqslant \frac{f}{N}$$

细杆质心（中心）C 在过程中相对水平面作圆的渐开线运动.沿速度 $\boldsymbol{v}_C$ 方向的切向加速度 $a_{C切}$ 和与 $\boldsymbol{v}_C$ 方向垂直（指向 P 点）的向心加速度 $a_{C心}$ 分别由 N 和 f 提供，即有

$$N = ma_{C切}, \quad f = ma_{C心} \quad (m \text{ 为杆的质量})$$

杆的初始角速度记为 ω_0，杆转过 θ 角时 C 到 P 的距离记为 r，杆的旋转角速度记为 ω，则有

$$r = R\theta, \quad v_C = \omega r, \quad \omega = \frac{d\theta}{dt}$$

$$a_{C切} = \frac{dv_C}{dt}, \quad a_{C心} = \omega^2 r$$

由于 N、f 不做功，可由动能守恒方程

$$\frac{1}{2}mv_C^2 + \frac{1}{2}I_C\omega^2 = \frac{1}{2}I_C\omega_0^2, \quad v_C = \omega r, \quad I_C = \frac{1}{3}ml^2 \Rightarrow$$

$$(3r^2 + l^2)\omega^2 = l^2\omega_0^2$$

得

$$\omega = \frac{l\omega_0}{\sqrt{3r^2 + l^2}}, \quad v_C = \frac{l\omega_0 r}{\sqrt{3r^2 + l^2}}$$

继而有

$$a_{C切} = \frac{\mathrm{d}v_C}{\mathrm{d}t} = \frac{\mathrm{d}v_C}{\mathrm{d}r}\frac{\mathrm{d}r}{\mathrm{d}\theta}\frac{\mathrm{d}\theta}{\mathrm{d}t} = \frac{l^3\omega_0}{(3r^2 + l^2)^{3/2}}R\omega = \frac{l^4\omega_0^2 R}{(3r^2 + l^2)^2}$$

$$a_{C心} = \omega^2 r = \frac{l^2\omega_0^2}{3r^2 + l^2}r$$

$$\mu \geqslant \frac{f}{N} = \frac{ma_{C心}}{ma_{C切}} = \frac{l^2\omega_0^2 r}{3r^2 + l^2} \cdot \frac{(3r^2 + l^2)^2}{l^4\omega_0^2 R} = \frac{r(3r^2 + l^2)}{l^2 R}, \quad l \geqslant r \geqslant 0$$

得

$$\mu \geqslant \frac{4l}{R}$$

附注

C 相对水平面做圆的渐开线运动，无穷小段视为无穷小圆弧段. 此小段运动中，C 相对水平面的切向加速度直接由 $a_{C切} = \mathrm{d}v_C/\mathrm{d}t$ 计算. C 相对水平面的向心加速度 $a_{C心}$ 等于 C 相对 P 圆弧运动速度 v_C 对应的向心加速度 $v_C^2/r = \omega^2 r$ 加上 P 相对水平面沿杆长度方向的加速度分量. 因 P 相对水平面的加速度整体是径向朝外的，沿杆长度方向分量为零，故有 $a_{C心} = \omega^2 r$.

下面举例讨论质点与平面刚体的弹性碰撞.

例 6 质量为 m 的运动质点与质量为 M 的静止平面刚体如图 5.43 所示. 刚体相对过质心转轴的转动惯量为 I_C，质点初速度 $\boldsymbol{v}_0$ 对准刚体边界点 P，且与过 P 点的边界切线方向矢量 $\boldsymbol{e}_切$ 垂直，刚体中的两个几何参量 l_1、l_2 的含义也已在图中示出. 设质点与刚体的碰撞是弹性的，碰后瞬间，质点速度 $\boldsymbol{v}_m$、刚体质心速度 $\boldsymbol{v}_C$、绕过质心转轴转动的角速度 $\boldsymbol{\omega}$ 均在图中用虚线箭矢示出. 试通过定量推导，判断质点与刚体 P 部位在 $\boldsymbol{v}_0$ 方向线上的碰后分离速度大小是否等于碰前接近速度大小.

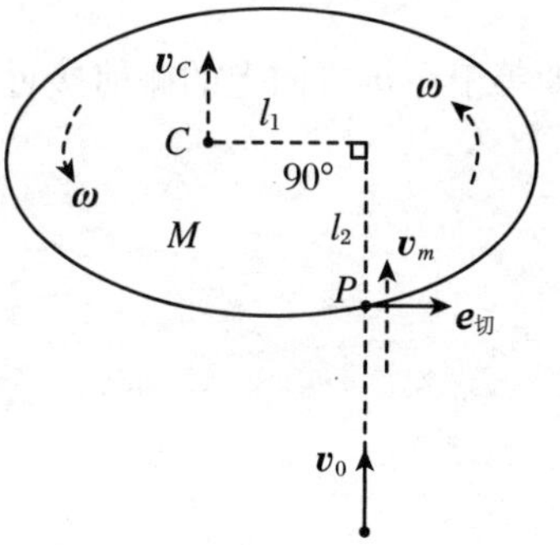

图 5.43

解 在图 5.43 所示惯性系中，凡涉及角动量定理的内参量，均取刚体质心 C 尚未运动时在此惯性系中所在点为参考点. 碰撞前后可列下述三个动力学守恒方程：

$$Mv_C + mv_m = mv_0$$

$$I_C\omega + l_1 mv_m = l_1 mv_0$$

$$\frac{1}{2}Mv_C^2+\frac{1}{2}I_C\omega^2+\frac{1}{2}mv_m^2=\frac{1}{2}mv_0^2$$

引入参量 γ、α，使得

$$M=\gamma m,\quad I_C=\alpha l_1 m\quad (\gamma\text{ 为纯数},\alpha\text{ 为含长度单位})$$

上述三式可简化成

$$v_m=v_0-\gamma v_C \tag{①}$$

$$\omega=\frac{1}{\alpha}(v_0-v_m)=\frac{\gamma}{\alpha}v_C \tag{②}$$

$$\gamma v_C^2+\alpha l_1\omega^2+v_m^2=v_0^2 \tag{③}$$

将①、②式代入③式，得

$$(\alpha+l_1\gamma+\alpha\gamma)v_C=2\alpha v_0$$

解得

$$v_C=\frac{2\alpha v_0}{\alpha+l_1\gamma+\alpha\gamma} \tag{④}$$

代入②式，得

$$\omega=\frac{2\gamma v_0}{\alpha+l_1\gamma+\alpha\gamma} \tag{⑤}$$

再将④式代入①式，得

$$v_m=\frac{\alpha+l_1\gamma-\alpha\gamma}{\alpha+l_1\gamma+\alpha\gamma}v_0$$

质点与刚体 P 部位在 $\boldsymbol{v}_0$ 方向线上的碰后分离速度大小为

$$(v_C+\omega l_1)-v_m=\frac{2\alpha+2l_1\gamma-(\alpha+l_1\gamma-\alpha\gamma)}{\alpha+l_1\gamma+\alpha\gamma}v_0=v_0$$

即等于在 $\boldsymbol{v}_0$ 方向上的碰前接近速度大小.

6 流体力学简介

6.1 静止流体中的压强

流体:无固定形状,具有流动性$\begin{cases}\text{液体:分子间相互作用较强,分子间距小,不易压缩}\\\text{气体:分子间相互作用较弱,分子间距大,易被压缩}\end{cases}$

如图 6.1 所示,讨论静止液体中的压强.

如图 6.1(a)所示,$\mathrm{d}\boldsymbol{F}$ 与 $\boldsymbol{n}$ 斜交,有切向分量,流体内部有相对滑动,不再是静态流体,故不讨论.

如图 6.1(b)所示,$\boldsymbol{T}=\dfrac{\mathrm{d}\boldsymbol{F}}{\mathrm{d}S}$与 $\boldsymbol{n}$ 同向,称为张应力.

通常状态中,流体质元相互挤压,如图 6.1(c)所示,$\boldsymbol{T}$ 为压应力,取其大小,改记为

$$p = T = \frac{\mathrm{d}F}{\mathrm{d}S}$$

称为压强.

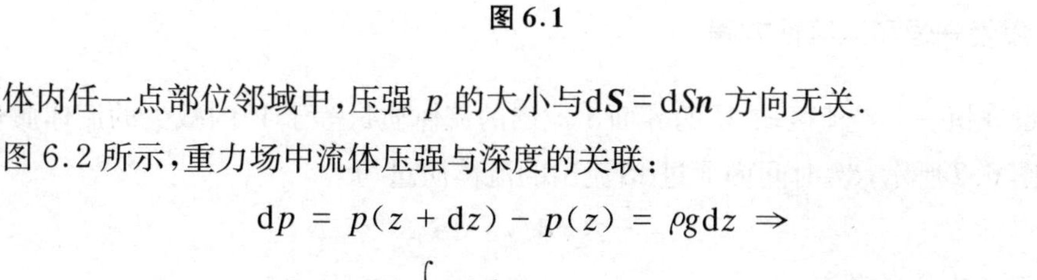

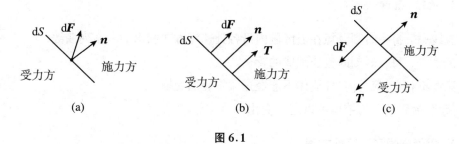

图 6.1

流体内任一点部位邻域中,压强 p 的大小与$\mathrm{d}\boldsymbol{S}=\mathrm{d}S\boldsymbol{n}$ 方向无关.

如图 6.2 所示,重力场中流体压强与深度的关联:

$$\mathrm{d}p = p(z+\mathrm{d}z) - p(z) = \rho g\mathrm{d}z \Rightarrow$$

$$p_2 - p_1 = \int_L \rho g\mathrm{d}z$$

向上的合压力与重力平衡.

浮力:利用阿基米德原理计算,可用置换法导出.

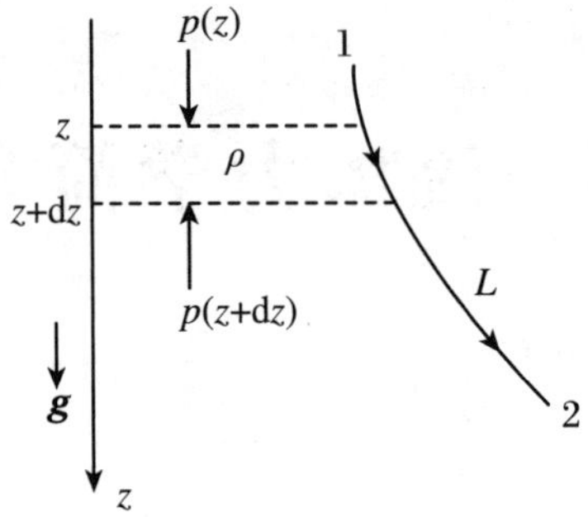

图 6.2

6.2 理想流体定常流动时的伯努利方程

1. 流体流动的表述

欧拉表述——描述流区域内速度的空间分布以及这一分布随时间的变化.

$$\boldsymbol{v}(\boldsymbol{r},t)\begin{cases}v_x(x,y,z,t)\\ v_y(x,y,z,t)\\ v_z(x,y,z,t)\end{cases}\quad \text{(速度场,可与电场 } \boldsymbol{E}(\boldsymbol{r},t)\text{类比)}$$

2. 流线、流管

流线——每一时刻设想在流区域内沿各处速度方向画出的一系列曲线.

流管——每一时刻内流线围成的管.

流线不相交,流管内、外流体不能经过流管侧面交换.

流线、流管的几何结构可以随 t 变化.

3. 质量守恒和连续性方程

质量守恒——经流区域 V 的界面 S 流出的流体质量等于 V 内减少的流体质量.

如图 6.3 所示,$\mathrm{d}t$ 时间内通过 $\mathrm{d}\boldsymbol{S}$ 流出的流体质量为

$$\rho(\boldsymbol{v}\mathrm{d}t)\cdot\mathrm{d}\boldsymbol{S}$$

经界面 S 流出的质量为

$$\left(\oiint_S \rho\boldsymbol{v}\cdot\mathrm{d}\boldsymbol{S}\right)\mathrm{d}t$$

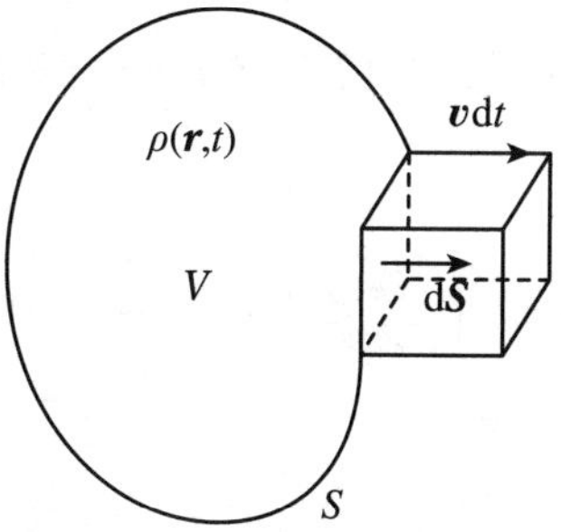

图 6.3

V 内流体质量的减少量为

$$-\frac{\mathrm{d}m_V}{\mathrm{d}t}\cdot\mathrm{d}t,\quad m_V=\iiint_V\rho\mathrm{d}V$$

从而有

$$-\frac{\mathrm{d}m_V}{\mathrm{d}t}\cdot\mathrm{d}t=-\frac{\mathrm{d}}{\mathrm{d}t}\iiint_V\rho\mathrm{d}V\mathrm{d}t=\left(-\iiint_V\frac{\mathrm{d}\rho}{\mathrm{d}t}\mathrm{d}V\right)\mathrm{d}t$$
$$=\left(-\iiint_V\frac{\partial\rho}{\partial t}\mathrm{d}V\right)\mathrm{d}t$$

根据质量守恒,有

$$\left(\oiint_S\rho\boldsymbol{v}\cdot\mathrm{d}\boldsymbol{S}\right)\mathrm{d}t=\left(-\iiint_V\frac{\partial\rho}{\partial t}\mathrm{d}V\right)\mathrm{d}t$$

则质量守恒方程为

$$\oiint_S\rho\boldsymbol{v}\cdot\mathrm{d}\boldsymbol{S}+\iiint_V\frac{\partial\rho}{\partial t}\mathrm{d}V=0\quad(\text{也称连续性方程})$$

特例:不可压缩流体——$\rho(\boldsymbol{r},t)=\rho$,即密度处处相同,则$\frac{\partial\rho}{\partial t}=0$,因此连续性方程为 $\oiint_S\boldsymbol{v}\cdot\mathrm{d}\boldsymbol{S}=0$.

4. 理想流体的定常流动

流体流动时,流体间通过面接触的相互作用力

$$\begin{cases}\text{法向力:压强}\\ \text{切向力:流层间的摩擦力(黏力)}\end{cases}$$

理想流体——无黏力,不可压缩.

定常流动——流体场中"强度量"($\boldsymbol{v}$、ρ、p 等)均不随 t 变化的流动.速度场不随 t 变化,$\boldsymbol{v}=\boldsymbol{v}(\boldsymbol{r})$,流线和流管都不随 t 变化.密度不随 t 变化,$\rho=\rho(\boldsymbol{r})$,则$\frac{\partial\rho}{\partial t}=0$.

特例:不可压缩流体——$\rho(\boldsymbol{r})=\rho$,即密度处处相同.

5. 重力场中理想流体定常流动时的功能关系——伯努利方程

连续性方程的简化：

$$\oiint_S \rho \boldsymbol{v} \cdot \mathrm{d}\boldsymbol{S} + \iiint_V \frac{\partial \rho}{\partial t} \mathrm{d}V = 0 \Rightarrow \oiint \boldsymbol{v} \cdot \mathrm{d}\boldsymbol{S} = 0$$

如图 6.4 所示，可列连续性方程：

$$\iint_{\Delta S_1} \boldsymbol{v}_1 \cdot \mathrm{d}\boldsymbol{S}_1 + \iint_{\Delta S_2} \boldsymbol{v}_2 \cdot \mathrm{d}\boldsymbol{S}_2 = 0 \Rightarrow v_1 \Delta S_1 = v_2 \Delta S_2$$

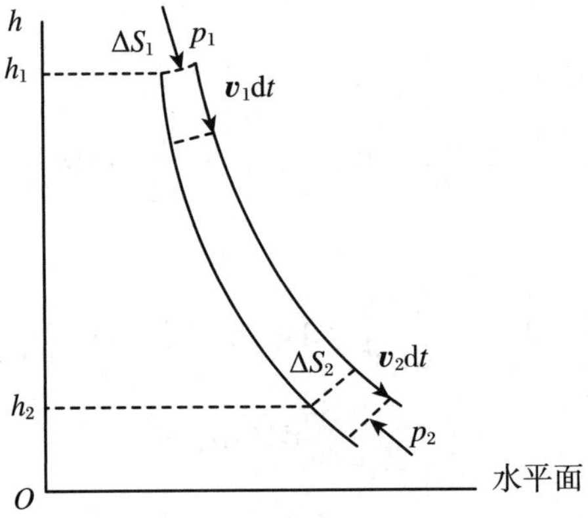

图 6.4

dt 时间内：

$$\Delta S_1 v_1 \mathrm{d}t = \mathrm{d}V_1, \Delta S_2 v_2 \mathrm{d}t = \mathrm{d}V_2 \Rightarrow \Delta S_1 v_1 \mathrm{d}t = \Delta S_2 v_2 \mathrm{d}t = \mathrm{d}V$$

$$\mathrm{d}W = p_1 \Delta S_1 v_1 \mathrm{d}t - p_2 \Delta S_2 v_2 \mathrm{d}t = (p_1 - p_2)\mathrm{d}V$$

$$\mathrm{d}E_\mathrm{k} = \frac{1}{2}(\rho \mathrm{d}V_2) v_2^2 - \frac{1}{2}(\rho \mathrm{d}V_1) v_1^2 = \frac{1}{2}\rho(v_2^2 - v_1^2)\mathrm{d}V$$

$$\mathrm{d}E_\mathrm{p} = (\rho \mathrm{d}V_2) g h_2 - (\rho \mathrm{d}V_1) g h_2 = \rho g (h_2 - h_1)\mathrm{d}V$$

功能关系：

$$\mathrm{d}W = \mathrm{d}E_\mathrm{k} + \mathrm{d}E_\mathrm{p} \Rightarrow p_2 + \frac{1}{2}\rho v_2^2 + \rho g h_2 = p_1 + \frac{1}{2}\rho v_1^2 + \rho g h_1 \quad 或$$

$$p + \frac{1}{2}\rho v^2 + \rho g h = 常量$$

即为伯努利方程.

注解

(1) 所取参考系为地面系，可引申为相对地面匀速运动的参考系，它们均为惯性系；如果取非惯性系，则需补充惯性力对功能关系的附加贡献.

(2) 细流管可引申到大流管，只要两个端面的每个端面上各自压强处处相同，流速也处处相同.

流管内高度差的影响可以略去时,伯努利方程中的 ρgh 项可以删去,简化成

$$p + \frac{1}{2}\rho v^2 = 常量$$

此式表明,流速大处压强小,流速小处压强大,结合连续性方程,可得这样的结论:流管截面积小处流速大,压强小;截面积大处流速小,压强大.

两船平行航行时以船为参考系(近似处理成惯性系),俯视的水流如图 6.5 所示.在图的中间部位水面下方取一流管,两船内侧 A 处截面积小、流速大、压强 p_A 小,船前方 B 处截面积大、流速小、压强 p_B 大.图中在两船外侧 C 处附近的流线几乎平行,流管远近截面积变化可略,C 处压强 p_C 与左侧远处压强相同.同理,B 处左侧流线几乎平行,p_B 与左侧远处压强相同,便有

$$p_C = p_B > p_A$$

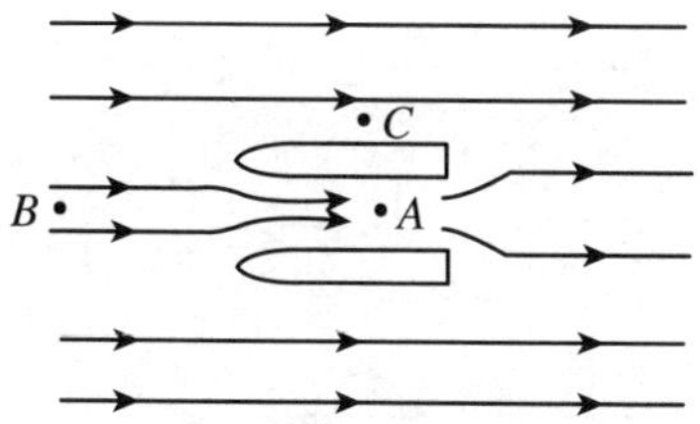

图 6.5

两船外侧水压大于内侧水压,会使两船相碰.这种现象造成的事故在航海史上屡有记载,因此规定船舶不可平行航行.

例 1 图 6.6 中的水平圆柱形桶内盛水高度 $h_1 = 50$ cm,插入的粗细均匀的细弯管称为虹吸管,下端 C 在桶底下方 $h_2 = 40$ cm 处,虹吸管侧面与另一开口的细弯管连通.开始时虹吸管内已充满水,而后将 C 处小活塞打开,设很短时间内右侧弯管水面 Q_0 降落到某一个近似稳定的位置 Q.先求 C 处水流速度 v_C,再确定 Q 与 C 之间的高度差 h_{QC}.

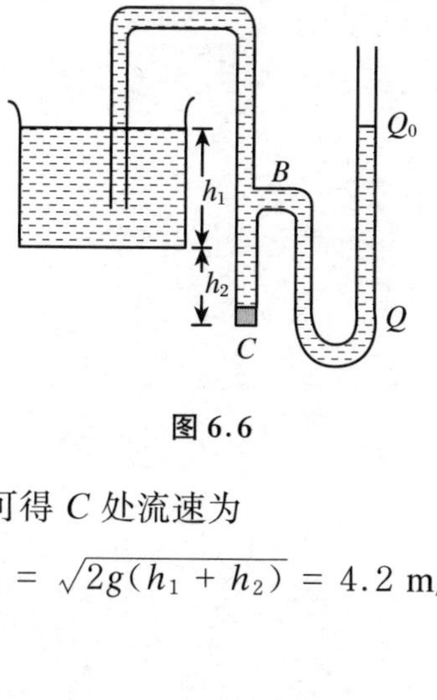

图 6.6

解 类似小孔流速算式,可得 C 处流速为

$$v_C = \sqrt{2g(h_1 + h_2)} = 4.2 \text{ m/s}$$

在虹吸管与右侧弯管连接处 B,一方面由运动流体伯努利方程

$$p_B + \frac{1}{2}\rho v_B^2 + \rho g h_{BC} = p_0 + \frac{1}{2}\rho v_C^2$$

$$v_B = v_C$$

其中 h_{BC} 为 B 相对 C 的高度,得

$$p_B + \rho g h_{BC} = p_0$$

另一方面由右侧弯管内静止流体压强差关系可得

$$p_B + \rho g h_{BQ} = p_Q = p_0$$

其中 h_{BQ} 为 B 相对 Q 的高度.因此,Q 与 C 等高,即

$$h_{BQ} = h_{BC} \Rightarrow h_{QC} = 0$$

7　振动和波

7.1　简谐振动的运动方程

宏观物体空间位置在其基准位置附近随时间往返变化，便成机械振动. 作一引申，一个物理量在它的某个基准值附近随时间往返变化，便形成这个物理量的振动. 机械振动中包含振动的数学共性，对机械振动的研究也有助于对非机械振动的理解. 振动的数学模式繁多. 这些众多模式都可分解成一系列的简谐振动模式的叠加. 因此简谐振动是基本的振动模式.

如图 7.1 所示，经过简单的几何-代数分析，可知匀速圆周运动的直径分运动即为简谐振动：

$$x = A\cos(\omega t + \varphi)$$

$$v_x = -v\sin(\omega t + \varphi) = -\omega A\sin(\omega t + \varphi)$$

$$a_x = -a\cos(\omega t + \varphi) = -\omega^2 A\cos(\omega t + \varphi)$$

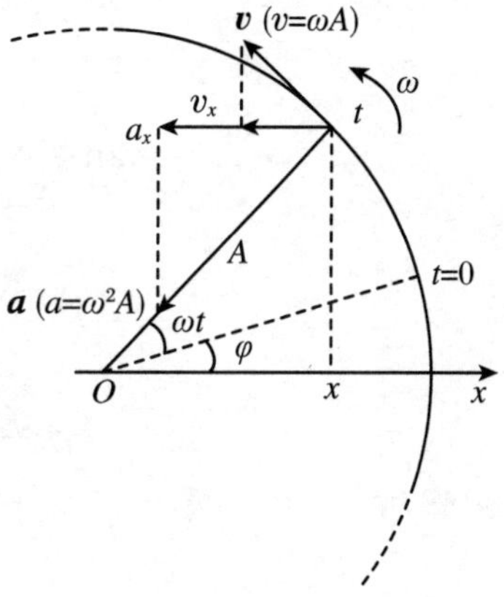

图 7.1

得动力学方程：

$$\left.\begin{aligned} ma_x &= -m\omega^2 A\cos(\omega t + \varphi) \\ x &= A\cos(\omega t + \varphi) \\ \ddot{x} &= a_x \end{aligned}\right\} \Rightarrow \ddot{x} + \omega^2 x = 0$$

同方向、同频率简谐振动的合成：

$$x_1 = A_1\cos(\omega t + \varphi_1),\quad x_2 = A_2\cos(\omega t + \varphi_2)$$

$$x = x_1 + x_2 = \cdots = A\cos(\omega t + \varphi)$$

$$\begin{cases} A = \sqrt{A_1^2 + A_2^2 + 2A_1A_2\cos(\varphi_1 - \varphi_2)} \\ \tan\varphi = \dfrac{A_1\sin\varphi_1 + A_2\sin\varphi_2}{A_1\cos\varphi_1 + A_2\cos\varphi_2} \end{cases}$$

当 $\varphi_1 - \varphi_2 = 2k\pi$ 时，$A = A_{max} = A_1 + A_2$；当 $\varphi_1 - \varphi_2 = (2k+1)\pi$ 时，$A = A_{min} = |A_1 - A_2|$.

1. 简谐振动的矢量表述

简谐振动的矢量表达式为

$$x = A\cos(\omega t + \varphi) \Rightarrow x = \boldsymbol{A}(t) \cdot \boldsymbol{i}$$

对应图 7.2 所示.

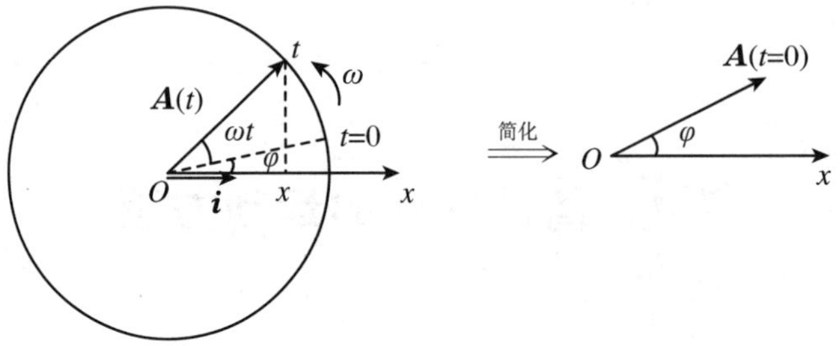

图 7.2

同方向、同频率简谐振动合成对应的矢量合成:

$x_1 = A_1\cos(\omega t + \varphi_1) \Rightarrow x_1 = \boldsymbol{A}_1 \cdot \boldsymbol{i}$

$x_2 = A_2\cos(\omega t + \varphi_2) \Rightarrow x_2 = \boldsymbol{A}_2 \cdot \boldsymbol{i}$

$x = x_1 + x_2 = \boldsymbol{A}_1 \cdot \boldsymbol{i} + \boldsymbol{A}_2 \cdot \boldsymbol{i} = (\boldsymbol{A}_1 + \boldsymbol{A}_2) \cdot \boldsymbol{i} \Rightarrow x = \boldsymbol{A} \cdot \boldsymbol{i}, \boldsymbol{A} = \boldsymbol{A}_1 + \boldsymbol{A}_2$

对应图 7.3 所示.几何上可导得

$$A = \sqrt{A_1^2 + A_2^2 + 2A_1A_2\cos(\varphi_1 - \varphi_2)}$$

$$\tan\varphi = \frac{A_1\sin\varphi_1 + A_2\sin\varphi_2}{A_1\cos\varphi_1 + A_2\cos\varphi_2}$$

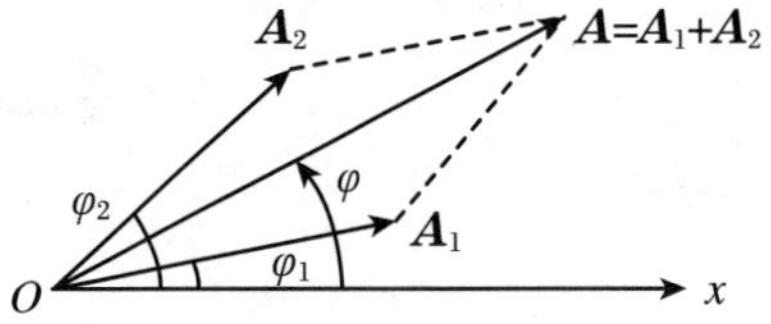

图 7.3

注解

(1) 图 7.3 所示对应的仅为 $t=0$ 时的矢量叠加,但因$\boldsymbol{A}_1$、$\boldsymbol{A}_2$旋转角速度 ω 相同,故可示范性代表 $t\neq0$ 时的矢量叠加.

(2) $\cos(\varphi_1 - \varphi_2) = \cos(\varphi_2 - \varphi_1)$.

2. 简谐振动的复数表述

如图 7.4 所示,矢量 $\boldsymbol{A}(t)$可在 Oxy 平面上完整地分解为

$$\boldsymbol{A} = A\cos(\omega t + \varphi)\boldsymbol{i} + A\sin(\omega t + \varphi)\boldsymbol{j}$$

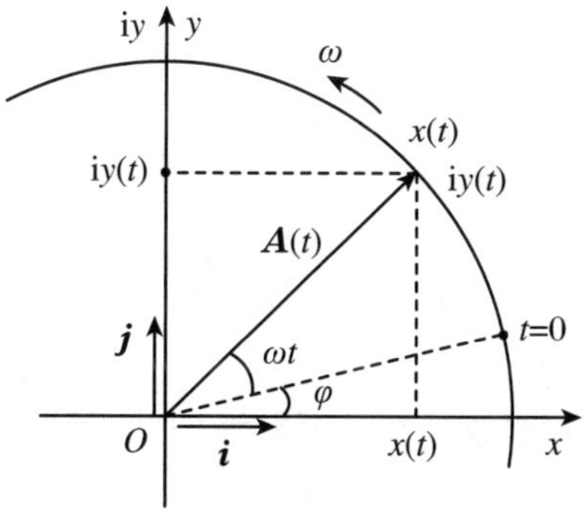

图 7.4

将 Oxy 平面改造成 $x+\mathrm{i}y(\mathrm{i}=\sqrt{-1})$ 复平面，$\boldsymbol{A}$ 的端点便对应复数

$$\boldsymbol{A} = x + \mathrm{i}y = A\cos(\omega t + \varphi) + \mathrm{i}A\sin(\omega t + \varphi)$$

欧拉公式：

$$\tilde{A} = A\mathrm{e}^{\mathrm{i}(\omega t + \varphi)}$$

约定：(1) 称

$$x = A\cos(\omega t + \varphi)$$

$$\dot{x} = v = -\omega A\sin(\omega t + \varphi)$$

$$\ddot{x} = a = -\omega^2 A\cos(\omega t + \varphi)$$

为简谐振动量的实形式，简称简谐振动量.

(2) 称

$$\tilde{A} = A\mathrm{e}^{\mathrm{i}(\omega t + \varphi)} = A\cos(\omega t + \varphi) + \mathrm{i}A\sin(\omega t + \varphi)$$

$$\dot{\tilde{A}} = \mathrm{i}\omega A\mathrm{e}^{\mathrm{i}(\omega t + \varphi)} = \mathrm{i}\omega A\cos(\omega t + \varphi) - \omega A\sin(\omega t + \varphi)$$

$$\ddot{\tilde{A}} = -\omega^2 A\mathrm{e}^{\mathrm{i}(\omega t + \varphi)} = -\omega^2 A\cos(\omega t + \varphi) - \mathrm{i}\omega^2 A\sin(\omega t + \varphi)$$

为简谐振动量的复形式.

(3) 简谐振动复形式中的实部对应简谐振动量的实形式，即：$\tilde{A}$ 中 $A\cos(\omega t + \varphi)$ 对应 x，$\dot{\tilde{A}}$ 中 $-\omega A\sin(\omega t + \varphi)$ 对应 $\dot{x} = v$，$\ddot{\tilde{A}}$ 中 $-\omega^2 A\cos(\omega t + \varphi)$ 对应 $\ddot{x} = a$.

7.2 简谐振动的动力学方程

1. 匀速圆周运动的直径分运动——简谐振动

$$F_x = m\ddot{x},\quad F_x = \boldsymbol{F}\cdot\boldsymbol{i} = \boldsymbol{F}_{\text{心}}\cdot\boldsymbol{i} = -m\omega^2\boldsymbol{A}\cdot\boldsymbol{i} = -m\omega^2 x \ \Rightarrow$$

$$\ddot{x}+\omega^2 x=0$$

2. 弹簧振子

对水平放置的弹簧振子，有

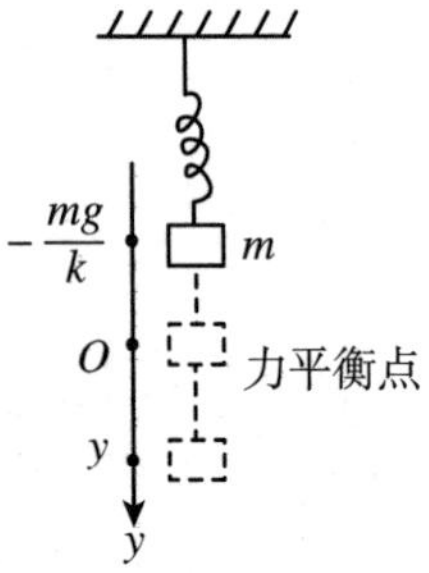

图 7.5

$$m\ddot{x}=F_x=-kx \Rightarrow \begin{cases}\ddot{x}+\omega^2 x=0\\ \omega=\sqrt{\dfrac{k}{m}}\quad\text{（取正）}\end{cases}$$

对竖直悬挂的弹簧振子(见图 7.5)，有

$$m\ddot{y}=F_y=mg-k\left(y+\frac{mg}{k}\right)=-ky \Rightarrow \begin{cases}\ddot{y}+\omega^2 y=0\\ \omega=\sqrt{\dfrac{k}{m}}\end{cases}$$

3. 复摆

对图 7.6 所示的复摆，有

$$-mgl_{OC}\sin\theta=I_0\beta=I_0\ddot{\theta} \Rightarrow \ddot{\theta}+\frac{mgl_{OC}}{I_0}\sin\theta=0$$

由小角度近似 $\sin\theta\approx\theta$ 得

$$\ddot{\theta}+\frac{mgl_{OC}}{I_0}\theta=0 \Rightarrow \begin{cases}\ddot{\theta}+\omega^2\theta=0\\ \omega=\sqrt{\dfrac{mgl_{OC}}{I_0}}\end{cases}$$

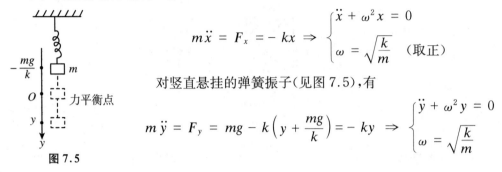

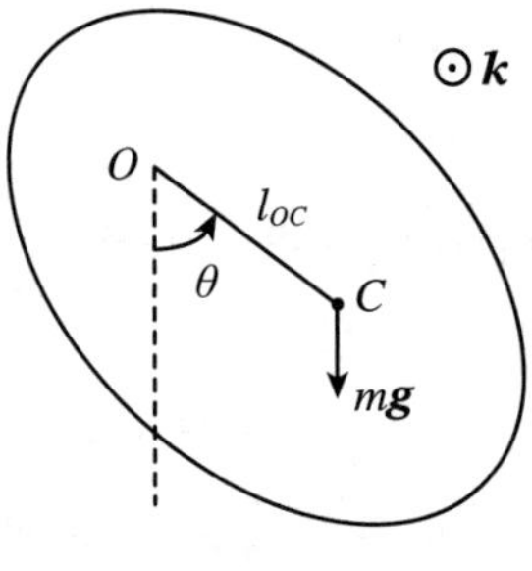

图 7.6

对单摆，有

$$I=ml_{OC}^2,\ l_{OC}=l \Rightarrow \omega=\sqrt{\frac{g}{l}},\ T=2\pi\sqrt{\frac{l}{g}}$$

4. 动力学(微商或微分)方程及其解

方程为 $\ddot{x}+\omega^2x=0$，待求 $x=x(t)$.

不知 $x(t)$ 在二阶微商 $\ddot{x}$ 的运算过程中会丢失哪两个常量，故引入通解：含两个待定常量的 $x=x(t)$.

特解：两个待定常量已被确定的 $x=x(t)$.

常取的通解：$x=A\cos(\omega t+\varphi)$，$A$、$\varphi$ 间接承担两个待定常量.

初条件和 A、φ 的常规确定：

$$t=0\text{ 时}\begin{cases}x=x_0\\ v_x=v_0\end{cases}\Rightarrow\begin{cases}A\cos\varphi=x_0\\ -\omega A\sin\varphi=v_0\end{cases}\Rightarrow\begin{cases}A=\sqrt{x_0^2+\dfrac{v_0^2}{\omega^2}}\ \text{（算术根）}\\ \tan\varphi=-\dfrac{v_0}{\omega x_0}\ \text{（具有象限不定性）}\end{cases}$$

7.3 阻尼振动和受迫振动

7.3.1 阻尼振动

仅限于保守力取线性恢复力，阻尼力取速度线性阻尼力，即

$$F_x = -kx, \quad f_x = -\gamma \dot{x}$$

构成的阻尼振动，则有

$$m\ddot{x} = -kx - \gamma\dot{x} \quad (\gamma > 0, \text{为阻力系数}) \Rightarrow$$

$$\begin{cases} \ddot{x} + 2\beta\dot{x} + \omega_0^2 x = 0 \\ \beta = \gamma/(2m), \omega_0 = \sqrt{k/m} \end{cases} \quad (\beta \text{ 为阻尼系数}, \omega_0 \text{ 为固有角频率})$$

略去数学导出过程，直接给出三类通解：

如图 7.7 所示，过阻尼（$\beta > \omega_0$）：

$$x = e^{-\beta t}(A_1 e^{\sqrt{\beta^2-\omega_0^2}\,t} + A_2 e^{-\sqrt{\beta^2-\omega_0^2}\,t})$$

如图 7.7 所示，临界阻尼（$\beta = \omega_0$）：

$$x = (A_1 + A_2 t)e^{-\beta t}$$

如图 7.8 所示，低阻尼（$\beta < \omega_0$）：

$$x = Ae^{-\beta t}\cos(\omega t + \varphi), \quad \omega = \sqrt{\omega_0^2 - \beta^2}, \quad \text{引入 } T = \frac{2\pi}{\omega}$$

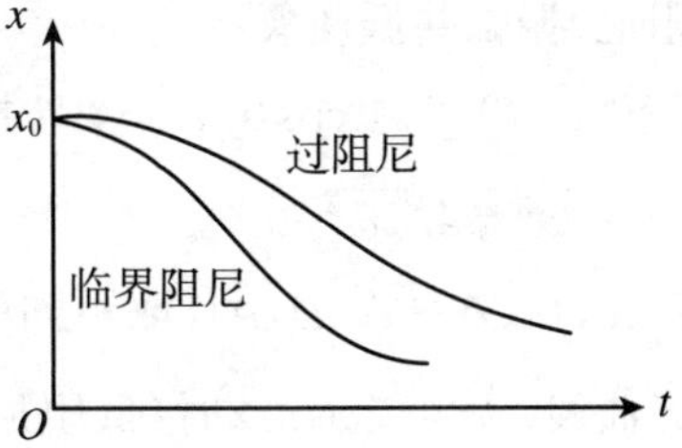

图 7.7

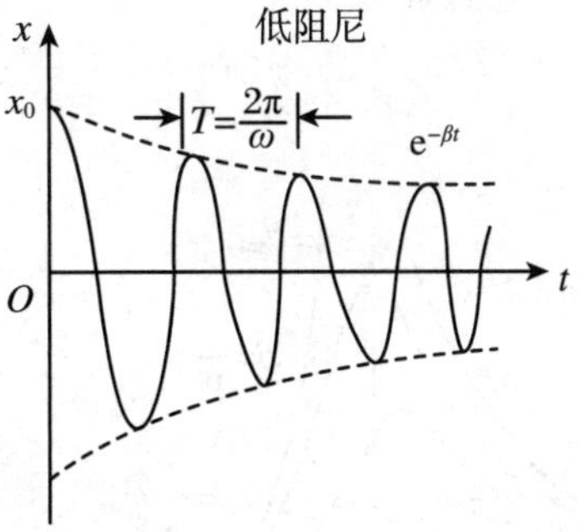

图 7.8

初条件和 A、φ 的确定：

$$t=0\text{时}\begin{cases}x=x_0\\v_x=v_0\end{cases}\Rightarrow\begin{cases}A=\sqrt{x_0^2+\dfrac{(\beta x_0+v_0)^2}{\omega^2}}\\\tan\varphi=-\dfrac{\beta x_0+v_0}{\omega x_0}\end{cases}$$

7.3.2 受迫振动

$$F_x=-kx,\quad f_x=-\gamma\dot{x},\quad F=F_0\cos\omega t$$

$$m\ddot{x}=-kx-\gamma\dot{x}+F_0\cos\omega t\Rightarrow\begin{cases}\ddot{x}+2\beta\dot{x}+\omega_0^2x=f_0\cos\omega t\\\beta=\gamma/(2m),\omega_0=\sqrt{k/m},f_0=F_0/m\end{cases}$$

通解 $x=x(t)$ 含有两个由初条件确定的积分常量.

通解分解为 $\begin{cases}\ddot{x}+2\beta\dot{x}+\omega_0^2x=0\text{ 的通解 }x_0(t)\text{，含有两个待定常量}\\\ddot{x}+2\beta\dot{x}+\omega_0^2x=f_0\cos\omega t\text{ 的一个特殊解 }x^*(t)\text{，不含待定常量}\end{cases}$

即 $x(t)=x_0(t)+x^*(t)$. $x_0(t)$为已有的阻尼通解，$x^*(t)$待寻找.

$x^*(t)$的猜测解：

$$x^*(t)=A\cos(\omega t+\varphi)\Rightarrow\begin{cases}A=f_0/\sqrt{(\omega_0^2-\omega^2)^2+4\beta^2\omega^2}\\\tan\varphi=-2\beta\omega/(\omega_0^2-\omega^2)\end{cases}$$

$x(t)$的暂态解：

$$\beta>\omega_0:x(t)=e^{-\beta t}(A_1e^{\sqrt{\beta^2-\omega_0^2}t}+A_2e^{-\sqrt{\beta^2-\omega_0^2}t})+A\cos(\omega t+\varphi)$$

$$\beta=\omega_0:x(t)=(A_1+A_2t)e^{-\beta t}+A\cos(\omega t+\varphi)$$

$$\beta<\omega_0:x(t)=Ae^{-\beta t}\cos(\sqrt{\omega_0^2-\beta^2}\,t+\varphi_\beta)+A\cos(\omega t+\varphi)$$

$x(t)$的稳态解：

$$x(t)\big|_{t\to\infty}=x^*(t)=A\cos(\omega t+\varphi)$$

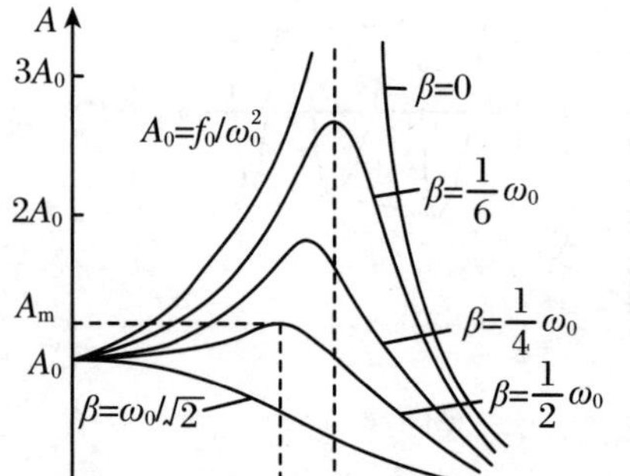

图 7.9

(低阻尼)振幅共振现象：

稳态解 $x(t)=A\cos(\omega t+\varphi)$，振幅 $A=f_0/\sqrt{(\omega_0^2-\omega^2)^2+4\beta^2\omega^2}$.

设定 ω_0、t_0、$A=A(\omega,\beta)$，取不同的 β，绘制 $A=A(\omega)$曲线. 在 $\beta<\omega_0/\sqrt{2}$时(低阻尼$\beta<\omega_0$范围内)，当 $\omega=\omega_r=\sqrt{\omega_0^2-2\beta^2}$时，出现峰值 $A=A_m=f_0/(2\beta\sqrt{\omega_0^2-\beta^2})$，尤其在 $\beta\to0$时，$\omega=\omega_r=\omega_0$时，$A=A_m\to\infty$.

此即为振幅共振现象，如图 7.9 所示.

例1 如图7.10所示，劲度系数为 k 的轻弹簧竖直悬挂着，它的下端通过等长的两根轻软绳连接质量为 M 的平板，平板上方 h 处有一质量也是 M 的小物块．今使系统从弹簧处于自由长度状态、平板和小物块静止开始释放，当平板降落到受力平衡位置时，小物块恰好追上平板并与其粘连．

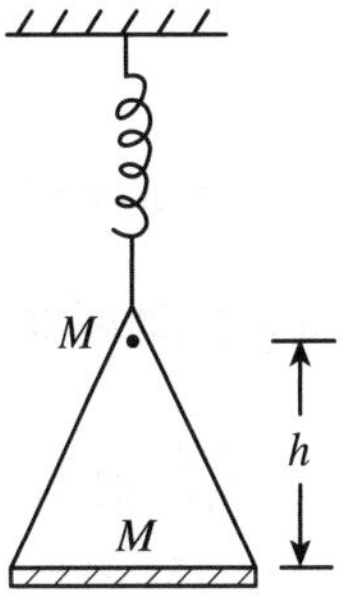

图7.10

(1) 试求 h 以及小物块与平板粘连后的瞬间向下运动的速度 u．

(2) 再问：小物块与平板粘连后，能否形成纯粹的简谐振动（在简谐振动过程中不会有其他形式的运动）？

解 (1) 粘连前平板做简谐振动，下降高度为

$$\Delta l = \frac{Mg}{k}$$

振动角频率和周期分别为

$$\omega = \sqrt{\frac{k}{M}}, \quad T = 2\pi\sqrt{\frac{M}{k}}$$

下降时间便是

$$t = \frac{T}{4} = \frac{\pi}{2}\sqrt{\frac{M}{k}}$$

小物块在此时间内下落高度为 $h+\Delta l=\frac{1}{2}gt^2$，即得

$$h = \left(\frac{\pi^2}{8} - 1\right)\frac{M}{k}g$$

粘连前，平板和小物块的末速度分别为

$$v_{板} = \omega\Delta l = \sqrt{\frac{M}{k}}g, \quad v_{物} = gt = \frac{\pi}{2}\sqrt{\frac{M}{k}}g$$

粘连后瞬间两者下落速度同为

$$u = \frac{1}{2}(v_{板} + v_{物}) = \frac{1}{2}\left(1 + \frac{\pi}{2}\right)\sqrt{\frac{M}{k}}g$$

(2) 粘连后，系统平衡位置下移

$$\Delta l' = \frac{Mg}{k}$$

以此下移位置为原点，设置竖直向下的 y 坐标，再将粘连的时刻定为 $t=0$，便有 $t=0$ 时

$$y_0 = -\Delta l', \quad v_0 = u$$

考虑到新的振动角频率为

$$\omega' = \sqrt{\frac{k}{2M}}$$

即得新振幅为

$$A=\sqrt{y_0^2+\frac{v_0^2}{\omega'^2}}=\sqrt{1+\frac{1}{2}\left(1+\frac{\pi}{2}\right)^2}\,\frac{M}{k}g=2.07\,\frac{Mg}{k}$$

由于绳只能受弹簧的拉力，不能受弹簧的推力，因此弹簧不可处于压缩的形变状态．纯粹的简谐振动要求振幅 A 不可超过粘连体处于力平衡位置时弹簧的伸长量 $2\,\frac{Mg}{k}$，即要求 $A\leqslant 2\,\frac{Mg}{k}$，但事实上 $A=2.07\,\frac{Mg}{k}>2\,\frac{Mg}{k}$，故不能形成纯粹的简谐振动．当粘连体到达力平衡位置上方 $2\,\frac{Mg}{k}$ 时，弹簧处于自由长度状态，轻绳松软，随即弯曲，粘连体开始做上抛运动．

例 2　小球 A、B、B' 在光滑水平面上沿一直线静止放置．A、B 的质量不同，B、B' 的质量相同，B、B' 间有一轻弹簧连接，弹簧处于自由长度状态．设 A 对准 B 匀速运动，弹性碰撞后，接着又可观察到两者间发生一次相遇不相碰事件，试求 A 质量与 B 质量的比值 γ（给出 3 位有效数字）．

分析　相遇指两者位置重合，不相碰意即相对速度为零．如图 7.11 所示，以 A、B 相碰点为坐标原点，沿 A、B、B' 连线方向建立 x 轴，相碰时刻取为 $t=0$．设定 A 的初速度，碰后 x_A-t 和 v_A-t 关系都可写出．碰后 {B，弹簧，B'} 系统质心 C 的运动状态可确定，B 相对 C 做简谐振动，这两种运动叠加便成 B 沿 x 轴的运动，据此写出 x_B-t 和 v_B-t 关系．在相遇不相碰的时刻 t_0，必有 $x_A=x_B$，$v_A=v_B$，可试着从中求出 γ 值．

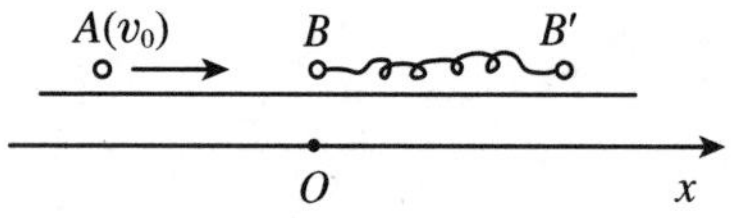

图 7.11

简解　将 B、B' 的质量同记为 m，A 质量便为 γm，再将 A 的初速度记为 v_0．A、B 相碰后，A 的速度记为 v_A，B 的初速度记为 $v_B(0)$，可由方程组

$$\gamma m v_A+m v_B(0)=\gamma m v_0,\quad \frac{1}{2}\gamma m v_A^2+\frac{1}{2}m v_B^2(0)=\frac{1}{2}\gamma m v_0^2$$

解得

$$v_A=\frac{\gamma-1}{\gamma+1}v_0,\quad v_B(0)=\frac{2\gamma}{\gamma+1}v_0$$

按图 7.11 中设置的 x 轴，取碰撞时刻 $t=0$，而后 A 的运动可表述为

$$x_A=\frac{\gamma-1}{\gamma+1}v_0 t,\quad v_A=\frac{\gamma-1}{\gamma+1}v_0$$

碰后，{B，弹簧，B'} 系统质心 C 将做匀速直线运动，速度为

$$v_C=\frac{1}{2}v_B(0)=\frac{\gamma}{\gamma+1}v_0$$

B 沿 x 轴方向相对 C 的初速度为

$$v'_B(0)=v_B(0)-v_C=\frac{1}{2}v_B(0)=\frac{\gamma}{\gamma+1}v_0$$

设弹簧劲度系数为 k，从 B 到 C 一段弹簧的劲度系数便为

$$k' = 2k$$

B 相对 C 所做简谐振动为

$$x'_B = A\cos(\omega t + \varphi), \quad \omega = \sqrt{\frac{k'}{m}} = \sqrt{2\frac{k}{m}}$$

由初条件 $t=0$ 时

$$x'_B(0) = 0, \quad v'_B(0) = \frac{\gamma}{\gamma+1}v_0$$

得

$$A = \frac{\gamma}{\gamma+1}v_0\sqrt{\frac{m}{2k}}, \quad \varphi = -\frac{\pi}{2}$$

现有

$$x'_B = \frac{\gamma}{\gamma+1}v_0\sqrt{\frac{m}{2k}}\sin\sqrt{2\frac{k}{m}}t$$

B 相对水平面沿 x 轴方向的运动便为

$$x_B = x'_B + v_C t = \frac{\gamma}{\gamma+1}v_0\left(\sqrt{\frac{m}{2k}}\sin\sqrt{\frac{2k}{m}}t + t\right)$$

$$\begin{aligned} v_B &= \sqrt{\frac{2k}{m}}\frac{\gamma}{\gamma+1}v_0\sqrt{\frac{m}{2k}}\cos\sqrt{\frac{2k}{m}}t + v_C \\ &= \frac{\gamma}{\gamma+1}v_0\left(\cos\sqrt{\frac{2k}{m}}t + 1\right) \end{aligned}$$

某个 t_0 时刻，A、B 相遇不相碰的条件为

$$x_A(t_0) = x_B(t_0), \quad v_A(t_0) = v_B(t_0)$$

即为

$$\frac{\gamma-1}{\gamma+1}v_0 t_0 = \frac{\gamma}{\gamma+1}v_0\left(\sqrt{\frac{m}{2k}}\sin\sqrt{\frac{2k}{m}}t_0 + t_0\right)$$

$$\frac{\gamma-1}{\gamma+1}v_0 = \frac{\gamma}{\gamma+1}v_0\left(\cos\sqrt{\frac{2k}{m}}t_0 + 1\right)$$

可简化为

$$\left.\begin{aligned} \sin\sqrt{\frac{2k}{m}}t_0 &= -\frac{t_0}{\gamma}\sqrt{\frac{2k}{m}} \\ \cos\sqrt{\frac{2k}{m}}t_0 &= -\frac{1}{\gamma} \end{aligned}\right\} \Rightarrow \sqrt{\frac{2k}{m}}t_0 \text{ 在象限 Ⅲ}$$

或等效为

$$\left(-\frac{1}{\gamma}\right)^2 + \left(-\frac{t_0}{\gamma}\sqrt{\frac{2k}{m}}\right)^2 = 1$$

$$\tan\sqrt{\frac{2k}{m}}t_0 = \sqrt{\frac{2k}{m}}t_0 \qquad \left(\sqrt{\frac{2k}{m}}t_0 \text{ 在象限 Ⅲ}\right)$$

由前一式可得

$$\sqrt{\frac{2k}{m}}t_0 = \sqrt{\gamma^2 - 1}, \quad \frac{3}{2}\pi > \sqrt{\gamma^2 - 1} > \pi$$

代入后一式,得

$$\tan\sqrt{\gamma^2 - 1} = \sqrt{\gamma^2 - 1}, \quad \frac{3}{2}\pi > \sqrt{\gamma^2 - 1} > \pi$$

通过计算器运用二分逼近法,可得

$$\sqrt{\gamma^2 - 1} = 4.494$$

最后算得

$$\gamma = 4.60$$

例 3　卫星轨道的转换(2003 年第四届 APhO 理论试题 1)

在不久的将来,也许我们会参与卫星的发射.从物理的观点来看,这只需应用到简单的力学知识.如图 7.12、图 7.13 所示.

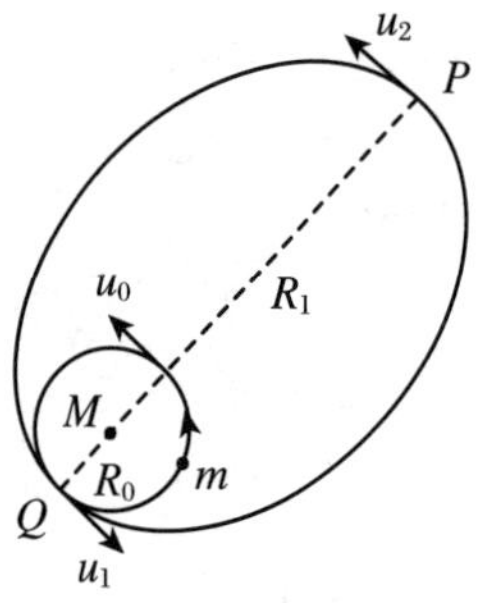

图 7.12

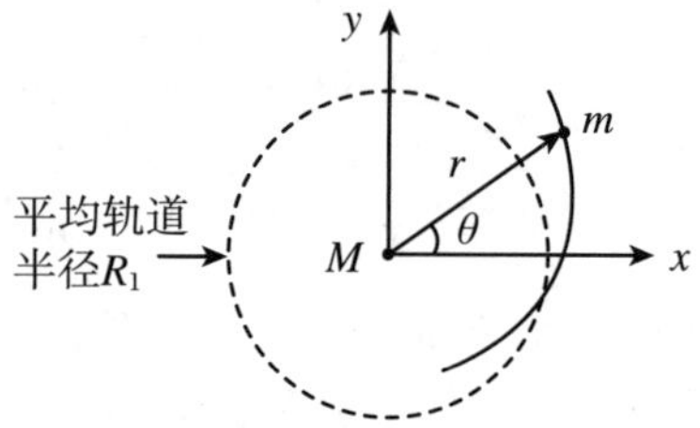

图 7.13

(1) 一质量为 m 的卫星在半径为 R_0 的圆轨道上,环绕地球转动,地球的质量为 M.试求卫星的速度 u_0,以 M、R_0 和万有引力常数 G 表示.

(2) 当卫星在 Q 点时,瞬时地将其速度从 u_0 增加至 u_1,使卫星进入椭圆轨道,它可以到达距地球中心为 R_1 的 P 点.试问速度 u_1 应为何值? 以 u_0、R_0 和 R_1 表示.

(3) 欲使卫星完全脱离地球的束缚,则 u_1 的最小值应为多大? 以 u_0 表示.

(4) 承(2)题,卫星在 P 点的速度 u_2 为多大? 以 u_0、R_0 和 R_1 表示.

(5) 现在,我们要将卫星的轨道在 P 点处,从椭圆轨道改变为半径为 R_1 的圆轨道,则卫星在 P 点处的速度 u_2 必须提高至 u_3,试问 u_3 应为多大? 以 u_2、R_0 和 R_1 表示.

(6) 如果卫星在径向上受到一为时极短的微扰,使其偏离原来半径为 R_1 的完美圆轨道,推导卫星的径向距离 r 偏离平均轨道半径 R_1 的振动周期 T.

(**提示** 若你认为有必要,作答时可使用卫星在轨道上的运动方程式

$$m\left[\frac{\mathrm{d}^2 r}{\mathrm{d}t^2}-r\left(\frac{\mathrm{d}\theta}{\mathrm{d}t}\right)^2\right]=-G\frac{Mm}{r^2}$$

以及角动量守恒方程式

$$mr^2\frac{\mathrm{d}\theta}{\mathrm{d}t}=常数)$$

(7) 大略画出整个受扰动的轨道和原先未受扰动的轨道的形状.

解 (1)

$$\frac{mu_0^2}{R_0}=\frac{GMm}{R_0^2},\quad u_0=\sqrt{\frac{GM}{R_0}}$$

(2) 由角动量守恒定律得

$$mu_1R_0=mu_2R_1$$

由能量守恒定律得

$$\frac{1}{2}mu_2^2-\frac{GMm}{R_1}=\frac{1}{2}mu_1^2-\frac{GMm}{R_0}$$

由以上两式解得

$$\left[\left(\frac{R_0}{R_1}\right)^2-1\right]u_1^2=2GM\left(\frac{1}{R_1}-\frac{1}{R_0}\right)$$

$$\frac{(R_0-R_1)(R_0+R_1)}{R_1^2}u_1^2=2GM\frac{R_0-R_1}{R_0R_1}$$

$$u_1=\sqrt{\frac{GM}{R_0}}\sqrt{\frac{2R_1}{R_1+R_0}}=u_0\sqrt{\frac{2R_1}{R_1+R_0}}$$

(3)

$$\lim_{R_1\to\infty}u_1=\sqrt{2}u_0$$

(4)

$$u_2=u_1\frac{R_0}{R_1}=u_0\frac{\sqrt{2}R_0}{\sqrt{R_1(R_1+R_0)}}$$

(5)

$$u_3=\sqrt{\frac{GM}{R_1}}=\sqrt{\frac{GM}{R_0}}\sqrt{\frac{R_0}{R_1}}=u_0\sqrt{\frac{R_0}{R_1}}$$

$$=\left(u_2\frac{\sqrt{R_1(R_1+R_0)}}{\sqrt{2}R_0}\right)\sqrt{\frac{R_0}{R_1}}=u_2\sqrt{\frac{R_1+R_0}{2R_0}}$$

(6) 联立题中的两式,可得

$$\frac{\mathrm{d}^2 r}{\mathrm{d}t^2}-\frac{C}{mr^3}=-\frac{GM}{r^2}$$

式中 C 为常数.就半径为 R_1 的圆轨道而言,利用上式,可得

$$\frac{C}{m} = GMR_1$$

上述微分方程式可写为

$$\frac{d^2 r}{dt^2} - \frac{GMR_1}{r^3} = -\frac{GM}{r^2}$$

就受微扰的轨道而言，设 $r = R_1 + \eta$，式中 $\eta \ll R_1$，将它代入上式，得

$$\frac{d^2 \eta}{dt^2} - \frac{GMR_1}{R_1^3\left(1+\frac{\eta}{R_1}\right)^3} = -\frac{GM}{R_1^2\left(1+\frac{\eta}{R_1}\right)^2}$$

利用二项式展开，保留 y/R_1 的一次方项，得

$$\frac{d^2 \eta}{dt^2} - \frac{GM}{R_1^2}\left(1-3\frac{\eta}{R_1}\right) \approx -\frac{GM}{R_1^2}\left(1-2\frac{\eta}{R_1}\right), \quad \frac{d^2 \eta}{dt^2} + \frac{GM}{R_1^3}\eta \approx 0$$

上式为简谐运动的方程式，故卫星偏离平均轨道半径 R_1 的振荡频率和周期分别为

$$f = \frac{1}{2\pi}\sqrt{\frac{GM}{R_1^3}}, \quad T = \frac{1}{f} = 2\pi\sqrt{\frac{R_1^3}{GM}}$$

注意此周期和圆轨道的周期相同.

(7) 图 7.14 所示为整个受扰动的轨道和原先未受扰动的轨道形状.

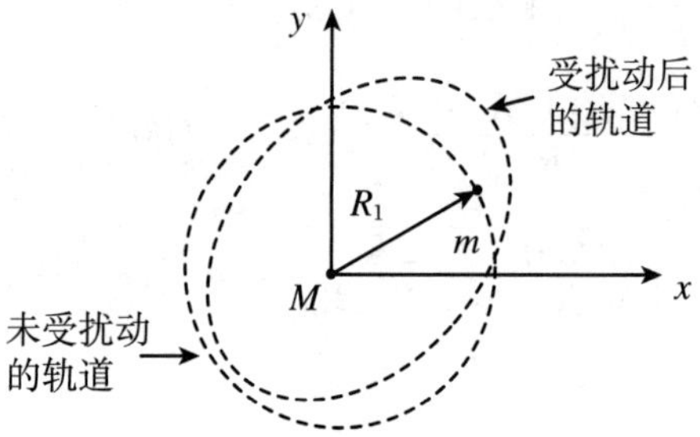

图 7.14

附注

题目已涉及行星的椭圆轨道运动，此种运动中矢径 r 随 t 周期变化，幅角随 t 单调增大，但 $\omega = d\theta/dt$ 也随 t 周期变化，两个周期相同，即为开普勒第三定律给出的椭圆轨道运动周期

$$T = 2\pi\sqrt{\frac{A^3}{GM}} \quad (A\ 为椭圆半长轴)$$

(6)问中行星初始轨道为圆，无论受径向或角向微扰，行星轨道都为稍稍偏离圆轨道的椭圆轨道.(6)问解答给出的是 r 随 t 变化的周期，下面补充 ω 随 t 变化的周期和开普勒第三定律给出的周期.

(1) 微扰下，$\omega = \frac{d\theta}{dt}$ 的"振动"周期

基本方程为

$$mr^2\omega = L \Rightarrow r = \sqrt{\frac{L}{m\omega}} \quad ①$$

$$m\left(\frac{\mathrm{d}^2 r}{\mathrm{d}t^2} - r\omega^2\right) = -G\frac{Mm}{r^2} \Rightarrow \frac{\mathrm{d}^2 r}{\mathrm{d}t^2} - r\omega^2 = -\frac{GMm\omega}{L} \quad ②$$

由①式得

$$\frac{\mathrm{d}r}{\mathrm{d}t} = -\frac{1}{2}\sqrt{\frac{L}{m}}\omega^{-\frac{3}{2}}\dot{\omega}, \quad \frac{\mathrm{d}^2 r}{\mathrm{d}t^2} = -\frac{1}{2}\sqrt{\frac{L}{m}}\left(-\frac{3}{2}\omega^{-\frac{5}{2}}\dot{\omega}^2 + \omega^{-\frac{3}{2}}\ddot{\omega}\right)$$

代入②式,得

$$\frac{3}{4}\omega^{-\frac{5}{2}}\dot{\omega}^2 - \frac{1}{2}\omega^{-\frac{3}{2}}\ddot{\omega} - \omega^{\frac{3}{2}} = -GM\sqrt{\frac{m^3}{L^3}}\omega \quad ③$$

对初态圆运动,有

$$\omega_0 = \sqrt{\frac{GM}{R_1^3}}, \quad L_0 = mR_1^2\omega_0, \quad \frac{m^3}{L_0^3} = \frac{1}{R_1^6\omega_0^3}$$

对径向扰动,有

$$L = L_0, \quad \frac{m^3}{L^3} = \frac{1}{R_1^6\omega_0^3}$$

代入③式,得

$$\frac{3}{4}\omega^{-\frac{5}{2}}\dot{\omega}^2 - \frac{1}{2}\omega^{-\frac{3}{2}}\ddot{\omega} - \omega^{\frac{3}{2}} = -\frac{GM}{R_1^3}\frac{\omega}{\omega_0\sqrt{\omega_0}} = -\omega_0^{\frac{1}{2}}\omega \quad ④$$

引入 Ω:

$$\omega = \omega_0 + \Omega, \quad \dot{\omega} = \dot{\Omega}, \quad \ddot{\omega} = \ddot{\Omega}$$

代入④式,考虑到 Ω/ω_0 为小量,得

$$\frac{3}{4}\omega_0^{-\frac{5}{2}}\left(1 - \frac{5}{2}\frac{\Omega}{\omega_0}\right)\dot{\Omega}^2 - \frac{1}{2}\omega_0^{-\frac{3}{2}}\left(1 - \frac{3}{2}\frac{\Omega}{\omega_0}\right)\ddot{\Omega} - \omega_0^{\frac{3}{2}}\left(1 + \frac{3}{2}\frac{\Omega}{\omega_0}\right) = -\omega_0^{\frac{1}{2}}\omega_0\left(1 + \frac{\Omega}{\omega_0}\right)$$

保留一阶小量,得

$$-\frac{1}{2}\omega_0^{-\frac{3}{2}}\ddot{\Omega} - \omega_0^{\frac{3}{2}} - \frac{3}{2}\omega_0^{\frac{1}{2}}\Omega = -\omega_0^{\frac{3}{2}} - \omega_0^{\frac{1}{2}}\Omega \Rightarrow -\frac{1}{2}\omega_0^{-\frac{3}{2}}\ddot{\Omega} = \frac{1}{2}\omega_0^{\frac{1}{2}}\Omega$$

最后有

$$\ddot{\Omega} + \omega_0^2\Omega = 0$$

可见角速度 ω 在基准值 ω_0 上下简谐振荡,频率和周期分别为

$$f_\omega = \frac{\omega_0}{2\pi}, \quad T_\omega = \frac{1}{f_\omega} = \frac{2\pi}{\omega_0}$$

即为 ω_0 圆轨道运动周期.

(2) 微扰下,开普勒第三定律给出的轨道运动周期

题目提及椭圆轨道,意味着允许学生利用掌握的行星运动轨道知识来解题.微扰下

运动能量增量为小量，不足以使行星进入开放式轨道（抛物线或双曲线轨道），仍为椭圆轨道.其实也只有取椭圆轨道，才有 r 随 t 的周期变化.因此 r 或 ω 随 t 变化的周期即为椭圆轨道运动周期.由开普勒第三定律得

$$T = 2\pi\sqrt{\frac{A^3}{GM}},\quad A \approx R_1$$

例 4 如图 7.15 所示，劲度系数为 k、质量为 m 的均匀水平弹簧一端固定，另一端连接质量为 M 的小物块，小物块和水平地面间无摩擦.令小物块偏离平衡位置 $x=0$ 点，自由释放后便可沿图示的 x 轴振动.在弹簧无形变时，以固定端为原点沿弹簧设置向右的 ζ 坐标，弹簧的另一端 $\zeta=l_0$，其中 l_0 即为弹簧的自由长度.

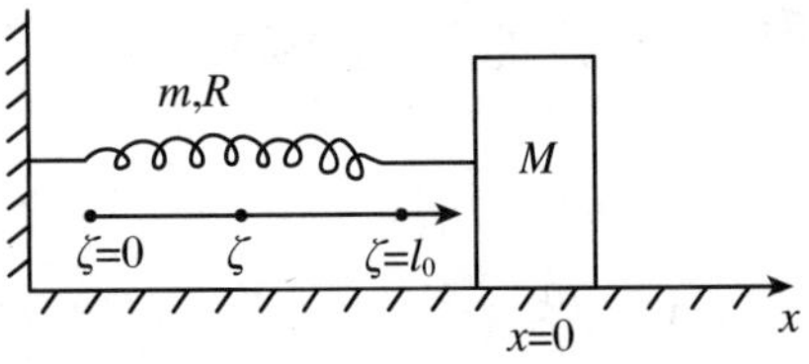

图 7.15

(1) 设小物块振动量为 x 时，弹簧中原 ζ 点的振动量（相对其初始位置的位移量）为 $u(\zeta)=\dfrac{\zeta}{l_0}x$.这一假设也可简单地说成：弹簧各处振动量与小物块振动量成正比（或者说成线性关系）.作此假设后，试求小球振动周期 T.

(2) 上问中 T 可解的关键在于弹簧各处振动量的线性分布假设.

(2.1) 此假设对轻弹簧振子是否成立？

(2.2) 此假设对有质量且质量均匀分布的弹簧振子普遍成立还是近似成立？试给出这一近似的力学分析.

解 (1) 弹簧为原长 l_0 时，在 ζ 邻域取 $\mathrm{d}\zeta$ 段，它的质量为

$$\mathrm{d}m = \frac{m}{l_0}\mathrm{d}\zeta$$

小物块从平衡位置 $x=0$ 点移到 x 时，$\mathrm{d}\zeta$ 弹簧段相对其初始位置的位移量为

$$u(\zeta) = \frac{\zeta}{l_0}x$$

若小物块振动速度为 v，则 $\mathrm{d}\zeta$ 弹簧段的振动速度为

$$\frac{\mathrm{d}u(\zeta)}{\mathrm{d}t} = \frac{\zeta}{l_0}\frac{\mathrm{d}x}{\mathrm{d}t} = \frac{\zeta}{l_0}v$$

具有的动能为

$$\mathrm{d}E_{\mathrm{k},m} = \frac{1}{2}(\mathrm{d}m)\left(\frac{\mathrm{d}u}{\mathrm{d}t}\right)^2 = \frac{1}{2}\frac{m\zeta^2}{l_0^3}v^2\mathrm{d}\zeta$$

整个弹簧的动能便是

$$E_{\mathrm{k},m} = \int_0^{l_0}\mathrm{d}E_{\mathrm{k},m} = \frac{1}{6}mv^2$$

系统总能量为

$$E = \frac{1}{2}Mv^2 + \frac{1}{6}mv^2 + \frac{1}{2}kx^2$$

两边对 t 求导,因 E 为守恒量,可得

$$\ddot{x} + \frac{k}{M + \frac{m}{3}}x = 0$$

小物块振动的角频率和周期分别为

$$\omega = \sqrt{\frac{3k}{3M + m}}, \quad T = 2\pi\sqrt{\frac{3M + m}{3k}}$$

(2.1) 对于质量可忽略的轻弹簧,小物块 t 时刻位移量为 x 时,弹簧整体纵向伸长量($x>0$ 为正的伸长量,$x<0$ 为负的伸长量即压缩量)$\Delta l_0 = x$. 因弹簧各部位质量均为零,整体即处于力平衡状态(相当于热学准静态过程中每一状态均为平衡态),张力 T 处处相同,弹簧左端与墙的作用力大小以及弹簧右端与小物块作用力大小也同为 T. 此时弹簧各处 ζ 的位移量 $u(\zeta)$ 等于从 $\zeta=0$ 到 ζ 段弹簧的整体伸长量 $\Delta l(\zeta)$,因 $\Delta l(\zeta) = \frac{\zeta}{l_0}\Delta l_0 = \frac{\zeta}{l_0}x$,即得

$$u(\zeta) = \frac{\zeta}{l_0}x$$

可见线性假设对轻弹簧而言实非"假设",而是必然的结果.

(2.2) 对质量不可忽略的弹簧,其中各部位质元从静止到运动以及在振动过程中速度的变化源于质元两侧受力不平衡. 每一时刻弹簧的整体力学状态一般均非平衡态,(1)问中弹簧各处振动量的线性分布假设不成立.

有质量弹簧中,小物块振动经弹簧右端通过弹簧内不均匀分布的弹性力往左传播,形成左行波. 左行波遇墙,为简化假设,终会反射成右行波. 右行波到达小物块,又会反射产生左行波. 两端往返反射,设无能量耗散,这些行波反复叠加,最终可在弹簧体内形成稳定的驻波. 驻波各处振幅不同,角频率 ω 处处相同,但可取的 ω 未必唯一.

通过下面的分析可知,当弹簧质量均匀分布,且弹簧质量远小于小物体质量,即 $m \ll M$ 时,形成驻波后,弹簧各处振动量的线性分布假设近似成立,驻波振动角频率一级近似解,即为 $\omega = \sqrt{3k/(3M+m)}$.

分析Ⅰ 匀质弹簧与小物块构成的弹簧振子中的驻波及其对应的角频率驻波方程可表述为

$$\begin{cases} u(\zeta, t) = A\sin\frac{2\pi}{\lambda}\zeta \cdot \cos\omega t \\ \zeta = 0 \text{ 处为波节}, \omega \text{ 为待定的振动角频率}, \lambda \text{ 为波长} \end{cases}$$

将弹簧模型化为截面积为 S、杨氏模量为 E 的均匀柱形弹性体,则有

$$E=\frac{F/S}{\mathrm{d}u/\mathrm{d}\zeta}\Rightarrow E=\frac{k\Delta l_0^*/S}{\Delta l_0^*/l_0}=kl_0/S$$

(注意,此处 Δl_0^* 并非(2.1)所述动态下引入的 $\Delta l_0=x_0$,而是两端受力为 F 时,弹性体处于静态力平衡时的总伸长量.)驻波在 $\zeta=l_0$ 处的边界条件为:弹性体在 $\zeta=l_0$ 处的弹性力为小物块提供振动力,即

$$M\frac{\partial^2 u}{\partial t^2}\bigg|_{\zeta=l_0}=-F(\zeta=l_0)=-ES\frac{\partial u}{\partial \zeta}\bigg|_{\zeta=l_0}=-kl_0\frac{\partial u}{\partial \zeta}\bigg|_{\zeta=l_0}\Rightarrow$$

$$-M\omega^2 A\sin\frac{2\pi}{\lambda}l_0\cos\omega t=-kl_0\frac{2\pi}{\lambda}A\cos\frac{2\pi}{\lambda}l_0\cos\omega t\Rightarrow$$

$$M\omega^2\sin\frac{2\pi}{\lambda}l_0=kl_0\frac{2\pi}{\lambda}\cos\frac{2\pi}{\lambda}l_0$$

即得

$$\tan\frac{2\pi}{\lambda}l_0=\frac{k}{M\omega^2}\frac{2\pi}{\lambda}l_0 \qquad ①$$

弹性体(弹簧)内纵波波速为

$$u=\sqrt{\frac{E}{\rho}}=\sqrt{\frac{kl_0/S}{m/(Sl_0)}}=\sqrt{\frac{k}{m}}l_0$$

与

$$u=\frac{\lambda}{T}=\frac{\lambda}{2\pi}\omega$$

联立,可得

$$\frac{2\pi}{\lambda}l_0=\sqrt{\frac{m}{k}}\omega \qquad ②$$

代入①式,得

$$\tan\sqrt{\frac{m}{k}}\omega=\frac{m}{M}\Big/\left(\sqrt{\frac{m}{k}}\omega\right) \qquad ③$$

由此方程可解得一系列满足驻波解的振动角频率 ω.

分析Ⅱ $m\ll M$ 的 ω 解.

$m\ll M$ 时,取零级近似解,即 $m=0$,物理上对应的解为

$$\omega_0=\sqrt{\frac{k}{M}}$$

此时

$$\sqrt{\frac{m}{k}}\omega_0=\sqrt{\frac{m}{M}}\ll 1$$

再取一级近似,即 $\sqrt{\frac{m}{k}}\omega_1$ 略偏离 $\sqrt{\frac{m}{k}}\omega_0$,但仍有

$$\sqrt{\frac{m}{k}}\omega_1 \ll 1$$

引入参量

$$\alpha = \sqrt{\frac{m}{k}}\omega_1 \ll 1 \Rightarrow \text{泰勒展开取两项}: \tan\sqrt{\frac{m}{k}}\omega_1 = \alpha + \frac{1}{3}\alpha^3$$

代入③式,得

$$\alpha + \frac{1}{3}\alpha^3 = \frac{m}{M}\frac{1}{\alpha} \Rightarrow \alpha^4 + 3\alpha^2 - 3\frac{m}{M} = 0$$

解为

$$\alpha^2 = \frac{1}{2}\left(-3 \pm \sqrt{9 + 12\frac{m}{M}}\right) \xrightarrow{\text{舍去负根}} \alpha^2 = \frac{1}{2}\left[3\left(1 + \frac{4}{3}\frac{m}{M}\right)^{\frac{1}{2}} - 3\right]$$

因

$$\left(1 + \frac{4}{3}\frac{m}{M}\right)^{\frac{1}{2}} = 1 + \frac{1}{2}\cdot\frac{4}{3}\frac{m}{M} - \frac{1}{8}\left(\frac{4}{3}\frac{m}{M}\right)^2 + \cdots \quad \text{(取前三项)}$$

故

$$\alpha^2 = \frac{1}{2}\left[2\frac{m}{M} - \frac{2}{3}\left(\frac{m}{M}\right)^2\right] = \frac{m}{M}\left(1 - \frac{m}{3M}\right) \approx \frac{m}{M}\frac{1}{1 + \frac{m}{3M}} = \frac{m}{M}\frac{3M}{3M + m}$$

得

$$\alpha = \sqrt{\frac{3m}{3M + m}}$$

所以

$$\omega_1 = \sqrt{\frac{k}{m}}\alpha = \sqrt{\frac{3k}{3M + m}} \qquad ④$$

分析Ⅲ $m \ll M$ 时的驻波线性近似.

将④式代入②式,得

$$\lambda = 2\pi l_0\sqrt{\frac{3M + m}{3m}} \gg l_0$$

取相邻两个波节之间的驻波波形,如图 7.16 所示,因 $l_0 \ll \lambda$,弹簧(弹性柱体)中的驻波振幅可近似为线性分布,即可模型化为弹簧各处振动量与小物块振动量成正比(或者说成线性关系).

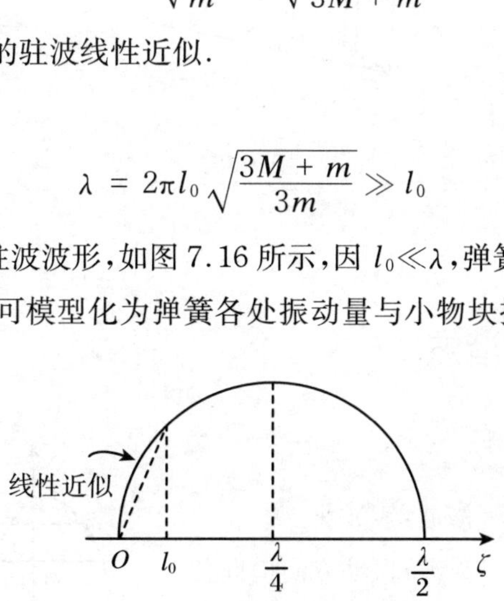

图 7.16

7.4 波　　动

7.4.1 波动现象

波是振动状态传播形成的物理现象.

波源是指波的源头.介质是波传播于其中的物质.

波的分类:

- {机械波, 非机械波}　{简谐波, 非简谐波}　{横波, 纵波}
- {线波, 面波, 空间波(波阵面、波前、波线){平面波, 柱面波(图 7.17), 球面波}}

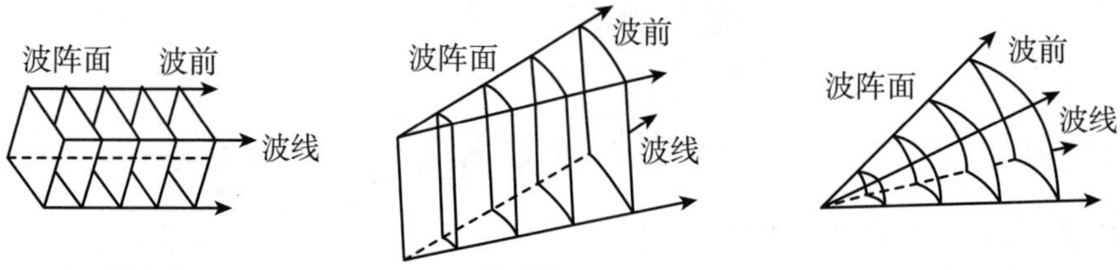

平面波　　柱面波　　球面波

图 7.17

7.4.2 平面简谐波

几何图像(波动图像){横波:线波化; 纵波:振动方向横向化} ⇒

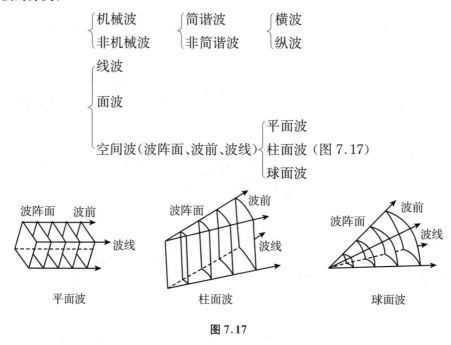

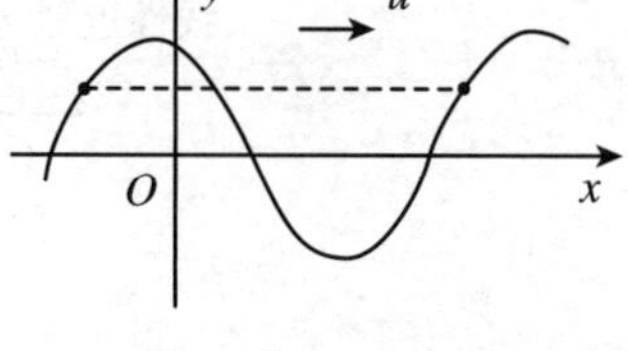

代数表述：

$$\zeta(x,t)=A\cos\left[\omega\left(t\mp\frac{x}{u}\right)+\varphi\right]:\begin{cases}-:右行波\\+:左行波\end{cases}$$

$$\begin{cases}T:波振动随时间流逝而变化的周期\ \Rightarrow\ \omega=2\pi/T\ (时间方面的角频率)\\\lambda:波振动随空间延展而变化的周期\ \Rightarrow\ k=2\pi/\lambda\ (空间方面的角频率(波数))\end{cases}$$

$$\lambda=uT=\frac{2\pi}{\omega}u\Rightarrow\zeta(x,t)=A\cos(\omega t\mp kx+\varphi)\ (波动时空对称性表述)$$

球面简谐波：

$$\zeta(r,t)=A_r\cos\left(\omega t\mp\frac{2\pi}{\lambda}r+\varphi\right),\quad A_r=\frac{r_0}{r}A_0$$

注解

任意空间波可分解为一系列平面简谐波或一系列球面简谐波的叠加.

7.4.3 波的干涉、驻波

波的独立传播现象：若干列相同种类的波在介质中传播时，如果动力学方程是线性方程，那么每一列波的传播不受其他列波的影响.

波的叠加：在波的独立传播现象中，介质中每一点部位的振动是各列波单独传播到该点部位的振动量叠加.

相干波列：同频率、同振动方向、有固定的初相位差的波列.

相干波源：产生相干波列的波源.

波的干涉：相干波列在介质中各处合振动振幅有不随时间变化的空间分布，这一现象称为波的干涉.

两列相干波的叠加(图 7.18)：

$$\begin{cases}\zeta_1=A_1\cos\left(\omega t-\frac{2\pi}{\lambda}r_1+\varphi_1\right)\\\zeta_2=A_2\cos\left(\omega t-\frac{2\pi}{\lambda}r_2+\varphi_2\right)\end{cases}$$

两列球面波均略去振幅随 r 的衰减.

P 点合振动：

$$\zeta=\zeta_1+\zeta_2=A_P\cos(\omega t+\varphi)$$

$$\begin{cases}A_P=\sqrt{A_1^2+A_2^2+2A_1A_2\cos\Delta\varphi}\\\Delta\varphi=\frac{2\pi}{\lambda}(r_2-r_1)+(\varphi_1-\varphi_2)\end{cases}$$

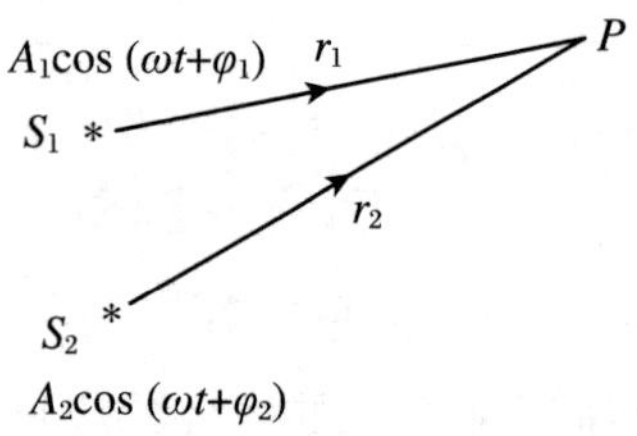

图 7.18

情况Ⅰ：$\varphi_1-\varphi_2$ 不随 t 变化(例如 φ_1、φ_2 固定，或者 φ_1、φ_2 随 t 同步变化)，则 $\Delta\varphi$ 乃至 A_P 的大小仅由 P 点位置(r_2-r_1 值)确定(相干叠加).

情况Ⅱ：$\varphi_1-\varphi_2$ 随 t 变化，则 A_P 大小随 t 变化，时大时小，空间各点振幅平均值可能相同(不相干叠加).

驻波：两列振幅相同的相干平面简谐波分别沿 x 轴正、负方向传播，即

$$\zeta_1 = A\cos\left(\omega t - \frac{2\pi}{\lambda}x + \varphi_1\right), \quad \zeta_2 = A\cos\left(\omega t + \frac{2\pi}{\lambda}x + \varphi_2\right)$$

合振动：

$$\zeta = \zeta_1 + \zeta_2 = 2A\cos\left(\frac{2\pi}{\lambda}x + \frac{\varphi_2-\varphi_1}{2}\right)\cos\left(\omega t + \frac{\varphi_2+\varphi_1}{2}\right)$$

平移 x 轴的坐标原点和时间零点，即引入 x' 和 t'，使得

$$\begin{cases} x' = x + x_0, & \dfrac{2\pi}{\lambda}x_0 = \dfrac{\varphi_2-\varphi_1}{2} \\ t' = t + t_0, & \omega t_0 = \dfrac{\varphi_2+\varphi_1}{2} \end{cases}$$

则有

$$\zeta = 2A\cos\frac{2\pi}{\lambda}x'\cos\omega t'$$

即 x' 轴(与 x 轴重合)上各 x' 点的振动量 ζ 随时间 t' 按 $\cos\omega t'$ 规律同步变化，带有正负号的“振幅”$2A\cos\dfrac{2\pi}{\lambda}x'$ 随空间位置 x' 周期性变化，空间周期为 λ.“振幅”的绝对值即真正意义下的振幅，其空间周期则为 $\lambda/2$.

波腹是指振幅最大处；波节是指振幅为零处.相邻波腹(或波节)间距为 $\lambda/2$.

合成的驻波不再右行或左行，如图 7.19 所示.

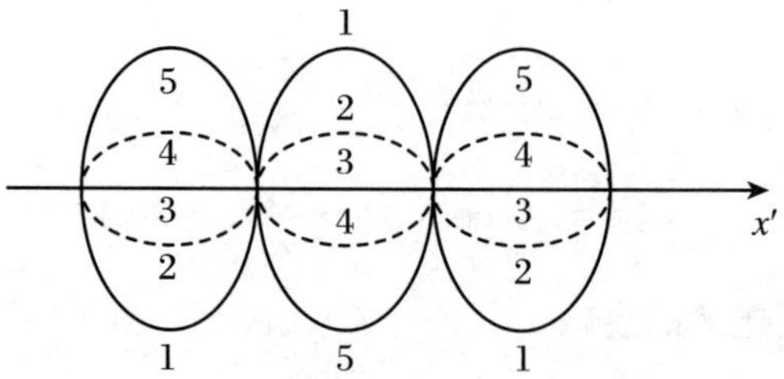

图 7.19

7.4.4 波的衍射、反射和折射

惠更斯原理：波到达的任意点都可以看作新的振动中心，它们均发射球面次波，这些次波的包络面就是新的波阵面.

图 7.20～图 7.23 所示分别为球面波的传播、无限平面波的非衍生传播、有限平面波的非衍生传播和有限平面波的衍生传播.

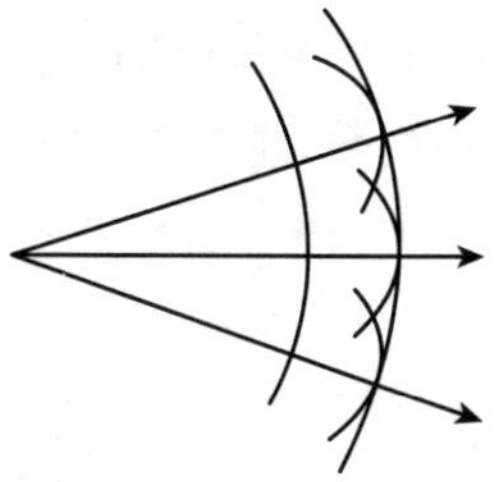

图 7.20

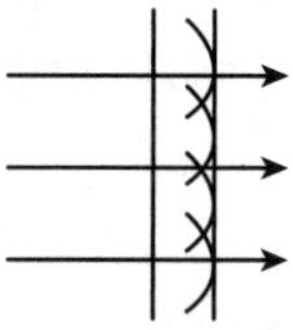

图 7.21

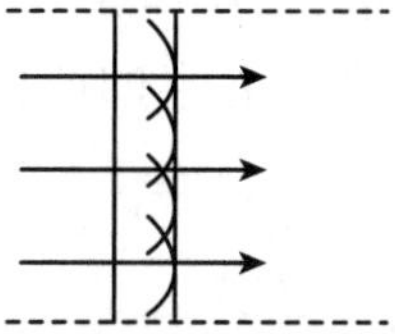

图 7.22

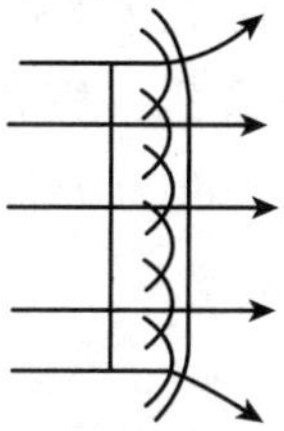

图 7.23

波的折射公式(图 7.24)：

$$\begin{aligned} u_1\Delta t &= BC = AC\sin\theta_1 \\ u_2\Delta t &= AD = AC\sin\theta_2 \end{aligned} \Rightarrow \frac{\sin\theta_2}{\sin\theta_1} = \frac{u_2}{u_1}$$

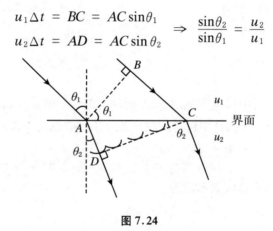

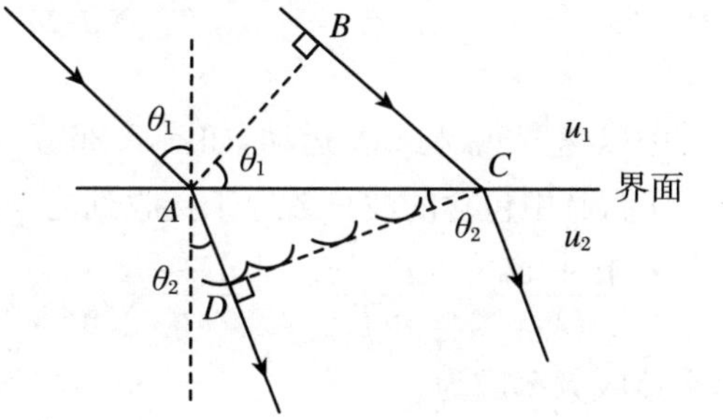

图 7.24

光波：

$$u = \frac{c}{n} \Rightarrow n_2\sin\theta_2 = n_1\sin\theta_1$$

思考

光在高速运动镜面上的反射是怎样的？

7.4.5 多普勒效应

波源发出的振动在介质中传播形成波,波经过的任一位置上的振动都可以被当地的观察者接收.波源的振动频率设为 ν_0,观察者接收到的频率记为 ν,在波源和观察者都相对介质静止的情况下必有 $\nu=\nu_0$.如果波源、观察者相对介质运动,那么一般来说 ν 与 ν_0 不相等,这就是多普勒效应.

先讨论这样的情况,即波源、观察者在它们的连线方向上相对于介质运动.

波源 S、观察者 B 相对介质都静止时,如图 7.25 所示.此时 B 在单位时间内接收到的波列长度为 u(波速),其中包含的波长数等于接收到的全振动次数,也就是 B 的接收频率,故有

$$\nu=\frac{u}{\lambda}$$

将 $\lambda=uT_0=u/\nu_0$ 代入,即得

$$\nu=\nu_0$$

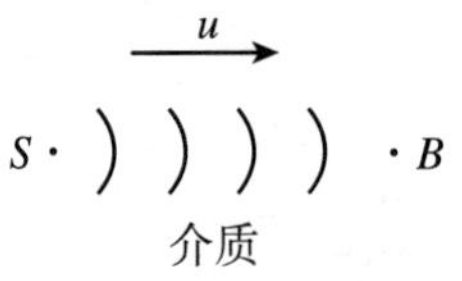

图 7.25

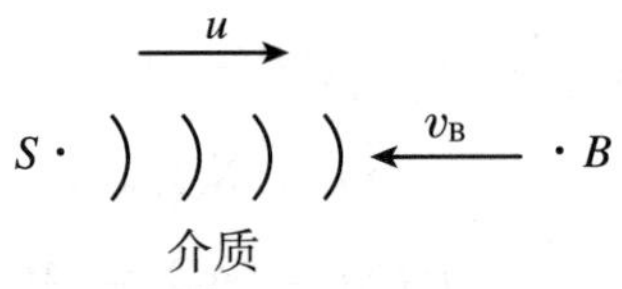

图 7.26

设 S 不动,B 在介质中以速度 v_B 朝着 S 运动,如图 7.26 所示.此时 B 在单位时间内接收到的波列长度为 $u+v_B$,其中包含的波长数等于接收到的全振动次数即 ν,故有

$$\nu=\frac{u+v_B}{\lambda}=\frac{u+v_B}{uT_0}=\frac{u+v_B}{u}\nu_0>\nu_0$$

如果 B 背离 S 运动,那么接收频率应为

$$\nu=\frac{u-v_B}{u}\nu_0<\nu_0$$

此式仅在 $v_B<u$ 时成立,$v_B>u$ 不属于多普勒效应涉及的范围.

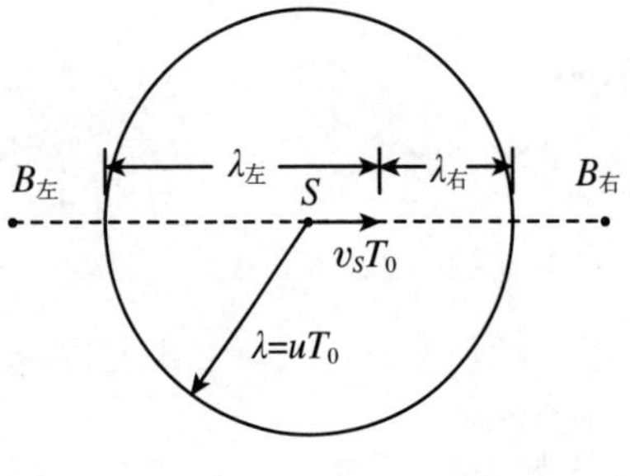

图 7.27

再设 S 运动,B 静止,如图 7.27 所示,$t=0$ 时 S 的振动状态将以球面波形式向四周传播,同时 S 以速度 v_S 开始右行.$t=T_0$ 时刻,S 经位移 v_ST_0 到达新的位置,原来的球面波波前已成为半径是 $\lambda_0=uT_0$ 的球面.$t_0=T_0$ 时刻的振动状态与 $t=0$ 时刻的振动状态相同,因此朝右方向的波长被压缩成

$$\lambda_右=\lambda-v_ST_0=(u-v_S)T_0$$

朝左方向的波长被延展成

$$\lambda_{左} = \lambda + v_S T_0 = (u + v_S) T_0$$

对于右侧静止观察者 $B_{右}$，单位时间内接收到的波列长度仍为 u，接收频率便是

$$\nu_{右} = \frac{u}{\lambda_{右}} = \frac{u}{u - v_S}\nu_0 > \nu_0$$

对于左侧静止观察者 $B_{左}$，接收频率为

$$\nu_{左} = \frac{u}{\lambda_{左}} = \frac{u}{u + v_S}\nu_0 < \nu_0$$

例 1 振动频率为 ν_0 的声波波源 S 静止在地面上方某处，骑车者 B 与 S 等高，两者相距 L. $t = 0$ 开始，B 沿着垂直于此时 S、B 连线方向的匀速度 v 运动，如图 7.28 所示，已知声波在空气中的传播速度为 $u > v$.

(1) 导出 t 时刻 B 的接收频率 $\nu(t)$；

(2) 计算从 $t = 0$ 到 t 时刻期间，B 接收到的全振动次数 $N(t)$.

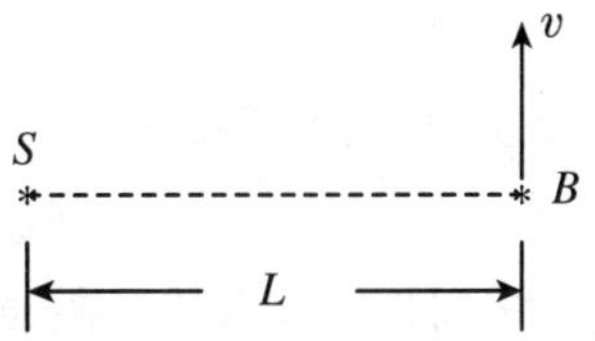

图 7.28

解 (1) 参照图 7.29，有

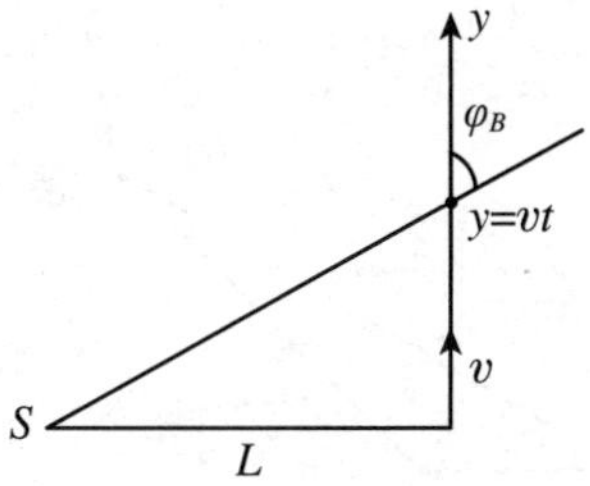

图 7.29

$$\nu(t) = \frac{u - v\cos\varphi_B}{u}\nu_0, \quad \cos\varphi_B = \frac{y}{\sqrt{L^2 + y^2}}, \quad y = vt$$

得

$$\nu(t) = \left(1 - \frac{v}{u}\frac{vt}{\sqrt{L^2 + v^2t^2}}\right)\nu_0$$

(2) *方法 1* $t \to t + \mathrm{d}t$ 接收到的全振动次数为

$$\mathrm{d}N = \nu(t)\mathrm{d}t$$

故

$$N(t) = \int_0^t \left(1 - \frac{v}{u}\frac{vt}{\sqrt{L^2 + v^2t^2}}\right)\nu_0 \mathrm{d}t = \left(t - \frac{\sqrt{L^2 + v^2t^2}}{u}\right)\nu_0$$

方法 2 参照图 7.30，$t = 0$ 时刻过 B 的波阵面 σ_0 在 t 时刻位于图示中新的方位，即得

$$N(t)\lambda = ut - (\sqrt{L^2 + v^2t^2} - L)$$

将 $\lambda = u/\nu_0$ 代入，即得

$$N(t)\frac{u}{\nu_0} = ut - (\sqrt{L^2 + v^2t^2} - L) \Rightarrow$$

$$N(t) = \left(t - \frac{\sqrt{L^2 + v^2t^2} - L}{u}\right)\nu_0$$

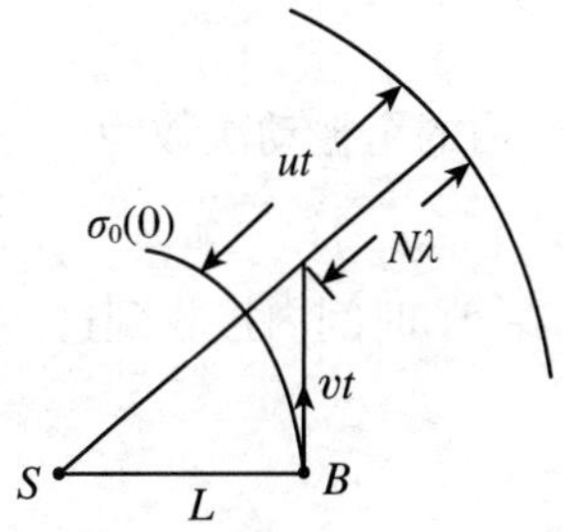

图 7.30

下面通过一个例子介绍经典多普勒效应普适公式.

例 2 一般情况下接收者相对介质的速度$\boldsymbol{v}_B$、波源相对介质的速度$\boldsymbol{v}_S$都未必沿S、B连线的方向，将$\boldsymbol{v}_B$与S、B连线方向的夹角记为φ_B，$\boldsymbol{v}_S$与S、B连线方向的夹角记为φ_S，导出经典多普勒效应的普适公式.

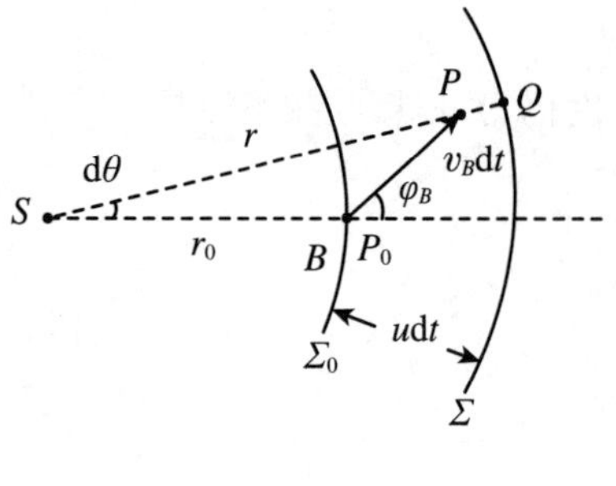

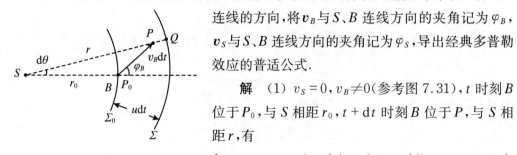

图 7.31

解 (1) $v_S=0, v_B\neq 0$(参考图 7.31)，t 时刻B位于P_0，与S相距r_0，$t+\mathrm{d}t$ 时刻B位于P，与S相距r，有

$$\mathrm{d}r = r - r_0 = (v_B\mathrm{d}t)\cos(\varphi_B - \mathrm{d}\theta) = v_B\cos\varphi_B\mathrm{d}t$$

t 时刻过B_0的波阵面为Σ_0，$t+\mathrm{d}t$ 时刻此波阵面延展成Σ面，两者相距$u\mathrm{d}t$. $\mathrm{d}t$ 时间内扫过B的波列长度为

$$PQ = u\mathrm{d}t - \mathrm{d}r = (u - v_B\cos\varphi_B)\mathrm{d}t$$

这一波列长度包含的全振动次数为

$$\mathrm{d}N = \frac{PQ}{\lambda_0} = \frac{(u - v_B\cos\varphi_B)\mathrm{d}t}{u}\nu_0$$

接收频率便是

$$\nu = \frac{\mathrm{d}N}{\mathrm{d}t} = \frac{u - v_B\cos\varphi_B}{u}\nu_0$$

(2) $v_S\neq 0, v_B=0$(参考图 7.32)，$t=0$ 时刻S的振动状态于t时刻到达B，有

$$r_0 = ut \Rightarrow t = r_0/u$$

设$\mathrm{d}t_0$时刻S的振动状态于$t+\mathrm{d}t$时刻到达B，则有

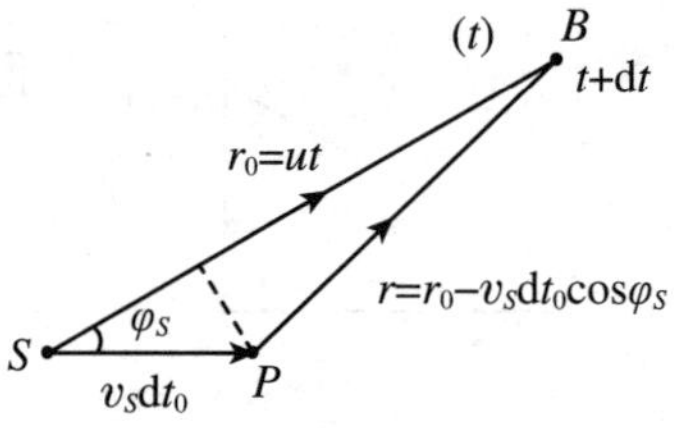

图 7.32

$$t + \mathrm{d}t = \mathrm{d}t_0 + \frac{r}{u} = \mathrm{d}t_0 + \frac{r_0 - v_S\mathrm{d}t_0\cos\varphi_S}{u}$$

$$= \mathrm{d}t_0 + t - \frac{v_S}{u}\cos\varphi_S\mathrm{d}t_0$$

得

$$\mathrm{d}t = \left(1 - \frac{v_S}{u}\cos\varphi_S\right)\mathrm{d}t_0$$

$\mathrm{d}t_0$内的全振动次数为

$$\mathrm{d}N = \mathrm{d}t_0/T_0 = \nu_0\mathrm{d}t_0$$

B在$\mathrm{d}t$时间内接收到这些次数的全振动，故接收频率为

$$\nu = \frac{\mathrm{d}N}{\mathrm{d}t} = \frac{u}{u - v_S\cos\varphi_S}\nu_0$$

(3) $v_S\neq 0, v_B\neq 0$的普适公式：

$$\nu = \frac{uv_B\cos\varphi_B}{u - v_S\cos\varphi_S}\nu_0$$

公式的解释性规定：

① 设 u 为常量；

② ν 应表示为某个 t 时刻 B 的接收频率；

③ v_B 为 t 时刻 B 的速率；

④ 设 t 时刻 B 接收到的波振动由 S 在某个 t_0（$t_0<t$）时刻发出；

⑤ v_S 为 t_0 时刻 S 的速率；

⑥ 从 t_0 时刻 S 所在位置到 t 时刻 B 所在位置引一矢量 $\boldsymbol{r}$，则 φ_B 为 t 时刻 $\boldsymbol{v}_B$ 与 $\boldsymbol{r}$ 的夹角，φ_S 为 t_0 时刻 $\boldsymbol{v}_S$ 与 $\boldsymbol{r}$ 的夹角.

公式的独立推导分两种情况：

情况Ⅰ：参考图 7.33.

$$S: \mathrm{d}N = \nu_0 \mathrm{d}t_0$$

$$B: t = t_0 + \Delta t = t_0 + \frac{r_0}{u}$$

$$\begin{aligned} t + \mathrm{d}t &= t_0 + \mathrm{d}t_0 + \frac{r}{u} \\ &= t_0 + \mathrm{d}t_0 + \frac{r_0}{u} - \frac{v_S\cos\varphi_S}{u}\mathrm{d}t_0 + \frac{v_B\cos\varphi_0}{u}\mathrm{d}t \quad \left(t_0 + \frac{r_0}{u} = t\right) \Rightarrow \end{aligned}$$

$$\mathrm{d}t = \left(1 - \frac{v_S\cos\varphi_S}{u}\right)\mathrm{d}t_0 + \frac{v_B\cos\varphi_B}{u}\mathrm{d}t \quad \Rightarrow$$

$$\mathrm{d}t = \frac{u - v_S\cos\varphi_S}{u - v_B\cos\varphi_B}\mathrm{d}t_0 \quad \Rightarrow$$

$$\nu = \frac{\mathrm{d}N}{\mathrm{d}t} = \frac{u - v_B\cos\varphi_B}{u - v_S\cos\varphi_S}\nu_0$$

情况Ⅱ：参考图 7.34.

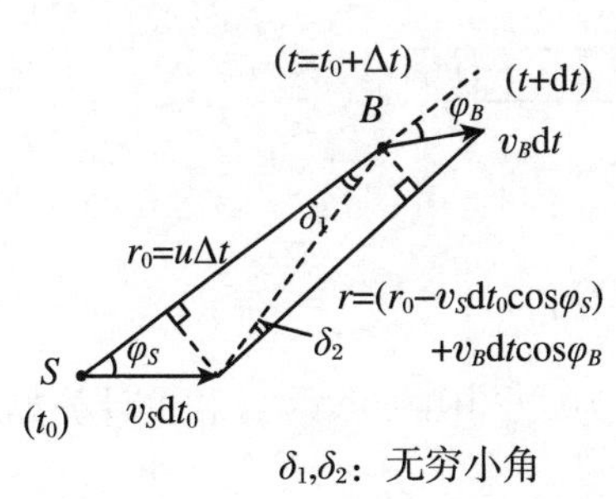

图 7.33

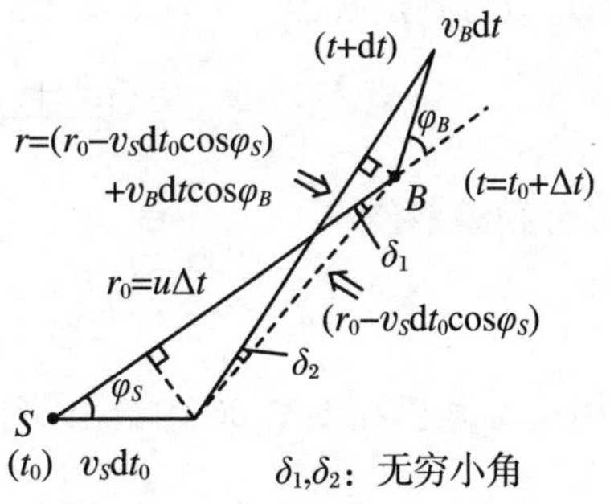

图 7.34

推导同情况Ⅰ.

例 3 两辆汽车 A 与 B 在 $t=0$ 时从十字路口 O 处分别以速度 v_A 和 v_B 沿水平的、相互正交的公路匀速前进，如图 7.35 所示. 汽车 A 持续地以固定的频率 ν_0 鸣笛，求在任意时刻 t 汽车 B 的司机所检测到的笛声频率. 已知空气中声速为 u，且当然有 $u>$

v_A, v_B.

（第22届(2005年)物理竞赛复赛题六）

解　给出两种解法，其一应用多普勒频率公式，其二直接推导.

方法1　应用多普勒频率公式.

t 时刻 B 接收到的声波源自 $t_0<t$ 时刻 A 发出的振动，参照图7.36，有

$$v_A^2t_0^2+v_B^2t^2=u^2(t-t_0)^2$$

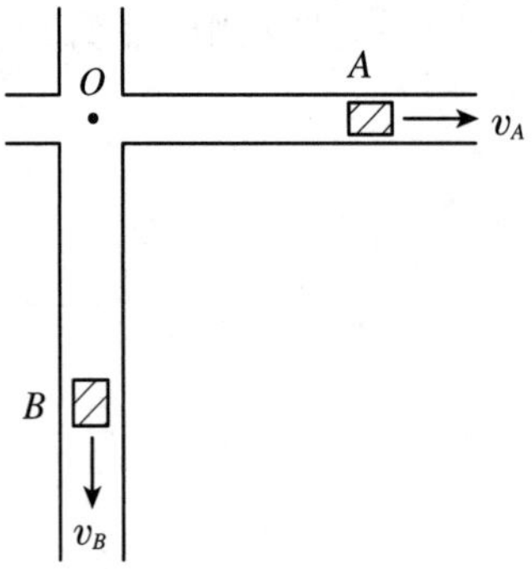

图 7.35

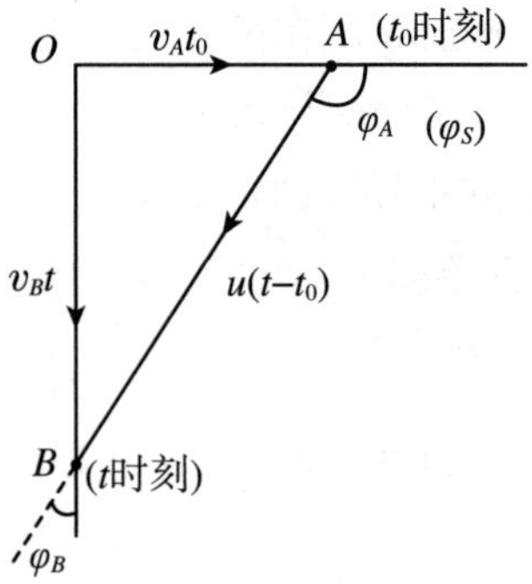

图 7.36

为方便，可将 t 用 t_0 表述，引入

$$x=\frac{t}{t_0}>1$$

得

$$(u^2-v_B^2)x^2-2u^2x+(u^2-v_A^2)=0\ \Rightarrow$$

$$x=\frac{u^2\pm\sqrt{u^2(v_A^2+v_B^2)-v_A^2v_B^2}}{u^2-v_B^2}$$

因 $x>1$，故可判定解为

$$x=\frac{u^2+\sqrt{u^2(v_A^2+v_B^2)-v_A^2v_B^2}}{u^2-v_B^2} \tag{①}$$

多普勒频率公式

$$\nu=\frac{u-v_B\cos\varphi_B}{u-v_S\cos\varphi_S}\nu_0 \tag{②}$$

中的 φ_S、φ_B 均已在图7.36中给出，图中 v_A、φ_A 即为式②中的 v_S、φ_S. 相关计算如下：

$$\cos\varphi_S=\cos\varphi_A=-\frac{v_At_0}{u(t-t_0)}=-\frac{v_A}{u(x-1)}$$

$$x-1=\cdots=\frac{v_B^2+\sqrt{u^2(v_A^2+v_B^2)-v_A^2v_B^2}}{u^2-v_B^2} \tag{③}$$

得

$$\cos\varphi_S=\frac{-v_A(u^2-v_B^2)}{u\left[v_B^2+\sqrt{u^2(v_A^2+v_B^2)-v_A^2v_B^2}\right]} \tag{④}$$

$$\cos\varphi_B=\frac{v_B t}{u(t-t_0)}=\frac{v_B x}{u(x-1)}$$

将①、③式代入,得

$$\cos\varphi_B=\frac{v_B\left[u^2+\sqrt{u^2(v_A^2+v_B^2)-v_A^2v_B^2}\right]}{u\left[v_B^2+\sqrt{u^2(v_A^2+v_B^2)-v_A^2v_B^2}\right]} \quad ⑤$$

将④、⑤式代入②式,得

$$\begin{aligned}\nu&=\frac{(u^2-v_B^2)\sqrt{u^2(v_A^2+v_B^2)-v_A^2v_B^2}\,\nu_0}{u^2\left[v_B^2+\sqrt{u^2(v_A^2+v_B^2)-v_A^2v_B^2}\right]+v_A^2(u^2-v_B^2)}\\&=\frac{(u^2-v_B^2)\sqrt{u^2(v_A^2+v_B^2)-v_A^2v_B^2}\,\nu_0}{(u^2v_B^2+u^2v_A^2-v_A^2v_B^2)+u^2\sqrt{u^2(v_A^2+v_B^2)-v_A^2v_B^2}}\end{aligned} \quad ⑥$$

利用

$$\frac{u^2-v_B^2}{u^2+\sqrt{u^2(v_A^2+v_B^2)-v_A^2v_B^2}}=\frac{u^2-\sqrt{u^2(v_A^2+v_B^2)-v_A^2v_B^2}}{u^2-v_A^2} \quad ⑦$$

可得

$$\begin{aligned}u^2v_B^2+u^2v_A^2-v_A^2v_B^2&=u^4-(u^2-v_B^2)(u^2-v_A^2)\\&=u^4-\left[u^2-\sqrt{u^2(v_A^2+v_B^2)-v_A^2v_B^2}\right]\left[u^2+\sqrt{u^2(v_A^2+v_B^2)-v_A^2v_B^2}\right]\end{aligned}$$

代入⑥式,得 ν 为

$$\frac{(u^2-v_B^2)\sqrt{u^2(v_A^2+v_B^2)-v_A^2v_B^2}\,\nu_0}{u^4-\left[u^2-\sqrt{u^2(v_A^2+v_B^2)-v_A^2v_B^2}\right]\left[u^2+\sqrt{u^2(v_A^2+v_B^2)-v_A^2v_B^2}\right]+u^2\sqrt{u^2(v_A^2+v_B^2)-v_A^2v_B^2}}$$

$\Downarrow$

$$\frac{(u^2-v_B^2)\sqrt{u^2(v_A^2+v_B^2)-v_A^2v_B^2}\,\nu_0}{u^2\left[u^2+\sqrt{u^2(v_A^2+v_B^2)-v_A^2v_B^2}\right]-\left[u^2-\sqrt{u^2(v_A^2+v_B^2)-v_A^2v_B^2}\right]\left[u^2+\sqrt{u^2(v_A^2+v_B^2)-v_A^2v_B^2}\right]}$$

$\Downarrow$

$$\frac{(u^2-v_B^2)\sqrt{u^2(v_A^2+v_B^2)-v_A^2v_B^2}\,\nu_0}{\sqrt{u^2(v_A^2+v_B^2)-v_A^2v_B^2}\left[u^2+\sqrt{u^2(v_A^2+v_B^2)-v_A^2v_B^2}\right]}$$

$\Downarrow$

$$\frac{u^2-v_B^2}{u^2+\sqrt{u^2(v_A^2+v_B^2)-v_A^2v_B^2}}\nu_0 \quad ⑧$$

根据⑦式,也可将接收频率表述为

$$\nu=\frac{u^2-\sqrt{u^2(v_A^2+v_B^2)-v_A^2v_B^2}}{u^2-v_A^2}\nu_0 \quad ⑨$$

方法 2　直接推导.

仍参照图 7.34,仿照方法 1,可得

$$x=\frac{t}{t_0}>1,\quad x=\frac{u^2+\sqrt{u^2(v_A^2+v_B^2)-v_A^2v_B^2}}{u^2-v_B^2}$$

所以

$$t = \frac{u^2 + \sqrt{u^2(v_A^2 + v_B^2) - v_A^2 v_B^2}}{u^2 - v_B^2} t_0 \qquad ⑩$$

波源 A 在 t_0 到 $t_0 + \mathrm{d}t_0$ 时间内发出的振动次数为

$$\mathrm{d}N = \nu_0 \mathrm{d}t_0$$

这些振动次数应在 $t \to t + \mathrm{d}t$ 时间内被 B 接收.其中 t 已由⑩式给出,则

$$t + \mathrm{d}t = \frac{u^2 + \sqrt{u^2(v_A^2 + v_B^2) - v_A^2 v_B^2}}{u^2 - v_B^2}(t_0 + \mathrm{d}t_0)$$

即得

$$\mathrm{d}t = \frac{u^2 + \sqrt{u^2(v_A^2 + v_B^2) - v_A^2 v_B^2}}{u^2 - v_B^2} \mathrm{d}t_0$$

故 B 的接收频率为(结果同⑧式所述)

$$\nu = \frac{\mathrm{d}N}{\mathrm{d}t} = \frac{\mathrm{d}t_0}{\mathrm{d}t}\nu_0 = \frac{u^2 - v_B^2}{u^2 + \sqrt{u^2(v_A^2 + v_B^2) - v_A^2 v_B^2}}\nu_0$$

或如⑨式所述取为

$$\nu = \frac{u^2 - \sqrt{u^2(v_A^2 + v_B^2) - v_A^2 v_B^2}}{u^2 - v_A^2}\nu_0$$

习题及其解答

题　　目

题1　如图1所示，在某竖直平面内有一根长为 $2R$、内壁光滑的水平细直管道 AB，还有一根全长为 $2\sqrt{2}R$、内壁光滑的等腰直角细弯管 ACB. $t=0$ 时刻，小球1以水平初速度 v_0 从直管 A 端朝着 B 端运动，到达 B 端时刻记为 t_1. $t=0$ 时刻，小球2以初速度 v_0 从弯管 A 端朝着 C 点运动，到达 C 处后即朝着 B 端运动，设拐弯处无机械能损耗，到达 B 端时刻记为 t_2. $t=0$ 时刻，小球3从 A 端在该竖直平面内以初速度大小为 v_0、抛射角 $\varphi>0$ 做斜抛运动，其水平射程为 $2R$，到达 B 端的时刻记为 t_3.

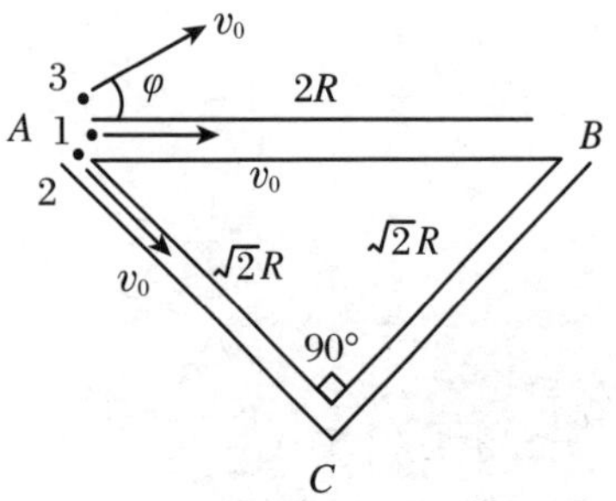

图1

(1) 学生A说，通过定性分析便可知，必定不能找到一个 v_0 和 φ 使得 $t_1=t_2=t_3$. 学生B说，仅仅通过定性分析不可得出上述结论. 请你通过定性分析判定A、B谁说得对.

(2) 再定量讨论 t_1、t_2、t_3 中两个量之间相等的可能性.

(2.1) 通过定量讨论，或者认定可解得某个 v_0(解答中必须导出该 v_0)，使得 $t_1=t_2$；或者认定无论 v_0 取何值均不能使 $t_1=t_2$.

(2.2) 通过定量讨论，或者认定可解得某组(φ, v_0)(解答中必须导出该组 φ、v_0)，使得 $t_2=t_3$；或者认定无论(φ, v_0)取何种组合，均不能使 $t_2=t_3$.

题2　如图2所示，质量为 m 的小球从 A 点以水平速度 $\boldsymbol{v}_0$ 射出，在重力和空气阻力作用下，经一段时间后到达 B 点，速度成为 $\boldsymbol{v}_0'$，其方向与水平方向成 θ 角. 设小球在空气中运动时，所受空气阻力为 $\boldsymbol{f}=-k\boldsymbol{v}$，其中 k 为正的常量，$\boldsymbol{v}$ 为小球速度. 试求：

(1) v_0'；

(2) A、B 间的水平距离 S.

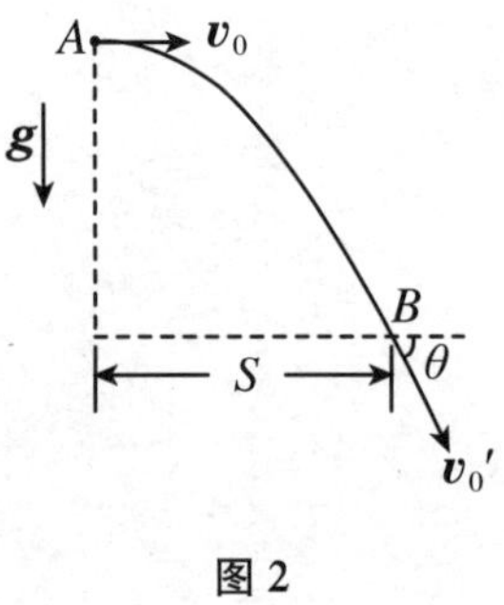

图2

题3　极坐标系方程为 $r=A\sin 2\theta$ 的4叶玫瑰线如图3

所示，试求顶点 P 处的曲率半径 ρ.

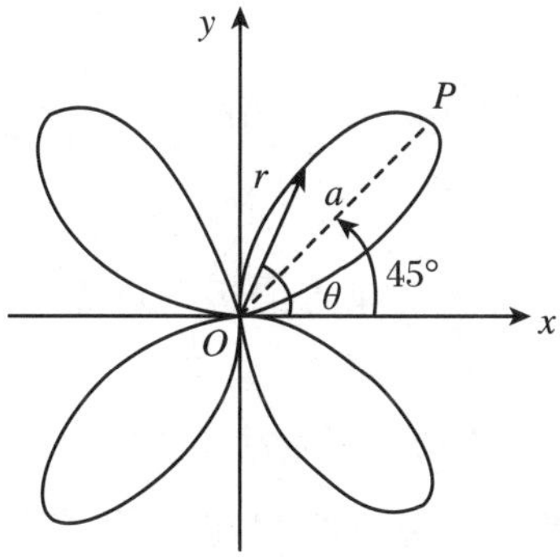

图 3

题 4　已知阿基米德螺线极坐标系方程 $r=a\theta$，a 为正的参量. 试求以 r 为自变量的曲率半径分布函数

$$\rho=\rho(r)$$

题 5　如图 4 所示，$t=0$ 时刻，在水平大桌面上有 6 个小球 A、B、C、D、E、F 分别位于边长为 l 的正六边形 6 个顶点上. 此时开始，A 以恒定的速度大小 u 时时刻刻对准 B 所在位置运动，B 也以恒定的速度大小 u 时时刻刻对准 C 所在位置运动……F 也以恒定的速度大小 u 时时刻刻对准 A 所在位置运动.

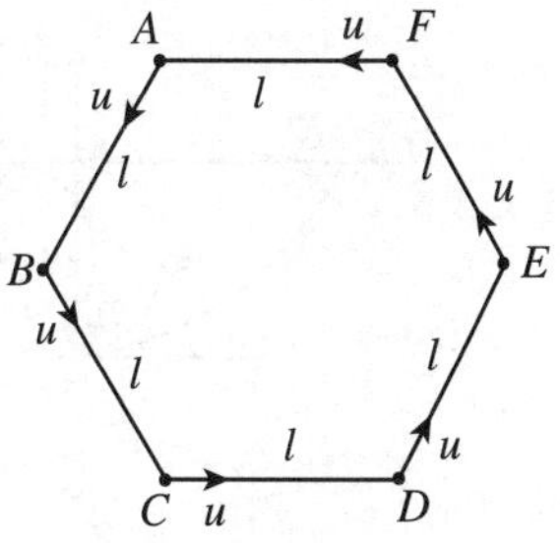

图 4

(1) 试求 6 个小球相聚时刻 t_e.

(2) 试求某个 $t_e>t>0$ 时刻，A 球相对桌面运动轨道的曲率半径 $\rho(t)$.

(3) 再求该 $t_e>t>0$ 时刻，A 球相对 B 球运动轨道的曲率半径 $\rho'(t)$.

题 6　将一天的时间记为 t_0，地面上的重力加速度记为 g，地球半径记为 R_e.

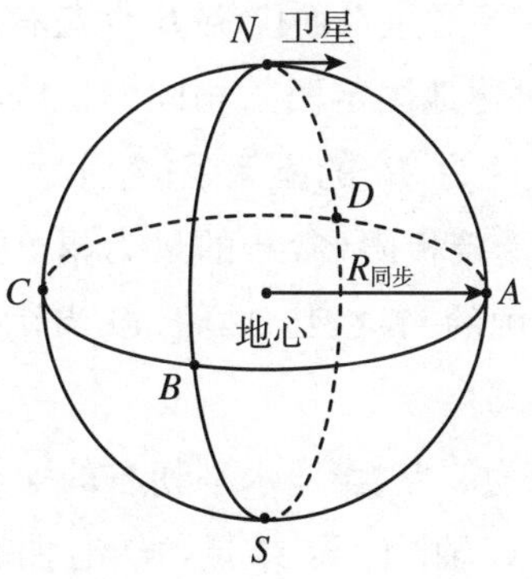

图 5

(1) 试求人造地球同步卫星到地球中心的距离 $R_{同步}$.

(2) 如图 5 所示，在地球表面上空设置一个半径为 $R_{同步}$、相对地球不动且与地球同心的空间球面. N 是该球面的“北极”(N 在地球北极的正上方)，S 是它的“南极”，$NASC$ 和 $NBSD$ 是它的两个正交的“经线”圆，$ABCD$ 是它的“赤道”圆. 在此球面上运行的一颗人造卫星某时刻位于 N 处，速度沿着 $NASC$ 圆的切线朝右方向. 试在此球面上定性但清晰地画出卫星在一个运动周期内的轨道；再将轨道合理地分段，按时间顺序依次用数字1,2,…标记；最后求出轨道长度 L.

$\left(\text{数学参考公式：}\int_0^{\frac{\pi}{2}}\sqrt{1+\sin^2\theta}\,d\theta = 1.9101\cdots.\right)$

题7 等时摆.

圆环沿直线轨道纯滚动时，环上一个点的运动轨迹线称为摆线，也称为滚轮线或旋轮线.

(1) 半径为 R 的圆环在水平直线轨道 MN 下方贴着 MN 纯滚动，环上 P 点运动所得摆线如图6所示. 以摆线最低点为坐标原点 O，设置水平朝右的 x 轴和竖直向上的 y 轴. P 在 O 处时，P 相对环心 C 的矢径 $\overrightarrow{CP}$ 竖直向下，矢径 $\overrightarrow{CP}$ 转过 θ 角时，P 点所处摆线的点位置记为 A，坐标记为 (x,y)，此时圆环与 MN 切点记为 Q，引入 P 点相对 Q 点的瞬时位矢 $\overrightarrow{QP}$.

(1.1) 写出 x-θ、y-θ 关系式，用文字表述摆线在 A 处的切线方向.

(1.2) 计算从 O 点到 A 点的一段摆线长度 S_{Ox}，进而写出摆线的总长度 L.

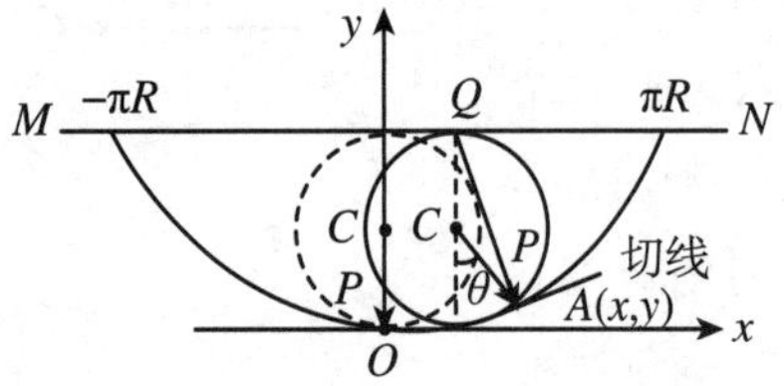

图6

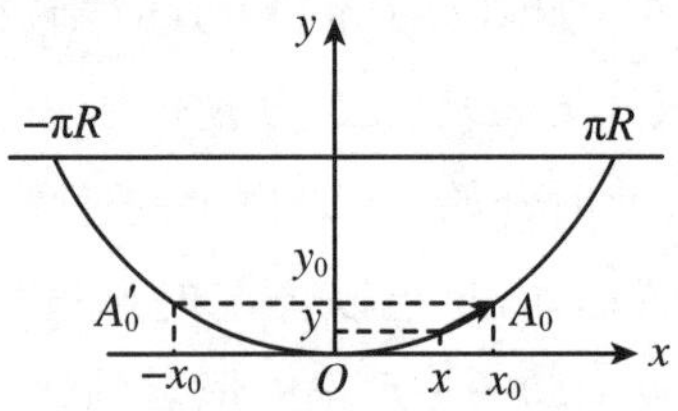

图7

(1.3) 如图7所示，在摆线中取定某个点 $A_0(x_0,y_0)$，其对称点记为 $A_0'(-x_0,y_0)$，将摆线设成无摩擦的轨道，令质点在 A_0' 到 A_0 的一段轨道中往返运动，试求摆动周期 T，如果 T 与 x_0 无关，表明这样的摆是等时摆.

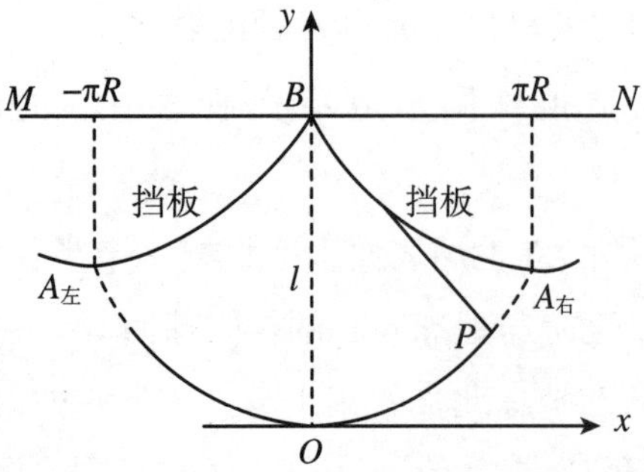

图8

(2) 长 $4R$ 的轻线上端固定于 B 点，下端连接摆球 P，可在某竖直平面内绕 B 点左右摆动. 摆动平面内对称地固定两条相同的摆线状挡板，摆线由半径为 R 的圆环贴着水平线 MBN 纯滚而成. 受挡板限制，P 的最大幅度运动轨道即为图8中的 $A_{左}OA_{右}$ 曲线，O 为轨道最低点.

(2.1) 以 O 为原点，设置水平朝右的 x 轴和竖直向上的 y 轴. 自设参量，导出曲线 $A_{左}OA_{右}$ 相应的参量方程，以便能清楚地确认该曲线是否也为摆线.

(2.2) 规定摆球 P 可在曲线 $A_{左}OA_{右}$ 中任何一点从静止释放，形成幅度互异的摆动，试证所有摆动周期相同，即仍是一个等时摆.

题 8　运动学.

如图 9 所示，在光滑的水平面上设置 Oxy 坐标系，质点 A 静止在 y 坐标轴上 $y=L>0$ 处，质点 B 在 x 轴上运动. 设 $t=0$ 时刻 B 位于坐标原点 O，具有 x 轴方向的速度 $\boldsymbol{v}_0$. 从此时刻开始，B 在每一时刻都可以获得一个大小为恒量 a、方向可随时随意选取的加速度 $\boldsymbol{a}$，使得 B 可在最短的时间内与 A 相遇，将相遇时刻记为 t_e.

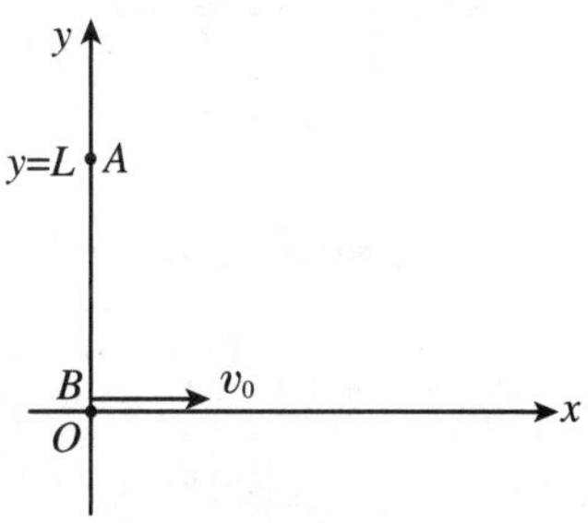

图 9

(1) 试求 t_e，并论证你的解答符合题目中"最短的时间"要求；

(2) 定性正确地画出 B 在 Oxy 平面上的运动轨道，定量导出轨道方程 $x=x(y)$.

(本题取自《俄罗斯中学物理竞赛试题精编》，南京师范大学出版社，2009 年，P21，题 91，题目与题解均有改动.)

题 9　系统如图 10 所示，绳与滑轮间无摩擦，A 与水平桌面间的摩擦因数记为 μ，绳的质量可略，开始时 A、B 静止. 右侧水平绳段被剪断后瞬间，试求此物块 A 的左向加速度 a_A.

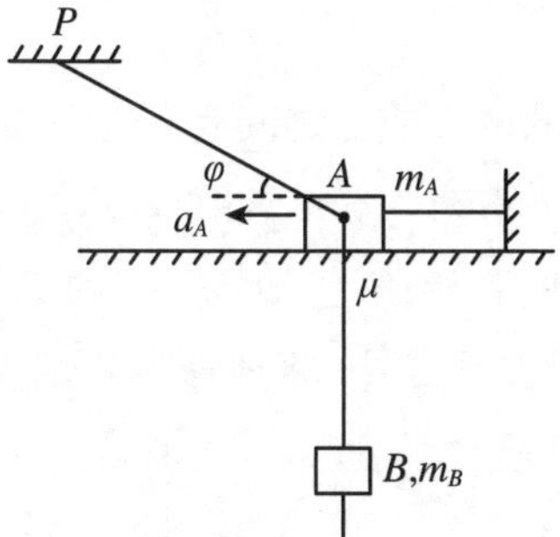

图 10

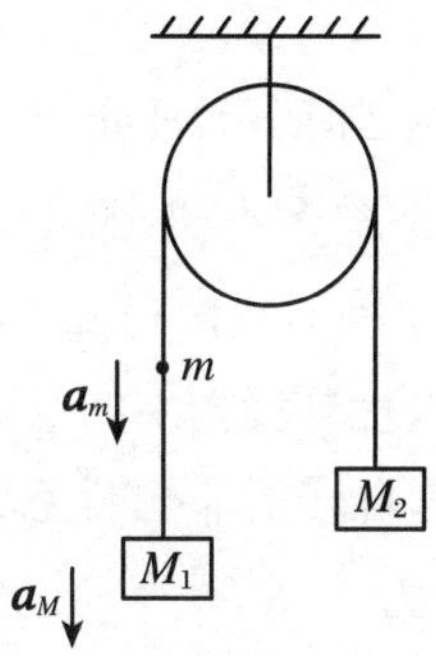

图 11

题 10　系统如图 11 所示，绳与固定滑轮间光滑接触，绳不可伸长，质量可略. 质量为 m 的小孔环套在绳的左侧，两者间的最大静摩擦力和滑动摩擦力同为常量 $f_0<mg$. 绳的左、右两端所挂物体的质量分别为 M_1 和 M_2. 系统从静止开始释放，将小孔环加速度记为 $\boldsymbol{a}_m$ 矢量，M_1 物体的加速度记为 $\boldsymbol{a}_M$ 矢量，试求解所有可能的 $\boldsymbol{a}_m$、$\boldsymbol{a}_M$ 的方向和大小，注意图中所画的 $\boldsymbol{a}_m$、$\boldsymbol{a}_M$ 一对可能的方向仅起示意作用.

题 11　如图 12 所示，按阿基米德螺线方程 $r=r_0\theta/\pi$ 设置的水平固定细长管道，内壁光滑. 质量为 m 的小球在管道内以 $\boldsymbol{v}_0$ 速度从 $r=0$，$\theta=0$ 位置开始运动，直到 $\theta=2k\pi$

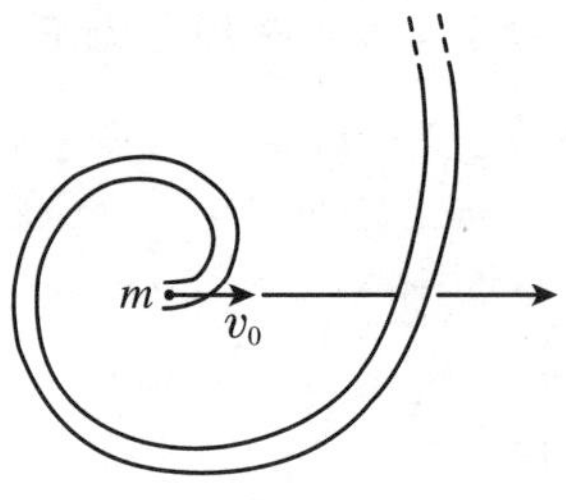

图 12

$(k=1,2,3,\cdots)$为止.将小球在运动过程中受的管壁弹力的大小记为 N,试求在全过程时间段内 N 的平均值 $\overline{N}$.再给出 k 很大时 $\overline{N}$ 的近似表达式.

积分参考公式:

$$\int \sqrt{a^2+x^2}\,\mathrm{d}x$$

$$=\frac{x}{2}\sqrt{a^2+x^2}+\frac{a^2}{2}\ln(x+\sqrt{a^2+x^2})+C$$

题 12 如图 13 所示,在静止的车厢内有一个幅角为 $\theta(90°>\theta>0)$的圆锥摆,当摆球处于图中最左位置时车厢开始以加速度 a 朝右做水平匀加速运动.试问摆球相对车厢能否恰好从此时刻开始以某 $\theta'(90°>\theta'>0°)$为摆角做圆锥摆运动?

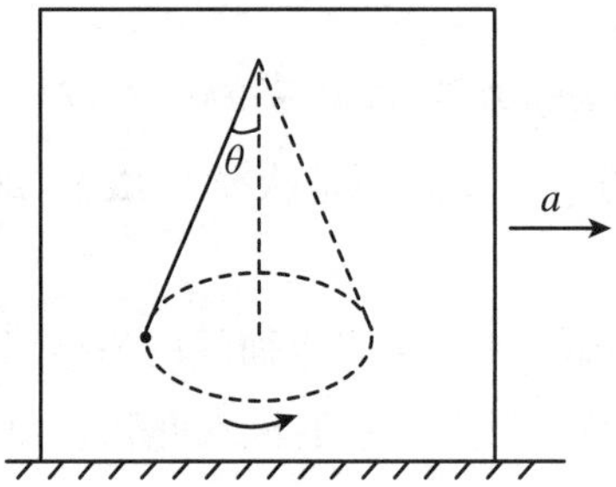

图 13

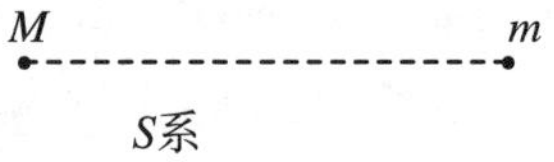

图 14

题 13 如图 14 所示,质量分别为 M、m 的两个质点之间有万有引力相互作用,初态时,两者相对惯性系 S 不动,彼此分离.若令 M 不动,将 m 自由释放,经 T_0 时间 m 与 M 相遇;改令 M、m 同时自由释放,设经时间 T 两者相遇.已知 M、m 和 T_0,试求 T.

题 14 略去地球绕太阳的运动,在太空惯性系 S 中,将地球参考系 S'近似处理为绕着其南北轴匀速自转的非惯性系.如图 15 所示,以北极为原点,为 S、S'系分别设置水平的 Oxy、$O'x'y'$坐标平面.S 系中长摆线、小摆角的傅科摆摆球的运动近似为沿 x 轴的水平简谐振动.振动角频率记为 Ω,只讨论前半个振动周期,则有 $x=A\sin\Omega t$,A 为振幅,$t=0$ 时 $x=0$,取 $x\geqslant 0$.

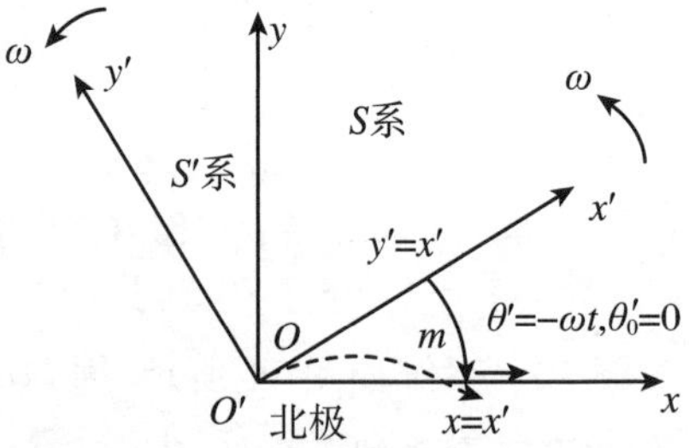

图 15

在 S'系的极坐标系中,摆球不仅有沿 x'的径向运动,还有图中用转角 θ'表示的角向运动,其部分轨道如图中虚线所示.将摆球在 S'系中运动的加速度记为$\boldsymbol{a}'$,受力记为$\boldsymbol{F}'$,试导出

$$\boldsymbol{F}'=m\boldsymbol{a}'\quad(m\text{ 为摆球的质量})$$

题 15 一艘停泊在赤道无风处的小船,由于起锚,船产生了运动.略去锚的水平运

动，锚的运动可以分成匀加速、匀速、匀减速3个阶段：假定 $t=0$ 时起，锚开始从静止以加速度 a 做匀加速运动，直到达到速度 v_0；然后锚保持匀速 v_0 运动了距离 s；接着以加速度 $-a$ 运动直到静止. 船和锚的质量分别为 M 和 m，忽略水对船的阻力，忽略牵引锚的铁链的质量.

(1) 船将向什么方向运动？为什么？

(2) 求锚运动的3个阶段对应的时间区间及这3个区间内锚的速度 v 随时间 t 变化的关系式.

(3) 求船运动的加速度 a_b 随时间 t 变化的关系式.

(4) 求在锚的匀速运动阶段船的速度 u 随时间 t 变化的关系式.

(5) 求锚的匀速运动阶段结束时船的速度 u_f.

题16 不考虑重力作用，一根自由长度为 L_0、质量为 M、劲度系数为 k 的均匀弹性绳以角速度 ω 绕着过其端点 O、与绳长方向垂直的轴以伸直的状态稳定地匀速旋转，如图16所示.

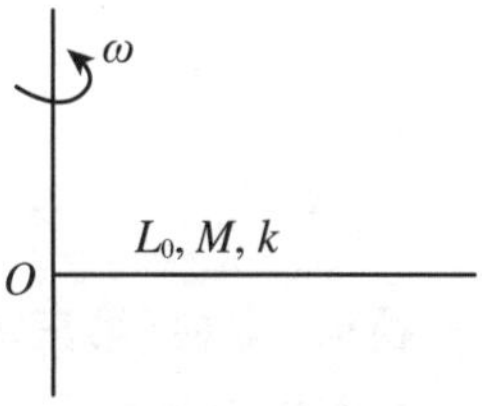

图 16

(1) 试求旋转状态中的绳长 L.

(2) 确定 ω 的取值范围.

（北京大学物理学院学生张涌良编.）

题16′ 题目同题16，但删去题16中的(2)问.(成都七中(2012年)高二学生李博翰解答.）

题17 (1) 将质量同为 m，编号依次为 $0,1,2,\cdots,N$ 的 $N+1$ 个小球用不可伸长的轻细绳连接，相邻两个小球间的直绳段长度相同，相邻两条直绳段之间的夹角同为 θ_0. 将整个系统静放在光滑的水平桌面上，几何上构成一条圆内接的长凸折线段，如图17(a)所示，共计 N 条小直绳段，编号 $1,2,\cdots,N$ 也已在图(a)中示出. 今在小球 N 上沿着第 N 条小直绳段方向，在极短时间内施加冲量 $\boldsymbol{I}$，将该冲量作用后瞬间第 $i(i=0,1,2,\cdots,N-1)$ 个小球的速度记为 $\boldsymbol{v}_i$，试求 $\boldsymbol{v}_i$ 沿外接圆切线方向的分量 $v_{i\tau}$ 和指向圆心方向的分量 v_{in}.

(2) 如图17(b)所示，在光滑的水平桌面上静放着一段质量线密度为常量 λ 的软细链条 AB，它被弯曲成半径为 R、张角为 φ 的圆弧状. 链条不可伸长，但可自由弯曲，链条各处角位置记为 θ. 今在链条 B 端沿圆弧切线方向，在极短时间内施加冲量 $\boldsymbol{I}$.

(2.1) 试求该冲量作用后瞬间 θ 角位置处链条微元获得的速度矢量 $\boldsymbol{v}(\theta)$.

(2.2) 试将图(a)中 θ_0 取为小量，使其与图(b)中 φ、θ 有下述关联：

$$\theta_0 = \frac{\varphi}{N}\bigg|_{N\to\infty},\quad \theta = \theta_i = i\theta_0 = \frac{i}{N}\varphi \Rightarrow i = \frac{N}{\varphi}\theta$$

取(1)问所得 $I_i(\theta)$，即 $I(\theta_i)$ 表达式，在 $N\to\infty$ 极限意义下导得(2.1)问所得 $I(\theta)$ 表达式.

数学参考公式：

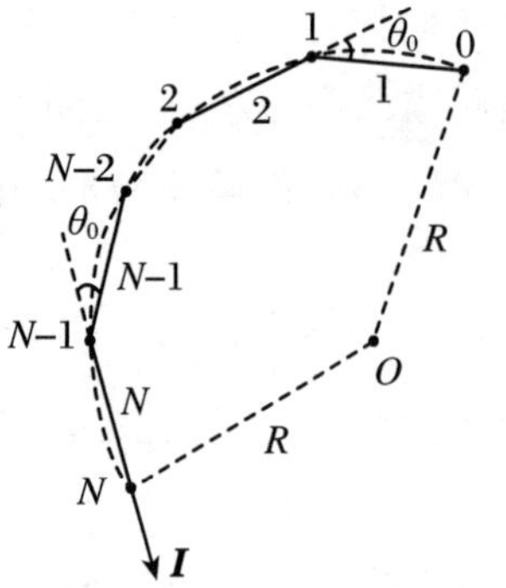

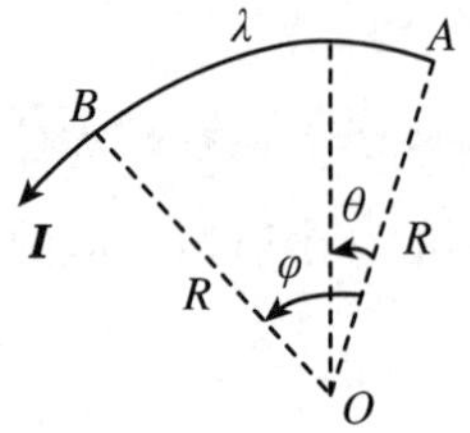

图 17

$$(1+\mathrm{d}x)^{\frac{1}{\mathrm{d}x}}=\mathrm{e},\quad \left(1+\frac{\varphi}{N}\right)^{\frac{N}{\varphi}}\Bigg|_{N\to\infty}=\mathrm{e}$$

（北京大学物理学院 2013 级陈博，舒幼生编）

题 18 牛顿第三定律：一对作用力、反作用力必为径向力.

两个质点之间一对作用力、反作用力做功之和仅由两个质点之间径向的相对位移确定，因此在任何参考系（惯性系或非惯性系）中有相同量值.

刚性质点系内力做功之和在任何参考系中均为零，因为任何两个质点之间的径向相对位移均为零.

不可伸长的细绳伸直时，内部张力做功之和在任何参考系中均为零，因为细绳中每一个无限小绳段（质元）因不可伸长而可模型化为质点，它们之间的相互作用力（张力）为接触力（零距离相互作用力），且其间的径向相对位移为零.

（1）可伸长的细绳伸直时，内部张力做功之和为何可以不为零？

（2）宏观物体之间的摩擦力也是接触力，为何做功之和可以不为零？

题 19 静止于太空惯性系 S 的飞船，主体质量为 M_0，携带的燃料质量为 M_R，某时刻发动机点火使飞船开始沿直线方向朝前加速运动. 已知单位时间燃烧的燃料质量为 m. 燃料全部生成物的喷射速度（生成物相对飞船的朝后速度）为常量 u. 在点火到燃料烧尽的全过程中，试求：

（1）飞船加速度的最小值 $a_{\min}$ 和最大值 $a_{\max}$；

（2）飞船末速度 v_e；

（3）初始时刻飞船发动机提供的功率（单位时间燃料在燃烧过程中释放的内能，即单位时间内系统动能的增量）P_i 和全过程时间的平均功率 $\overline{P}$；

（4）发射效率（飞船最终获得的动能占发动机释放的全部燃料内能之比）η；

（5）$\alpha=M_R/M_0$ 为何值（给出 1 位有效数字）时，η 取得极大值.

题 20 如图 18 所示，质量为 M、长 L 的均匀软绳绝大部分伸直地沿着与桌面直角侧棱(拐弯处有很小的圆弧)垂直的方向平放在水平桌面上,仅有很少一部分悬挂在桌面外.而后,绳从静止开始下滑,为使绳能滑到图中虚直线所示状态,在桌子外侧固定一个拐弯处有很小圆弧的直角挡板,与绳的间距非常小.设系统处处无摩擦,桌子侧棱或挡板拐弯处给绳的法向支持力统一用图中虚线箭矢 $\boldsymbol{N}$ 表示,$\boldsymbol{N}$ 可以朝右上方,也可以朝左下方.$\boldsymbol{N}$ 的水平、竖直分量 $N_{/\!/}$、$N_{\perp}$ 也可因此带有正负号,例如 $N_{/\!/}>0$ 表示朝右,$N_{\perp}>0$ 表示朝上.

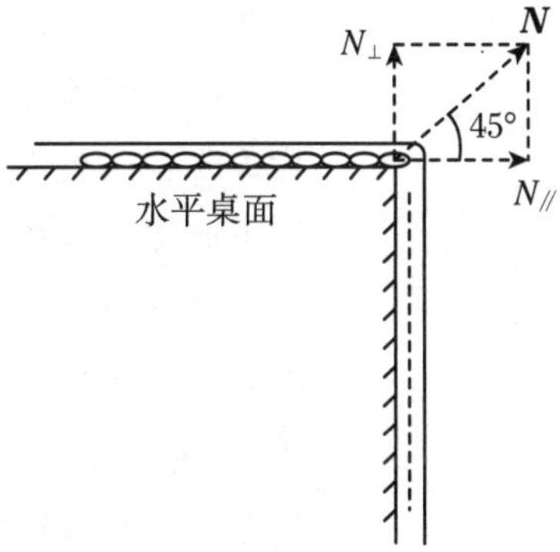

图 18

将某时刻下落在桌外绳段长度记为 l,试求:

(1) $N_{/\!/}$,并判断其正负号;

(2) 桌面为剩余 $L-l$ 绳段提供的竖直向上为正的支持力 N^{*}.

题 21　一根劲度系数为 k 的均匀弹性细轻绳,一端与质量为 m 的质点相连,另一端固定在光滑的水平桌面上,初始时刻质点在桌面上做半径为 L 的圆周运动,绳的自然长度与 L 相比可以忽略.现如图 19 所示,把一个半径为 $a\ll L$ 的圆杆紧挨圆周运动圆心固定放置,弹性绳就开始无相对滑动地缠绕在圆杆上,直到最后质点碰撞圆杆.设过程中无论尚未绕到圆杆上的弹性绳有多长,弹性绳的自然长度一律忽略不计.再设过程中把质点每一无穷短曲线段运动处理为无穷短圆弧段运动时,将 a 一律处理为零,但在讨论绳段绕到圆杆上形成相应的圆弧段时,不可将 a 处理为零.最后假设无论何种可能因素引起的质点动能变化均可略,且质点速度方向始终与绳长方向垂直.试求:

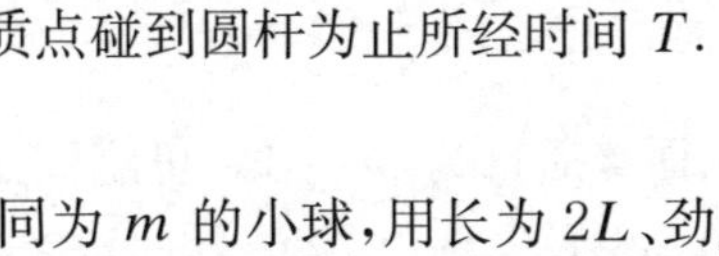

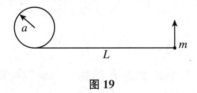

图 19

(1) 当未缠绕的绳段长度为 x 时该绳段的劲度系数 k_x;

(2) 从开始缠绕到最后质点碰到圆杆为止所经时间 T.

题 22　模型的有效性.

如图 20 所示,两个质量同为 m 的小球,用长为 $2L$、劲度系数为 $k/2$ 的弹性轻绳连接后静放在光滑水平面上.设有一个沿水平面且与绳长方向垂直的恒力 $\boldsymbol{F}$ 作用于绳的中点 P,两个小球随即运动.

(1) 试求两小球第一次相碰前瞬间,各自在垂直于 $\boldsymbol{F}$ 作用线方向上的分速度大小 $v_{\perp}$.

(2) 导出两小球第一次相碰前瞬间,各自在平行于 $\boldsymbol{F}$ 作用线方向上的分速度大小

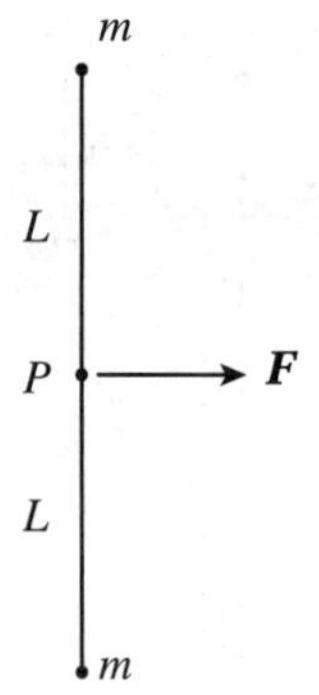

图 20

$v_{/\!/}$ 的积分表达式.

(3) 本题据某原题改编而成.将本题题目中"用长为 $2L$、劲度系数为 $k/2$ 的弹性轻绳"改为"用长为 $2L$ 的轻绳"即成原题.原题中"轻绳"按不成文的"约定"实为"不可伸长的轻绳".

既有弹性又可忽略质量的弹性轻绳是力学中常取的一种模型,例如可取代轻弹簧构成弹性谐振子,在这样的题目解答中并未出现内在的矛盾,或者说此模型在近似意义下所得的结果是有效的.现在请分析该模型在本题的解答中是否已出现了内在的矛盾,或者说本题中该模型在近似意义下所得的结果是否仍有效.

题 23 如图 21(a)所示,质量可忽略、半长轴为 A、半短轴为 B 的椭圆薄平板直立在水平地面上,在椭圆的上方焦点 F 处固定着一个质量不可忽略的小球 P.后因微小的扰动,椭圆薄板朝右倾倒,板与水平地面间的摩擦因数较大,使薄板在水平地面上沿直线方向做纯滚动.椭圆转过 $\frac{\pi}{2}$ 时,其长轴与地面平行,如图 21(b)所示.

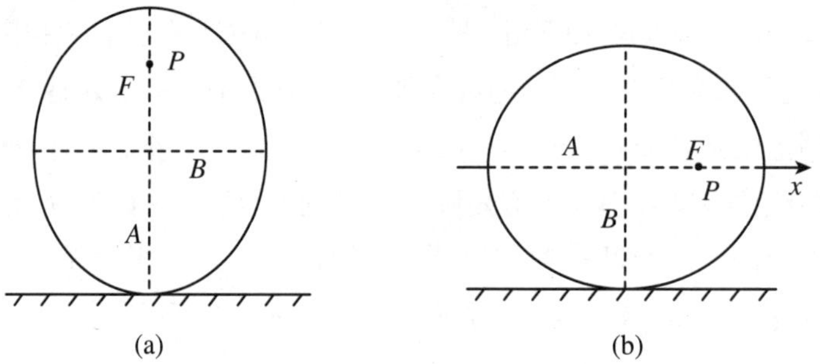

图 21

(1) 试求此时 P 的速度大小 v,画出 P 的速度方向线与图(b)中水平 x 轴方向线间的几何关系,并求出这两个方向线之间的夹角 φ.

(2) 试求此时 P 的切向加速度 $\boldsymbol{a}_{P切}$ 的方向和大小;再求 P 的运动轨道曲线在该处的曲率半径 ρ.

题 24 长 l 的轻杆,上端连接质量为 m 小球,可绕固定在空间 O 点的下端无摩擦地自由旋转.从 O 点引出竖直向上的 z 轴,开始时轻杆与 z 轴的夹角为 θ_0($\pi>\theta_0>0$),小球具有方向水平且与杆垂直的初始速度 $\boldsymbol{v}_0$,如图 22(a)所示,其中 Oxy 坐标面为空间水平面(注意,并非水平桌面或水平地面,而是一个可让轻杆穿越的几何面).而后的运动过程中,小球速度 $\boldsymbol{v}$ 必定与杆垂直,可在与杆垂直的平面上将 $\boldsymbol{v}$ 正交地分解为水平方向的 $\boldsymbol{v}_{/\!/}$ 和剩余的 $\boldsymbol{v}_{\perp}$.

(1) 运动过程中,当轻杆与 z 轴的夹角为 θ 时($\pi>\theta>0$),试求图 22(b)所示的 $v_{/\!/}$ 和

$v_\perp$ 值，并给出 $\theta=\frac{\pi}{2}$ 时的 $v_{/\!/}$、$v_\perp$ 值.

(2) 试求 $v_\perp=0$ 时的 $\cos\theta$ 值.

(3) 设 $\theta_0=45°$，$v_0=\sqrt{2gl}$，将初始时刻记为 $t=0$，通过推导、计算和分析，试在图(c)中定性画出较长时间段内的 θ-t 曲线，并标出 $v_\perp$ 极大时对应的 θ 角(以°(度)为单位，取5位数字).

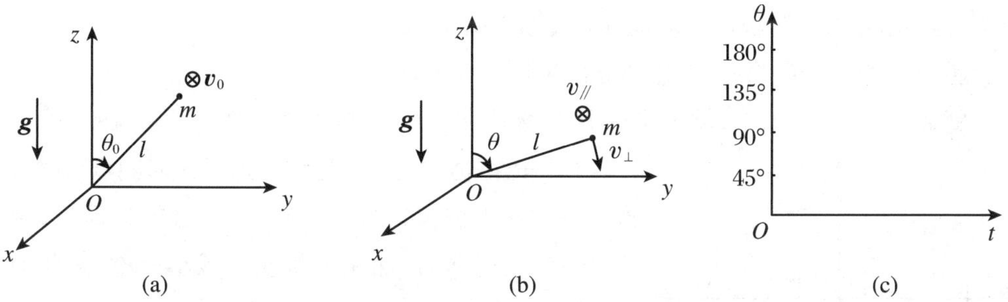

图22

题25　如图23(a)所示，在光滑的水平面上平放着一个质量为 $M=\gamma m$、半径为 R 的均匀圆环，它的直径两端分别连接长度同为 l 的轻细绳，绳的另一端分别连接质量同为 m 的小物块. 开始时细绳伸直，环和物块静止. 某时刻令两小物块在垂直于绳的水平方向上分别获得方向相反、大小同为 v_0 的初速度. 假设最终细绳能全部缠绕在环上，两个小物块贴在环边与环一起转动.

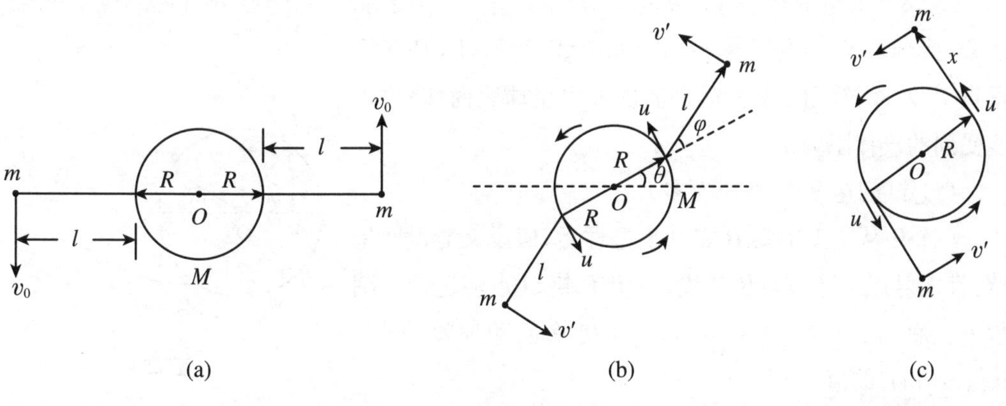

图23

(1) 考虑到过程中绳的作用可能不损耗机械能，也可能损耗机械能，试求 γ 的取值范围.

(2) 假设系统从初态到末态的过程可分为两个阶段，第一阶段如图23(b)所示，图中 θ 为圆环转角，u 为环边转动速度，$\varphi(90°\geqslant\varphi\geqslant0°)$ 角为细绳相对圆环转角，v' 为物块相对圆环速度.根据(1)问,取绳不损耗机械能对应的 γ 值,试导出两个可求解 u、v' 的方程组成方程组(不必求解),方程组中不含参量 M、m 和 θ.

(3) 设 $l=R$,将 $\varphi=90^\circ$ 代入(2)问所得方程组,求解 u 和 v',答案用 v_0 表示.

(4) 第一阶段结束于图(b)中的 φ 达 90°,而进入过程的第二阶段,即绳连续地缠绕在环上.继(3)问所设,参考图(c)所示的过程态参量:x(尚未缠绕在环上的绳段长度)、u(双边转动速度)、v'(物块相对圆环速度).首先判断小物块与环接触时两者是否会发生碰撞,继而求出第二阶段所经时间 T(答案用 R、v_0 表示).

题 26 由开普勒第一、二定律导出牛顿万有引力公式.

题 27 如图 24 所示,航天飞机 P 开始时沿 $A\neq B$ 的椭圆轨道绕地球巡航.

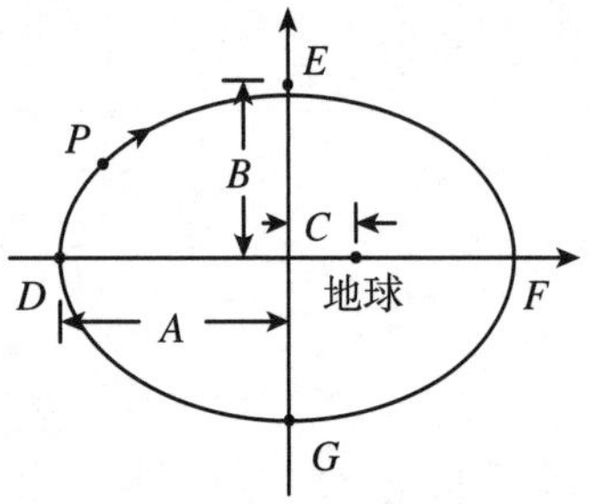

图 24

(1) P 在轨道任一位置均可通过短时间点火喷气来改变速率大小和速度方向,使其进入圆轨道航行.规定将速率增大简称为“加速”,将速率减小简称为“减速”.试问 P 在图中哪些位置需通过点火喷气“加速”进入圆轨道?在哪些位置需通过点火喷气“减速”进入圆轨道?为什么?

(2) 再设航天飞机主体携带一个太空探测器在偏心率 $e=\sqrt{3}/2$ 的椭圆轨道上运行到图中 D 位置时,由于朝后发射探测器,航天飞机主体进入圆轨道运行,探测器相对地球恰好沿抛物线轨道远去,试求航天飞机主体质量 m_1 与探测器质量 m_2 的比值 $r(r=m_1:m_2)$.

题 28 太空中有一气体星球,密度为常量 ρ,半径为 R.某质点 P 开始时位于星球内 A 点,到球心 O 点的距离 $r<R$.如图 25 所示,设 P 获得垂直于 O、A 连线的速度 v,使其能冲出星球表面(略去可能受到的气体阻力).

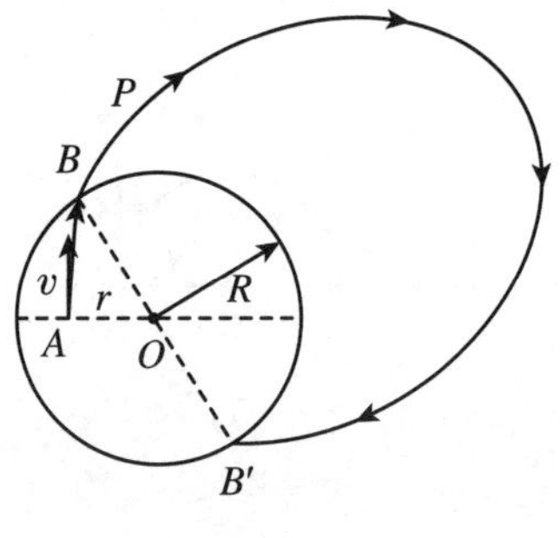

图 25

(1) 试问速度 v 至少为多大?

(2) P 从图 1 中某 B 点冲出星球后,假设又能返回星球,且入射点 B' 与 O、B 共线,为使 P 绕 O 点转过最少圈数 $n_{\min}$ 后,恰好重返 A 点且恢复初始运动速度,试求 $n_{\min}$、v 和 r 的值.

(**提示** 为简化运算,可引入无量纲数:

$$\alpha = v/\sqrt{\frac{GM}{R}},\quad \beta=\frac{r}{R}<1$$

其中

$$M=\frac{4}{3}\pi R^3\rho$$

为星球质量.）

题 29　如图 26(a)所示，离地足够高处，长 $2L+\pi R$、质量线密度为常量 λ 的软绳静止、对称地挂在半径为 R 的固定滑轮上，绳与滑轮间光滑接触．后因微小的扰动，软绳朝右侧滑下．

(1) 不考虑绳是否会甩离滑轮，某时刻右侧绳段下降高度为 $x(x<L)$，如图 26(b)所示．

(1.1) 试求右侧绳段的运动速度 v 和加速度 a．

(1.2) 试求图(b)所示部位绳内的张力 T_1 和 T_2．

(1.3) 试求半圆绳段中在图(b)所示 θ 角部位绳内张力的分布函数 $T(\theta)$．

(1.4) 半圆绳段中取 $\mathrm{d}l$ 小段，所受滑轮支持力记为 $\mathrm{d}N$，引入 $n=\mathrm{d}N/\mathrm{d}l$，试求分布函数 $n(\theta)$．

(1.5) 将滑轮对绳的合作用力的水平分量和竖直分量分别记为 $N_{/\!/}$ 和 $N_{\perp}$．

(1.5.1) 试由 $n(\theta)$ 函数导出 $N_{/\!/}$ 和 $N_{\perp}$．

(1.5.2) 将软绳整体动量的水平分量和竖直分量分别记为 $p_{/\!/}$ 和 $p_{\perp}$，试由质点系动量定理导出 $N_{/\!/}$ 和 $N_{\perp}$．

(2) 设参量 $R\to 0$，但左、右两绳段间不接触．

(2.1) 将 $N_{\perp}$ 刚好降为零时对应的 x 值记为 x_0，试求 x_0．

(2.2) 设 $N_{\perp}$ 刚好降为零时，即将 $R\to 0$ 的定滑轮撤去，此后两段软绳长度都会随时间变化，但任何时刻左右两段软绳都始终处于伸直状态．试问：再过多长时间 t，整条软绳刚好处于伸直状态？

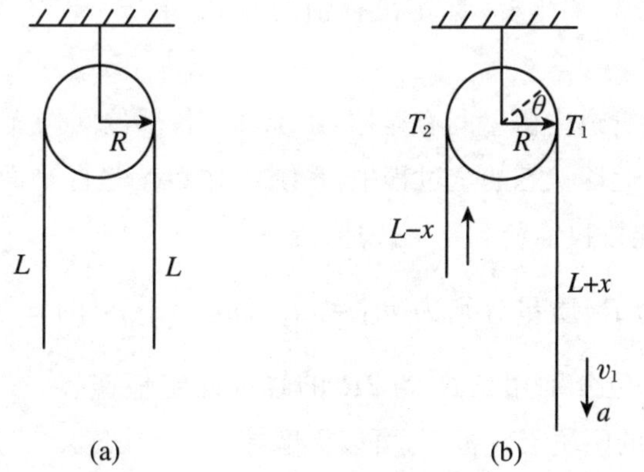

图 26

题 30　有一张桌子高 1 m，在其表面中间有一个洞．有一根长 1 m 的细金项链自然地盘绕着放在洞口，如图 27 所示．项链的一端被放进洞口一点点，然后自由释放．忽略摩擦，项链以不断增加的速度顺利地通过那个洞．试问：经过多长时间项链的两端都到达地面?

(李崧翻译的《200道物理学难题》题103.原解答采用变质量系统处理.此处要求学生采用质心动能定理求解.)

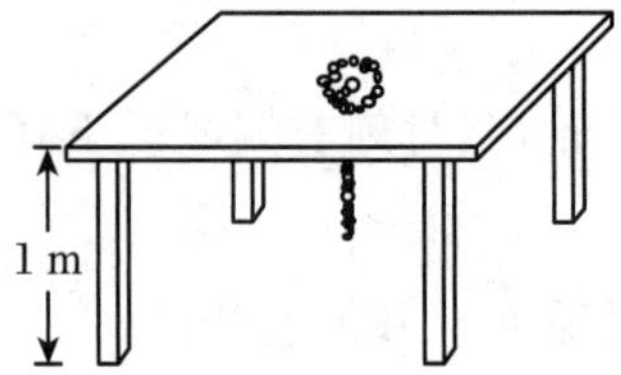

图 27

题 31 如图28所示,内、外半径几乎同为 $R=3a$,质量 $M=2m$ 的匀质圆环形管道静止地平放在水平 Oxy 平面上,环心位于坐标原点,环边 A、B、C、D 点的位置也已在图中示出.开始时,质量为 m 的小球(处理为质点)P 位于管内靠近 A 处.$t=0$ 时刻,P 具有沿 x 轴方向的速度 $v_0=\dfrac{3}{2}\pi a/\mathrm{s}$(秒),这将使管道也随之在 Oxy 平面上运动.

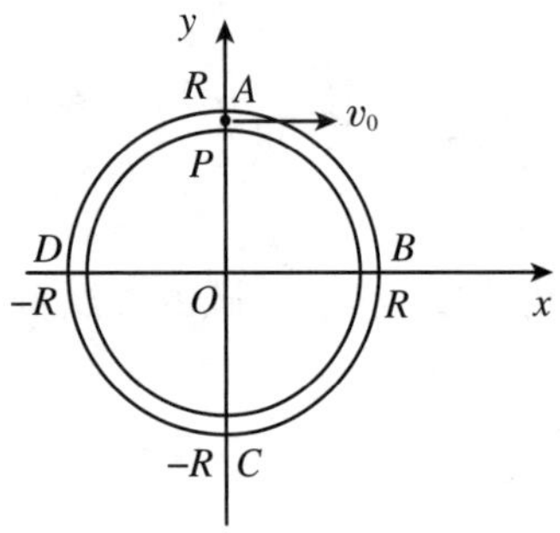

图 28

(1) 设系统处处无摩擦.

(1.1) 试求 P 第一次返回其在管道内的初始位置的时刻 t_1,答案用纯数和时间单位 s(秒)表述.

(1.2) 在 Oxy 坐标平面图上画出 $t_2=\dfrac{1}{4}t_1$ 时刻 P 和管道的位形,标出 P、环心和 A、B、C、D 点各自的 x、y 坐标.标定坐标值时,约定取 $\pi=3.2$,坐标用纯数和参量 a 表述.

(2) 设除了 P 与管道内侧壁间有摩擦,系统其余各部位间均无摩擦.试求从 $t=0$ 开始直到系统已达稳定运动状态的全过程中,系统相对 Oxy 坐标平面所在的惯性系的动能损失量 $E_{k损}$.答案用纯数和参量 m、v_0 表述.

题 32 半径同为 R、质量分别为 $m_1=m$ 和 $m_2=\dfrac{3}{2}m$ 的两个匀质圆盘边缘部位分别用长 R 和 $2R$ 的轻杆固定地连接后,挂在高度差为 R 的两块天花板下,可以无摩擦地左右摆动.开始时两个摆盘静止在图29所示位置,质量为 m_1 的摆盘自由释放后,将以 ω_0 角速度与质量为 m_2 的静止摆盘发生弹性碰撞.试求碰撞瞬间,两个摆盘的右向摆动角速度 ω_1 和 ω_2(均带正负号).

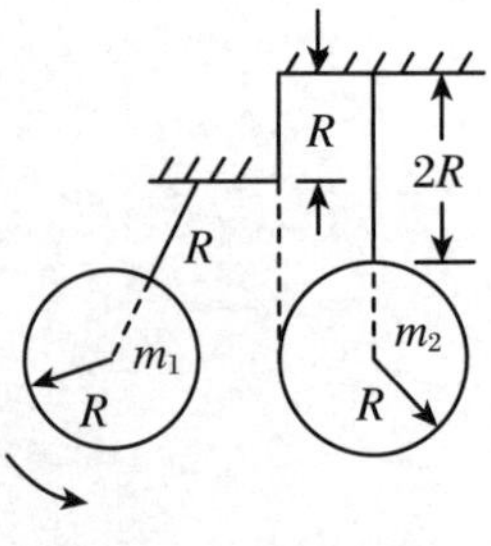

图 29

题 33(旧题改编)　如图 30 所示,质量为 m 的均匀麦秆长 l 可绕通过中心 O 的固定水平轴在竖直平面内自由转动.开始时麦秆处于水平静止状态,在 $t=0$ 时刻一个质量与麦秆相同的甲虫以某初速度垂直落到麦秆的 $\frac{1}{4}$ 长度处,立即在秆上向靠近的秆端爬行.设甲虫的爬行恰能使秆以恒定的角速度转动,而且在甲虫爬到端点时,秆刚好转到竖直方位.

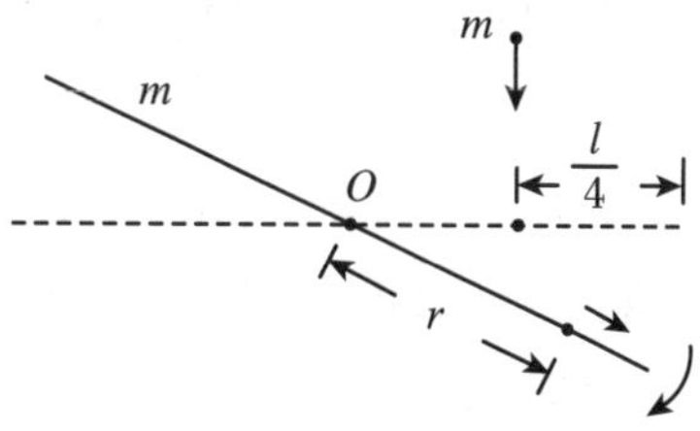

图 30

(1) 计算爬行时间 t_e.

(2) 以 r(甲虫所在位置到 O 点的距离)、φ(麦秆转角)为参量,在该竖直平面内设置极坐标系,导出甲虫爬行轨迹的曲线方程 $r(\varphi)$.

(3) 爬行过程中以 φ 为参量,导出甲虫受麦秆作用力 f 的方向和大小.

(4) 再设甲虫以相同的初速度垂直落到麦秆的 $\frac{1}{4}$ 长度处(已发生过完全非弹性碰撞)后,即从秆上翻落掉下,试问:麦秆而后能否紧挨着甲虫从其侧面转过去?

题 34　如图 31 所示,在水平地面上用彼此平行,相邻间距为 l 的水平小细杆构成一排固定的栅栏.栅栏上方有一个质量为 m、半径为 $r \gg l$ 的匀质圆板,圆板不会与地面接触.一根细长的软绳穿过板的中央小孔 C,一半在图的背面,一半在图的正面,绳的两头合在一起记为 P 端.在 P 端用力沿水平方向朝右拉动圆板,使板沿栅栏无跳动、无相对滑动地朝右滚动.圆板水平朝右的平均速度可近似处理为圆板中心 C 在最高位置时的速度大小 v,设 v 是不变量.略去绳与板间所有接触部位的摩擦,试求施加于 P 端的平均拉力 T.

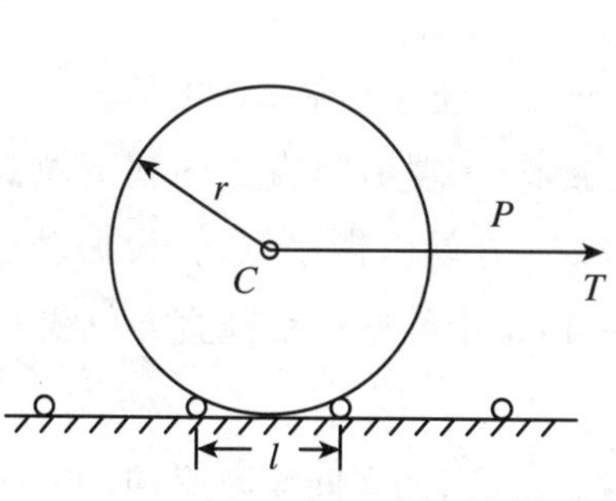

图 31

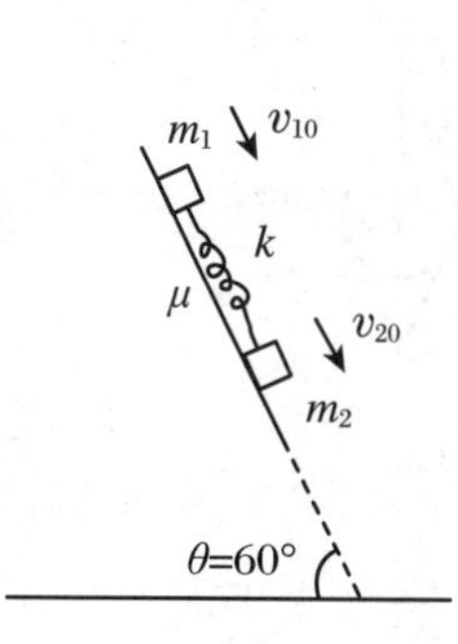

图 32

题 35　如图 32 所示,足够长的斜面上有两个小物块 $m_1=0.4\ \mathrm{kg}$,$m_2=0.2\ \mathrm{kg}$,它们由一根 $k=0.57\ \mathrm{N/m}$ 的轻质弹簧连接.物块与斜面间的摩擦因数同为 $\mu=0.10$,斜面倾角 $\theta=60^\circ$.开始时 m_1 的下滑速度 $v_{10}=0.50\ \mathrm{m/s}$,$m_2$ 的下滑速度 $v_{20}=2.0\ \mathrm{m/s}$,弹簧处于原长,试求弹簧再次处于原长时两物块的相对运动速度.

题 36　如图 33 所示.光滑水平地面上有一个质量为 m 的长滑板 AB,它的底板上有

一个质量为 m、长为 $3l$ 的匀质平板，平板右端用一根轻绳连接在长滑板右侧壁 B 上，平板左端固定着一根自由长度为 $2l$、劲度系数为 k 的水平轻弹簧，平板上表面右端有一个质量为 m 的小木块. 开始时系统静止，今使小木块具有水平朝左的初速度 v_0，小木块压着弹簧后，平板和长滑板 AB 随之运动. 当弹簧被压缩到 l 时，小木块相对平板速度又降为零，同时轻绳恰好断开. 而后小木块又会相对平板朝右运动，接着离开弹簧，最终离开平板. 假设系统处处无摩擦，取 m、l 和 k 为已知量.

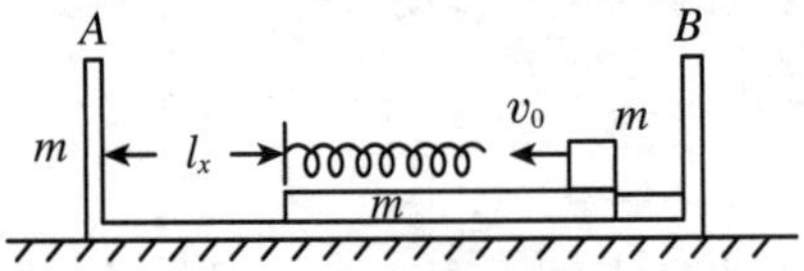

图 33

(1) 试求小木块初速度 v_0 和绳断前瞬间绳中张力 T.

(2) 将绳断时刻取为 $t_0=0$，而后小木块离开平板的时刻记为 t_e，假设 t_e 时刻平板左端刚好与长滑板左侧壁 A 相遇.

(2.1) 将绳未断开时，平板左端与长滑板左侧壁 A 的间距记为 l_x，试求 l_x.

(2.2) 再求 t_e.

题 37 如图 34 所示，四根质量同为 m、长度同为 l 的匀质细杆用光滑的轻铰链连接成菱形，悬挂在光滑的竖直墙面上，O 点为悬挂点. 一个质量为 $M=10m$、半径为 $r=\frac{\sqrt{3}}{5}l$、厚度与框架一样的均匀薄圆盘夹在 AB、BC 杆之间，盘与杆间无摩擦，整个系统始终在同一竖直平面内.

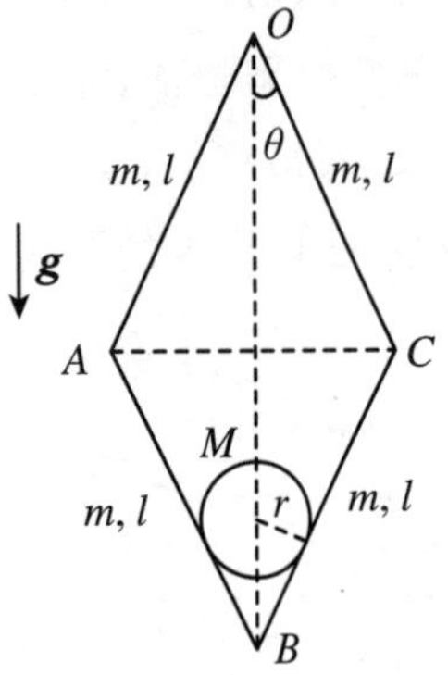

图 34

(1) 试求图中 θ 角在系统达到平衡时的值 θ_0.

(2) 在此平衡位置将 B 端沿竖直方向朝下拉离一个微小距离，从静止自由释放后 B 端将做小振动. 设振动过程中圆盘与 AB、BC 杆始终接触，其中心始终在竖直方位线 OB 上，试求小振动周期 T.

题 38 光滑水平面上有一小孔，轻细线穿过小孔，两者间无摩擦. 细线一端连接质量为 m_1 的小球，另一端在水平面下方连接质量为 m_2 的小球，m_1 绕小孔做半径为 r_0 的圆周运动时，m_2 恰好处于静止状态，如图 35 所示.

(1) 试求 m_1 的圆运动角速度 ω_0.

(2) 假设 m_1 有径向扰动，m_2 有相应的竖直方向小振动，此时可将 m_1 与小孔的距离表达成 $r(t)=r_0+\delta(t)$，其中 $\delta(t)$ 是随时间变化的小量. 试证 δ 随 t 的变化是简谐振动，并导出振动角频率 ω_δ 与 ω_0 间的比值.

(3) 取 $m_1 = 3m_2$，并设 m_1 径向小振动速度最大值 $v_{r,\max} = \sqrt{gr_0}/10$，将扰动前 m_1 绕小孔旋转一周的时间记为 T_0，扰动后旋转一周的时间记为 T，试求 $\alpha = T/T_0$ 值(给出两位有效数字)，并画出 m_1 在 $\Delta t = 2T_0$ 时间间隔内的运动轨道.

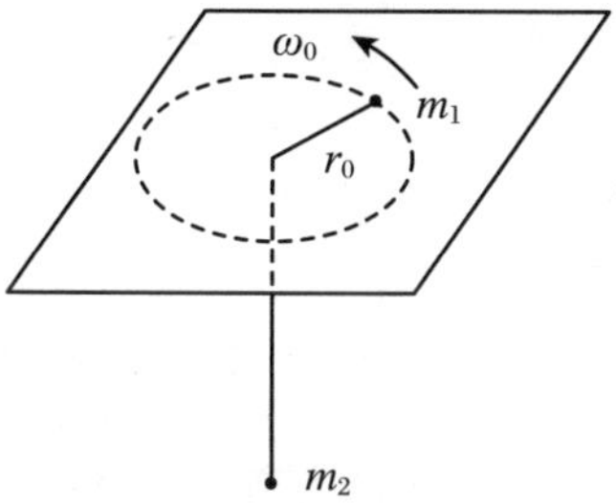

图 35

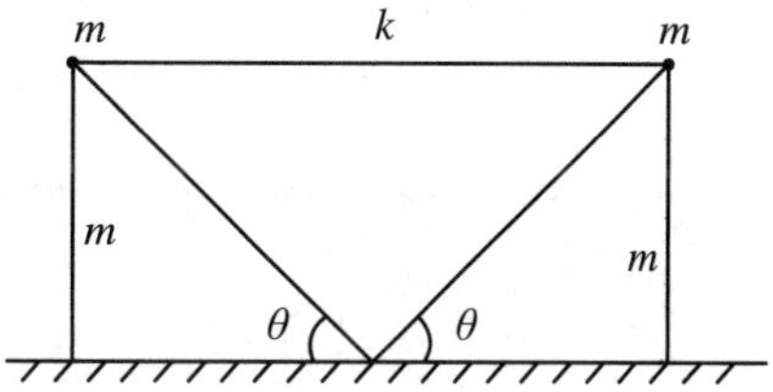

图 36

题 39　如图 36 所示，质量同为 m 的两个等腰直角三角形斜木块平放在光滑水平地面上，且已通过某种约束使其不会翻转，斜面底端相互接触. 一根劲度系数为 k、自由长度恰好等于每个斜木块底面长度两倍的弹性轻杆两端分别连接质量同为 m 的小球，开始时两个小球静止在两个斜木块顶端. 自由释放后，两个小球可以无摩擦地沿斜面滑动，弹性杆随之在竖直方向上运动，过程中假设杆始终处于水平状态. 将斜木块给小球的支持力大小记为 N，已知小球开始运动后 N 第二次达到极小值时杆刚好落地. 试求 N 第二次达到极大值时杆的长度.

题 40　惯性系 S 的 Ox_0y_0 平面内，有三个质量分别为 $m_1 = m$，$m_2 = 2m$，$m_3 = 3m$ 的质点 P_1、P_2、P_3，$t = 0$ 时刻的位置和速度量已在图 37 中示出. P_1、P_2、P_3 间存在距离一次方的引力，即质量分别为 m_1、m_2 的两个质点相距 r 时，其间吸引力大小可表述为

$$F = G^* m_1 m_2 r \quad (G^* > 0)$$

设无外力存在.

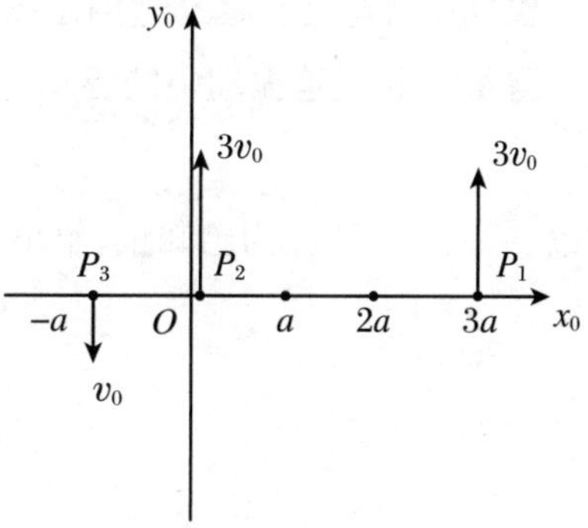

图 37

(1) 在 $\{P_1, P_2, P_3\}$ 系统的质心参考系中，以质心所在位置为原点，设置分别与 x_0 轴、y_0 轴平行的 x 轴、y 轴. 先不考虑相互碰撞的可能性，导出 P_1、P_2、P_3 在 xy 平面上的运动方程，即 $x_i = x_i(t)$，$y_i = y_i(t)(i = 1,2,3)$；画出运动轨道.

(2) 假设质点间可能发生的碰撞都是弹性的，如果某时刻两个质点相遇，其一速度不为零，其二速度恰好降为零，则设定必发生弹性正碰撞(碰撞前后速度矢量在同一直线上的碰撞称为正碰撞).

(2.1) 试求 $\{P_1, P_2, P_3\}$ 系统的运动周期 T(题目和图 39 所给量均为已知量).

(2.2) 在3幅 xy 坐标平面图上，分别为 P_1、P_2、P_3 单独画出在 $t=0$ 到 $t=T$ 时间段内的运动轨道，标出轨道中各小段运动方向，注上各个特征点的 x、y 坐标量.

题 41 阻尼振动的微分方程为

$$\ddot{x}+2\beta\dot{x}+\omega_0^2x=0\quad(\beta>0)$$

(1) $\beta=\omega_0$ 为临界阻尼，方程通解为

$$x_{临}=(C_{临1}+C_{临2}t)e^{-\beta t}$$

设 $t=0$ 时，$x_{临}=x_{临0}$，$\dot{x}_{临}=v_{临0}$，其中 $x_{临0}$、$v_{临0}$ 都带有正负号.

(1.1) 试求 $C_{临1}$、$C_{临2}$.

(1.2) 若 $x_{临0}>0$，试通过分析确定 $v_{临0}$ 取哪些值，使振子都不能经有限时间降到 $x_{临}=0$ 位置.

(2) $\beta>\omega_0$ 为过阻尼，方程通解为

$$x_{过}=C_{过1}e^{-(\beta-\sqrt{\beta^2-\omega_0^2})t}+C_{过2}e^{-(\beta+\sqrt{\beta^2-\omega_0^2})t}$$

设 $t=0$ 时，$x_{过}=x_{过0}$，$\dot{x}_{过}=v_{过0}$，其中 $x_{过0}$、$v_{过0}$ 都带有正负号.

(2.1) 试求 $C_{过1}$、$C_{过2}$.

(2.2) 若 $x_{过0}>0$，试通过分析确定 $v_{过0}$ 取哪些值，使振子都能经有限时间降到 $x_{过}=0$ 位置.

(2.3) 若 $x_{过0}>0$，试问 $v_{过0}$ 取何值时，可使 $C_{过1}=0$？

(3) 若临界阻尼振动取(1.2)问所得 $x_{临0}$ 和 $v_{临0}$，过阻尼振动取(2.3)问所得 $x_{过0}$ 和 $v_{过0}$，试问临界阻尼振动与过阻尼振动中哪一个可使振子位置更快地趋向零点？

题 42 设受迫振动中的驱动力为 $F=F_0\cos^2\omega t$，即振子的动力学微分方程可表述为

$$\ddot{x}+2\beta\dot{x}+\omega_0^2x=f_0\cos^2\omega t$$

试以 β、ω_0、f_0 和 ω 为已知量，给出振子的稳态解.

解　　答

题 1　(1) 小球 3 做 $\varphi>0$ 的斜抛运动，水平分速度必小于 v_0，故必有 $t_3>t_1$，即不可能使 $t_1=t_2=t_3$，学生 A 说得对.

(2.1) 将球 2 从 A 到 C 所经时间记为 t_0，则有

$$t_2 = 2t_0$$

$$v_0 t_0 + \frac{1}{2}\frac{g}{\sqrt{2}}t_0^2 = \sqrt{2}R \Rightarrow t_0^2 + \frac{2\sqrt{2}v_0}{g}t_0 - \frac{4R}{g} = 0$$

解得

$$t_0 = \frac{\sqrt{2}}{g}v_0\left(\sqrt{1+\frac{2gR}{v_0^2}}-1\right)$$

$$t_2 = 2t_0 = \frac{2\sqrt{2}}{g}v_0\left(\sqrt{1+\frac{2gR}{v_0^2}}-1\right)$$

为使 $t_1=t_2$，要求

$$2\frac{R}{v_0} = t_1 = t_2 = \frac{2\sqrt{2}}{g}v_0\left(\sqrt{1+\frac{2gR}{v_0^2}}-1\right) \Rightarrow$$

$$R = \frac{\sqrt{2}v_0^2}{g}\left(\sqrt{1+\frac{2gR}{v_0^2}}-1\right) \Rightarrow$$

$$\left(R+\frac{\sqrt{2}}{g}v_0^2\right)^2 = \frac{2}{g^2}v_0^4\left(1+\frac{2gR}{v_0^2}\right) \Rightarrow$$

$$R = \frac{4v_0^2}{g} - \frac{2\sqrt{2}}{g}v_0^2$$

因此，取 $v_0=\sqrt{Rg/[2(2-\sqrt{2})]}$时，$t_1=t_2$.

(2.2) 为使 $t_2=t_3$，要求 φ、v_0 满足下述两个方程:

$$\begin{cases} \dfrac{2v_0}{g}\sin\varphi = t_3 = t_2 = \dfrac{2\sqrt{2}}{g}v_0\left(\sqrt{1+\dfrac{2gR}{v_0^2}}-1\right) \\ \dfrac{2v_0^2}{g}\sin\varphi\cos\varphi = 2R \end{cases}$$

整理得

$$\begin{cases}\sin\varphi = \sqrt{2}\left(\sqrt{1+\dfrac{2gR}{v_0^2}}-1\right) & ① \\ 2v_0^2\sin\varphi\cos\varphi = 2gR & ②\end{cases}$$

将②式代入①式,得

$$\sin\varphi = \sqrt{2}(\sqrt{1+2\sin\varphi\cos\varphi}-1) \Rightarrow$$

$$\sqrt{1+2\sin\varphi\cos\varphi} = 1+\frac{1}{\sqrt{2}}\sin\varphi \Rightarrow$$

$$1+2\sin\varphi\cos\varphi = 1+\frac{2}{\sqrt{2}}\sin\varphi+\frac{1}{2}\sin^2\varphi \Rightarrow$$

$$\sqrt{1-\sin^2\varphi} = \frac{1}{4}\sin\varphi+\frac{1}{\sqrt{2}} \Rightarrow$$

$$1-\sin^2\varphi = \frac{1}{16}\sin^2\varphi+\frac{1}{2\sqrt{2}}\sin\varphi+\frac{1}{2} \Rightarrow$$

$$17\sin^2\varphi+4\sqrt{2}\sin\varphi-8 = 0$$

解得

$$\varphi = \arcsin\left[\frac{2\sqrt{2}}{17}(3\sqrt{2}-1)\right] = 32.6°$$

代入②式,得

$$v_0 = \sqrt{\frac{gR}{\sin\varphi\cos\varphi}} = 1.48\sqrt{gR}$$

取该组 φ、v_0 值,可使 $t_2 = t_3$.

题 2 (1) 将 $\boldsymbol{v}$ 如图 J1 所示分解为

$$\boldsymbol{v}_0 = \boldsymbol{v}^* + \boldsymbol{v}_1$$

使 $\boldsymbol{v}^*$ 对应的空气阻力与重力 mg 抵消,即有

$$-k\boldsymbol{v}^* + m\boldsymbol{g} = \boldsymbol{0}, \quad m\boldsymbol{g} - k\boldsymbol{v}_0 = -k\boldsymbol{v}_0$$

于是小球的运动可分解成竖直向下的初速度为 $\boldsymbol{v}^*$ 的匀速直线运动与沿 $\boldsymbol{v}_1$ 方向只受空气阻力 $-k\boldsymbol{v}_1$ 的变减速直线运动.对应地将小球在 B 处的速度 $\boldsymbol{v}_0'$ 分解为如下两个分速度:

$$\boldsymbol{v}_0' = \boldsymbol{v}^* + \boldsymbol{v}_2$$

图 J1 中的 θ 角同题图中的 θ 角,另一个 α 角满足关系式

$$\tan\alpha = \frac{mg}{kv_0} \Rightarrow v^* = v_0\tan\alpha, v_1 = \frac{v_0}{\cos\alpha}$$

由三角形正弦定理可得

$$\frac{v_0'}{\sin\left(\dfrac{\pi}{2}-\alpha\right)} = \frac{v^*}{\sin(\alpha+\theta)}$$

可解得

$$v_0' = \frac{v_0 \sin\alpha}{\sin(\alpha+\theta)}, \quad \alpha = \arctan\frac{mg}{kv_0}$$

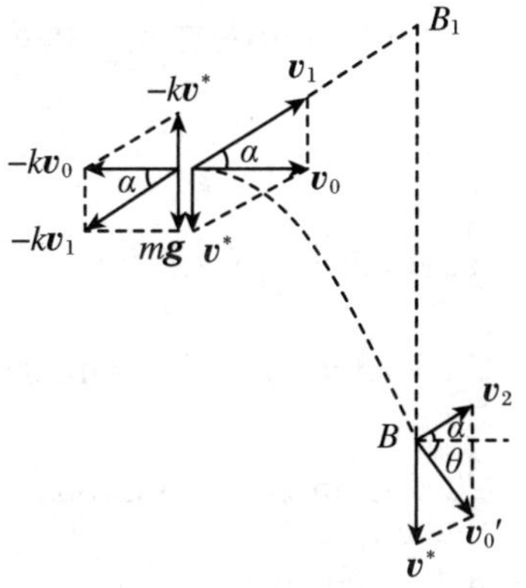

图 J1

(2) 结合图 J1 的 B_1 位置,参考图 J2 引入的参量 L,小球从初态 $t=0$ 到末态 $t=t_e$ 在 $\boldsymbol{v}_1$ 方向上的动量方程为

$$mv_2 - mv_1 = I = \int_0^{t_e}(-kv)\mathrm{d}t = \int_0^{L}(-k)\mathrm{d}L = -kL$$

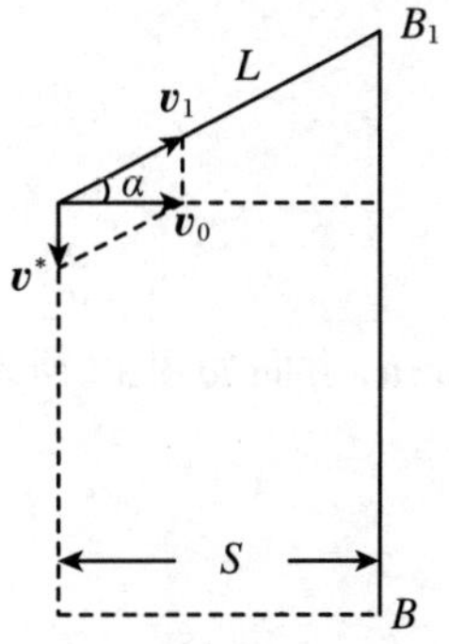

图 J2

得

$$L = m(v_1 - v_2)/k$$

已有

$$v_1 = \frac{v_0}{\cos\alpha}$$

从 J 图 1 又可得

$$\frac{v_2}{\sin\left(\frac{\pi}{2}-\theta\right)} = \frac{v^*}{\sin(\alpha+\theta)}\bigg|_{v^*=v_0\tan\alpha} \Rightarrow$$

$$v_2 = \frac{v_0\tan\alpha}{\sin(\alpha+\theta)}\cdot\sin\left(\frac{\pi}{2}-\theta\right)$$

$$= \frac{v_0\cos\theta\tan\alpha}{\sin(\alpha+\theta)}$$

相继可得

$$L = \frac{mv_0}{k\cos\alpha}\left[1 - \frac{\cos\theta\sin\alpha}{\sin(\alpha+\theta)}\right]$$

$$\begin{cases} S = L\cos\alpha = \dfrac{mv_0\cos\alpha\sin\theta}{k\sin(\alpha+\theta)} \\ \alpha = \arctan\dfrac{mg}{kv_0} \end{cases}$$

题 3 方法 1 改取直角坐标系：

$$x = r\cos\theta = A\sin 2\theta\cos\theta = \frac{A}{2}(\sin\theta + \sin 3\theta)$$

$$y = r\sin\theta = A\sin 2\theta\sin\theta = \frac{A}{2}(\cos\theta - \cos 3\theta)$$

设 $\theta = \omega t$，则有

$$v_x = \frac{A}{2}(\omega\cos\omega t + 3\omega\cos 3\omega t)$$

$$a_x = \frac{A}{2}(-\omega^2\sin\omega t - 9\omega^2\sin 3\omega t)$$

$$v_y = \frac{A}{2}(-\omega\sin\omega t + 3\omega\sin 3\omega t)$$

$$a_y = \frac{A}{2}(-\omega^2\cos\omega t + 9\omega^2\cos 3\omega t)$$

P 点对应 $\theta = 45°$，即 $\omega t = 45°$，可得

$$v_x = -\frac{\sqrt{2}}{2}A\omega,\ v_y = \frac{\sqrt{2}}{2}A\omega \Rightarrow v_P = A\omega$$

$$a_x = -\frac{5\sqrt{2}}{2}A\omega^2,\ a_y = -\frac{5\sqrt{2}}{2}A\omega^2 \Rightarrow a_P = 5A\omega^2$$

$\boldsymbol{v}_P$、$\boldsymbol{a}_P$ 方向如图 J3 所示，$\boldsymbol{a}_P$ 全部为 $\boldsymbol{a}_{P心}$，故有

$$\rho_P = \frac{v_P^2}{a_{P心}} = \frac{A}{5}$$

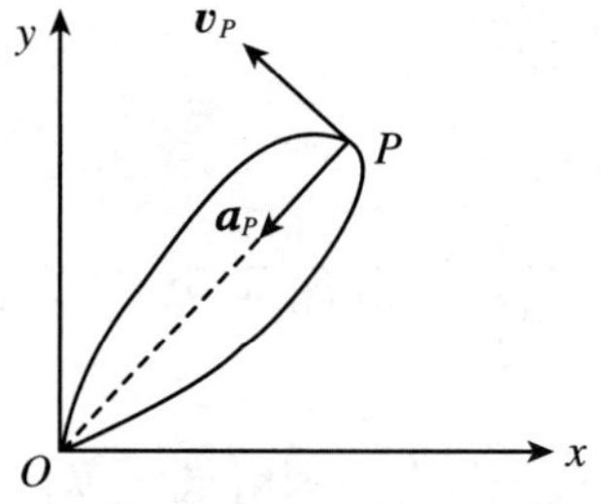

图 J3

方法 2 极坐标系中，设 $\theta = \omega t$，则有 $r = A\sin 2\omega t$，得

$$v_r = \frac{\mathrm{d}r}{\mathrm{d}t} = 2\omega A\cos 2\omega t$$

$$v_\theta = r\frac{\mathrm{d}\theta}{\mathrm{d}t} = \omega A\sin 2\omega t$$

$$a_r = \frac{\mathrm{d}^2 r}{\mathrm{d}t^2} - r\left(\frac{\mathrm{d}\theta}{\mathrm{d}t}\right)^2 = -5\omega^2 A\sin 2\omega t$$

$$a_\theta = r\frac{d^2\theta}{dt^2} + 2\frac{dr}{dt}\frac{d\theta}{dt} = 4\omega^2 A\cos 2\omega t$$

P 点处 $\omega t = 45°$,得

$$\left.\begin{array}{l} v_r = 0, v_\theta = \omega A \Rightarrow \ v_P = \omega A \\ a_r = -5\omega^2 A, a_\theta = 0 \Rightarrow \ a_{P心} = 5\omega^2 A \end{array}\right\} \Rightarrow \rho_P = \frac{v_P^2}{a_{P心}} = \frac{A}{5}$$

题 4　如图 J4 所示,设

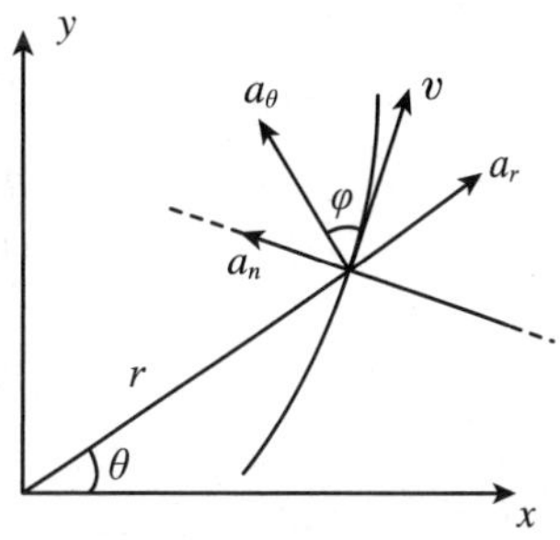

图 J4

$$\theta = \omega t$$

$$v_r = \dot{r} = a\omega$$

$$v_\theta = \dot{\theta} \cdot r = \omega r$$

$$v = \sqrt{v_r^2 + v_\theta^2} = \omega\sqrt{a^2 + r^2}$$

$$\sin\varphi = \frac{v_r}{v} = \frac{a}{\sqrt{a^2 + r^2}}$$

$$\cos\varphi = \frac{v_\theta}{v} = \frac{r}{\sqrt{a^2 + r^2}}$$

$$a_n = a_\theta \sin\varphi - a_r\cos\varphi$$

$$a_\theta = \ddot{\theta} r + 2\dot{\theta}\dot{r} = 2\omega \cdot \omega a = 2\omega^2 a$$

$$a_r = \ddot{r} - \dot{\theta}^2 r = -\omega^2 r$$

相继可得

$$a_n = 2\omega^2 a \cdot \frac{a}{\sqrt{a^2 + r^2}} + \omega^2 r \cdot \frac{r}{\sqrt{a^2 + r^2}} = \frac{\omega^2(2a^2 + r^2)}{\sqrt{a^2 + r^2}}$$

$$\rho = \frac{v^2}{a_n} = \frac{\omega^2(a^2 + r^2)^{3/2}}{\omega^2(2a^2 + r^2)} = \frac{(a^2 + r^2)^{3/2}}{2a^2 + r^2}$$

题 5　(1) 因对称,故 6 个小球将聚在六边形中心 O 处. 参考图 J5,在任一 $t_e > t > 0$ 时刻,6 个小球均处于边长可记为 $l(t)$($l \geq l(t) > 0$)的正六边顶点上,正六边形中心点 O 的位置始终不变. A 球朝着 O 点运动的分速度恒为

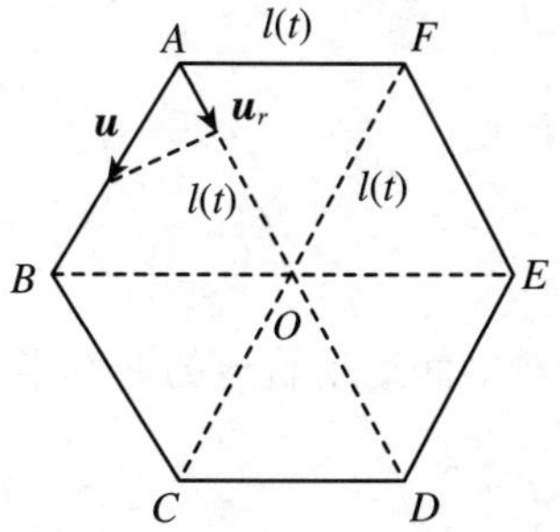

图 J5

$$u_r = u\cos 60° = \frac{1}{2}u$$

$t_e > t > 0$ 时刻

$$l(t) = l - u_r t = l - \frac{1}{2}ut$$

得

$$t_e = \frac{l}{u_r} = \frac{2l}{u}$$

(2) 参考图 J6,t 时刻 A、B 相对桌面的速度矢量分别为 $\boldsymbol{u}_A$、$\boldsymbol{u}_B$,A 相对 B 的速度矢

量为

$$\boldsymbol{u}_A' = \boldsymbol{u}_A - \boldsymbol{u}_B: \begin{cases} \text{方向:沿 } F \text{ 到 } A \text{ 连线方向} \\ \text{大小:} u_A' = u \end{cases}$$

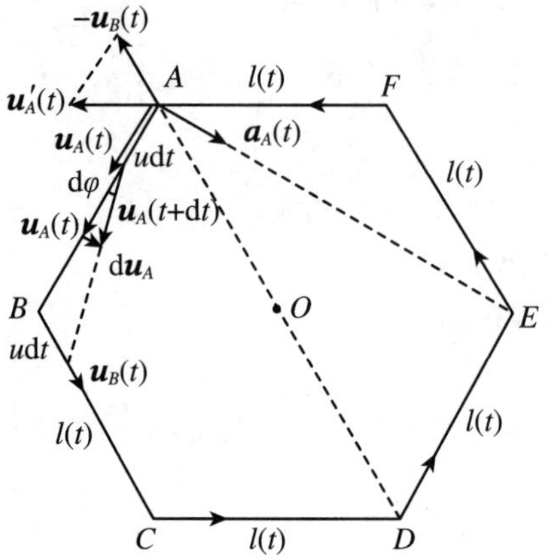

图 J6

经 $\mathrm{d}t$ 时间,各球位移大小同为 $u\mathrm{d}t$.经 $\mathrm{d}t$ 时间,A 相对桌面速度的增量为

$$\mathrm{d}\boldsymbol{u}_A = \boldsymbol{u}_A(t+\mathrm{d}t) - \boldsymbol{u}_A(t): \begin{cases} \text{方向:与 } \boldsymbol{u}_A \text{ 垂直} \\ \text{大小:} |\mathrm{d}\boldsymbol{u}_A| = u\mathrm{d}\varphi \end{cases}$$

t 时刻 A 相对桌面的加速度为

$$\boldsymbol{a}_A(t) = \frac{\mathrm{d}\boldsymbol{u}_A}{\mathrm{d}t}: \begin{cases} \text{方向:与 } \boldsymbol{u}_A \text{ 垂直,指向 } E \text{ 点} \\ \text{大小:} a_A(t) = u\mathrm{d}\varphi/\mathrm{d}t \end{cases}$$

由正弦定理得

$$\frac{u\mathrm{d}t}{\sin\mathrm{d}\varphi} = \frac{l(t) - u\mathrm{d}t}{\sin(60^\circ - \mathrm{d}\varphi)} \Rightarrow \frac{u\mathrm{d}t}{\mathrm{d}\varphi} = \frac{l(t)}{\sqrt{3}/2} \Rightarrow \frac{\mathrm{d}\varphi}{\mathrm{d}t} = \frac{\sqrt{3}u}{2l(t)}$$

继而得

$$\boldsymbol{a}_A(t): \begin{cases} \text{方向:与 } \boldsymbol{u}_A(t) \text{ 垂直,指向 } E \text{ 点} \\ \text{大小:} a_A(t) = \dfrac{\sqrt{3}}{2}u^2/l(t) \end{cases}$$

故 $\boldsymbol{a}_A(t)$ 为 A 相对桌面做匀速曲线运动时的向心加速度,相对桌面运动轨道的曲率半径即为

$$\rho(t) = \frac{u^2}{a_A(t)} = \frac{2}{\sqrt{3}}l(t) = \frac{2}{\sqrt{3}}\left(l - \frac{1}{2}ut\right)$$

(3) 因对称,故 B 相对桌面的加速度 $\boldsymbol{a}_A(t)$ 方向如图 J7 所示,大小为 $a_A(t)$.A 相对 B 的加速度为

$$\boldsymbol{a}_A'(t) = \boldsymbol{a}_A(t) - \boldsymbol{a}_B(t) \Rightarrow \boldsymbol{a}_A'(t): \begin{cases} \text{方向:与 } \boldsymbol{u}_A'(t) \text{ 垂直} \\ \text{大小:} a_A'(t) = a_A(t) = a_B(t) \end{cases}$$

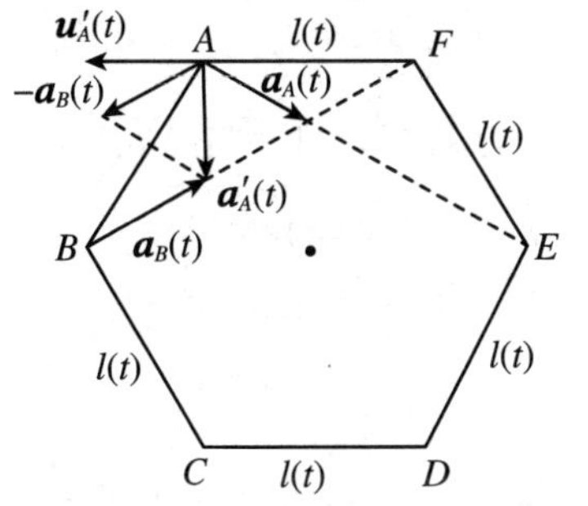

图 J7

A 相对 B 的运动也是匀速率曲线运动，$\boldsymbol{a}'_A(t)$ 即为 A 相对 B 运动轨道中的向心加速度，即得

$$\rho'(t) = \frac{u_A'^2(t)}{a'_A(t)} = \frac{u^2}{a_A(t)} = \rho(t) = \frac{2}{\sqrt{3}}\left(l - \frac{1}{2}ut\right)$$

题 6　(1)

$$mg = \frac{GMm}{R_e^2} \Rightarrow GM = gR_e^2;\quad \omega = \frac{2\pi}{t_0}$$

$$m\omega^2 R_{同步} = \frac{GMm}{R_{同步}^2} \Rightarrow R_{同步} = \left(\frac{GM}{\omega^2}\right)^{\frac{1}{3}} = \left(\frac{gR_e^2 t_0^2}{4\pi^2}\right)^{\frac{1}{3}}$$

(2) 考虑到地球在地心参考系中绕 SN 轴自转，卫星在地心参考系中沿着过两个不动点 N、S 的圆轨道转圈运动，两个转动角速度 ω 相同，可画出卫星在地球参考系固定的 $R_{同步}$ 球面上的运动轨道，如图 J8 所示.

轨道长度 L 的计算：

参考图 J9，有

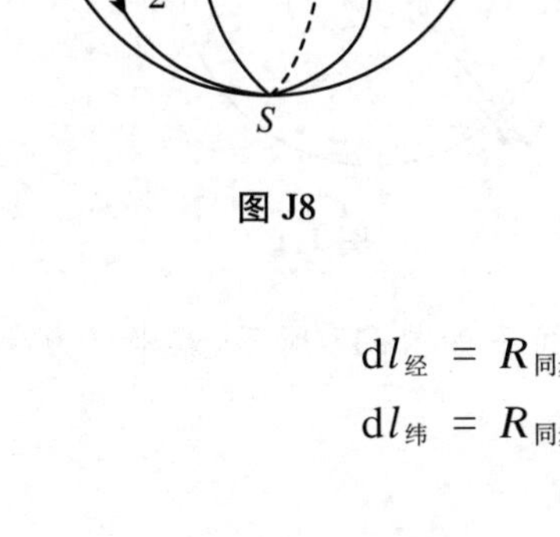

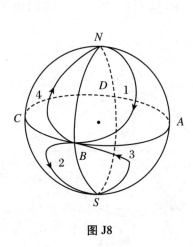

图 J8

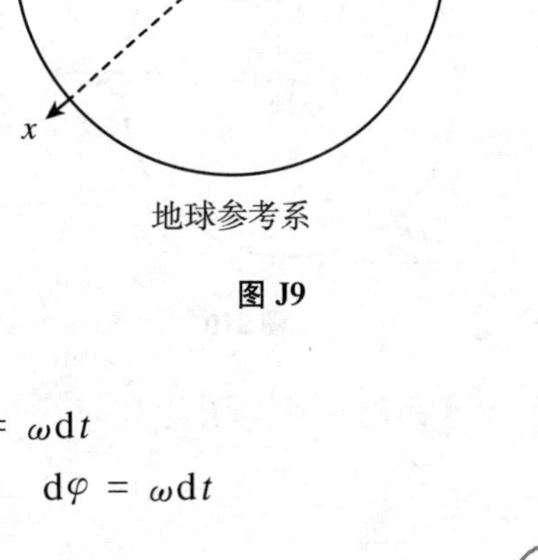

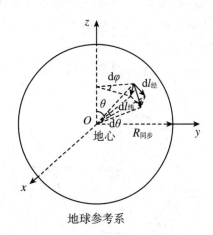

图 J9

$$dl_{经} = R_{同步}d\theta,\quad d\theta = \omega dt$$

$$dl_{纬} = R_{同步}\sin\theta \cdot d\varphi,\quad d\varphi = \omega dt$$

$$\mathrm{d}l = \sqrt{\mathrm{d}l_{经}^2 + \mathrm{d}l_{纬}^2} = R_{同步}\sqrt{1+\sin^2\theta}\mathrm{d}\theta$$

$$\frac{L}{4} = \int_0^{\frac{\pi}{2}}\mathrm{d}l = R_{同步}\int_0^{\frac{\pi}{2}}\sqrt{1+\sin^2\theta}\mathrm{d}\theta = 1.9101R_{同步}$$

得

$$L = 7.6404R_{同步}$$

附注

若将卫星绕地心旋转周期改取为两天，则轨道半径增为

$$R = \sqrt[3]{4}R_{同步} = \cdots$$

且有

$$\mathrm{d}l_{经} = R\mathrm{d}\theta,\quad \mathrm{d}\theta = \frac{\omega}{2}\mathrm{d}t$$

$$\mathrm{d}l_{纬} = R\sin\theta\mathrm{d}\varphi,\quad \mathrm{d}\varphi = \omega\mathrm{d}t = 2\mathrm{d}\theta$$

$$\mathrm{d}l = \sqrt{\mathrm{d}l_{经}^2 + \mathrm{d}l_{纬}^2} = R\sqrt{1+4\sin^2\theta}\mathrm{d}\theta$$

$$\frac{L}{4} = \int_0^{\frac{\pi}{2}}\mathrm{d}l = R\int_0^{\frac{\pi}{2}}\sqrt{1+4\sin^2\theta}\mathrm{d}\theta = 2.6352R$$

$$L = 10.5408R$$

附注

求题6(2)问中卫星在地球参考系运动轨道的参量方程.

地球系：$Oxyz$，北极 $x=0, y=0, z=R_{同步}$.

地心系：$O'x'y'z'$，北极 $x'=0, y'=0, z'=R_{同步}$.

地心系绕 $z'=z$ 轴相对地球系反向以角速度 ω 旋转. 卫星 P 在地心系的 $O'y'z'$ 平面上绕 O'(地心)以角速度 ω 旋转. $t=0$ 时刻，{地球系，地心系，P}位形如图 J10 所示. $t=0$ 到 $t>0$ 时刻：

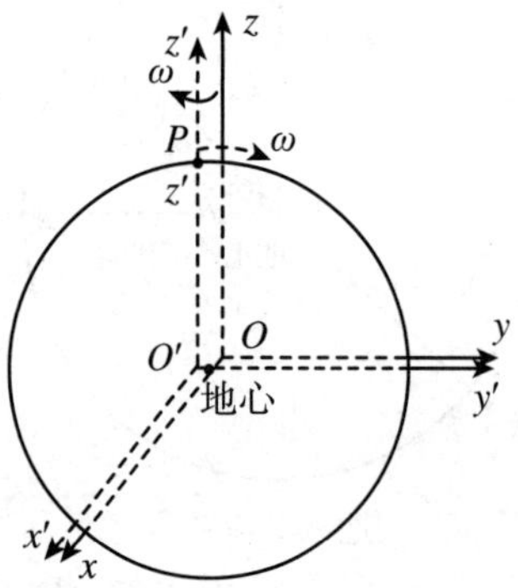

图 J10

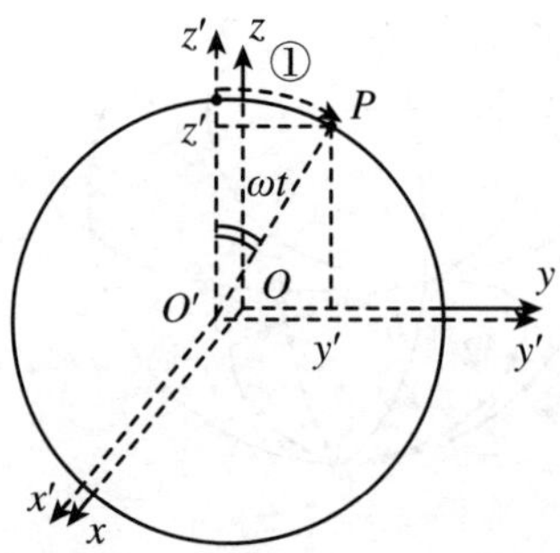

图 J11

① 先令地心系不转，P 在地心系中运动的末态位置如图 J11 所示，其坐标为

$$\left.\begin{aligned} z' &= R_{同步}\cos\omega t \\ y' &= R_{同步}\sin\omega t \\ x' &= 0 \end{aligned}\right\} P(x',y',z')$$

② 再补地心系相对地球系的转动. P 在地球系中运动的末态位置如图 J12 所示,其坐标为

$$\left.\begin{aligned} z &= z' = R_{同步}\cos\omega t \\ y &= y'\cos\omega t = R_{同步}\sin\omega t\cos\omega t \\ x &= y'\sin\omega t = R_{同步}\sin\omega t\sin\omega t \end{aligned}\right\} P(x,y,z)$$

此即为 P 在地球参考系运动轨道的参量方程.

$P(x,y,z)$位置特征:

$\frac{\pi}{2}>\omega t\geqslant 0$ 时,z 为正值,y 为正值,x 为正值;

$\pi>\omega t\geqslant\frac{\pi}{2}$ 时,z 为负值,y 为负值,x 为正值;

$\frac{3}{2}\pi>\omega t\geqslant\pi$ 时,z 为负值,y 为正值,x 为正值;

$2\pi>\omega t\geqslant\frac{3}{2}\pi$ 时,z 为正值,y 为负值,x 为正值.

$P(x,y,z)$轨道如 J 图 13 所示.

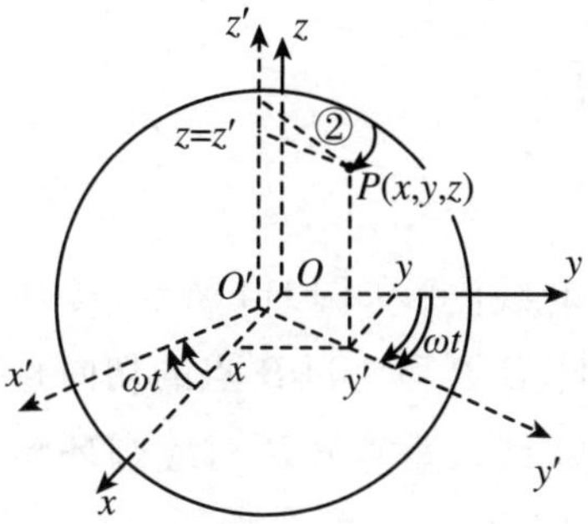

图 J12

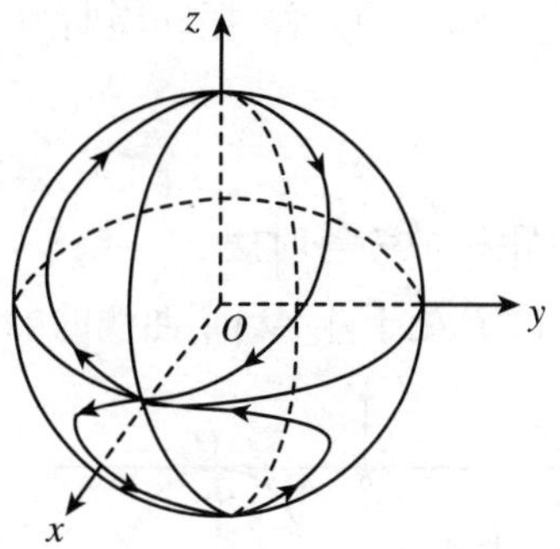

图 J13

题 7　(1.1) 环心水平右移 $R\theta$,竖直方向无移动,得

$$x = R(\theta+\sin\theta),\quad y = R(1-\cos\theta)$$

摆线在 A 点处的切线方向即为圆环 P 点随环纯滚动时在 A 处的速度方向,此时 Q 为瞬心,P 点速度与 $\overrightarrow{QP}$ 垂直.因此,摆线在 A 处的切线方向即为过 A 点与 $\overrightarrow{QP}$ 垂直的方向.

(1.2) 由 x-θ、y-θ 关系式得

$$\mathrm{d}x = R(1+\cos\theta)\mathrm{d}\theta,\quad \mathrm{d}y = R\sin\theta\mathrm{d}\theta$$

$$dS = \sqrt{(dx)^2 + (dy)^2} = \sqrt{2(1+\cos\theta)}R\,d\theta = 2R\cos\frac{\theta}{2}d\theta$$

积分得

$$S_{Ox} = \int_0^\theta dl = 4R\sin\frac{\theta}{2}$$

摆线总长为

$$L = 2S_{Ox}|_{\theta=\pi} = 8R$$

（摆线沿 x 轴的总长度为 $2\pi R$.）

(1.3) 参考图 7,质点运动过程中处于摆线上(x,y)位置时的速度记为 v,由能量守恒方程

$$mgy + \frac{1}{2}mv^2 = E_0\text{（常量）}\quad (m\text{ 为质点的质量})$$

$$y = R(1-\cos\theta) = 2R\sin^2\frac{\theta}{2} = \frac{S_{Ox}^2}{8R},\quad v = \frac{dS_{Ox}}{dt} = \dot{S}_{Ox}$$

得

$$\frac{mg}{8R}S_{Ox}^2 + \frac{1}{2}m\dot{S}_{Ox}^2 = E_0$$

两边对 t 求导,化简后即得

$$\ddot{S}_{Ox} + \frac{g}{4R}S_{Ox} = 0$$

这是一个简谐振动方程,振动周期为

$$T = 2\pi\sqrt{\frac{4R}{g}}$$

T 与 x_0 无关,故为等时摆.

(2.1) P 处于$A_{左}OA_{右}$ 曲线的(x,y)点时,$4R$ 轻线位形如图 J14 所示,其中 BB'段贴在右侧挡板上,$B'P$ 段为过B'点的切向直线段（在图中,它与 QB'线段垂直）. B'对应圆环转角 φ,其坐标 x'、y'分别为

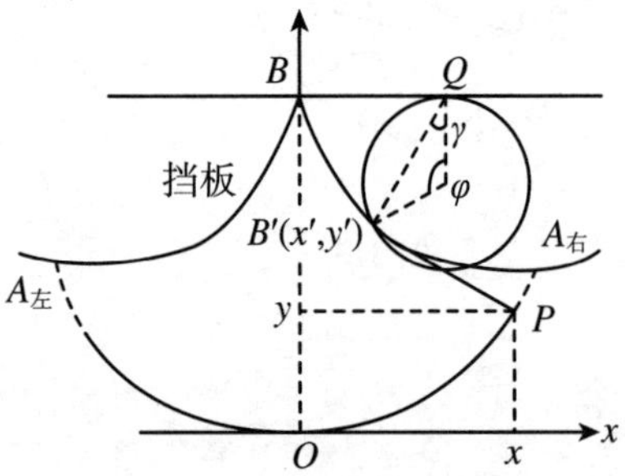

图 J14

$$x' = R\varphi - R\sin(\pi-\varphi),$$
$$y' = 3R - R\cos(\pi-\varphi)$$

右侧挡板对应的半支摆线长度为 $4R$,恰好等于轻线长度. 故轻线中余下的 $B'P$ 段长度 $l_{B'P}$ 即为(1.2)问解答中 $\theta=\pi-\varphi$ 时的S_{Ox},故有

$$l_{B'P} = 4R\sin\frac{1}{2}(\pi-\varphi)$$

图 J14 中 P 点的坐标量便为

$$x = x' + l_{B'P}\cos\gamma = R\varphi - R\sin(\pi - \varphi) + 4R\sin\frac{1}{2}(\pi - \varphi)\cos\frac{1}{2}(\pi - \varphi)$$

$$= R\varphi + R\sin\varphi$$

$$y = y' - l_{B'P}\sin\gamma = 3R - R\cos(\pi - \varphi) - 4R\sin\frac{1}{2}(\pi - \varphi)\sin\frac{1}{2}(\pi - \varphi)$$

$$= R - R\cos\varphi$$

故图 8 中曲线 $A_{左}OA_{右}$ 以图 J14 中角 φ 为参量时,其参量方程为

$$x = R(\varphi + \sin\varphi),\quad y = R(1 - \cos\varphi)$$

联系到(1.1)问解答中给出的摆线参量方程(图 J14 中 $\varphi = 0$ 对应的 O 点,相当于图 6 中 $\theta = 0$对应的 O 点),可见曲线 $A_{左}OA_{右}$ 也是一条摆线,而且也是半径为 R 的圆环对应的摆线.

(2.2) 考虑到机械能守恒,摆球 P 的摆动与(1.3)问解答中质点在摆线中的往返摆动完全相同,故 P 的不同幅度摆动周期同为

$$T = 2\pi\sqrt{\frac{4R}{g}}$$

也是等时摆.

题 8　如图 J15 所示,设 $t = 0$ 时质点 P 位于 $x = 0$ 处,沿 x 轴方向初速度 $v(0) \geqslant 0$. 以后运动中,P 位于 x 时沿 x 轴方向加速度 $a(x) \geqslant 0$,则到达 $x_0 > 0$ 的时刻为

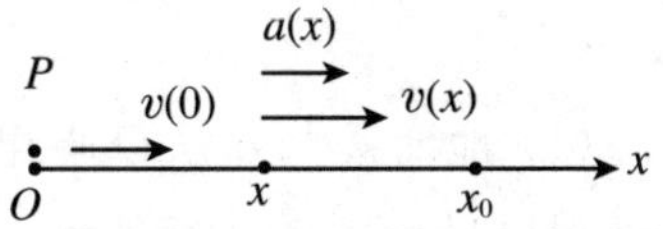

图 J15

$$t = \int_0^{x_0} \frac{dx}{v(x)}$$

因

$$v(x) = \sqrt{v^2(0) + \int_0^{x_0} a(x)dx}$$

故

$$t = \int_0^{x_0} \frac{dx}{\sqrt{v^2(0) + \int_0^{x_0} a(x)dx}}$$

引理 1　若 P 沿 x 轴的运动方式取 1、2 两种,且有

$$v_1(0) \geqslant v_2(0),\quad a_1(x) \geqslant a_2(x)$$

则

$$\int_0^{x_0} \frac{dx}{\sqrt{v_1^2(0) + \int_0^{x_0} a_1(x)dx}} \leqslant \int_0^{x_0} \frac{dx}{\sqrt{v_2^2(0) + \int_0^{x_0} a_2(x)dx}}$$

必有

$$t_1 \leqslant t_2$$

特例:

$v_1(0)=v_2(0)$,在 $x_0\geqslant x\geqslant 0$ 区域中存在部分或全部区域有 $a_1(x)>a_2(x)$,则必有

$$t_1<t_2$$

引理2 设 P 从 $x=0$ 到 $x=x_0$ 的运动过程取图J16所示的直线和曲线两种方式1和2,图中 $a_1(x)$ 和 $v_1(x)$ 为直线运动方式1中的加速度和速度,$a_2(x)$ 和 $v_2(x)$ 为曲线运动方式2中加速度和速度沿 x 轴的分量.将 P 从 $x=0$ 出发的时刻同记为 $t_1=0$,$t_2=0$,到达 x_0 时刻分别记为 t_1、t_2.若有

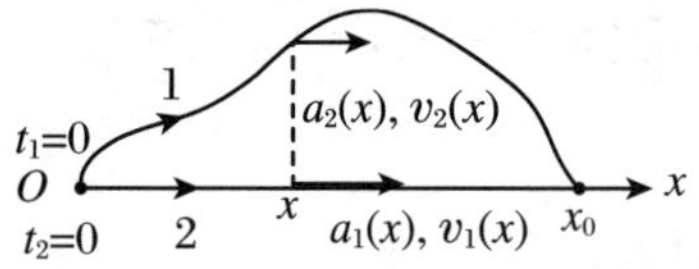

图 J16

$$v_1(0)\geqslant v_2(t),\quad a_1(x)\geqslant a_2(x)$$

则

$$\int_0^{x_0}\frac{\mathrm{d}x}{\sqrt{v_1^2(0)+\int_0^{x_0}a_1(x)\mathrm{d}x}}\leqslant\int_0^{x_0}\frac{\mathrm{d}x}{\sqrt{v_2^2(0)+\int_0^{x_0}a_2(x)\mathrm{d}x}}$$

必有

$$t_1\leqslant t_2$$

特例:

$v_1(0)=v_2(0)$,在 $x_0\geqslant x\geqslant 0$ 区域中存在部分或全部区域有 $a_1(x)>a_2(x)$,则必有

$$t_1<t_2$$

(1) 地面系中 B 从 O 点出发直到与 A 相遇所经时间若为 Δt,则在所有其他参考系中测得该过程所经时间同为 Δt.据此,符合题目要求的 t_e 可在任一参考系中求得.

$t=0$ 时刻开始改取相对地面系沿 x 轴方向以 $\boldsymbol{v}_0$ 匀速平动的惯性参考系 S',在 S' 系内设置水平的 $O'x'y'$ 平面,令 x' 轴与 x 轴重合,y' 轴与 y 轴平行.如图J17所示,$t=0$ 时刻 A 位于 $x'=0$,$y'=L$ 处,具有与 x' 轴反方向的匀速度 $-\boldsymbol{v}_0$.$t=0$ 时刻 B 静止于 O' 点,而后做加速运动,加速度 $\boldsymbol{a}$ 与地面系的相同,故仍可按题目所设进行讨论.

S' 系中 A 沿着图J18中虚线所示的直线轨道运动,A、B 相遇点 C 必定在此轨道线上.对任一可能的相遇点 C,B 可取匀加速直线运动方式1,加速度 $\boldsymbol{a}_1$ 大小处处为常量 a,到达 C 的时刻记为 t_1;B 也可取曲线运动方式2,加速度 $\boldsymbol{a}_2$ 的方向可变,大小 a 不变,到达 C 的时刻记为 t_2.

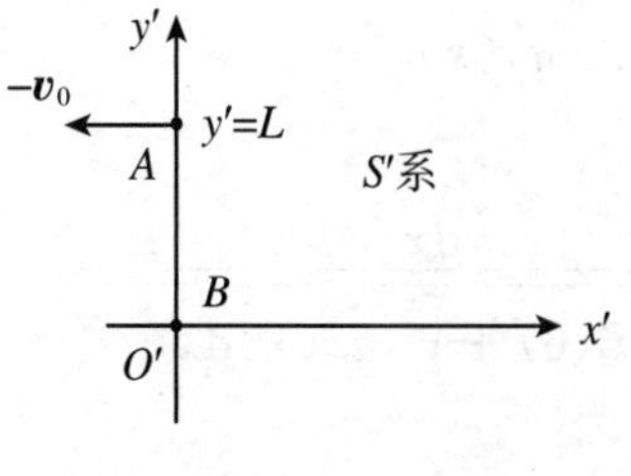

图 J17

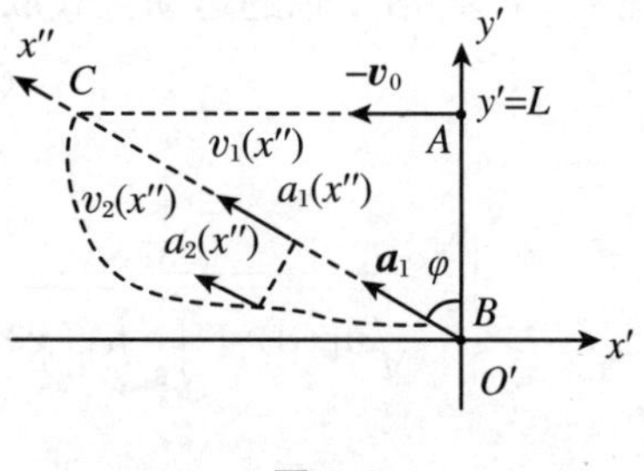

图 J18

沿 O'、C 连线方向设置 x'' 轴,参考图J18,考虑到 $a_2(x'')$ 为 $\boldsymbol{a}_2$ 沿 x'' 轴的分量,有

$v_1(0)=v_2(0)$，在 $x''_C \geqslant x'' \geqslant 0$ 区域中，必定存在一些区域有 $a_1(x'')>a_2(x'')$. 根据引理 2 特例，可知必有

$$t_1 < t_2$$

于是在 S''系中为使 B 能在最短时间内与 A 相遇，一方面相遇点必须在 $-\boldsymbol{v}_0$ 方向线上，另一方面又要求 B 必须做匀加速直线运动，故所求 t_e 需满足的方程为

$$\left(\frac{1}{2}at_e^2\right)^2-(v_0t_e)^2=L^2$$

解得

$$t_e=\frac{\sqrt{2}v_0}{a}\sqrt{1+\sqrt{1+\frac{a^2L^2}{v_0^4}}}$$

(2) 对图 J18 中 $\boldsymbol{a}_1$ 方向线与 y' 轴的夹角 φ，有

$$\tan\varphi=\frac{v_0t_e}{L}=\sqrt{2}\frac{v_0^2}{aL}\sqrt{1+\sqrt{1+\frac{a^2L^2}{v_0^4}}}$$

$$\cos\varphi=\frac{L}{\frac{1}{2}at_e^2}=\frac{2L}{at_e^2}=\frac{aL}{v_0^2\left(1+\sqrt{1+\frac{a^2L^2}{v_0^4}}\right)}$$

B 在地面系中的运动是初速度为 $\boldsymbol{v}_0$、加速度为常矢量 $\boldsymbol{a}$ 的类斜抛运动. 将 Oxy 坐标平面逆时针方向转过 $\pi-\varphi$，则 B 的运动轨道如图 J19(a)所示. 再转回去，便得 B 在地面系中的轨道如图 J19(b)所示.

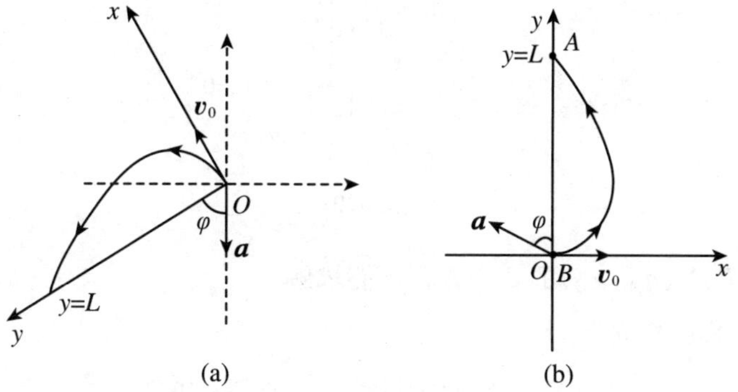

图 J19

轨道方程 $x=x(y)$ 的导出：

B 在 S 系中的速度分量与 t 的关系为

$$v(x')=-at\sin\varphi,\quad v(y')=at\cos\varphi$$

B 在地面系(Oxy 系)中速度分量为

$$v(x)=v_0+v(x')=v_0-at\sin\varphi$$

$$v(y)=v(y')=at\cos\varphi$$

B 在地面系中的运动方程便是

$$\begin{cases} x = v_0 t - \dfrac{1}{2}(a\sin\varphi)t^2 \\ y = \dfrac{1}{2}(a\cos\varphi)t^2 \Rightarrow \quad t = \sqrt{\dfrac{2y}{a\cos\varphi}} \end{cases}$$

得 B 的轨道方程为

$$\begin{cases} x = v_0\sqrt{\dfrac{2y}{a\cos\varphi}} - (\tan\varphi)y \\ \cos\varphi = \dfrac{aL}{v_0^2}\left(1+\sqrt{1+\dfrac{a^2L^2}{v_0^4}}\right)^{-1}, \quad \tan\varphi = \dfrac{\sqrt{2}v_0^2}{aL}\sqrt{1+\sqrt{1+\dfrac{a^2L^2}{v_0^4}}} \end{cases}$$

题 9 参考图 J20,水平绳段被剪断后瞬间,AB 绳段仍处竖直状态,绳段对 B 的拉力竖直向上,故 $\boldsymbol{a}_B$ 无水平分量.可列下述动力学方程:

$$A: T\cos\varphi - \mu N = m_A a_A \quad ①$$

$$N + T\sin\varphi = T + m_A g \quad ②$$

$$B: m_B g - T = m_B a_B \quad ③$$

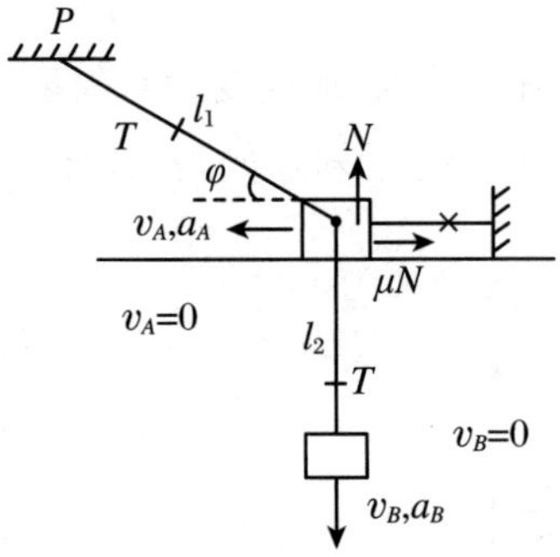

图 J20

含 4 个未知量(T、N、a_A、a_B)的 3 个方程不能求解.

运动关联方程的建立:

$$v_{Ar} = v_A\cos\varphi, \quad v_{A\perp} = v_A\sin\varphi$$

此时

$$v_A = 0: \begin{cases} v_{Ar} = 0 \\ v_{A\perp} = 0 \end{cases}$$

$$v_{Ar} = -\frac{\mathrm{d}l_1}{\mathrm{d}t} = \frac{\mathrm{d}l_2}{\mathrm{d}t} = v_B$$

此后 dt 时间内此关联都成立.

$$a_A\cos\varphi = a_r = \frac{\mathrm{d}v_{Ar}}{\mathrm{d}t} + \frac{v_{A\perp}^2}{l_1}\bigg|_{v_{A\perp}=0} = \frac{\mathrm{d}v_{Ar}}{\mathrm{d}t} = \frac{\mathrm{d}v_B}{\mathrm{d}t} = a_B$$

即得运动关联方程

$$a_A\cos\varphi = a_B \quad ④$$

联立①、②、③、④式，可解得

$$a_A = \frac{(\cos\varphi + \mu\sin\varphi - \mu)m_B - \mu m_A}{m_A + (\cos\varphi + \mu\sin\varphi - \mu)m_B\cos\varphi}g$$

附注

① 此式导出过程从略.

② 此式可用 $\mu=0$ 时的特解

$$a_A = \frac{m_B\cos\varphi}{m_A + m_B\cos^2\varphi}g$$

作验证.

③ 为使此式所得 $a_A>0$，所需满足条件的讨论从略.

题 10　首先对 $\boldsymbol{a}_m$、$\boldsymbol{a}_M$ 的各种方向组合的可能性作一分析.

(1) $\boldsymbol{a}_m$ 向下，$\boldsymbol{a}_M$ 向上（包括 $a_M=0$），则小孔环所受滑动摩擦力向上，大小为 f_0，这是可能的.

(2) $\boldsymbol{a}_m$ 向下，$\boldsymbol{a}_M$ 向下：

若 $a_m>a_M$，则小孔环所受滑动摩擦力向上，大小为 f_0，这是可能的；

若 $a_m=a_M$，则小孔环所受静摩擦力向上，大小为 $f\leqslant f_0$，这是可能的；

若 $a_m<a_M$，则小孔环所受滑动摩擦力向下，大小为 f_0，此时

$$a_M > a_m = \frac{f_0 + mg}{m} > g$$

这是不可能的.

(3) $\boldsymbol{a}_m$ 向上（包括 $a_m=0$），则小孔环所受摩擦力向上，大小为 $f=mg+ma_m>f_0$，这是不可能的.

综上所述，可能出现的组合是：

$\boldsymbol{a}_m$ 向下，$\boldsymbol{a}_M$ 向上（包括 $a_M=0$）；$\boldsymbol{a}_m$ 向下，$\boldsymbol{a}_M$ 向下（包括 $a_m>a_M$ 和 $a_m=a_M$）.

下面就可能出现的组合求解 $\boldsymbol{a}_m$、$\boldsymbol{a}_M$ 大小.

(1) $\boldsymbol{a}_m$ 向下，$\boldsymbol{a}_M$ 向上（包括 $a_M=0$）.

参考图 J21，引入绳中张力 T_1、T_2 后，可列下述方程组：

$$mg - f_0 = ma_m,\quad T_1 - M_1g = M_1a_M$$

$$M_2g - T_2 = M_2a_M,\quad T_2 = T_1 + f_0$$

其解为

$$a_M = \frac{(M_2 - M_1)g - f_0}{M_1 + M_2},\quad a_m = g - \frac{f_0}{m} > 0$$

要求 $a_M \geqslant 0$,条件是

$$M_2 \geqslant M_1 + \frac{f_0}{g}$$

(2) $\boldsymbol{a}_m$向下,$\boldsymbol{a}_M$向下($a_M \neq 0$).

据上所述,出现这种情况的条件必定是

$$M_2 < M_1 + \frac{f_0}{g} \tag{①}$$

(2.1) 设 $a_m > a_M > 0$.

对此,将图 J21 中的$\boldsymbol{a}_M$改画成左侧朝下、右侧朝上,可列下述方程组:

$$mg - f_0 = ma_m, \quad M_1 g - T_1 = M_1 a_M$$

$$T_2 - M_2 g = M_2 a_M, \quad T_2 = T_1 + f_0$$

其解为

$$a_M = \frac{(M_1 - M_2)g + f_0}{M_1 + M_2}, \quad a_m = g - \frac{f_0}{m} > 0$$

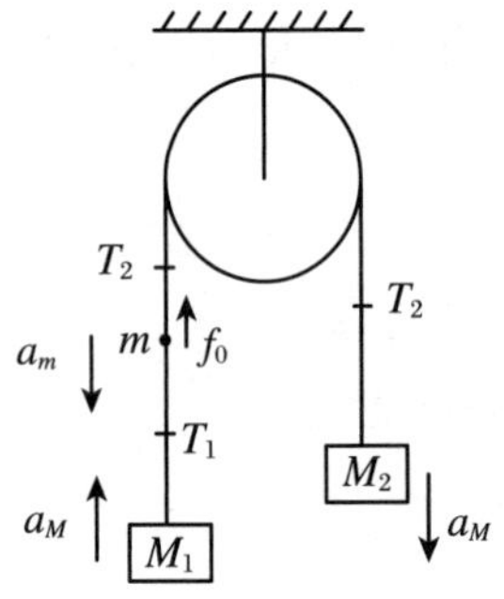

图 J21

首先要求 $a_M > 0$,条件即为上述①式;进而要求 $a_m > a_M$,即

$$M_2 > \frac{(M_1 + m)f_0}{2mg - f_0} \tag{②}$$

①、②式同时成立的前提是

$$M_1 + \frac{f_0}{g} > \frac{(M_1 + m)f_0}{2mg - f_0} \tag{③}$$

即

$$2M_1(mg - f_0) + f_0\left(m - \frac{f_0}{g}\right) > 0$$

这是必定成立的.

(2.2) 设 $a_m = a_M$.

将图 J22 中 a_M 换向,并将 f_0 改为 f,再将 a_m、a_M 统记为a,如图 J22 所示,则可列下述方程组:

$$(M_1 + m)g - T_2 = (M_1 + m)a$$

$$T_2 - M_2 g = M_2 a, \quad mg - f = ma$$

其解为

$$a = \frac{M_1 + m - M_2}{M_1 + M_2 + m}g, \quad f = m(g - a)$$

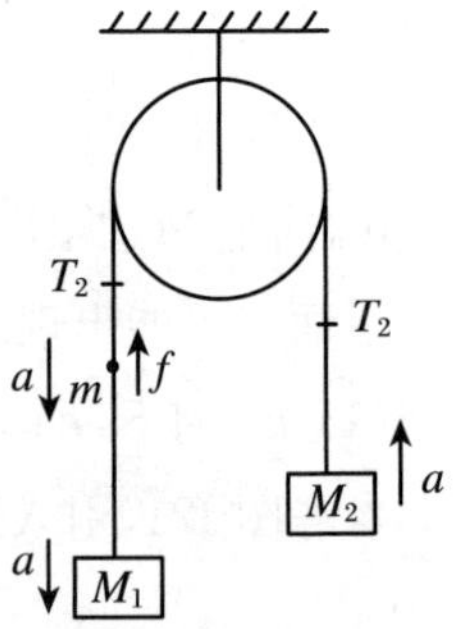

图 J22

首先要求

$$a > 0 \Rightarrow M_1 + m > M_2$$

由于①式已成立,必有

$$M_1 + m > M_1 + \frac{f_0}{g} > M_2$$

故前式成立.又要求

$$m(g - a) = f \leqslant f_0$$

将 a 的表达式代入后，得

$$2mM_2 g \leqslant (M_1 + M_2 + m) f_0$$

即要求

$$M_2 \leqslant \frac{(M_1 + m) f_0}{2mg - f_0} \qquad ④$$

考虑到③式的正确性，为使①、④式同时成立，只要求④式成立即可.

综上所述，有：

当 $M_2 \geqslant M_1 + \dfrac{f_0}{g}$ 时，$\boldsymbol{a}_m$ 向下，$\boldsymbol{a}_M$ 向上（包括 $a_M = 0$），解为

$$a_m = g - \frac{f_0}{m}, \quad a_M = \frac{(M_2 - M_1) g - f_0}{M_1 + M_2}$$

当 $M_1 + \dfrac{f_0}{g} > M_2 > \dfrac{(M_1 + m) f_0}{2mg - f_0}$ 时，$\boldsymbol{a}_m$ 向下，$\boldsymbol{a}_M$ 向下，且 $a_m > a_M$，解为

$$a_m = g - \frac{f_0}{m}, \quad a_M = \frac{(M_1 - M_2) g + f_0}{M_1 + M_2}$$

当 $\dfrac{(M_1 + m) f_0}{2mg - f_0} \geqslant M_2$ 时，$\boldsymbol{a}_m$ 向下，$\boldsymbol{a}_M$ 向下，且 $a_m = a_M$，解为

$$a_m = a_M = \frac{M_1 + m - M_2}{M_1 + m + M_2} g$$

题 11　全过程时间 T_k 的计算：

$$\mathrm{d}l = \sqrt{(\mathrm{d}r)^2 + (r\mathrm{d}\theta)^2} = \frac{r_0}{\pi} \sqrt{1 + \theta^2} \mathrm{d}\theta$$

$$L_k = \int_0^{2k\pi} \mathrm{d}l = \frac{r_0}{\pi} \int_0^{2k\pi} \sqrt{1 + \theta^2} \mathrm{d}\theta = \frac{r_0}{\pi} \left[\frac{\theta}{2} \sqrt{1 + \theta^2} + \frac{1}{2} \ln(\theta + \sqrt{1 + \theta^2}) \right] \Bigg|_0^{2k\pi}$$

$$= \frac{r_0}{\pi} \left[k\pi \sqrt{1 + 4k^2\pi^2} + \frac{1}{2} \ln(2k\pi + \sqrt{1 + 4k^2\pi^2}) \right]$$

$$T_k = \frac{L_k}{v_0} = \frac{r_0}{\pi v_0} \left[k\pi \sqrt{1 + 4k^2\pi^2} + \frac{1}{2} \ln(2k\pi + \sqrt{1 + 4k^2\pi^2}) \right]$$

小球运动方向转角 $\Delta\varphi_k$ 的计算：

参考图 J23，小球到 r、θ 位置时螺线切线方向线与矢径方向线的夹角记为 β，有

$$\tan \beta = \frac{(r + \mathrm{d}r)\mathrm{d}\theta}{\mathrm{d}r} = \frac{r\mathrm{d}\theta}{\mathrm{d}r} = \theta$$

得 $\theta = 0$ 时，$\beta_0 = 0$；$\theta = 2k\pi$ 时，$\beta_k = \arctan(2k\pi)$.

速度方向线转角为

$$\Delta\varphi_k = 2k\pi + (\beta_k - \beta_0) = 2k\pi + \arctan(2k\pi)$$

$\overline{N}$ 的计算：

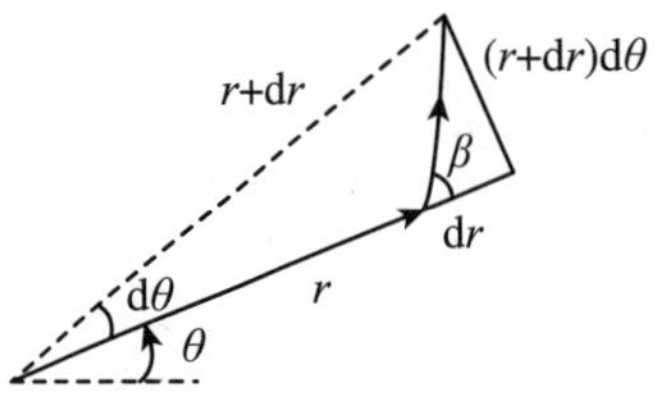

图 J23

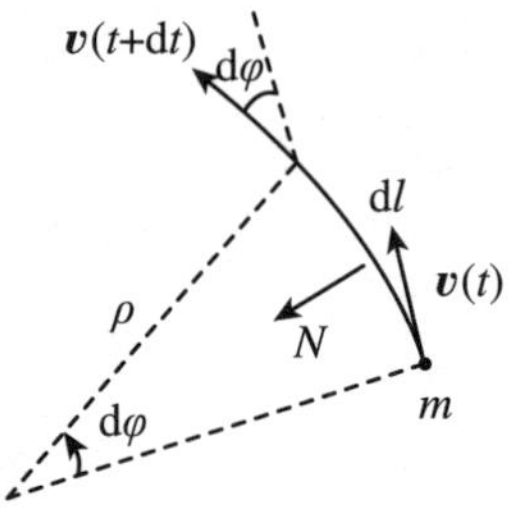

图 J24

dt 时间段内小球运动、受力情况如图 J24 所示，有

$$N = m\frac{v^2}{\rho} \Rightarrow N\mathrm{d}t = mv\frac{v\mathrm{d}t}{\rho} = mv\frac{\mathrm{d}l}{\rho} = mv\mathrm{d}\varphi$$

得

$$\int_0^{T_k} N\mathrm{d}t = \int_0^{\Delta\varphi_k} mv\mathrm{d}\varphi = mv_0\Delta\varphi_k$$

$$\overline{N} = \int_0^{T_k}\frac{N\mathrm{d}t}{T_k} = \frac{\pi m v_0^2}{r_0}\cdot\frac{2k\pi + \arctan(2k\pi)}{k\pi\sqrt{1+4k^2\pi^2} + \frac{1}{2}\ln\left(2k\pi + \sqrt{1+4k^2\pi^2}\right)}$$

k 很大时，有

$$2k\pi + \arctan(2k\pi) = 2k\pi + \frac{1}{2}\pi = 2k\pi$$

$$k\pi\sqrt{1+4k^2\pi^2} + \frac{1}{2}\ln\left(2k\pi + \sqrt{1+4k^2\pi^2}\right) = 2k^2\pi^2 + \frac{1}{2}\ln(4k\pi) = 2k^2\pi^2$$

得

$$\overline{N} = \frac{mv_0^2}{kr_0}$$

题 12 设摆线长 l，很易求得在车厢加速前摆球的速度大小为

$$v = \sqrt{\frac{gl}{\cos\theta}}\cdot\sin\theta \quad ①$$

车厢加速后，在车厢系中引入“类重力加速度”$\boldsymbol{g}'$，大小为

$$g' = \sqrt{g^2 + a^2}$$

对$\boldsymbol{g}'$与 $\boldsymbol{g}$ 的夹角 φ，有

$$\cos\varphi = \frac{g}{\sqrt{g^2+a^2}},\quad \sin\varphi = \frac{a}{\sqrt{g^2+a^2}} \quad ②$$

若摆球恰好从车厢开始加速时相对车厢继续做圆锥摆运动，则摆角必定为

$$\theta' = \begin{cases} \theta - \varphi & (\theta > \varphi) \\ \varphi - \theta & (\theta < \varphi) \end{cases} \quad ③$$

图 J25 中只画出了 $\theta>\varphi$ 的情况. 同样要求

$$v = \sqrt{\frac{g'l}{\cos\theta'}} \cdot \sin\theta' \quad ④$$

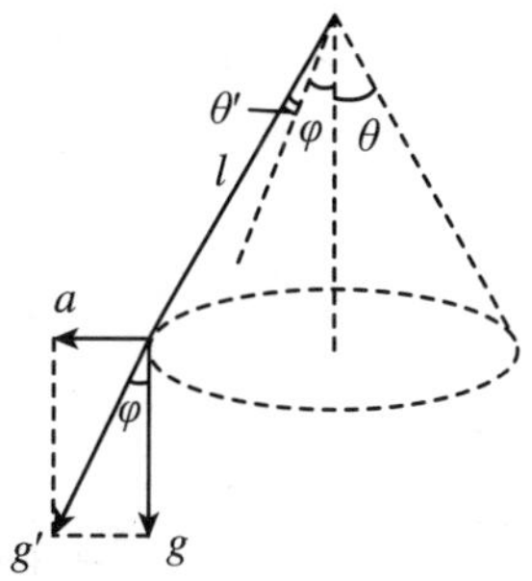

图 J25

联立④、①式，可得

$$\frac{g'\sin^2\theta'}{\cos\theta'} = \frac{g\sin^2\theta}{\cos\theta} \quad ⑤$$

联立③、②式，可得

$$\cos\theta' = \cos(\theta-\varphi) = \cos(\varphi-\theta) = \cos\theta\cos\varphi + \sin\theta\sin\varphi$$

$$= \frac{g}{\sqrt{g^2+a^2}}\cos\theta + \frac{a}{\sqrt{g^2+a^2}}\sin\theta$$

$$\sin^2\theta' = [\sin(\theta-\varphi)]^2 = [\sin(\varphi-\theta)]^2 = \frac{1}{g^2+a^2}(g\sin\theta - a\cos\theta)^2$$

代入⑤式，有

$$\frac{g\sin^2\theta}{\cos\theta} = \frac{g'\sin^2\theta'}{\cos\theta'} = \frac{\sqrt{g^2+a^2}\cdot\sin^2\theta'}{\dfrac{g}{\sqrt{g^2+a^2}}\cos\theta + \dfrac{a}{\sqrt{g^2+a^2}}\sin\theta}$$

$$= \frac{(g\sin\theta - a\cos\theta)^2}{g\cos\theta + a\sin\theta}$$

或展开为

$$g^2\cos\theta\sin^2\theta + ga\sin^3\theta = g^2\sin^2\theta\cos\theta - 2ga\sin\theta\cos^2\theta + a^2\cos^3\theta$$

即可解得

$$a = g(2+\tan^2\theta)\tan\theta \quad ⑥$$

此时

$$\tan\varphi = \frac{a}{g} = (2+\tan^2\theta)\tan\theta > \tan\theta$$

必有

$$\varphi > \theta$$

据此可得结论：

仅当 a 满足⑥式时，摆球可做摆角为

$$\theta' = \varphi - \theta = \arctan[(2+\tan^2\theta)\tan\theta] - \theta$$

的圆锥摆运动.表明图 J25 中的 $\theta > \varphi$ 情况不可取.

题 13 将 M、m 初态间距记为 l，S 系中 M 不动，m 朝 M 运动路程为 x 时速度记为 $v_0(x)$，S 系中 m 所受万有引力做功量记为 $W_0(x)$.参考图 J26，应有

$$W_0(x) = \frac{1}{2}mv_0^2(x) \Rightarrow v_0(x) = \sqrt{\frac{2W_0(x)}{m}}$$

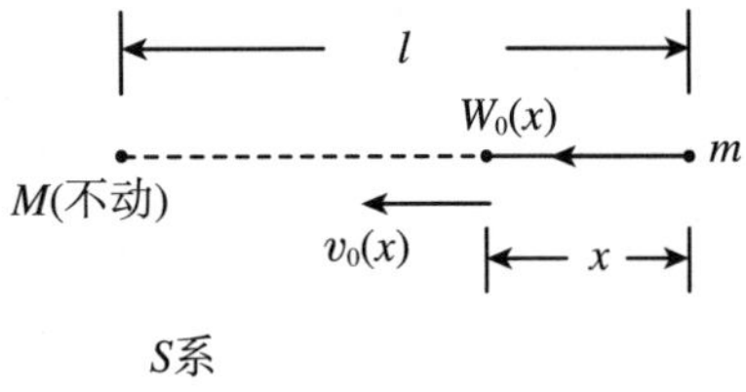

图 J26

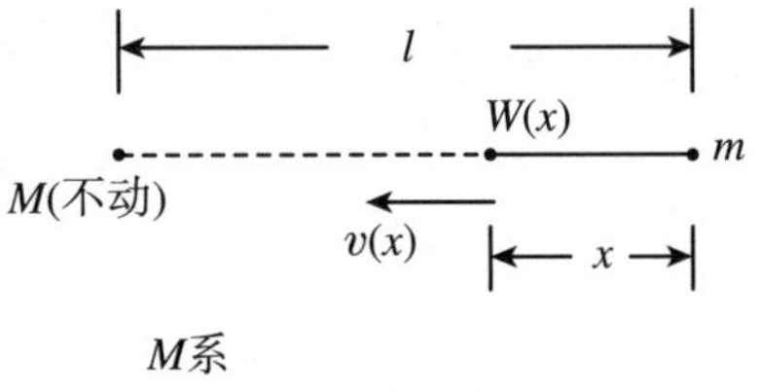

图 J27

若 S 系中 M、m 均可自由运动，则改取 M 参考系.在 M 参考系中 M 不动，m 朝 M 运动路程为 x 时速度记为 $v(x)$，M 参考系中 m 所受万有引力做的功记为 $W(x)$.参考图 J27，应有

$$W(x) = \frac{1}{2}\mu v_0^2(x) \Rightarrow v(x) = \sqrt{\frac{2W(x)}{\mu}}, \mu = \frac{Mm}{M+m}$$

因 $W(x) = W_0(x)$，故

$$\frac{v(x)}{v_0(x)} = \sqrt{\frac{m}{\mu}} = \sqrt{\frac{M+m}{M}} \quad (l > x > 0)$$

即有

$$\frac{T}{T_0} = \frac{v_0(x)}{v(x)} = \sqrt{\frac{M}{M+m}} \Rightarrow T = \sqrt{\frac{M}{M+m}}T_0 < T_0$$

题 14 S 系：

$$\boldsymbol{F}_{真}:\begin{cases}径向\\ F_{真} = -m\Omega^2 A\sin\Omega t\end{cases}$$

S' 系：

$$r' = x' = x = A\sin\Omega t, \quad \theta' = -\omega t$$

$$v'_r = \frac{\mathrm{d}r'}{\mathrm{d}t} = \Omega A\cos\Omega t, \quad v'_\theta = r'\frac{\mathrm{d}\theta'}{\mathrm{d}t} = -\omega A\sin\Omega t$$

$$\begin{cases} a'_r = \dfrac{\mathrm{d}^2 r'}{\mathrm{d}t^2} - r'\left(\dfrac{\mathrm{d}\theta'}{\mathrm{d}t}\right)^2 = -\Omega^2 A\sin\Omega t - \omega^2 A\sin\Omega t = -(\Omega^2+\omega^2)A\sin\Omega t \\ a'_\theta = r'\dfrac{\mathrm{d}^2\theta'}{\mathrm{d}t^2} + 2\dfrac{\mathrm{d}r'}{\mathrm{d}t}\dfrac{\mathrm{d}\theta'}{\mathrm{d}t} = -2\omega\Omega A\cos\Omega t \end{cases}$$

$$\boldsymbol{F}' = \boldsymbol{F}_{真} + m\omega^2\boldsymbol{r}' + 2m\boldsymbol{v}'\times\boldsymbol{\omega}$$

$$F'_r = F_{真} + m\omega^2 r' + 2mv'_\theta\omega = -m\Omega^2 A\sin\Omega t + m\omega^2 A\sin\Omega t - 2m\omega^2 A\sin\Omega t$$

$$= -m(\Omega^2+\omega^2)A\sin\Omega t = ma'_r$$

$$F'_\theta = -2mv'_r\omega = -2m\omega\Omega A\cos\Omega t = ma'_\theta$$

得

$$\boldsymbol{F}' = m\boldsymbol{a}'$$

题 15　(1) 向西，因为科里奥利力为 $2m\boldsymbol{v}\times\boldsymbol{\omega}$，其方向向西.

(2) 3 个阶段对应的时间 t 区间是

$$0\to\frac{v_0}{a}\to\frac{v_0}{a}+\frac{s}{v_0}\to\frac{v_0}{a}+\frac{s}{v_0}+\frac{v_0}{a}$$

这 3 个阶段锚的速度分别是

$$v = at,\quad v_0,\quad v_0 - a\left(t-\frac{v_0}{a}-\frac{s}{v_0}\right)$$

(3)

$$\begin{cases} a_{\mathrm{b}} = 2m\omega v/(M+m) \\ v\text{：在上述 3 个时间段分别用(2) 中的结果代入} \end{cases}$$

(4) 第 1 阶段：$0\to t_0=\dfrac{v_0}{a}$.

锚：

$$v = at$$

船：

$$\mathrm{d}u = a_{\mathrm{b}}\mathrm{d}t = \frac{2m\omega}{M+m}v\,\mathrm{d}t = \frac{2m\omega}{M+m}at\,\mathrm{d}t$$

$$u_0 = \int_0^{t_0}\mathrm{d}u = \frac{2m\omega}{M+m}a\cdot\frac{1}{2}t_0^2 = \frac{2m\omega}{M+m}a\cdot\frac{1}{2}\left(\frac{v_0}{a}\right)^2$$

第 2 阶段：$\dfrac{v_0}{a}\to\dfrac{v_0}{a}+\dfrac{s}{v_0}$.

锚：

$$v = v_0$$

船：

$$\mathrm{d}u = a_{\mathrm{b}}\mathrm{d}t = \frac{2m\omega}{M+m}v_0\,\mathrm{d}t$$

$$u(t)=u_0+\int_{t_0}^{t}\mathrm{d}u=\frac{2m\omega}{M+m}a\cdot\frac{1}{2}\left(\frac{v_0}{a}\right)^2+\frac{2m\omega}{M+m}v_0(t-t_0)$$

$$=\frac{2m\omega}{M+m}\left[\frac{1}{2}a\left(\frac{v_0}{a}\right)^2+v_0\left(t-\frac{v_0}{a}\right)\right]$$

(5)

$$u_{\mathrm{f}}=u(t)\Big|_{t=\frac{v_0}{a}+\frac{s}{v_0}}=\frac{2m\omega}{M+m}\left(\frac{1}{2}\frac{v_0^2}{a}+v_0\frac{s}{v_0}\right)=\frac{2m\omega}{M+m}\left(\frac{1}{2}\frac{v_0^2}{a}+s\right)$$

题 16 (1) 如图 J28 所示,以 O 为原点沿着未旋转且伸直的弹性绳长度方向设置 x 坐标轴,其中 x 到 $x+\mathrm{d}x$ 段的劲度系数为

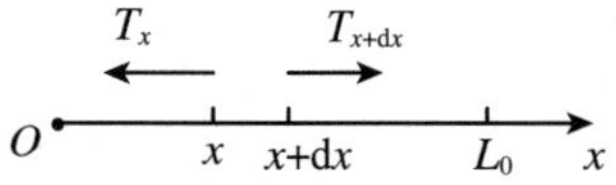

图 J28

$$-k_{\mathrm{d}x}=\frac{L_0}{\mathrm{d}x}k$$

旋转时,x 处指向 O 点方向的张力记为 T_x,$\mathrm{d}x$ 段的伸长量为

$$\mathrm{d}l_x=\frac{T_x}{k_{\mathrm{d}x}}=\frac{T_x}{L_0k}\mathrm{d}x$$

从 O 到 x 段的旋转长度便为

$$l_x=\int_0^x(\mathrm{d}l_x+\mathrm{d}x)=\int_0^x\left(\frac{T_x}{L_0k}+1\right)\mathrm{d}x \quad ①$$

$\mathrm{d}x$ 段旋转运动的动力学方程为

$$T_x-T_{x+\mathrm{d}x}=\left(\frac{\mathrm{d}x}{L_0}M\right)\omega^2l_x=\left[\frac{M}{L_0}\omega^2\int_0^x\left(\frac{T_x}{L_0k}+1\right)\mathrm{d}x\right]\mathrm{d}x$$

可得

$$-\frac{\mathrm{d}T_x}{\mathrm{d}x}=\frac{T_x-T_{x+\mathrm{d}x}}{\mathrm{d}x}=\frac{M}{L_0}\omega^2\int_0^x\left(\frac{T_x}{L_0k}+1\right)\mathrm{d}x$$

两边再对 x 求导,因

$$\frac{\mathrm{d}}{\mathrm{d}x}\int_0^xf(x)\mathrm{d}x=f(x)$$

得

$$-\frac{\mathrm{d}^2T_x}{\mathrm{d}x^2}=\frac{M}{L_0}\omega^2\left(\frac{T_x}{L_0k}+1\right)\Rightarrow \ddot{T}_x+\frac{M}{L_0^2k}\omega^2T_x=-\frac{M}{L_0}\omega^2$$

通解和辅助方程为

$$\begin{cases}T_x=A\cos\left(\sqrt{\dfrac{M}{k}}\dfrac{\omega}{L_0}x+\varphi\right)-L_0k & ②\\ A\cos\left(\sqrt{\dfrac{M}{k}}\omega+\varphi\right)-L_0k=T_{L_0}=0 & ③\\ -\dfrac{\mathrm{d}T_x}{\mathrm{d}x}=\dfrac{M}{L_0}\omega^2\displaystyle\int_0^x\left(\dfrac{T_x}{L_0k}+1\right)\mathrm{d}x & ④\end{cases}$$

由②、④式得

$$\begin{aligned}
&\sqrt{\frac{M}{k}}\frac{\omega}{L_0}A\sin\left(\sqrt{\frac{M}{k}}\frac{\omega}{L_0}x+\varphi\right)\\
&=\frac{M}{L_0}\omega^2\int_0^x\frac{1}{L_0k}A\cos\left(\sqrt{\frac{M}{k}}\frac{\omega}{L_0}x+\varphi\right)\mathrm{d}x+\frac{M}{L_0}\omega^2\int_0^x\frac{1}{L_0k}(-L_0k)\mathrm{d}x+\frac{M}{L_0}\omega^2\int_0^x\mathrm{d}x\\
&=\frac{M}{k}\frac{\omega^2}{L_0^2}\sqrt{\frac{k}{M}}\frac{L_0}{\omega}\left[A\sin\left(\sqrt{\frac{M}{k}}\frac{\omega}{L_0}x+\varphi\right)-A\sin\varphi\right]-\frac{M}{L_0}\omega^2\int_0^x\mathrm{d}x+\frac{M}{L_0}\omega^2\int_0^x\mathrm{d}x\\
&=\sqrt{\frac{M}{k}}\frac{\omega}{L_0}\left[A\sin\left(\sqrt{\frac{M}{k}}\frac{\omega}{L_0}x+\varphi\right)-A\sin\varphi\right]
\end{aligned}$$

所以

$$-\sqrt{\frac{M}{k}}\frac{\omega}{L_0}A\sin\varphi=0\Rightarrow\ \varphi=0$$

代入③式，得

$$A=L_0k/\cos\left(\sqrt{\frac{M}{k}}\omega\right)$$

再代入②式，得

$$T_x=L_0k\left[\frac{1}{\cos\left(\sqrt{\frac{M}{k}}\omega\right)}\cos\left(\sqrt{\frac{M}{k}}\frac{\omega}{L_0}x\right)-1\right]\tag{⑤}$$

再代入①式并取 $x=L_0$，得

$$\begin{aligned}
L&=\int_0^{L_0}\left[\frac{1}{\cos\left(\sqrt{\frac{M}{k}}\omega\right)}\cos\left(\sqrt{\frac{M}{k}}\frac{\omega}{L_0}x\right)-1\right]\mathrm{d}x+\int_0^{L_0}\mathrm{d}x\\
&=\frac{1}{\cos\left(\sqrt{\frac{M}{k}}\omega\right)}\cdot\sqrt{\frac{k}{M}}\frac{L_0}{\omega}\sin\left(\sqrt{\frac{M}{k}}\frac{\omega}{L_0}x\right)\Big|_0^{L_0}\\
&=\sqrt{\frac{k}{M}}\frac{L_0}{\omega}\cdot\tan\left(\sqrt{\frac{M}{k}}\omega\right)\\
&=\frac{\tan\left(\sqrt{\frac{M}{k}}\omega\right)}{\sqrt{\frac{M}{k}}\omega}L_0
\end{aligned}$$

因$\lim\limits_{x\to0}\dfrac{\tan x}{x}=1$，故可保证

$$\lim_{\omega\to0}L=L_0$$

(2)

$$\infty > L > L_0 \Rightarrow \quad \infty > \frac{\tan\left(\sqrt{\frac{M}{k}}\omega\right)}{\sqrt{\frac{M}{k}}\omega}L_0 > L_0$$

T_x 为 x 到 L_0 绳段提供正的向心力，即

$$T_x > 0 \Rightarrow \quad \infty > \frac{1}{\cos\left(\sqrt{\frac{M}{k}}\omega\right)}\cos\left(\sqrt{\frac{M}{k}}\frac{\omega}{L_0}x\right) > 1$$

要求

$$\left.\begin{array}{l}\sqrt{\frac{M}{k}}\omega \text{ 只能在象限 Ⅰ、Ⅲ} \\ \sqrt{\frac{M}{k}}\omega \text{ 只能在象限 Ⅰ、Ⅳ}\end{array}\right\}\sqrt{\frac{M}{k}}\omega \text{ 只能在象限 Ⅰ 且不可为 } \pm 2\pi \text{ 的正整数倍}$$

得

$$\frac{\pi}{2} \geqslant \sqrt{\frac{M}{k}}\omega \geqslant 0 \Rightarrow \frac{\pi}{2}\sqrt{\frac{k}{M}} \geqslant \omega \geqslant 0$$

题 16′ 绳旋转时因有离心趋势，各小段均会伸长，各小段两侧张力之和为其提供圆运动向心力.

如图 J29 所示，分别以不动端 O 和 O' 为原点，沿着伸直静绳长度方向设置 x 坐标轴，绳长 L_0，质量线密度记为常量 λ_0；沿着伸直动绳长度方向设置 x' 坐标轴，绳长 L，质量线密度记为变量 $\lambda(x')$.

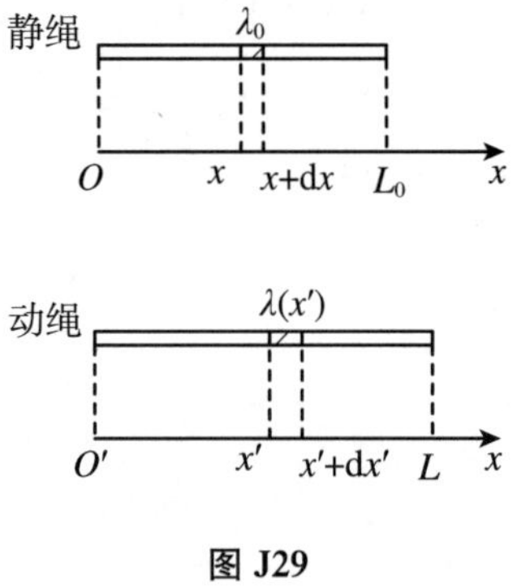

图 J29

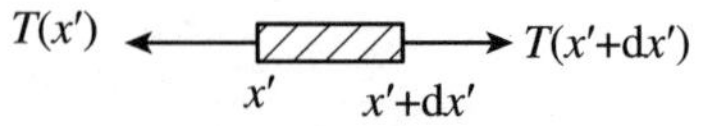

图 J30

静绳中的 $x \sim x+\mathrm{d}x$ 段对应动绳中的 $x' \sim x'+\mathrm{d}x'$ 段，伸长量记为 $\mathrm{d}\zeta$，杨氏模量记为常量 E，两端张力分别为 $T(x')$、$T(x'+\mathrm{d}x')$，如图 J30 所示. 将绳的截面积设为常量 S，由

$$E = \frac{\frac{T(x')}{S}}{\frac{\mathrm{d}\zeta}{\mathrm{d}x}}$$

$$\left.\begin{aligned}\lambda_0\mathrm{d}x = \mathrm{d}M = \lambda(x')\mathrm{d}x' \\ \mathrm{d}x' = \mathrm{d}x + \mathrm{d}\zeta\end{aligned}\right\} \Rightarrow \frac{\mathrm{d}\zeta}{\mathrm{d}x} = \frac{\lambda_0}{\lambda(x')} - 1$$

得

$$T(x') = ES \cdot \frac{\mathrm{d}\zeta}{\mathrm{d}x} = \left[\frac{\lambda_0}{\lambda(x')} - 1\right]ES$$

$$\mathrm{d}T = T(x' + \mathrm{d}x') - T(x') = -\frac{\lambda_0}{\lambda^2(x')}ES\mathrm{d}\lambda$$

与向心力公式

$$-\mathrm{d}T = \lambda(x')\mathrm{d}x' \cdot \omega^2 x'$$

联立,得

$$-\frac{\lambda_0}{\lambda^2(x')}ES\mathrm{d}\lambda = \lambda(x')\omega^2 x'\mathrm{d}x' \Rightarrow \int_{\lambda(x')}^{\lambda(x')|_{x'=L}=\lambda_0} -\frac{\lambda_0\mathrm{d}\lambda}{\lambda^3(x')} = \int_{x'}^{L}\frac{\omega^2}{ES}x'\mathrm{d}x'$$

$$\Rightarrow \frac{\lambda_0}{2}\left[\frac{1}{\lambda^2(x')} - \frac{1}{\lambda_0^2}\right] = \frac{1}{2}\frac{\omega^2}{ES}(L^2 - x'^2)$$

将

$$k = ES/L_0 \Rightarrow ES = kL_0,\quad \lambda_0 = \frac{M}{L_0}$$

代入上式,得

$$\frac{\lambda_0^2}{\lambda^2(x')} - 1 = \frac{M}{kL_0^2}(L^2 - x'^2)$$

从而得

$$\lambda(x') = \lambda_0\Big/\sqrt{\frac{M\omega^2}{kL_0^2}(L^2 - x'^2) + 1} = M\Big/\left[L_0\sqrt{\frac{M\omega^2}{kL_0^2}(L^2 - x'^2) + 1}\right]$$

结合

$$M = \int_0^L \lambda(x')\mathrm{d}x'$$

有

$$M = \frac{M}{\sqrt{\frac{M}{k}}\omega}\int_0^L \frac{\mathrm{d}x'}{\sqrt{(L^2 - x'^2) + \frac{kL_0^2}{M\omega^2}}} \Rightarrow$$

$$\int_0^L \frac{\mathrm{d}x'}{\sqrt{\left(L^2 + \frac{kL_0^2}{M\omega^2}\right) - x'^2}} = \sqrt{\frac{M}{k}}\omega \Rightarrow$$

$$\arcsin\frac{L}{\sqrt{L^2 + \frac{kL_0^2}{M\omega^2}}} = \sqrt{\frac{M}{k}}\omega \Rightarrow$$

$$\sin\left(\sqrt{\frac{M}{k}}\omega\right) = L\Big/\sqrt{L^2 + \frac{kL_0^2}{M\omega^2}} \Rightarrow$$

$$\tan\left(\sqrt{\frac{M}{k}}\omega\right) = L/\sqrt{\frac{k}{M}}\frac{L_0}{\omega}$$

得

$$L = \left[\tan\left(\sqrt{\frac{M}{k}}\omega\right)/\left(\sqrt{\frac{M}{k}}\omega\right)\right]L_0$$

题 17 （1）参考图 J31，将第 i 号绳段提供的冲量大小记为 I_i，要求第 i 号球与第 $i-1$ 号球在沿第 i 号绳段方向上的分速度（图中第 i 号球在此方向上的分速度标记为 $v_{i/\!/}$，第 $i-1$ 号球在此方向上的分速度未画出）相同，得

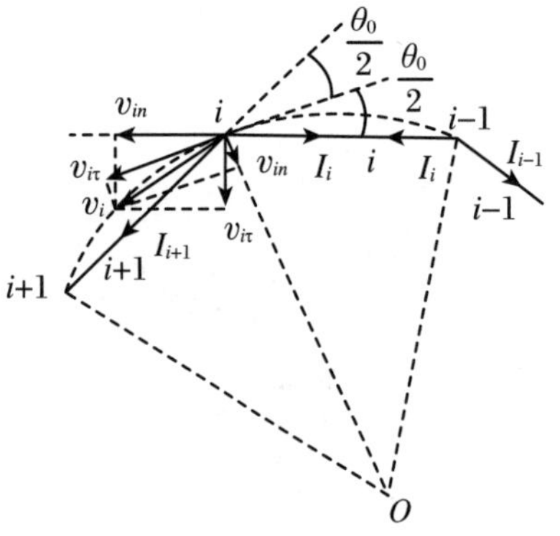

图 J31

$$\frac{I_{i+1}\cos\theta_0 - I_i}{m} = \frac{I_i - I_{i-1}\cos\theta_0}{m}$$

得递归方程

$$I_{i+1} - \frac{2}{\cos\theta_0}I_i + I_{i-1} = 0 \quad (i = 1,2,\cdots,N)$$

其特征方程

$$x^2 - \frac{2}{\cos\theta_0}x + 1 = 0$$

的两个根为

$$x_1 = \frac{1+\sin\theta_0}{\cos\theta_0}, \quad x_2 = \frac{1-\sin\theta_0}{\cos\theta_0}, \quad x_1 \cdot x_2 = 1$$

递归方程的通解便为

$$I_i = C_1 x_1^i + C_2 x_1^i = C_1 x_1^i + C_2 x_1^{-i} \quad （C_1、C_2 \text{ 为不定系数}）$$

第 0 号小球的右侧无绳段，可等效为有第 0 号绳段，它为第 0 号小球提供的 $I_0 = 0$；第 N 号球所受外力冲量 I 并非由根本不存在的第 $N+1$ 号绳段提供，但可等效为有第 $N+1$ 号绳段，该绳段为第 N 号球提供的假想冲量 I_{N+1} 在第 N 号绳段方向上的分量为 I. 据此可得关于 C_1、C_2 的两个条件方程：

$$I_0 = 0, \quad I_{N+1}\cos\theta_0 = I$$

$$C_1 x_1^0 + C_2 x_1^0 = I_0 = 0 \Rightarrow C_1 + C_2 = 0$$

$$C_1 x_1^{N+1} + C_2 x_1^{-(N+1)} = I_{N+1} = \frac{I}{\cos\theta_0}$$

解得

$$C_2 = -C_1, \quad C_1 = \frac{I}{[x_1^{N+1} - x_1^{-(N+1)}]\cos\theta_0}$$

$$I_i = C_1(x_1^i - x_1^{-i}) = \frac{x_1^i - x_1^{-i}}{x_1^{N+1} - x_1^{-(N+1)}}\frac{I}{\cos\theta_0}$$

参考图 J32，第 i 号球的速度 $\boldsymbol{v}_i$ 既非沿第 $i+1$ 号绳段方向，也并非沿外接圆的切线方

向，$\boldsymbol{v}_i$ 可分解为$\boldsymbol{v}_i=\boldsymbol{v}_{i/\!/}+\boldsymbol{v}_{i\perp}$，$\boldsymbol{v}_{i/\!/}$ 为$\boldsymbol{v}_i$ 沿第 i 号绳段方向分量；$\boldsymbol{v}_{i\perp}$ 为$\boldsymbol{v}_i$ 沿第 i 号绳段垂直方向分量. $\boldsymbol{v}_i$ 也可分解为$\boldsymbol{v}_i=\boldsymbol{v}_{i\tau}+\boldsymbol{v}_{in}$，$\boldsymbol{v}_{i\tau}$ 和 $\boldsymbol{v}_{in}$ 已在题目中定义，应有

$$v_{i\tau}=\frac{I_{i+1}\cos\frac{\theta_0}{2}-I_i\cos\frac{\theta_0}{2}}{m}=\frac{x_1^{i+1}-x_1^{-(i+1)}-x_1^i+x_1^{-i}}{x_1^{N+1}-x_1^{-(N+1)}}\cdot\frac{\cos\frac{\theta_0}{2}}{\cos\theta_0}\cdot\frac{I}{m}$$

$$v_{in}=\frac{I_{i+1}\sin\frac{\theta_0}{2}+I_i\sin\frac{\theta_0}{2}}{m}=\frac{x_1^{i+1}-x_1^{-(i+1)}+x_1^i-x_1^{-i}}{x_i^{N+1}-x_1^{-(N+1)}}\cdot\frac{\sin\frac{\theta_0}{2}}{\cos\theta_0}\cdot\frac{I}{m}$$

$$x_1=\frac{1+\sin\theta_0}{\cos\theta_0}$$

(2.1) 参考图 J32，取 θ 到 $\theta+\mathrm{d}\theta$ 链条元，其质量为

$$\mathrm{d}m=\lambda R\,\mathrm{d}\theta$$

该链条元两端受冲量的大小分别为 $I(\theta)$、$I(\theta+\mathrm{d}\theta)$，链条元所得切向速度为$\boldsymbol{v}_\tau(\theta)$，向心速度为$\boldsymbol{v}_n(\theta)$，则有

$$v_\tau(\theta)=\frac{I(\theta+\mathrm{d}\theta)-I(\theta)}{\mathrm{d}m}\cos\frac{\mathrm{d}\theta}{2}=\frac{1}{\lambda R}\frac{\mathrm{d}I}{\mathrm{d}\theta}$$

$$v_n(\theta)=\frac{I(\theta+\mathrm{d}\theta)\sin\frac{\mathrm{d}\theta}{2}+I(\theta)\sin\frac{\mathrm{d}\theta}{2}}{\mathrm{d}m}=\frac{I(\theta)}{\lambda R}$$

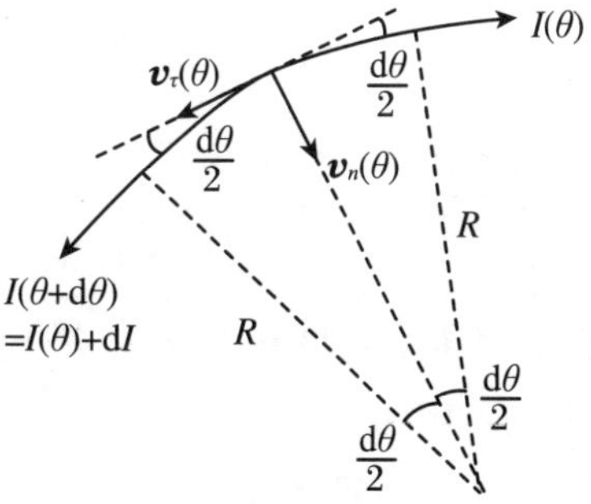

图 J32

故 θ 角位置的 $\mathrm{d}\theta$ 链条元获得的速度矢量为

$$\boldsymbol{v}(\theta)=\boldsymbol{v}_\tau(\theta)+\boldsymbol{v}_n(\theta)$$

为求得 $v_\tau(\theta)$、$v_n(\theta)$与 θ 的函数关系，首先要求得 $I(\theta)$与 θ 的函数关系.

从数学上考虑，上面已导得三个未知的 θ 函数 $v_\tau(\theta)$、$v_n(\theta)$和 $I(\theta)$相互间的两个关联方程，若能再找到一个其间关联方程，便有可能解出这三个函数.

再取 θ 到 $\theta+\mathrm{d}\theta$ 链条元，其两端 θ 角位置和 $\theta+\mathrm{d}\theta$ 角位置的切向和向心速度分量可分别记为$\boldsymbol{v}_\tau(\theta)$、$\boldsymbol{v}_n(\theta)$和$\boldsymbol{v}_\tau(\theta+\mathrm{d}\theta)$、$\boldsymbol{v}_n(\theta+\mathrm{d}\theta)$，如图 J33 所示. 各自合成的速度分别为

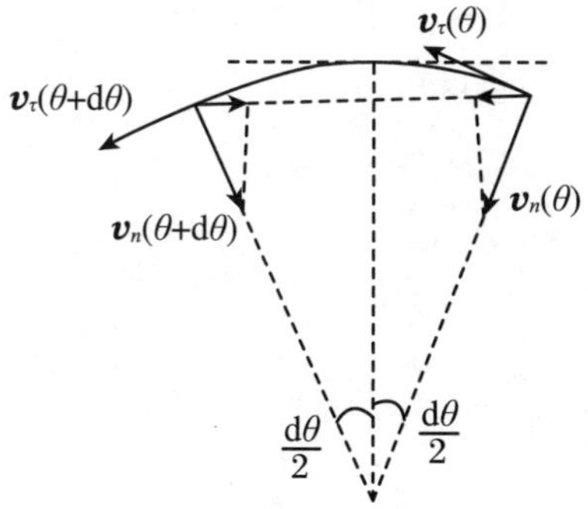

图 J33

$$\boldsymbol{v}(\theta)=\boldsymbol{v}_\tau(\theta)+\boldsymbol{v}_n(\theta),$$

$$\boldsymbol{v}(\theta+\mathrm{d}\theta)=\boldsymbol{v}_\tau(\theta+\mathrm{d}\theta)+\boldsymbol{v}_n(\theta+\mathrm{d}\theta)$$

需要注意，$\boldsymbol{v}(\theta)$方向与$\boldsymbol{v}_\tau(\theta)$方向不一致，即 $\boldsymbol{v}(\theta)$应偏离原几何圆弧切线方向，同样$\boldsymbol{v}(\theta+\mathrm{d}\theta)$也应偏离原几何圆弧切线方向. 但链条元长度应按常规约定不会变化，因此标量 $v_\tau(\theta)$、$v_\tau(\theta+\mathrm{d}\theta)$大小必须相同.

从 θ 到 $\theta+\mathrm{d}\theta$，$v_\tau(\theta)$变化的因素有两个：

① $v_\tau(\theta)$自身的增加：

$$\mathrm{d}v_{\tau_1}=\mathrm{d}\left(\frac{1}{\lambda R}\frac{\mathrm{d}I}{\mathrm{d}\theta}\right)=\frac{1}{\lambda R}\frac{\mathrm{d}^2 I}{\mathrm{d}\theta^2}\cdot\mathrm{d}\theta\begin{cases}>0\ (\text{增大})\\<0\ (\text{减小})\end{cases}$$

② 参见图J33，θ 处 $\boldsymbol{v}_n(\theta)$的切向正分量到 $\theta+\mathrm{d}\theta$ 处失去了，在 $\theta+\mathrm{d}\theta$ 处 $\boldsymbol{v}_n(\theta+\mathrm{d}\theta)$变为切向负分量，又出现了，合成效果相当于从 θ 到 $\theta+\mathrm{d}\theta$，切向正分量 $v_\tau(\theta+\mathrm{d}\theta)$与 $v_\tau(\theta)$相比有两份负增量，即

$$\mathrm{d}v_{\tau 2}=-v_n\sin\frac{\mathrm{d}\theta}{2}-v_n(\theta+\mathrm{d}\theta)\sin\frac{\mathrm{d}\theta}{2}=-v_n(\theta)\mathrm{d}\theta=-\frac{I}{\lambda R}\mathrm{d}\theta$$

为使 $v_\tau(\theta+\mathrm{d}\theta)$与 $v_\tau(\theta)$大小相同，应有

$$\mathrm{d}v_{\tau 1}+\mathrm{d}v_{\tau 2}=0\Rightarrow\frac{1}{\lambda R}\frac{\mathrm{d}^2 I}{\mathrm{d}\theta^2}\mathrm{d}\theta=\frac{I}{\lambda R}\mathrm{d}\theta$$

得

$$\frac{\mathrm{d}^2 I}{\mathrm{d}\theta^2}=I$$

（注意，θ 处合速度 $\boldsymbol{v}(\theta)=\boldsymbol{v}_\tau(\theta)+\boldsymbol{v}_n(\theta)$，方向偏离原切线方向.）此方程的两个线性不相关的特解为

$$\mathrm{e}^{\theta},\quad \mathrm{e}^{-\theta}$$

通解为

$$I(\theta)=C_1\mathrm{e}^{\theta}+C_2\mathrm{e}^{-\theta}$$

由两个边条件方程

$$I(\theta=0)=0,\quad I(\theta=\varphi)=I$$

解得

$$C_2=-C_1,\quad C_1=\frac{I}{\mathrm{e}^{\varphi}-\mathrm{e}^{-\varphi}}\Rightarrow I(\theta)=\frac{\mathrm{e}^{\theta}-\mathrm{e}^{-\theta}}{\mathrm{e}^{\varphi}-\mathrm{e}^{-\varphi}}I$$

继而可得

$$v_\tau(\theta)=\frac{1}{\lambda R}\frac{\mathrm{d}I}{\mathrm{d}\theta}=\frac{\mathrm{e}^{\theta}+\mathrm{e}^{-\theta}}{\mathrm{e}^{\varphi}-\mathrm{e}^{-\varphi}}\frac{I}{\lambda R},\quad v_n(\theta)=\frac{I(\theta)}{\lambda R}=\frac{\mathrm{e}^{\theta}-\mathrm{e}^{-\theta}}{\mathrm{e}^{\varphi}-\mathrm{e}^{-\varphi}}\frac{I}{\lambda R}$$

（2.2）由（1）问所得 x_1、x_1^i、x_1^N 表达式，结合本小问的所设可得

$$x_1=\frac{1+\sin\theta_0}{\cos\theta_0}=\left.\frac{1+\sin\frac{\varphi}{N}}{\cos\frac{\varphi}{N}}\right|_{N\to\infty}=1+\frac{\varphi}{N}$$

$$x_1^i=\left(1+\frac{\varphi}{N}\right)^i=\left(1+\frac{\varphi}{N}\right)^{\frac{N}{\varphi}\theta}=\left[\left(1+\frac{\varphi}{N}\right)^{\frac{N}{\varphi}}\right]^{\theta}=\mathrm{e}^{\theta}\Rightarrow x_1^{-i}=\mathrm{e}^{-\theta}$$

$$x_1^N=\left(1+\frac{\varphi}{N}\right)^N=\left[\left(1+\frac{\varphi}{N}\right)^{\frac{N}{\varphi}}\right]^{\varphi}=\mathrm{e}^{\varphi}\Rightarrow x_1^{-N}=\mathrm{e}^{-\varphi}\quad\Rightarrow$$

$$x_1^{N+1} = e^{\varphi}x_1 = e^{\varphi}\left(1+\frac{\varphi}{N}\right)\Big|_{N\to\infty} = e^{\varphi}, x_1^{-(N+1)} = e^{-\varphi}$$

将(1)问所得 $I_i(\theta)$改述为 $I(\theta_i)$或 $I(\theta)$,可得

$$I(\theta) = I(\theta_i) = I_i(\theta) = \frac{x_1^i - x_1^{-i}}{x_1^{N+1} - x_1^{-(N+1)}}\frac{I}{\cos\theta_0} = \frac{e^{\theta} - e^{-\theta}}{e^{\varphi} - e^{-\varphi}}\frac{I}{\cos\dfrac{\varphi}{N}}$$

当 $N\to\infty$时,有

$$I(\theta) = \frac{e^{\theta} - e^{-\theta}}{e^{\varphi} - e^{-\varphi}}I$$

即成(2.1)问所得 $I(\theta)$表达式.

题 18　(1) 因为此时质元本身也可“伸长”,即有内部结构,不可再模型化为质点.为讨论内力做功量,必须将质元分解为微观粒子(分子、原子、电子、电子核……),再将微观粒子模型化为质点,绳中张力归结为此种质点之间的非零距离作用力,故做功之和可以不为零.

(2) 宏观物体之间的摩擦力也应归结为微观粒子之间的非零距离作用力,故做功之和可以不为零.

题 19　(1) t 时刻飞船(主体与剩余燃料)质量记为 M,速度记为 v,经 $\mathrm{d}t$ 时间燃烧掉的燃料质量 $-\mathrm{d}M = m_0\mathrm{d}t$,飞船速度增为 $v+\mathrm{d}v$.由动量守恒方程

$$(M+\mathrm{d}M)(v+\mathrm{d}v) + (-\mathrm{d}M)(v+\mathrm{d}v-u) = Mv$$

(略去二阶小量)得

$$M\mathrm{d}v + u\mathrm{d}M = 0 \qquad ①$$

将 $\mathrm{d}M = -m_0\mathrm{d}t$,$\mathrm{d}v = a\mathrm{d}t$ 代入,得

$$a(t) = \frac{m_0}{M}u = \frac{m_0}{M_0 + M_R - m_0 t}u \quad \left(\frac{M_R}{m_0} \geqslant t \geqslant 0\right)$$

即有

$$a_{\min} = \frac{m_0}{M_0 + M_R}u \quad (t = 0\text{时})$$

$$a_{\max} = \frac{m_0}{M_0}u \quad \left(t = \frac{M_R}{m_0}\text{时}\right)$$

(2) 对①式积分

$$\int_0^v \frac{\mathrm{d}v}{u} + \int_{M_0+M_R}^{M} \frac{\mathrm{d}M}{M} = 0$$

得

$$v(t) = u\ln\frac{M_0 + M_R}{M}$$

末速度为

$$v_e = u \ln \frac{M_0 + M_R}{M_0} \qquad ②$$

(3) $t \to t + dt$ 时间内，$M \to \{M + dM, -dM\}$ 系统动能增量为

$$dE_k = \left[\frac{1}{2}(M + dM)(v + dv)^2 + \frac{1}{2}(-dM)(v - u)^2\right] - \frac{1}{2}Mv^2$$

略去二阶小量，得

$$dE_k = (Mdv + udM)v - \frac{1}{2}u^2 dM$$

将①式代入，得

$$dE_k = -\frac{1}{2}u^2 dM = \frac{1}{2}m_0 u^2 dt \qquad ③$$

dt 时间内燃料释放的内能 $dU_内$ 等于系统动能增量 dE_k，即得 t 时刻发动机提供的功率为

$$P(t) = \frac{1}{2}m_0 u^2 \qquad ④$$

附注

$t \to t + dt$ 时间内，由 $-dM$ 与 $M + dM$ 构成的系统中，其间一对作用力、反作用力做功之和 $dW_内$ 与参考系选取无关，故可在 $M + dM$ 参考系中计算. 将作用力、反作用力大小记为 $F_内$，S 系中 $M + dM$ 朝前加速度和 $-dM$ 朝后加速度已在图 J34 中给出. 其间相对加速度大小为

$$a' = a_{M+dM} + a_{-dM} = \frac{M}{-dM} a_{M+dM}$$

$$a_{-dM} = \frac{F_内}{-dM} = \frac{M+dM}{-dM} a_{M+dM} \quad \xleftarrow{-dM} \quad \xrightarrow{M+dM} \quad a_{M+dM} = \frac{F_内}{M+dM} \text{(有限量)}$$

图 J34

系统在 $M + dM$ 参考系中的动能增量记为 dE'_k，则有

$$dE'_k = dW_内 + [(-dM) \cdot a_{M+dM}] \cdot \left[\frac{1}{2}a'(dt)^2\right]$$

$$= dW_内 + (-dM) \cdot a_{M+dM} \cdot \frac{1}{2} \cdot \frac{M}{-dM} a_{M+dM}(dt)^2$$

$$= dW_内 + \frac{1}{2}Ma_{M+dM}^2(dt)^2$$

因 $\frac{1}{2}Ma_{M+dM}^2(dt)^2$ 为二阶小量可略，故有

$$dW_内 = dE'_k$$

又因在 $M + dM$ 参考系中，$M + dM$ 无动能，故

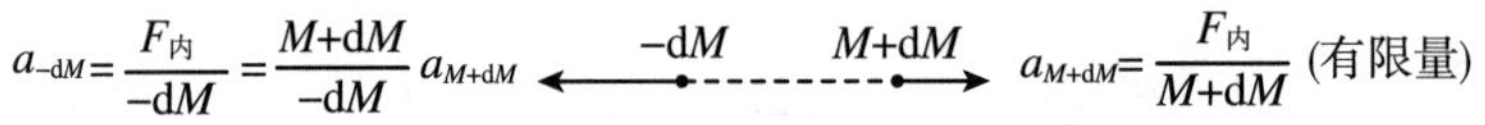

$$dE'_k = \frac{1}{2}(-dM)u^2$$

考虑到 $dW_{内}$ 即为 dt 时间内燃料释放的内能 $dU_{内}$，即得

$$dU_{内} = -\frac{1}{2}u^2 dM = \frac{1}{2}m_0 u^2 dt$$

用此式代替③式，也可得④式.

还需注意，在 $-dM$ 参考系中，惯性力对 $M+dM$ 做功量不是无穷小量，不可忽略，故不能得

$$dW_{内} = dE'_k = \frac{1}{2}(M_0 + dM)u^2$$

因 $P(t)$ 为常量，故

$$P_i = \frac{1}{2}m_0 u^2, \quad \overline{P} = \frac{1}{2}m_0 u^2$$

(4) 根据②式，飞船最终获得的动能为

$$E_{ke} = \frac{1}{2}M_0 v_e^2 = \frac{1}{2}M_0 u^2 \left(\ln\frac{M_0 + M_R}{M_0}\right)^2$$

释放的全部燃料内能为

$$U_{内} = \overline{P}\cdot\frac{M_R}{m_0} = \frac{1}{2}M_R u^2$$

所求效率便为

$$\eta = \frac{E_{ke}}{U_{内}} = \frac{M_0}{M_R}\left(\ln\frac{M_0 + M_R}{M_0}\right)^2 \qquad ⑤$$

(5) 将 $M_R = \alpha M_0$ 代入⑤式，得

$$\eta = \frac{1}{\alpha}[\ln(1+\alpha)]^2 \Rightarrow \frac{d\eta}{d\alpha} = -\frac{1}{\alpha^2}[\ln(1+\alpha)]^2 + \frac{2}{\alpha}[\ln(1+\alpha)]\cdot\frac{1}{1+\alpha} \overset{令}{=} 0$$

得 α 取满足方程

$$\frac{2\alpha}{1+\alpha} = \ln(1+\alpha)$$

的解，对应的 η 为极值. 由数值计算

α	1	2	3	4	5
$\frac{2\alpha}{1+\alpha}$	1	1.33	1.5	1.6	1.67
$\ln(1+\alpha)$	0.69	1.10	1.39	1.61	1.79
η	48%	60%	64%	65%	64%

可知 $\alpha = 4$ 时，$\eta = \eta_{max} = 65\%$.

题 20　(1) 桌外绳段长度为 l 时，绳中各部位速度大小记为 v，则由

$$\frac{1}{2}Mv^2=\frac{M}{L}gl\cdot\frac{l}{2}$$

可得

$$v=\sqrt{\frac{g}{L}}l$$

绳的水平动量为

$$p_{/\!/}=\frac{M}{L}(L-l)v=\frac{M\sqrt{g}}{L\sqrt{L}}(L-l)l$$

根据质点系动量定理,有

$$\text{水平方向:}N_{/\!/}\mathrm{d}t=\mathrm{d}p_{/\!/}\Rightarrow\ N_{/\!/}=\frac{\mathrm{d}p_{/\!/}}{\mathrm{d}t}=\frac{\mathrm{d}p_{/\!/}}{\mathrm{d}l}\frac{\mathrm{d}l}{\mathrm{d}t}=\frac{\mathrm{d}p_{/\!/}}{\mathrm{d}l}v$$

得

$$N_{/\!/}=\frac{M\sqrt{g}}{L\sqrt{L}}(L-2l)v\Rightarrow\ N_{/\!/}=\frac{Mg}{L^2}(L-2l)l$$

可见,有

$$\frac{L}{2}>l>0\text{ 时 }N_{/\!/}>0,\quad l=\frac{L}{2}\text{ 时 }N_{/\!/}=0,\quad L>l>\frac{L}{2}\text{ 时 }N_{/\!/}<0$$

(2) 因为 $N_{\perp}$ 也作用于水平桌面右端,所以不能简单地认定 N^* 只起到抵消剩余绳段所受重力的作用,而得 $N^*=\frac{L-l}{L}Mg$.

绳整体在竖直朝下方向上的动量为

$$p_{\perp}=\frac{M}{L}lv=\frac{M}{L}\frac{\sqrt{g}}{\sqrt{L}}l^2$$

有

$$Mg-N_{\perp}-N^*=\frac{\mathrm{d}p_{\perp}}{\mathrm{d}t}=2\frac{Mg}{L^2}l^2$$

因 $\overline{N}$ 必与水平或竖直分量的夹角同为 45°,故有

$$N_{\perp}=N_{/\!/}=\frac{Mg}{L^2}(L-2l)l$$

可得

$$N^*=Mg-N_{\perp}-2\frac{Mg}{L^2}l^2=\frac{L-l}{L}Mg$$

题 21 质点的初始速度 v_0 可由

$$\frac{mv_0^2}{L}=k(L-L_0)=kL\quad(L_0\text{ 为绳的自然长度})$$

求得,为

$$v_0 = \sqrt{\frac{k}{m}}L \quad ①$$

以后质点速度大小始终为 v_0.

(1) 未缠绕绳段长度为 x,对应原长 L_0 中占据的长度记为 x_0,其劲度系数记为 k_{x_0},则应有

$$k_x = k_{x_0} = \frac{L_0}{x_0}k$$

取微小圆弧段运动,有

$$\frac{mv_0^2}{x} = k_x(x - x_0) = k_x x \Rightarrow mv_0^2 = k_x x^2$$

因原长 L_0 可忽略,故此处 x_0 也可忽略.将①式代入,即得

$$k_x = \frac{L^2}{x^2}k \quad ②$$

(2) 开始时刻记为 $t=0$,$T>t\geqslant 0$ 时刻,未缠绕绳段长度记为 $x=x(t)$. t 时刻,质点绕绳段另一端(与圆接触端)转动的角速度为

$$\omega = \frac{v_0}{x}$$

经 $\mathrm{d}t$ 时间新绕到圆杆上的长度记为 $\mathrm{d}l$,对应圆杆圆弧所张圆心角记为 $\mathrm{d}\theta$,则有

$$\mathrm{d}l = a\mathrm{d}\theta, \mathrm{d}\theta = \omega\mathrm{d}t = \frac{v_0}{x}\mathrm{d}t \Rightarrow \mathrm{d}l = \frac{a}{x}v_0\mathrm{d}t \quad ③$$

余下的 $x-\mathrm{d}l$ 绳段的劲度系数记为 $k'_{x-\mathrm{d}l}$,该绳段在原 x 绳段中时,两端受力与原 x 绳段两端受力大小相同,为

$$F = \frac{mv_0^2}{x}$$

则应有

$$\frac{mv_0^2}{x} = k'_{x-\mathrm{d}l}(x - \mathrm{d}l)$$

$x-\mathrm{d}l$ 段原长已略去.将①式代入,得

$$k'_{x-\mathrm{d}l} = \frac{L^2}{x(x-\mathrm{d}l)}k \quad ④$$

处于 $t+\mathrm{d}t$ 时刻的未缠绕绳段 $x-\mathrm{d}l$,需要考虑质点所需向心力大小会发生变化,这一变化有可能使绳段 $x-\mathrm{d}l$ 又产生新的形变量 $\mathrm{d}\zeta$($\mathrm{d}\zeta>0$ 对应伸长量,$\mathrm{d}\zeta<0$ 对应缩短量),则绳段长度成为 $x-\mathrm{d}l+\mathrm{d}\zeta$,此绳段在原长中对应的长度记为 $(x-\mathrm{d}l+\mathrm{d}\zeta)_0$,其实此量与原 x 绳段中 $x-\mathrm{d}l$ 段对应的原长相同,只是现在改记为 $x-\mathrm{d}l$ 段形变后长度 $x-\mathrm{d}l+\mathrm{d}\zeta$ 所对应的原长表述方式 $(x-\mathrm{d}l+\mathrm{d}\zeta)_0\approx 0$(略去).

$t+\mathrm{d}t$ 时刻形变后的 $x-\mathrm{d}l+\mathrm{d}\zeta$ 绳段为质点运动提供的向心力为

$$\frac{mv_0^2}{x-\mathrm{d}l+\mathrm{d}\zeta}=k_{x-\mathrm{d}l+\mathrm{d}\zeta}[(x-\mathrm{d}l+\mathrm{d}\zeta)-(x-\mathrm{d}l+\mathrm{d}\zeta)_0]$$
$$=k_{x-\mathrm{d}l+\mathrm{d}\zeta}(x-\mathrm{d}l+\mathrm{d}\zeta)$$

得

$$k_{x-\mathrm{d}l+\mathrm{d}\zeta}=\frac{mv_0^2}{(x-\mathrm{d}l+\mathrm{d}\zeta)^2},\quad v_0^2=\frac{k}{m}L^2\ \Rightarrow$$
$$k_{x-\mathrm{d}l+\mathrm{d}\zeta}=\frac{L^2}{(x-\mathrm{d}l+\mathrm{d}\zeta)^2}k \tag{⑤}$$

与②式一致,此时 $x-\mathrm{d}l+\mathrm{d}\zeta$ 绳段劲度系数应与原 x 绳段中 $x-\mathrm{d}l$ 绳段劲度系数相同,即有

$$k_{x-\mathrm{d}l+\mathrm{d}\zeta}=k'_{x-\mathrm{d}l} \tag{⑥}$$

联立④、⑤、⑥式,得

$$(x-\mathrm{d}l+\mathrm{d}\zeta)^2=x(x-\mathrm{d}l)$$

可解得

$$\mathrm{d}\zeta=\frac{1}{2}\mathrm{d}l>0\quad(伸长) \tag{⑦}$$

综上所述,$t+\mathrm{d}t$ 时刻余下的未缠绕绳段长可表述为

$$x+\mathrm{d}x,\quad \mathrm{d}x=-\mathrm{d}l+\mathrm{d}\zeta=-\frac{1}{2}\mathrm{d}l$$

将③式代入,得

$$\mathrm{d}x=-\frac{a}{2x}v_0\mathrm{d}t\ \Rightarrow\ \int_L^0 x\mathrm{d}x=\int_0^T-\frac{a}{2}v_0\mathrm{d}t$$

积分后便得

$$T=\frac{L^2}{av_0}$$

题 22 (1) 将质点系在自己的质心参考系中的动能定理

$$W_{内}+W_{外}=\Delta E_{\mathrm{k}}$$

中的 $W_{内}$ 分解为

$$W_{内}=W_{内非保}+W_{内保},\quad W_{内保}=-\Delta E_{\mathrm{p内}}$$

$W_{内非保}$ 为质点系非保守性内力做功之和,$W_{内保}$ 为质点系保守性内力做功之和,$E_{\mathrm{p内}}$ 为质点系总的内势能.

引入质点系"机械能"为

$$E=E_{\mathrm{k}}+E_{\mathrm{p内}}$$

即得质点系在自己的质心参考系中的"机械能定理":

$$W_{内非保}+W_{外}=\Delta E \tag{①}$$

取两小球在质心系中的方位,如图 J35 所示,此时绳的伸长量记为 $2l$,根据①式,有

$$F(L+l)\sin\varphi = 2\times\frac{1}{2}mv_{\perp}^2 + 2\times\frac{1}{2}kl^2$$

$$= mv_{\perp}^2 + kl^2 \qquad ②$$

因质心参考系相对地面参考系沿 **F** 方向运动,故 $v_{\perp}$ 既是相对质心系的速度,又是相对地面系沿着垂直于 **F** 作用线方向上的速度分量.

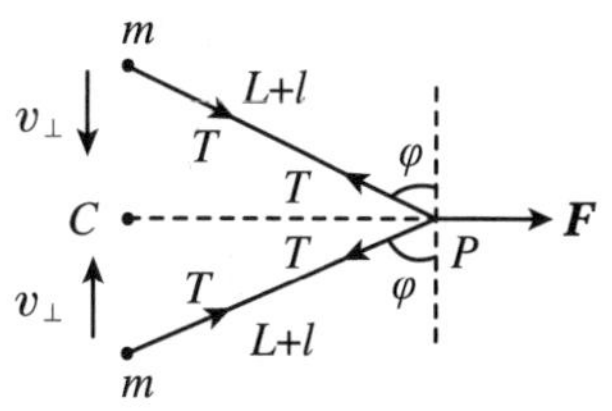

图 J35

轻绳 P 处质量为零,合力为零,即有

$$2T\sin\varphi = F \Rightarrow T = \frac{F}{2\sin\varphi}$$

且因

$$T = kl \Rightarrow l = \frac{T}{k}$$

可得

$$l = \frac{F}{2k\sin\varphi} \qquad ③$$

将③式代入②式,可得

$$v_{\perp}^2 = \frac{F}{m}\left(L\sin\varphi + \frac{F}{2k} - \frac{F}{4k\sin^2\varphi}\right) \Rightarrow v_{\perp} = \sqrt{\frac{F}{m}\left[L\sin\varphi + \frac{F}{4k}(1-\cot^2\varphi)\right]}$$

两小球第一次相碰前瞬间,$\varphi = \frac{\pi}{2}$,$\sin\varphi = 1$,得

$$v_{\perp} = \sqrt{\frac{F}{m}\left(L + \frac{F}{4k}\right)} \qquad ④$$

(2) 以质心为坐标原点设置 y 坐标,如图 J36 所示.对 $y>0$ 的小球,有

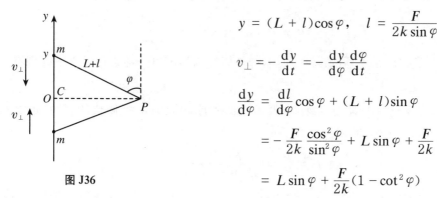

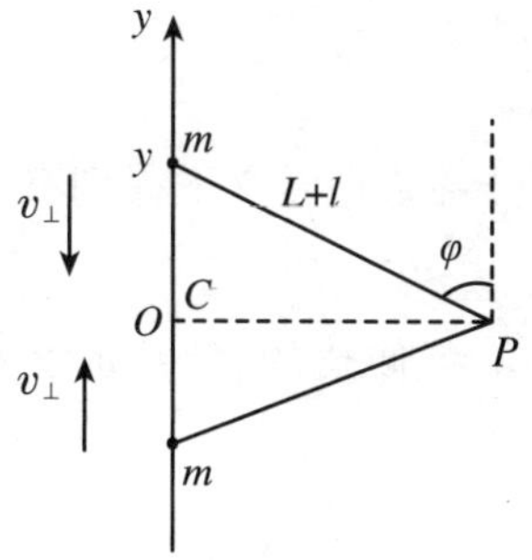

图 J36

$$y = (L+l)\cos\varphi,\quad l = \frac{F}{2k\sin\varphi}$$

$$v_{\perp} = -\frac{\mathrm{d}y}{\mathrm{d}t} = -\frac{\mathrm{d}y}{\mathrm{d}\varphi}\frac{\mathrm{d}\varphi}{\mathrm{d}t}$$

$$\frac{\mathrm{d}y}{\mathrm{d}\varphi} = \frac{\mathrm{d}l}{\mathrm{d}\varphi}\cos\varphi + (L+l)\sin\varphi$$

$$= -\frac{F}{2k}\frac{\cos^2\varphi}{\sin^2\varphi} + L\sin\varphi + \frac{F}{2k}$$

$$= L\sin\varphi + \frac{F}{2k}(1-\cot^2\varphi)$$

可得

$$\mathrm{d}t = -\frac{\mathrm{d}y}{\mathrm{d}\varphi}\cdot\frac{\mathrm{d}\varphi}{v_{\perp}} = -\frac{L\sin\varphi + \frac{F}{2k}(1-\cot^2\varphi)}{\sqrt{\frac{F}{m}\left[L\sin\varphi + \frac{F}{4k}(1-\cot^2\varphi)\right]}}\mathrm{d}\varphi$$

从开始到两小球相碰前瞬间，所经时间为

$$t=\int_0^t \mathrm{d}t=-\int_{0^+}^{\frac{\pi}{2}}\frac{L\sin\varphi+\dfrac{F}{2k}(1-\cot^2\varphi)}{\sqrt{\dfrac{F}{m}\left[L\sin\varphi+\dfrac{F}{4k}(1-\cot^2\varphi)\right]}}\mathrm{d}\varphi$$

由地面系中的动量定理得

$$2mv_{/\!/}=Ft$$

$$v_{/\!/}=\frac{F}{2m}\int_{\frac{\pi}{2}}^{0^+}\frac{L\sin\varphi+\dfrac{F}{2k}(1-\cot^2\varphi)}{\sqrt{\dfrac{F}{m}\left[L\sin\varphi+\dfrac{F}{4k}(1-\cot^2\varphi)\right]}}\mathrm{d}\varphi$$

(3) 对弹性轻绳，一方面因 P 处受力平衡，要求绳中张力为

$$T=\frac{F}{2\sin\varphi}$$

另一方面又要求原长 L 段的弹性绳有伸长量

$$l=\frac{T}{k}=\frac{F}{2k\sin\varphi}$$

题目中已给的劲度系数 k 按不成文的"约定"应为有限量.于是从 $t=0$ 开始的无穷短时间内，必定有

$$T\to\infty,\quad l\to\infty,\quad (\text{弹性势能})2\times\frac{1}{2}kl^2\to\infty$$

这不仅不可能，而且根据②式，此无穷大势能应来源于外力做了无穷大的功，即有

$$F(L+l)\sin\varphi\to\infty$$

但此功

$$F(L+l)\sin\varphi=FL\sin\varphi+\frac{F^2}{2k}\to\frac{F^2}{2k}$$

又应为有限量，这显然是矛盾的.综上所述，弹性轻绳模型不可能在近似意义下得到有效的结果.

如果改取为 $k\to\infty$ 的弹性轻绳，也就是返回到原题取为不可伸长的轻弹，那么在 $t>0$的初始阶段，半根绳的伸长量

$$l=\frac{T}{k}=\frac{F}{2k\sin\varphi}\to 0$$

弹性势能

$$2\times\frac{1}{2}kl^2\to 0$$

外力做功

$$F(L+l)\sin\varphi=FL\sin\varphi+\frac{F^2}{2k}\to 0$$

前面所述矛盾自然消失，在近似意义下可得有效的结果.

题 23　(1) 从图 21(a)到图 21(b)，P 下降高度

$$h = (A + C) - B,\quad C = \sqrt{A^2 - B^2}$$

得 P 在图(b)所示位置速度大小为

$$v = \sqrt{2gh} = \sqrt{2g[(A - B) + C]}$$

此时椭圆板与水平地面接触点 D 为速度瞬心，P 相对地面的速度 $\boldsymbol{v}$ 即等于 P 相对 D 的速度，故 $\boldsymbol{v}$ 的方向必定与 F、D 连线垂直，如图 J37 所示. $\boldsymbol{v}$ 方向线与 x 轴方向线间的夹角为

$$\varphi = \frac{\pi}{2} - \arcsin\frac{B}{A}\quad 或\quad \varphi = \frac{\pi}{2} - \arccos\frac{C}{A}$$

(2) ① 求 P 相对地面的切向加速度 $\boldsymbol{a}_{P切}$.

因此时 P 的速度仍会增大，故 $\boldsymbol{a}_{P切}$ 方向与 $\boldsymbol{v}$ 方向一致，其大小记为 $a_{P切}$.

参考图 J37，经 $\mathrm{d}t$ 时间 P 沿 $\boldsymbol{v}$ 方向的位移大小为 $v\mathrm{d}t$，P 的竖直方向降落高度为

$$\mathrm{d}h = v\mathrm{d}t\sin\varphi = v\mathrm{d}t\,\frac{C}{A}$$

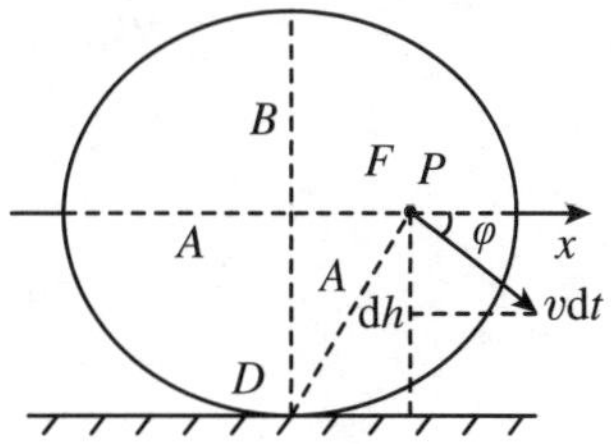

图 J37

结合能量守恒方程

$$\frac{1}{2}m(v + \mathrm{d}v)^2 - \frac{1}{2}mv^2 = mg\mathrm{d}h$$

得

$$mv\mathrm{d}v = mgv\,\frac{C}{A}\mathrm{d}t\quad (m\ 为\ P\ 的质量)$$

所以

$$a_{P切} = \frac{\mathrm{d}v}{\mathrm{d}t} = \frac{C}{A}g$$

② 求 D 相对地面的加速度 $\boldsymbol{a}_D$.

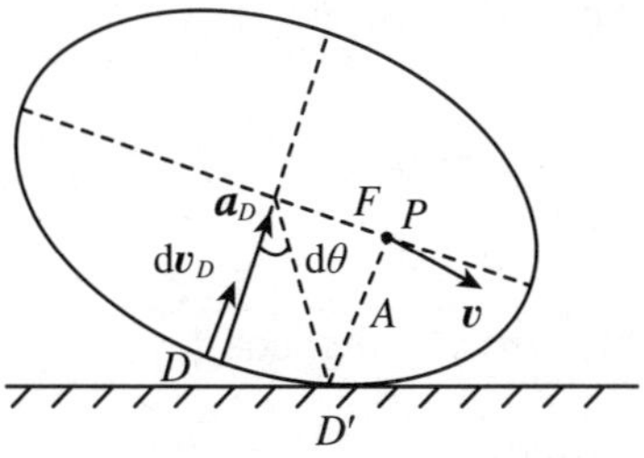

图 J38

经 $\mathrm{d}t$ 时间，椭圆板的 D' 点为瞬心，系统如图 J38 所示. 系统绕 D' 点转动的角速度记为 ω，速度变化可忽略，仍可取为 v，P 到 D' 的距离近似为 A，则有

$$\omega = \frac{v}{A},\quad (转角)\mathrm{d}\theta = \omega\mathrm{d}t$$

因 $\widehat{DD'}$ 处曲率半径为 $\frac{A^2}{B}$，故有

$$\widehat{DD'} = \frac{A^2}{B}\mathrm{d}\theta = \frac{A^2}{B}\omega\mathrm{d}t = \frac{A^2}{B}\,\frac{v}{A}\mathrm{d}t = \frac{A}{B}v\mathrm{d}t$$

得

$$\mathrm{d}\boldsymbol{v}_D:\begin{cases}\text{方向:因 } \mathrm{d}\theta \text{ 为小角度方向,可取为竖直向上}\\ \text{大小:}\mathrm{d}v_D = DD'\cdot\omega = A\dfrac{v}{B}\mathrm{d}t\dfrac{v}{A} = \dfrac{v^2}{B}\mathrm{d}t\end{cases}$$

所以

$$\boldsymbol{a}_D = \frac{\mathrm{d}\boldsymbol{v}_D}{\mathrm{d}t}:\begin{cases}\text{方向:竖直向上}\\ \text{大小:}a_D = \dfrac{v^2}{B}\end{cases}$$

③ 求 P 相对地面的向心(法向)加速度 $\boldsymbol{a}_{P心}$ 和曲率半径 ρ.

P 相对 D 的向心加速度

$$\boldsymbol{a}_{PD心}:\begin{cases}\text{方向:指向 } D \text{ 点}\\ \text{大小:}a_{PD心} = \dfrac{v^2}{PD} = \dfrac{v^2}{A}\end{cases}$$

参考图 J39,D 相对地面的加速度 $\boldsymbol{a}_D$ 沿 P、D 连线方向的分量为

$$\boldsymbol{a}_{D\perp}:\begin{cases}\text{方向:与 } \boldsymbol{a}_{PD心} \text{ 方向相反}\\ \text{大小:}a_{D\perp} = a_D\cos\varphi = \dfrac{v^2}{B}\dfrac{B}{A} = \dfrac{v^2}{A}\end{cases}$$

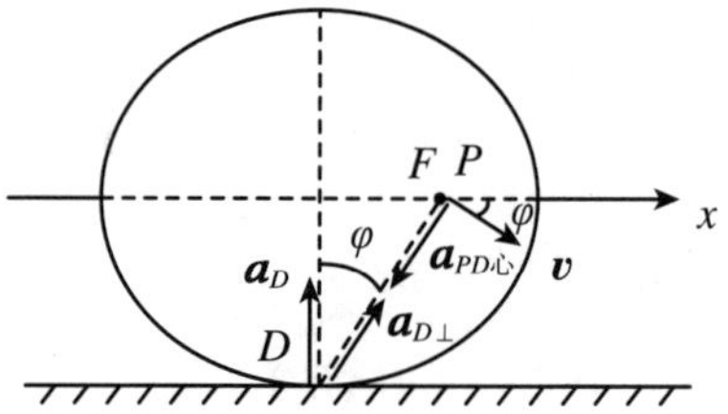

图 J39

合成可得

$$\boldsymbol{a}_{P心} = \boldsymbol{a}_{PD心} + \boldsymbol{a}_{D\perp}:\begin{cases}\text{方向:从 } P \text{ 到 } D \text{ 的方向}\\ \text{大小:}a_{P心} = a_{PD心} - a_{D\perp} = 0\end{cases}$$

继而得 P 的运动轨道在该处的曲率半径

$$\rho = \frac{v^2}{a_{P心}} \to \infty$$

题 24 (1) 由

$$\begin{cases}\text{能量守恒方程:}\dfrac{1}{2}m(v_{/\!/}^2 + v_{\perp}^2) + mgl\cos\theta = \dfrac{1}{2}mv_0^2 + mgl\cos\theta_0\\ \text{角动量 } z \text{ 轴分量守恒方程:}lmv_{/\!/}\sin\theta = lmv_0\sin\theta_0\end{cases}$$

得

$$\begin{cases}v_{/\!/} = \dfrac{\sin\theta_0}{\sin\theta}v_0\\ v_{\perp} = \sqrt{\dfrac{\sin^2\theta - \sin^2\theta_0}{\sin^2\theta}v_0^2 + 2gl(\cos\theta_0 - \cos\theta)}\end{cases}$$

由 $v_{/\!/}$ 表达式可见,因 $\pi>\theta>0$,故不会出现 $\theta=0$ 或 $\theta=\pi$ 状态,否则 $v_{/\!/}\to\infty$ 与能量守恒矛盾. $\theta=\frac{\pi}{2}$ 时,有

$$v_{/\!/}=v_0\sin\theta_0,\quad v_{\perp}=\sqrt{(v_0^2\cos\theta_0+2gl)\cos\theta_0}$$

(2) $v_{\perp}=0$ 时,θ 满足下述方程:

$$v_0^2\sin^2\theta-v_0^2\sin^2\theta_0+2gl(\cos\theta_0-\cos\theta)\sin^2\theta=0$$

引入参量

$$\alpha=\frac{v_0^2}{2gl}$$

上式可变形为

$$\cos^3\theta-(\alpha+\cos\theta_0)\cos^2\theta-\cos\theta+(\alpha\cos\theta_0+1)\cos\theta_0=0$$

因 $\cos\theta=\cos\theta_0$,即 $\theta=\theta_0$ 时,必有 $v_{/\!/}=v_0$,$v_{\perp}=0$,故 $\cos\theta_0$ 必为上述方程的一个根,于是可将上述方程因式分解为

$$(\cos\theta-\cos\theta_0)[\cos^2\theta-\alpha\cos\theta-(\alpha\cos\theta_0+1)]=0$$

待解方程便为

$$\cos^2\theta-\alpha\cos\theta-(\alpha\cos\theta_0+1)=0$$

其解为

$$\cos\theta=\frac{1}{2}\left[\alpha\pm\sqrt{\alpha^2+4(\alpha\cos\theta_0+1)}\right]$$

若取根式前带“+”的解,则为使 $\cos\theta\leqslant1$,便要求

$$\begin{aligned}&\alpha+\sqrt{\alpha^2+4(\alpha\cos\theta_0+1)}\leqslant2\Rightarrow\\&\alpha^2+4(\alpha\cos\theta_0+1)\leqslant(2-\alpha)^2=4-4\alpha+\alpha^2\Rightarrow\\&\cos\theta_0\leqslant-1\end{aligned}$$

因 $\pi>\theta_0>0$,故上式不可取. 据此,$\cos\theta$ 解应取为

$$\cos\theta=\frac{1}{2}\left[\alpha-\sqrt{\alpha^2+4(\alpha\cos\theta_0+1)}\right]$$

为使此解 $\cos\theta$ 有意义,要求满足条件

$$\cos\theta>-1\quad 和\quad\cos\theta<1$$

$\cos\theta>-1$ 条件的可满足性:

$$\begin{aligned}\cos\theta>-1&\Rightarrow\alpha-\sqrt{\alpha^2+4(\alpha\cos\theta_0+1)}>-2\\&\Rightarrow(\alpha+2)^2>\alpha^2+4(\alpha\cos\theta_0+1)\\&\Rightarrow\cos\theta_0<1\ (对\ \pi>\theta_0>0\ 均可满足)\end{aligned}$$

$\cos\theta<1$ 条件的可满足性:

$$\cos\theta<1\Rightarrow\alpha-\sqrt{\alpha^2+4(\alpha\cos\theta_0+1)}<2$$

$$\Rightarrow\ (\alpha-2)^2<\alpha^2+4(\alpha\cos\theta_0+1)$$

$$\Rightarrow\ \cos\theta_0>-1\ (\text{对}\ \pi>\theta_0>0\ \text{均可满足})$$

结论：$v_\perp=0$ 时的 $\cos\theta$ 值应为

$$\cos\theta=\frac{1}{2}\left[\alpha-\sqrt{\alpha^2+4(\alpha\cos\theta_0+1)}\right]$$

(3) $\theta_0=45^\circ$，$v_0^2=2gl$ 时，得 $v_\perp=0$ 时的

$$\cos\theta=\frac{1}{2}\left[1-\sqrt{1+4\left(\frac{\sqrt{2}}{2}+1\right)}\right]=\frac{1}{2}\left(1-\sqrt{5+2\sqrt{2}}\right)$$

从而得

$$\theta=154^\circ$$

此时

$$v_{/\!/}^2=\left(\frac{\sin 45^\circ}{\sin 154^\circ}\right)^2 v_0^2=5.20gl\quad(\text{更精确些可取}\ v_{/\!/}^2=5.2037gl)$$

此后小球的运动有下述三种可能性：

① 小球做半顶角为 $\varphi=180^\circ-\theta=26^\circ$ 的圆锥摆运动. 参考图 J40，可导得此时小球水平匀速圆周运动所需水平速度大小为

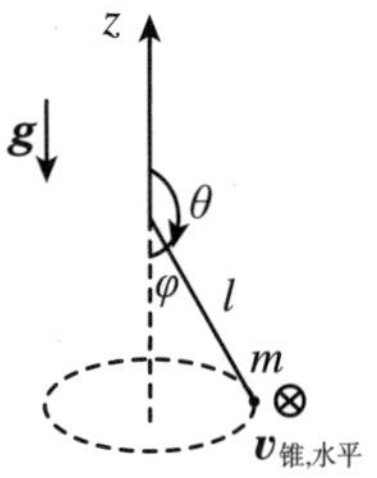

图 J40

$$v_{\text{锥,水平}}=\sqrt{\frac{gl}{\cos\varphi}}\cdot\sin\varphi\Big|_{\varphi=26^\circ}\Rightarrow$$

$$v_{\text{锥,水平}}^2=\frac{\sin^2 26^\circ}{\cos 26^\circ}gl=0.214gl$$

但因

$$v_{/\!/}^2=5.20gl>0.214gl=v_{\text{锥,水平}}^2$$

故这种可能性被排除.

② 小球又能获得斜向下的非零 $v_\perp$，再次往下运动，θ 角从 154°继续增大，此时又有两种可能性：

其一是又出现某个大于 154°、小于 180°的 θ' 角，再次对应 $v_\perp=0$，若是如此，则要求(2)问中 $v_\perp=0$ 对应的 $\cos\theta$(除 $\cos\theta=\cos\theta_0$ 之外)应有两个或两个以上的解. 这与(2)问只能给出一个 $\cos\theta$ 解矛盾，故 θ' 的出现应被否定.

其二是 θ 连续增大，以至于无限靠近 180°，这又将使 $v_{/\!/}=\dfrac{\sin\theta_0}{\sin\theta}v_0\to\infty$，与能量有限且守恒矛盾，也应被否定.

③ 余下的唯一可能便是小球在 $\theta=154^\circ$ 后转而获得斜向上的非零 $v_\perp$，使 θ 减小，到某一个 θ^* 值，再次出现 $v_\perp=0$. 可根据

$$\begin{cases}\cos\theta^* = \dfrac{1}{2}\left[\alpha^* - \sqrt{\alpha^{*2} + 4(\alpha^*\cos\theta_0^* + 1)}\right]\\ \theta_0^* = 154°, \alpha^* = \dfrac{v_{/\!/}^2}{2gl} = \dfrac{5.2037gl}{2gl} = 2.6019gl\end{cases}$$

算得

$$\cos\theta^* = 0.7061 \Rightarrow \theta^* = 45.08°$$

考虑到计算误差,选取

$$\theta^* = 45° = \theta_0 \quad (\text{初态角})$$

对应为

$$v_{/\!/}^{*2} = \frac{\sin^2\theta_0^*}{\sin^2\theta^*}v_0^{*2}\bigg|_{v^{*2}=5.20gl} = 2gl = v_0^2 \quad (\text{初态速度的平方})$$

其实(1)问解答中两个守恒方程在 $v_\perp = 0$ 时的简化式

$$\begin{cases}\dfrac{1}{2}mv_{/\!/}^2 + mgl\cos\theta = \dfrac{1}{2}mv_0^2 + mgl\cos\theta_0\\ lmv_{/\!/}\sin\theta = lmv_0\sin\theta_0\end{cases}$$

因具有下标置换对称性,初态 $\theta_0 = 45°$, $v_0^2 = 2gl$,既然能解得末态 $\theta = 154°$, $v_0^2 = 5.2037gl$,反之改取初态 $\theta_0 = 154°$, $v_0^2 = 5.2037gl$,必可解得末态 $\theta = 45°$, $v_{/\!/}^2 = 2gl$.

结论:从初态 $\theta_0 = 45°$, $v_0^2 = 2gl$ 开始,$v_\perp$ 从零增大,θ 角也逐渐增大,可以认为 $v_\perp$ 达到极大值后,又转而减小,直到降为零,θ 角增为 154°.接着 $v_\perp$ 从零反向增大,θ 角逐渐减小,$v_\perp$ 反向增大到极大值后,转而减小,直到降为零,θ 角减为 45°.至此,完成 $v_\perp$、θ 的一次往返变化.而后,重复这样的往返变化.

$v_\perp$ 取极大值时对应的 θ 角计算:

$$v_\perp^2 = \left(1 - \frac{\sin^2\theta_0}{\sin^2\theta}\right)v_0^2 + 2gl(\cos\theta_0 - \cos\theta) \Rightarrow$$

$$\frac{\mathrm{d}v_\perp^2}{\mathrm{d}\theta} = 2\frac{\sin^2\theta_0}{\sin^3\theta}\cos\theta \cdot v_0^2 + 2gl\sin\theta \overset{\text{令}}{=} 0 \Rightarrow$$

$$2\alpha\sin^2\theta_0\cos\theta + \sin^4\theta = 0 \quad \left(\alpha = \frac{v_0^2}{2gl}\right)$$

$$(\Rightarrow \cos^4\theta - 2\cos^2\theta + 2\alpha\sin^2\theta_0\cos\theta + 1 = 0)$$

本问所给 $\theta_0 = 45°$, $v_0^2 = 2gl$ 对应 $\alpha = 1$,可知 $\theta_0 = 45°$和 $\theta = 154°$均不能满足方程

$$2\alpha\sin^2\theta_0\cos\theta + \sin^4\theta = 0\big|_{\alpha=1} \Rightarrow \cos\theta + \sin^4\theta = 0$$

故各自对应的 $v_\perp = 0$ 都不是 $v_\perp$ 的极值(极小值),而是最小值.上述方程所得 θ 角对应的也就必定是 $v_\perp$ 的极大值.

数值解列表如下:

θ	120°	125°	122°	121°	121.5°	121.6°	121.65°
$\cos\theta$	−0.5	−0.574	−0.530	−0.515	−0.522	−0.524	−0.525
$\sin^4\theta$	$\frac{9}{16}$	0.450	0.517	0.540	0.528	0.526	0.525

即得 $v_\perp$ 取极大值($v_\perp^2$ 取极大值)时,对应的 $\theta=121.65°$.

综上所述,可定性画出 θ-t 曲线如图 J41 所示(图中 T 表示往返一次的周期).

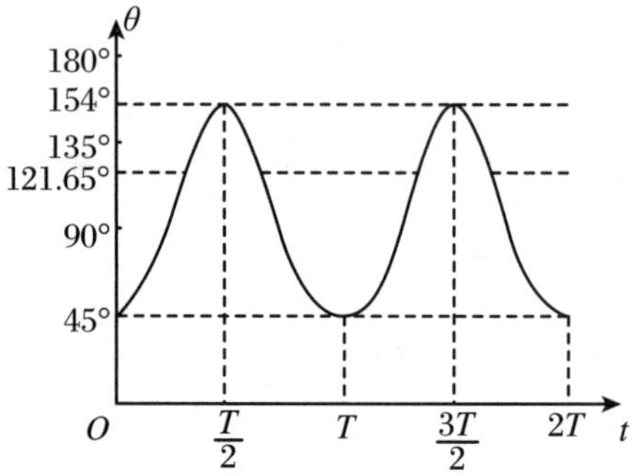

图 J41

题 25 (1) 由于对称,环心 O 为不动点,地面系中取 O 所在位置为参考点,系统角动量守恒.由

$$R(M+2m)\omega R = 2(l+R)mv_0$$

得末态圆环转动角速度

$$\omega = \frac{2(l+R)mv_0}{(M+2m)R^2}$$

系统末态动能小于或等于初态动能,即有

$$\frac{1}{2}(M+2m)(\omega R)^2 \leqslant 2\times\frac{1}{2}mv_0^2 \Rightarrow$$

$$\frac{1}{2}(M+2m)R^2\left[\frac{2(l+R)mv_0}{(M+2m)R^2}\right]^2 = \frac{2(l+R)^2m^2v_0^2}{(M+2m)R^2} \leqslant mv_0^2 \Rightarrow$$

$$\frac{2(l+R)^2m}{(M+2m)R^2} \leqslant 1$$

得

$$\gamma = \frac{M}{m} \geqslant \frac{2l(l+2R)}{R^2}\begin{cases} > (\text{绳损耗机械能}) \\ = (\text{绳不损耗机械能}) \end{cases}$$

(2) 将图 23(b)中右上方的 u、v'矢量化为 $\boldsymbol{u}$、$\boldsymbol{v}'$,将圆环转动角速度矢量化为 $\boldsymbol{\omega}$.右上方小物块相对地面系的速度

$$\boldsymbol{v} = \boldsymbol{v}' + \boldsymbol{\omega}\times(\boldsymbol{R}+\boldsymbol{l}), \boldsymbol{\omega}\times\boldsymbol{R} = \boldsymbol{u} \Rightarrow \boldsymbol{v} = \boldsymbol{v}' + \boldsymbol{u} + \boldsymbol{\omega}\times\boldsymbol{l}$$

将 $\boldsymbol{v}$ 分解成与 $\boldsymbol{u}$ 平行及垂直的分量 $v_{/\!/}$、$v_\perp$,则有

$$v_{/\!/}=v'\cos\varphi+u+\omega l\cos\varphi,\quad v_{\perp}=v'\sin\varphi+\omega l\sin\varphi$$

因

$$u=\omega R\Rightarrow\omega l=\frac{l}{R}u$$

得

$$\begin{cases}v_{/\!/}=v'\cos\varphi+u+\dfrac{l}{R}u\cdot\cos\varphi=v'\cos\varphi+\left(1+\dfrac{l}{R}\cos\varphi\right)u\\v_{\perp}=v'\sin\varphi+\dfrac{l}{R}u\cdot\sin\varphi\end{cases}$$

也可将 $\boldsymbol{v}$ 分解成与$\boldsymbol{v}'$平行及垂直的分量 $v_{/\!/}^{*}$、$v_{\perp}^{*}$,则有

$$\begin{cases}v_{/\!/}^{*}=v'+\omega R\cos\varphi+\omega l=v'+u\cos\varphi+\dfrac{l}{R}u=v'+\left(\cos\varphi+\dfrac{l}{R}\right)u\\v_{\perp}^{*}=\omega R\sin\varphi=u\sin\varphi\end{cases}$$

每个小物块相对地面系 O 点的角动量为

$$(\boldsymbol{R}+\boldsymbol{l})\times m\boldsymbol{v}=\boldsymbol{R}\times m\boldsymbol{v}+\boldsymbol{l}\times m\boldsymbol{v}=(Rmv_{/\!/}+lmv_{/\!/}^{*})\,\boldsymbol{k}\quad\left(\boldsymbol{k}=\frac{\boldsymbol{\omega}}{\omega}\right)$$

$$=\left\{Rm\left[v'\cos\varphi+\left(1+\frac{l}{R}\cos\varphi\right)u\right]+lm\left[v'+\left(\cos\varphi+\frac{l}{R}\right)u\right]\right\}\boldsymbol{k}$$

系统角动量守恒方程为

$$RMu+2m\left\{R\left[v'\cos\varphi+\left(1+\frac{l}{R}\cos\varphi\right)u\right]+l\left[v'+\left(\cos\varphi+\frac{l}{R}\right)u\right]\right\}$$

$$=2(R+l)mv_0$$

整理得

$$\gamma Ru+2\left\{\left[R\left(1+\frac{l}{R}\cos\varphi\right)+l\left(\cos\varphi+\frac{l}{R}\right)\right]u+(R\cos\varphi+l)v'\right\}=2(R+l)v_0\quad①$$

系统机械能守恒方程为

$$\frac{1}{2}Mu^2+2\times\frac{1}{2}m(v_{/\!/}^{*2}+v_{\perp}^{*2})=2\times\frac{1}{2}mv_0^2\Rightarrow$$

$$\gamma u^2+2\left\{\left[v'+\left(\cos\varphi+\frac{l}{R}\right)u\right]^2+u^2\sin^2\varphi\right\}=2v_0^2\quad②$$

$$\left(\text{或}\quad\gamma u^2+2\left\{\left[v'\cos\varphi+\left(1+\frac{l}{R}\cos\varphi\right)u\right]^2+\left(v'\sin^2\varphi+\frac{l}{R}u\sin\varphi\right)^2\right\}=2v_0^2\right)$$

联立方程①、②,即成可求解 u、v'的方程组.

(3) 取

$$l=R,\quad\gamma=6,\quad\varphi=90^\circ,\quad\cos\varphi=0,\quad\sin\varphi=1$$

(2)问解答中①、②式简化为

$$5u+v'=2v_0,\quad 5u^2+2v'u+v'^2=v_0^2$$

解得

$$u=\frac{3}{10}v_0,\quad v'=\frac{1}{2}v_0$$

（4）先将

$$\gamma=6,\quad \varphi=90^\circ,\quad \cos\varphi=0,\quad \sin\varphi=1$$

代入(2)问解答中的①、②式，得

$$3Ru+\left[\left(R+\frac{l^2}{R}\right)u+lv'\right]=(R+l)v_0 \qquad ①'$$

$$3u^2+\left[\left(v'+\frac{l}{R}u\right)^2+u^2\right]=v_0^2 \qquad ②'$$

考虑到图 23(b)中 l 已由图 23(c)中的 $x\leqslant l$ 代替，先将①′、②′式等号左边的 l 换成 x；但因①′、②′等号右边的量为系统初态量，其中 l 不可用 x 取代，而应根据(3)问所设 $l=R$，用 R 取代，即得

$$\left(4+\frac{x^2}{R^2}\right)u+\frac{x}{R}v'=2v_0,\quad \left(4+\frac{x^2}{R^2}\right)u^2+2\frac{x}{R}v'u+v'^2=v_0^2$$

或改述为

$$u=\frac{2v_0-\beta v'}{\alpha},\quad \alpha u^2+2\beta v'u+v'^2=v_0^2$$

其中，$\beta=\dfrac{x}{R}$，$\alpha=4+\beta^2$.联立两式，消去 u，得

$$(2v_0-\beta v')^2+2\beta(2v_0-\beta v')v'+\alpha v'^2=\alpha v_0^2 \Rightarrow$$

$$4v_0^2-\beta^2v'^2+\alpha v'^2=\alpha v_0^2\Rightarrow 4v'^2=\beta^2v_0^2$$

解得

$$v'=\frac{x}{2R}v_0$$

可见 $x\to 0$ 时，$v'=0$，故小物块与环接触时，两者不会发生碰撞.

取圆环参考系，参见图 J42，有

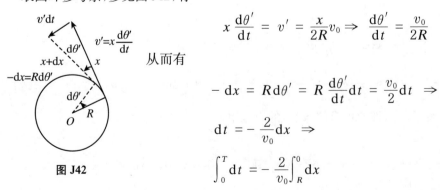

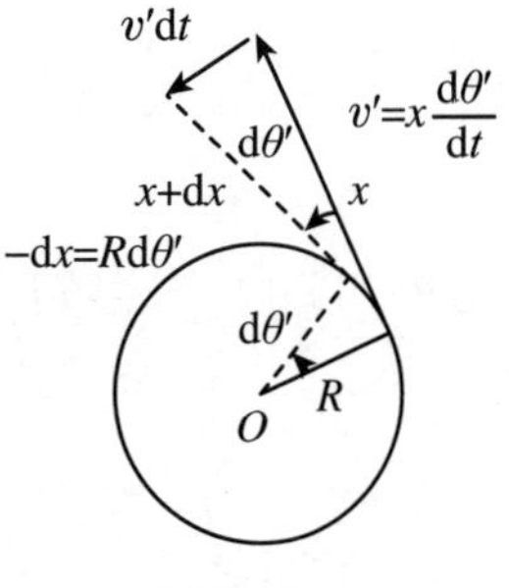

图 J42

$$x\frac{d\theta'}{dt}=v'=\frac{x}{2R}v_0\Rightarrow \frac{d\theta'}{dt}=\frac{v_0}{2R}$$

从而有

$$-dx=Rd\theta'=R\frac{d\theta'}{dt}dt=\frac{v_0}{2}dt \Rightarrow$$

$$dt=-\frac{2}{v_0}dx \Rightarrow$$

$$\int_0^T dt=-\frac{2}{v_0}\int_R^0 dx$$

得

$$T = \frac{2R}{v_0}$$

$\left(注意:\frac{\mathrm{d}\theta'}{\mathrm{d}t}\right.$并非圆环相对地面系旋转的角速度$\left.\omega.\right)$

题 26　开普勒第二定律表明牛顿万有引力为有心力,即有

$$m\left[\frac{\mathrm{d}^2 r}{\mathrm{d}t^2} - r\left(\frac{\mathrm{d}\theta}{\mathrm{d}t}\right)^2\right] = F(r), \quad mr^2\frac{\mathrm{d}\theta}{\mathrm{d}t} = L \quad (守恒量)$$

推导比内公式:

引入

$$u = \frac{1}{r}, \quad h = \frac{L}{m}$$

得

$$\frac{\mathrm{d}\theta}{\mathrm{d}t} = \frac{L}{mr^2} = hu^2$$

$$\frac{\mathrm{d}r}{\mathrm{d}t} = \frac{\mathrm{d}r}{\mathrm{d}\theta}\frac{\mathrm{d}\theta}{\mathrm{d}t} = \left(\frac{\mathrm{d}}{\mathrm{d}\theta}\frac{1}{u}\right)hu^2 = -u^{-2}\frac{\mathrm{d}u}{\mathrm{d}\theta}\cdot hu^2 = -h\frac{\mathrm{d}u}{\mathrm{d}\theta}$$

$$\frac{\mathrm{d}^2 r}{\mathrm{d}t^2} = \frac{\mathrm{d}}{\mathrm{d}t}\left(-h\frac{\mathrm{d}u}{\mathrm{d}\theta}\right) = \frac{\mathrm{d}}{\mathrm{d}\theta}\left(-h\frac{\mathrm{d}u}{\mathrm{d}\theta}\right)\frac{\mathrm{d}\theta}{\mathrm{d}t} = -h\frac{\mathrm{d}^2 u}{\mathrm{d}\theta^2}\cdot hu^2 = -h^2u^2\frac{\mathrm{d}^2 u}{\mathrm{d}\theta^2}$$

代入上面的径向动力学方程,得

$$\frac{F}{m} = -h^2u^2\frac{\mathrm{d}^2 u}{\mathrm{d}\theta^2} - \frac{1}{u}(hu^2)^2 = -h^2u^2\frac{\mathrm{d}^2 u}{\mathrm{d}\theta^2} - h^2u^3 = -h^2u^2\left(\frac{\mathrm{d}^2 u}{\mathrm{d}\theta^2} + u\right)$$

即成比内公式

$$h^2u^2\left(\frac{\mathrm{d}^2 u}{\mathrm{d}\theta^2} + u\right) = -\frac{F}{m}$$

由开普勒第一定律和比内公式导出牛顿万有引力:

对椭圆轨道,有

$$r = \frac{p}{1 + \varepsilon\cos\theta}, \quad u = \frac{1}{r} = \frac{1 + \varepsilon\cos\theta}{p}$$

$$\frac{\mathrm{d}u}{\mathrm{d}\theta} = -\frac{\varepsilon}{p}\sin\theta$$

$$\frac{\mathrm{d}^2 u}{\mathrm{d}\theta^2} = -\frac{\varepsilon}{p}\cos\theta$$

$$\frac{\mathrm{d}^2 u}{\mathrm{d}\theta^2} + u = \frac{1}{p}, \quad h^2u^2\left(\frac{\mathrm{d}^2 u}{\mathrm{d}\theta^2} + u\right) = \frac{h^2u^2}{p} = \frac{h^2}{pr^2}$$

即得

$$F(r) = -\frac{mh^2}{pr^2}$$

将施力者质量记为 M,引入参量 G,使得

$$F(r)=-\frac{GMm}{r^2}$$

则有

$$GM=\frac{h^2}{p}=\frac{L^2}{m^2p}$$

得

$$G=\frac{L^2}{Mm^2p}$$

$\left(反之,有\ p=\frac{L^2}{GMm^2}.\right)$

题 27 (1) 椭圆轨道能量

$$E_A=-\frac{GMm}{2A}$$

其中 M、m 分别为地球、航天飞机的质量. P 在与地球相距 r 处进入圆轨道后,轨道能量为

$$E_r=-\frac{GMm}{2r}$$

点火喷气前后,P 在 r 处势能相同,可得下述结论.

$r>A$ 区域(图 24 中 E、G 两点左侧区域)各位置处:

因 $E_r>E_A$,r 处圆轨道动能必须大于 r 处原椭圆轨道动能,故为需要"加速"的区域.

$r<A$ 区域(图 24 中 E、G 两点右侧区域)各位置处:

因 $E_r<E_A$,r 处圆轨道动能必须小于 r 处原椭圆轨道动能,故为需要"减速"的区域.

图 24 中 E、G 两处为"加速""减速"区域的转换点.

(2) 在 D 处航天飞机主体和探测器原速率同为

$$v_0=\frac{A-C}{B}\sqrt{\frac{GM}{A}}$$

主体与探测器分离时各自的速率分别记为 v_1、v_2,则应有

$$v_1=\sqrt{\frac{GM}{A+C}}\ (圆运动)$$

$$\frac{1}{2}m_2v_2^2-G\frac{Mm_2}{A+C}=0\Rightarrow\quad v_2=\sqrt{\frac{2GM}{A+C}}$$

分离过程动量守恒式为

$$m_1v_1-m_2v_2=(m_1+m_2)v_0\ \Rightarrow$$

$$\gamma v_1-v_2=(\gamma+1)v_0$$

得

$$\gamma = \frac{v_2 + v_0}{v_1 - v_0}$$

即

$$\gamma = \frac{\sqrt{\frac{2}{A + C}} + \frac{A - C}{B\sqrt{A}}}{\sqrt{\frac{1}{A + C}} - \frac{A - C}{B\sqrt{A}}}$$

由 $e = \frac{\sqrt{3}}{2}$ 得

$$C = \frac{\sqrt{3}}{2}A, B = \frac{1}{2}A \Rightarrow A = 2B, C = \sqrt{3}B$$

代入上式,得

$$\gamma = \frac{\sqrt{\frac{2}{2+\sqrt{3}}} + \frac{2-\sqrt{3}}{\sqrt{2}}}{\sqrt{\frac{1}{2+\sqrt{3}}} - \frac{2-\sqrt{3}}{\sqrt{2}}} = \frac{\sqrt{2(2-\sqrt{3})} + \frac{2-\sqrt{3}}{\sqrt{2}}}{\sqrt{2-\sqrt{3}} - \frac{2-\sqrt{3}}{\sqrt{2}}}$$

$$= \frac{2\sqrt{2-\sqrt{3}} + (2-\sqrt{3})}{\sqrt{2}\sqrt{2-\sqrt{3}} - (2-\sqrt{3})} = \frac{2+\sqrt{2-\sqrt{3}}}{\sqrt{2}-\sqrt{2-\sqrt{3}}} = 2.808$$

题 28　(1) 为讨论 P 在星球内部的运动,设置图 J43 所示的 Oxy 坐标系. P 相对 O 点的矢径记为 $\boldsymbol{r}$,所受星球万有引力为

$$\boldsymbol{F} = -G\frac{\left(\frac{4}{3}\pi r^3\rho\right)m}{r^3}\boldsymbol{r} = -\frac{4}{3}G\pi\rho m\,\boldsymbol{r}$$

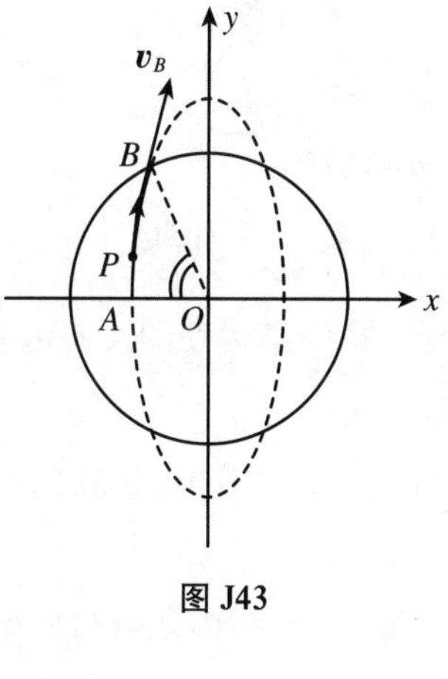

图 J43

分量式为

$$\begin{cases} F_x = -kx \\ F_y = -ky \end{cases}, \quad k = \frac{4}{3}G\pi\rho m = \frac{GMm}{R^3}$$

故 P 在星球内的运动可分解为 x、y 两方向简谐振动,结合初始条件,可得具体表达式为

$$x = -B\cos\omega t, \quad \omega = \sqrt{\frac{k}{m}} = \sqrt{\frac{GM}{R^3}}, \quad B = r = \beta R$$

$$y = A\sin\omega t, \quad A = \frac{v}{\omega} = \alpha R$$

P 能冲出星球的条件为

$$A > R$$

即

$$\alpha > 1 \quad 或 \quad v > \sqrt{\frac{GM}{R}}$$

为了便于求解(2),写出图 J43 所示轨道方程:

$$\frac{x^2}{B^2}+\frac{y^2}{A^2}=1$$

出射点 B 的坐标已满足上述方程,又应满足以下关系:

$$x_B^2+y_B^2=R^2$$

即可解得

$$x_B=-\frac{B}{C}\sqrt{A^2-R^2}$$

$$C=\sqrt{A^2-B^2}=\sqrt{\alpha^2-\beta^2}R$$

或

$$x_B=-\frac{\beta\sqrt{\alpha^2-1}}{\sqrt{\alpha^2-\beta^2}}R$$

便得

$$\angle AOB=\arccos\frac{-x_B}{R}=\arccos\frac{\beta\sqrt{\alpha^2-1}}{\sqrt{\alpha^2-\beta^2}} \quad ①$$

从图 J43 也可看出,出射点 B 处 P 的速度 $\boldsymbol{v}_B$ 与 O、B 连线之间的夹角为钝角.

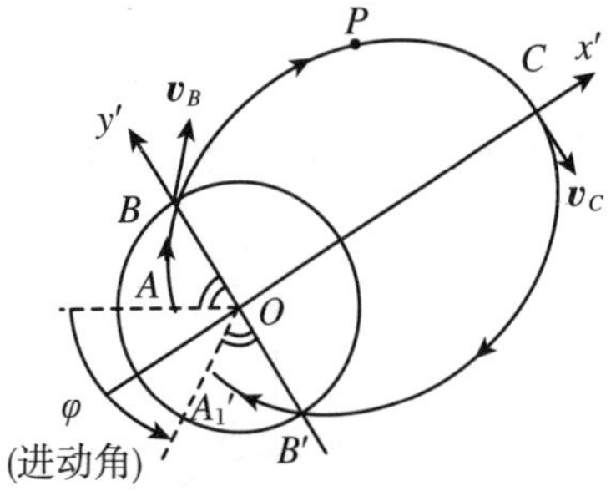

图 J44

(2) P 从 B 处出射后做新的椭圆轨道运动,球心 O 为椭圆焦点.考虑到 $\boldsymbol{v}_B$ 与 O、B 连线之间的夹角为钝角,P 必定朝着新轨道远星球点 C 运动.又考虑到 B、O、B' 共线,故新轨道长轴必在直径 BOB' 的中垂线上.据此,以 O 为坐标原点设置图 J44 所示的 $Ox'y'$ 坐标系.

P 在图 J44 中 B' 位置从外轨道返回星球,因 B' 与 B 具有对称性,P 进入星球后的椭圆轨道运动即为原 AB 轨道运动的反向运动.转过

$$\angle B'OA_1'=\angle AOB$$

后到达 A_1' 点时的位置和速度相当于原出发点 A 的位置和速度反向旋转过

$$\varphi=\pi-2\angle AOB$$

也就是全轨道(内轨道与外轨道之组合)反向进动 φ 角.接着,从 A_1' 开始又通过相应的内、外轨道到达相应的 A_2' 点,再次反向进动 φ 角.若经过 k 次反向进动后,对应的 A_k' 点恰好第一次与原 A 点重合,便相当于 P 绕 O 点转过 $n=k-1$ 圈后,第一次重返 A 点且恢复初始速度.本题(2)问所求即为 n 的最小可取值.

n 的取值与 $\angle AOB$ 有关,$\angle AOB$ 由 B 的位置确定,B 的位置又要求在外轨道中确保 $\angle BOC=90°$,外轨道的这一特定位置应由外轨道参量 A'、B' 确定.A'、B' 由外轨道能量

E 和角动量 L 确定，外轨道 E、L 与内轨道 E、L 相同，于是(2)问的求解可从 E、L 内、外守恒关联开始.

值得一提的是，P 在图 J44(或图 25) B 处，离开星球前后能量相同，确保速度大小不变，角动量相同，确保速度方向不变，实现了从星球内的椭圆轨道到星球外的唯一一条椭圆轨道的转换.

P 在内轨道时，以 O 点为引力势能零点，总能量为

$$\frac{1}{2}k(A^2+B^2)=\frac{1}{2}\frac{GMm}{R^3}(\alpha^2+\beta^2)R^2=\frac{1}{2}(\alpha^2+\beta^2)\frac{GMm}{R}$$

O 点的引力势能相对无穷远势能零点的值为

$$-\frac{1}{2}\frac{GMm}{R}-\frac{GMm}{R}=-\frac{3}{2}\frac{GMm}{R}$$

(O 点相对球面势能 + 球面相对无穷远势能 = O 点相对无穷远势能.)

以无穷远为势能零点，P 的总能量便为

$$E=\frac{1}{2}(\alpha^2+\beta^2)\frac{GMm}{R}-\frac{3}{2}\frac{GMm}{R}$$

$$=\frac{(\alpha^2+\beta^2)-3}{2}\frac{GMm}{R}$$

P 离开内轨道后，能进入椭圆外轨道的条件是

$$E<0\Rightarrow\alpha^2+\beta^2<3$$

P 相对 O 点的角动量为

$$L=mvB=m\alpha\sqrt{\frac{GM}{R}}\beta R=\alpha\beta m\sqrt{GMR}$$

P 在外轨道运动中继承了内轨道的 E、L 量，与外轨道参量 A'、B' 间又有下述关联：

$$E=-\frac{GMm}{2A'},\quad L=m\sqrt{\frac{GM}{A'}}B'$$

即得

$$A'=\frac{R}{3-\alpha^2-\beta^2},\quad B'=\frac{\alpha\beta}{\sqrt{3-\alpha^2-\beta^2}}R$$

$$C'=\sqrt{A'^2-B'^2}=\frac{\sqrt{1-(3-\alpha^2-\beta^2)\alpha^2\beta^2}}{3-\alpha^2-\beta^2}R$$

$\Big($$C'$ 要求 $1-(3-\alpha^2-\beta^2)\alpha^2\beta^2>0\Rightarrow\frac{1}{\alpha^2\beta^2}>3-\alpha^2-\beta^2$，因 $3>\alpha^2+\beta^2$，故改为要求 $\frac{1}{\alpha^2\beta^2}>0$，这显然是满足的.$\Big)$

外轨道椭圆方程为

$$\frac{(x'-C')^2}{A'^2}+\frac{y'^2}{B'^2}=1$$

将 B 点的坐标

$$x'_B = 0, \quad y'_B = R$$

代入椭圆方程,得

$$\frac{C'^2}{A'^2} + \frac{R^2}{B'^2} = 1$$

将 A'、B'、C'表达式代入,可得

$$1 - (3 - \alpha^2 - \beta^2)\alpha^2\beta^2 + \frac{3 - \alpha^2 - \beta^2}{\alpha^2\beta^2} = 1 \Rightarrow$$

$$(3 - \alpha^2 - \beta^2)(1 - \alpha^4\beta^4) = 0 \Rightarrow$$

$$\alpha^4\beta^4 = 1 \Rightarrow \alpha\beta = 1 \quad (\text{因 } \beta < 1, \text{故 } \alpha > 1)$$

将 $\alpha\beta = 1$ 代入①式,得

$$\angle AOB = \arccos \frac{\frac{1}{\alpha}\sqrt{\alpha^2 - 1}}{\sqrt{\alpha^2 - \frac{1}{\alpha^2}}} = \arccos \frac{1}{\sqrt{\alpha^2 + 1}} \Rightarrow$$

$$\cos\angle AOB = \frac{1}{\sqrt{\alpha^2 + 1}}$$

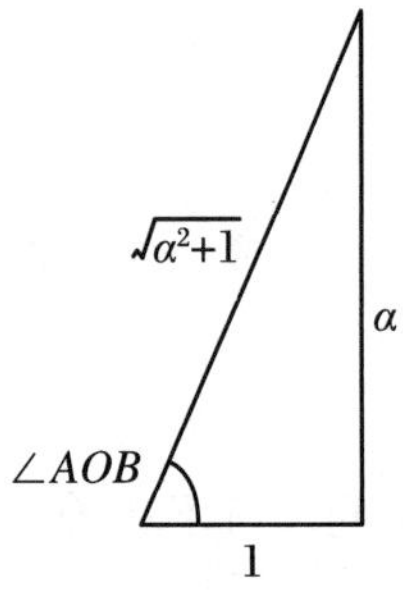

图 J45

参考图 J45,即得

$$\tan\angle AOB = \alpha$$

α 的取值范围可由

$$\alpha > 1$$

$$\alpha^2 + \frac{1}{\alpha^2} < 3 \Rightarrow \frac{3 - \sqrt{5}}{2} < \alpha^2 < \frac{3 + \sqrt{5}}{2}$$

确定为

$$1 < \alpha < \sqrt{\frac{3 + \sqrt{5}}{2}} = 1.6180$$

故$\angle AOB$ 的取值范围为

$$45^\circ < \angle AOB < \arctan\sqrt{\frac{3 + \sqrt{5}}{2}} = 58.28^\circ$$

为使 $n = k - 1$ 取最小值,可以判定(细节从略)应取

$$\angle AOB = 54^\circ$$

得

$$\varphi = 180^\circ - 2 \times \angle AOB = 72^\circ, \quad k = \frac{360^\circ}{72^\circ} = 5$$

所以

$$n_{\min} = k - 1 = 4$$

由 $\alpha=\dfrac{v}{\sqrt{\dfrac{GM}{R}}}$，$\beta=\dfrac{r}{R}$得

$$v=\alpha\sqrt{\frac{GM}{R}}=\tan 54^\circ\cdot\sqrt{\frac{GM}{R}}=1.376\sqrt{\frac{GM}{R}}$$

$$r=\beta R=\frac{1}{\alpha}R=\cot 54^\circ\cdot R=0.7265R$$

题 29 (1.1) 由能量守恒式

$$(\lambda x)g\cdot x=\frac{1}{2}\lambda(2L+\pi R)v^2$$

得

$$v=\sqrt{\frac{2g}{2L+\pi R}x}$$

继而有

$$a=\frac{\mathrm{d}v}{\mathrm{d}t}=\frac{\mathrm{d}v}{\mathrm{d}x}\frac{\mathrm{d}x}{\mathrm{d}t},\quad \frac{\mathrm{d}x}{\mathrm{d}t}=v$$

解得

$$a=\frac{2g}{2L+\pi R}x$$

(1.2) 由

$$\begin{cases}\lambda(L+x)g-T_1=\lambda(L+x)a\\ T_2-\lambda(L-x)g=\lambda(L-x)a\end{cases}$$

得

$$\begin{cases}T_1=\lambda(L+x)(g-a)=\lambda(L+x)\dfrac{2(L-x)+\pi R}{2L+\pi R}g\\ T_2=\lambda(L-x)(g+a)=\lambda(L-x)\dfrac{2(L+x)+\pi R}{2L+\pi R}g\end{cases}$$

(1.3) 参考图 J46，由切向方程

$$T\cos\frac{\mathrm{d}\theta}{2}-(T+\mathrm{d}T)\cos\frac{\mathrm{d}\theta}{2}+\lambda g\mathrm{d}l\cos\theta=\lambda\mathrm{d}l\cdot a$$

可得

$$\int_{T_1}^{T(\theta)}\mathrm{d}T=\int_0^{\theta}(\lambda Rg\cos\theta\mathrm{d}\theta-\lambda Ra\mathrm{d}\theta)\Rightarrow$$

$$T(\theta)=T_1+\lambda Rg\sin\theta-\lambda Ra\theta$$

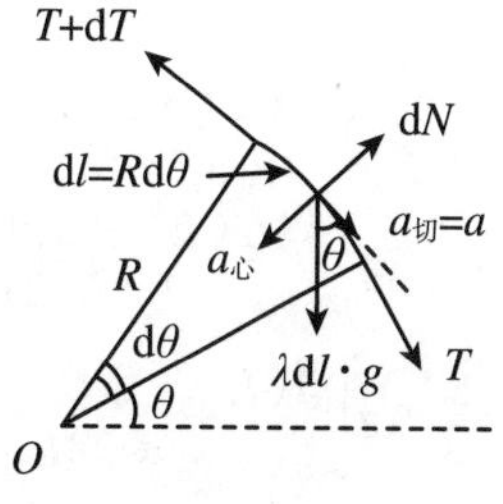

图 J46

将 T_1、a 表达式代入，得

$$T(\theta)=\lambda\left[(L+x)\frac{2(L-x)+\pi R}{2L+\pi R}+R\sin\theta-\frac{2Rx\theta}{2L+\pi R}\right]g$$

(由 $T_2 = T(\theta=\pi)$所得结果与(1.2)答案一致.)

(1.4) 参考图 J46,由法向方程

$$(T+\mathrm{d}T)\sin\frac{\mathrm{d}\theta}{2}+T\sin\frac{\mathrm{d}\theta}{2}+\lambda g\mathrm{d}l\sin\theta-\mathrm{d}N=\lambda\mathrm{d}la_{\text{心}}=\lambda\mathrm{d}l\frac{v^2}{R}$$

可得

$$\mathrm{d}N=T\mathrm{d}\theta+\lambda gR\sin\theta\cdot\mathrm{d}\theta-\lambda v^2\mathrm{d}\theta\ \Rightarrow$$

$$n(\theta)=\frac{\mathrm{d}N}{\mathrm{d}l}=\frac{T}{R}+\lambda g\sin\theta-\lambda\frac{v^2}{R}$$

将 $T(\theta)$、v 表达式代入后,得

$$n(\theta)=\frac{\lambda}{R}\left\{\frac{(L+x)[2(L-x)+\pi R]-2x(x+R\theta)}{2L+\pi R}+2R\sin\theta\right\}g$$

或

$$n(\theta)=\frac{\lambda}{R}\left[\frac{2(L^2-2x^2)+\pi R(L+x)}{2L+\pi R}-\frac{2Rx}{2L+\pi R}\theta+2R\sin\theta\right]g$$

$\left(\text{若 } L^2>2x^2\text{,即 } x<\frac{L}{2}\text{,则可证 } n(\theta)\text{必处处为正.}\right)$

(1.5) $N_{/\!/}$水平向右为正,$N_{\perp}$竖直向上为正.

(1.5.1)

$$\begin{aligned}N_{/\!/}&=\int_0^{\pi}(nR\mathrm{d}\theta)\cos\theta\\&=\lambda g\left[\int_0^{\pi}\frac{2(L^2-2x^2)+\pi R(L+x)}{2L+\pi R}\cos\theta\mathrm{d}\theta\right.\\&\qquad\left.-\int_0^{\pi}\frac{2Rx}{2L+\pi R}\theta\cos\theta\mathrm{d}\theta+\int_0^{\pi}2R\sin\theta\cos\theta\mathrm{d}\theta\right]\\&=\lambda g\left[0-\frac{2Rx}{2L+\pi R}(-1-1)+0\right]\end{aligned}$$

得

$$N_{/\!/}=\lambda\frac{4Rx}{2L+\pi R}g$$

$$\begin{aligned}N_{\perp}&=\int_0^{\pi}(nR\mathrm{d}\theta)\sin\theta\\&=\lambda g\left[\int_0^{\pi}\frac{2(L^2-2x^2)+\pi R(L+x)}{2L+\pi R}\sin\theta\mathrm{d}\theta-\int_0^{\pi}\frac{2Rx}{2L+\pi R}\theta\sin\theta\mathrm{d}\theta+\int_0^{\pi}2R\sin^2\theta\mathrm{d}\theta\right]\\&=\lambda g\left[\frac{4(L^2-2x^2)+2\pi R(L+x)}{2L+\pi R}-\frac{2Rx}{2L+\pi R}\pi+R\pi\right]\end{aligned}$$

得

$$N_{\perp}=\lambda\frac{(2L+\pi R)^2-8x^2}{2L+\pi R}g$$

(1.5.2) $p_{/\!/}$水平向右为正，$p_{\perp}$竖直向下为正.考虑到半圆绳段对 $p_{/\!/}$有贡献，对 $p_{\perp}$无贡献，参考图 J47，有

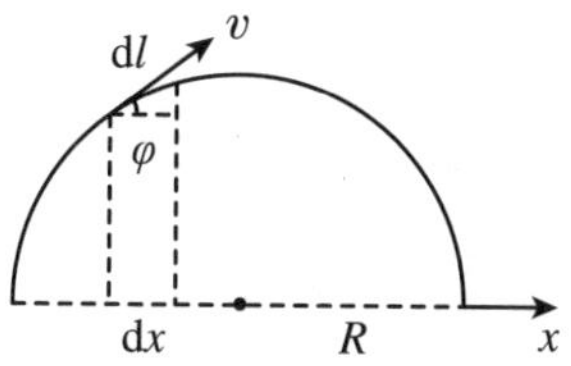

图 J47

$$\mathrm{d}p_{/\!/} = \lambda \mathrm{d}l \cdot \boldsymbol{v} \cdot \boldsymbol{i} = \lambda \mathrm{d}l v \cos\varphi = \lambda v \mathrm{d}x \quad (\boldsymbol{i}\text{ 为水平向右的方向矢量})$$

从而有

$$p_{/\!/} = \int_0^{2R} \mathrm{d}p_{/\!/} = \int_0^{2R} \lambda v \mathrm{d}x = \lambda v \cdot 2R = \lambda \cdot 2R\sqrt{\frac{2g}{2L+\pi R}}x$$

所以

$$N_{/\!/} = \frac{\mathrm{d}p_{/\!/}}{\mathrm{d}t} = \lambda \cdot 2R\sqrt{\frac{2g}{2L+\pi R}}\frac{\mathrm{d}x}{\mathrm{d}t} \quad \left(\frac{\mathrm{d}x}{\mathrm{d}t} = v\right)$$

得

$$N_{/\!/} = \lambda\frac{4Rx}{2L+\pi R}g$$

又有

$$p_{\perp} = \lambda[(L+x)-(L-x)]v = 2\lambda x v = 2\lambda\sqrt{\frac{2g}{2L+\pi R}}x^2$$

所以

$$N_{\perp} = \lambda(2L+\pi R)g - \frac{\mathrm{d}p_{\perp}}{\mathrm{d}t}$$

由

$$\frac{\mathrm{d}p_{\perp}}{\mathrm{d}t} = 2\lambda\sqrt{\frac{2g}{2L+\pi R}} \cdot 2x \cdot \frac{\mathrm{d}x}{\mathrm{d}t} = \lambda\frac{8x^2}{2L+\pi R}g$$

得

$$N_{\perp} = \lambda\frac{(2L+\pi R)^2 - 8x^2}{2L+\pi R}g$$

$N_{/\!/}$、$N_{\perp}$均与(1.5.1)答案一致.

(2.1) 由

$$0 = N_{\perp}|_{R\to 0} = \lambda g\frac{4L^2 - 8x_0^2}{2L}$$

得

$$x_0 = \frac{L}{\sqrt{2}}$$

(2.2) $x = x_0$ 时,有

$$v = \sqrt{\frac{g}{L}}x_0 = \frac{\sqrt{gL}}{\sqrt{2}}$$

取初速度竖直向下、大小为 v 的自由落体参考系 S,S 系中软绳右侧绳段初速度为零,左侧绳段向上初速度为

$$v_0 = 2v = \sqrt{2gL}$$

初态如图 J48 所示.

方法 1(动量法) S 系中左侧绳段无论剩余多少,向上速度 v_0 不变.右侧绳段增长 ζ 时,向上速度记为 v_ζ,过程态如图 J49 所示,有

$$\lambda(L + x_0 + \zeta)v_\zeta = \lambda\zeta v_0 \Rightarrow \quad v_\zeta = \frac{\zeta}{L + x_0 + \zeta}v_0$$

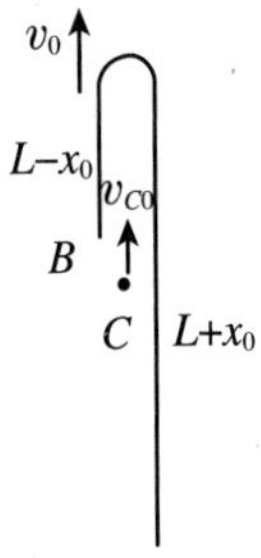

图 J48

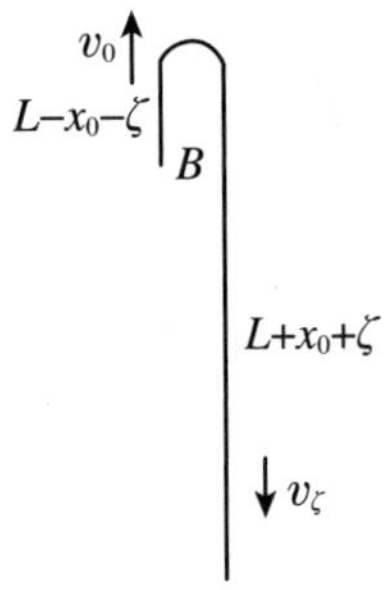

图 J49

左、右速度差为

$$v_0 - v_\zeta = \frac{L + x_0}{L + x_0 + \zeta}v_0$$

$\mathrm{d}t$ 时间内,左侧向右侧输运绳段长度

$$\mathrm{d}\zeta = \frac{1}{2}(v_0 - v_\zeta)\mathrm{d}t = \frac{L + x_0}{2(L + x_0 + \zeta)}v_0\mathrm{d}t$$

得积分式

$$\int_0^t v_0\mathrm{d}t = \int_0^{L-x_0}\frac{2(L + x_0 + \zeta)}{L + x_0}\mathrm{d}\zeta = 2(L - x_0) + \frac{1}{L + x_0}(L - x_0)^2 \Rightarrow$$

$$v_0 t = \frac{(L - x_0)(3L + x_0)}{L + x_0}$$

得

$$t = \frac{(L - x_0)(3L + x_0)}{(L + x_0)v_0}$$

将 $v_0=\sqrt{2gL}$，$x_0=\dfrac{L}{\sqrt{2}}$代入，得

$$t=\frac{7\sqrt{2}-9}{2}\sqrt{\frac{L}{g}}$$

方法 2(质心法)　参考图 J48，初态软绳质心 C 在 B 端下方，可以算得间距

$$BC=\frac{L+x_0}{2L}x_0-\frac{1}{2}(L-x_0)=\frac{2\sqrt{2}-1}{4}L$$

C 的向上初速度为

$$v_{C0}=\frac{L-x_0}{2L}v_0$$

B 端速度 v_0 恒定，C 速度 v_{C0} 也恒定，两者差值为

$$v_0-v_{C0}=\frac{L+x_0}{2L}v_0=\frac{\sqrt{2}+1}{2}\sqrt{gL}$$

经时间 t，两者间距增为

$$BC^*=L$$

即得

$$t=\frac{BC^*-BC}{v_0-v_{C0}}=\frac{\dfrac{5-2\sqrt{2}}{4}L}{\dfrac{\sqrt{2}+1}{2}\sqrt{gL}}=\frac{7\sqrt{2}-9}{2}\sqrt{\frac{L}{g}}$$

题 30　将项链处理为长 $L=1$ m、质量线密度为常量 λ 的软绳，所经全部时间 t 可分解为 t_1 和 t_2 两段，即

$$t=t_1+t_2,\quad\begin{cases}t_1:\text{从开始到项链上端点离洞所经时间}\\ t_2:\text{从上端点离洞到上端点着地所经时间}\end{cases}$$

t_1 的计算：

t 时刻状态如图 J50 中实线所示，下落链段长 x，速度为 v，经 $\mathrm{d}t$ 时间下落链段长 $\mathrm{d}x=v\mathrm{d}t$，如图中虚线段所示，速度增为 $v+\mathrm{d}v$.

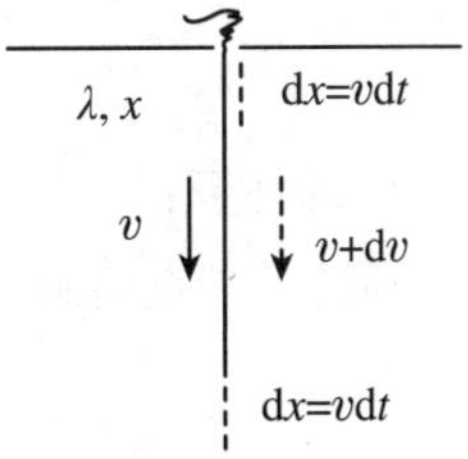

图 J50

取 $x+\mathrm{d}x$ 链段为讨论的质点系，t 时刻质心速度记为 v_C，则有

$$\lambda(x+\mathrm{d}x)v_C=\lambda xv\Rightarrow v_C=\frac{x}{x+\mathrm{d}x}v$$

根据质心动能定理，又有

$$(\lambda x)g\mathrm{d}x=\frac{1}{2}\lambda(x+\mathrm{d}x)(v_C+\mathrm{d}v_C)^2-\frac{1}{2}\lambda(x+\mathrm{d}x)v_C^2\quad(v_C+\mathrm{d}v_C=v+\mathrm{d}v)$$

$$= \frac{1}{2}\lambda(x+\mathrm{d}x)(v+\mathrm{d}v)^2 - \frac{1}{2}\lambda\frac{x^2}{x+\mathrm{d}x}v^2 \quad (x^2 = (x+\mathrm{d}x)(x-\mathrm{d}x))$$

$$= \frac{1}{2}\lambda(x+\mathrm{d}x)(v^2+2v\mathrm{d}v) - \frac{1}{2}\lambda(x-\mathrm{d}x)v^2$$

$$= \frac{1}{2}\lambda xv^2 + \frac{1}{2}\lambda x\cdot 2v\mathrm{d}v + \frac{1}{2}\lambda\mathrm{d}x\cdot v^2 - \frac{1}{2}\lambda xv^2 + \frac{1}{2}\lambda\mathrm{d}x\cdot v^2$$

$$= \lambda xv\mathrm{d}v + \lambda v^2\mathrm{d}x$$

整理得

$$gx = xv\frac{\mathrm{d}v}{\mathrm{d}x} + v^2$$

取试探解

$$v^2 = 2ax\ (a\ 为具有加速度量纲的待定常量(2v\mathrm{d}v = 2a\mathrm{d}x))$$

代入,得

$$gx = ax + 2ax = 3ax \Rightarrow a = \frac{1}{3}g$$

结合

$$a = \frac{1}{3}g\ (常量),\quad v^2 = 2ax$$

可知 $v(x)$函数表示初速度为零、加速度为 $a=\frac{1}{3}g$ 的匀加速直线运动(因为

$$\frac{\mathrm{d}x}{\mathrm{d}t} = v = \sqrt{2ax} \Rightarrow \int_0^x\frac{\mathrm{d}x}{\sqrt{x}} = \sqrt{2a}\int_0^t\mathrm{d}t \Rightarrow x = \frac{1}{2}at^2)$$

故有

$$L = \frac{1}{2}at_1^2$$

得

$$t_1 = \sqrt{\frac{2L}{a}} = \sqrt{\frac{6L}{g}}$$

t_2 的计算:

项链上端点离洞时的下行速度即为此时下端点的运动速度.

$$v_1 = at_1 = \frac{1}{3}\sqrt{6gL}$$

而后上端点即做初速度为 v_1 的自由落体运动,经过时间间隔 t_2 落地,有

$$L = v_1t_2 + \frac{1}{2}gt_2^2$$

解得

$$t_2 = \sqrt{\frac{2L}{3g}} = \frac{1}{3}t_1$$

t 的计算：

$$t = t_1 + t_2 = \frac{4}{3}t_1 = \frac{4}{3}\sqrt{\frac{6L}{g}} = 1.043\ \text{s}$$

题 31 (1) 参考图 J51，P 与系统质心 C^* 的间距 l_m 和环心与 C^* 的间距 l_M 以及 C^* 的初速度 v_C 分别为

$$l_m = 2a,\quad l_M = a,\quad v_C = \frac{1}{3}v_0$$

$t \geqslant 0$，质心 C^* 做匀速直线运动.

取系统质心参考系，其中 P 的初速度 $\boldsymbol{v}'_{m0}$ 和环心初速度 $\boldsymbol{v}'_{M0}$ 方向如图 J51 所示，大小分别为

$$v'_{m0} = \frac{2}{3}v_0,\quad v'_{M0} = \frac{1}{3}v_0$$

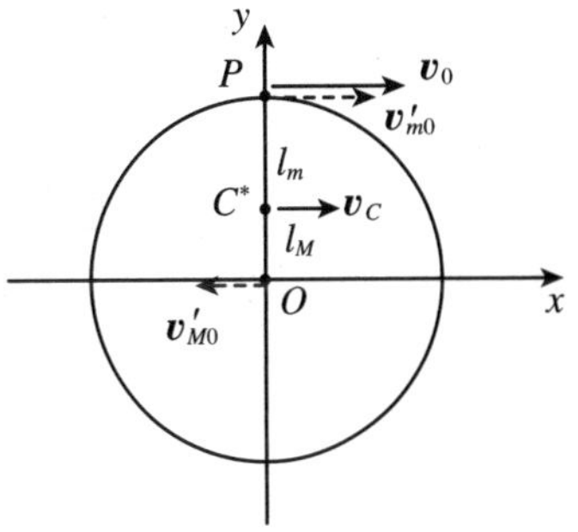

图 J51

质心参考系中，P 与环内侧接触部位间只有法向作用力，无切向作用力，故圆环所受力相对环心（环的质心）力矩为零，圆环没有自转运动. 在系统质心参考系中，P 绕 C^* 做半径为 $l_m = 2a$ 的匀速圆周运动，圆环环心绕着 C^* 做半径为 $l_M = a$ 的匀速圆周运动，圆环整体随环心绕着 C^* 平动.

(1.1) P 与环心一起绕 C^* 转一周，P 第一次返回其在管道内的初始位置，故

$$t_1 = \frac{2\pi l_m}{v'_{m0}} = \frac{4\pi a}{\frac{2}{3}v_0} = 4\ \text{s}$$

(1.2) $t_2 = \frac{1}{4}t_1 = 1$ s 时刻，质心 C^* 在 Oxy 平面上朝 x 轴方向移动

$$\Delta x_C = v_C t_2 = \frac{1}{3}v_0 t_2 = \frac{1}{3}\cdot\frac{3}{2}\pi a\cdot 1$$
$$= \frac{1}{2}\pi a = 1.6a$$

P 和环心则分别相对 C^* 沿顺时针方向转过 $\frac{\pi}{2}$ 角度. 再考虑到环随环心的平动，故此时题目所求位形如图 J52 所示.（先将 C^* 系朝右平移，再让 P、环心绕 C^* 旋转 90°，图中 M 代表环心.）

为了阅读方便，将图 J52 中各点坐标量列出来：

$C^*(1.6a, a)$， $P(3.6a, a)$， $M(0.6a, a)$

$A(0.6a, 4a)$， $B(3.6a, a)$， $C(0.6a, -2a)$， $D(-2.4a, a)$

(2) 系统在原惯性系中的动能 E_k 等于系统质心 C^* 在该系中的动能 E_{kC^*} 与系统相对质心 C^* 参考系的动能 E'_k 之和. 因无外力，在原惯性系中 C^* 的动量和动能都是不变量，故全过程中 E_k 损耗量 $E_{k损}$ 等于 E'_k 损耗量 $E'_{k损}$.

在 C^* 参考系中，P 与环间的摩擦力使 P 与环心绕 C^* 的转速都发生变化，同时，使环

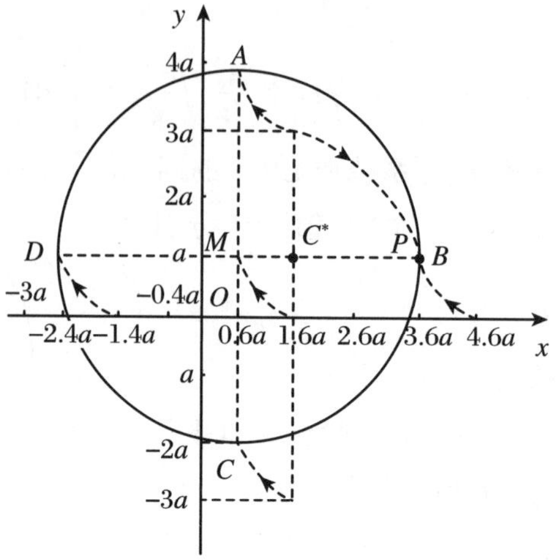

图 J52

绕其质心(环心)产生自转.达稳定状态后,P 与环内壁间无相对滑动,P、环心绕 C^* 转动角速度及环绕环心的自转角速度相同,统记为 ω.

C^* 参考系中,P 初速度、环心初速度、环自转角速度分别为

$$v'_{m0}=\frac{2}{3}v_0,\quad v'_{M0}=\frac{1}{3}v_0,\quad \omega_0=0$$

达稳定状态后,相应参量分别记为

$$v'_m,\quad v'_M,\quad \omega$$

C^* 参考系中:

$mv'_m-Mv'_M=0$(v'_m、v'_M 反向)$\Rightarrow$ $mv'_m=Mv'_M$(动量守恒方程)

$l_m mv'_m+l_M Mv'_M+I_M\omega=l_m mv'_{m0}+l_M Mv'_{M0}$, $I_M=MR^2$(角动量守恒方程)

$v'_m=l_m\omega$ 或 $v'_M=l_M\omega$(运动量关联方程)

可解得

$$v'_m=\frac{1}{6}v_0,\quad v'_M=\frac{1}{12}v_0$$

系统末态动能

$$E'_{\mathrm{ke}}=\frac{1}{2}mv'^2_m+\frac{1}{2}Mv'^2_M+\frac{1}{2}I_M\omega^2\quad\left(\omega=\frac{v'_m}{l_m}=\frac{v_0}{12a}\right)$$

$$=\frac{1}{12}mv_0^2$$

初态动能

$$E'_{\mathrm{ki}}=\frac{1}{2}mv'^2_{m0}+\frac{1}{2}Mv'^2_{M0}=\frac{1}{3}mv_0^2$$

所以

$$E_{k损} = E'_{k损} = E'_{ki} - E'_{ke} = \frac{1}{3}mv_0^2 - \frac{1}{12}mv_0^2 = \frac{1}{4}mv_0^2$$

题 32　参考图 J53，碰撞过程中悬挂点 O_1 提供的水平右向力记为 N_1(平均值)，两摆盘间水平碰撞力大小记为 N(平均值)，碰撞时间记为 Δt.

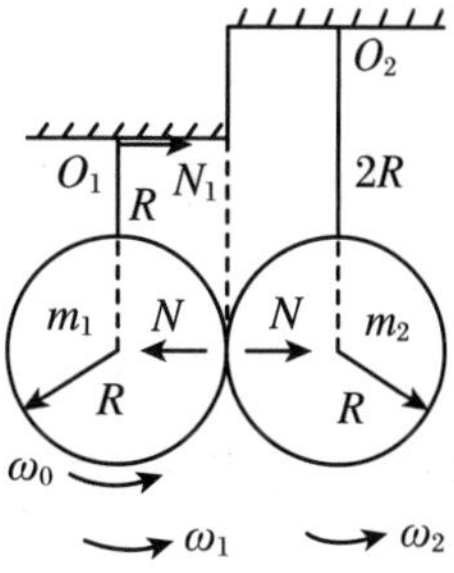

图 J53

摆 1 的动量方程：

$$\begin{aligned} N_1\Delta t - N\Delta t &= m_1\omega_1 \cdot 2R - m_1\omega_0 \cdot 2R \\ &= 2mR(\omega_1 - \omega_0) \end{aligned}$$

角动量方程(以 O_2 为参考点)：

摆 1：

$$N_1\Delta t \cdot R - N\Delta t \cdot 3R = (3Rm_1\omega_1 \cdot 2R + I_{C1}\omega_1) - (3Rm_1\omega_0 \cdot 2R + I_{C1}\omega_0)$$

摆 2：

$$N\Delta t \cdot 3R = I_2\omega_2$$

$$I_{C1} = \frac{1}{2}m_1R^2, \quad I_2 = \frac{1}{2}m_2R^2 + m_2 \cdot (3R)^2$$

可简化为

$$N_1\Delta t \cdot R - 3N\Delta t \cdot R = \frac{13}{2}mR^2(\omega_1 - \omega_0)$$

$$3N\Delta t \cdot R = \frac{57}{4}mR^2\omega_2$$

能量方程：

$$\frac{1}{2}I_1\omega_1^2 + \frac{1}{2}I_2\omega_2^2 = \frac{1}{2}I_1\omega_0^2$$

$$I_1 = \frac{1}{2}m_1R^2 + m_1 \cdot (2R)^2$$

上述四个动力学方程含四个未知量，即 $N_1\Delta t/m$、$N\Delta t/m$、ω_1 和 ω_2，可解得

$$\omega_1 = -\frac{11}{65}\omega_0, \quad \omega_2 = \frac{36}{65}\omega_0$$

题 33　(1) 甲虫下落速度记为 v_0，完全非弹性碰撞过程中系统以 O 为参考点，角动量守恒，碰后角速度记为 ω，则由

$$mv_0\frac{l}{4} = I_0\omega = \left[\frac{1}{12}ml^2 + m\left(\frac{l}{4}\right)^2\right]\omega$$

解得

$$\omega = \frac{12v_0}{7l}$$

设定 ω 不变，碰后 $t>0$ 时刻甲虫位于(r,φ)，相对 O 点有重力矩，根据角动量定理，有

$$mgr\cos\varphi=\frac{\mathrm{d}(I\omega)}{\mathrm{d}t}=\frac{\mathrm{d}I}{\mathrm{d}t}\omega,\quad I=\frac{1}{12}ml^2+mr^2$$

得

$$mgr\cos\varphi=2mr\frac{\mathrm{d}r}{\mathrm{d}t}\cdot\omega\ \Rightarrow$$

$$\frac{\mathrm{d}r}{\mathrm{d}t}=\frac{g}{2\omega}\cos\varphi\quad(\varphi=\omega t)$$

积分

$$\int_{\frac{l}{4}}^{\frac{l}{2}}\mathrm{d}r=\frac{g}{2\omega}\int_0^{t_e}\cos\omega t\,\mathrm{d}t=\frac{g}{2\omega}\frac{1}{\omega}\sin\omega t_e$$

得

$$\frac{l}{4}=\frac{g}{2\omega^2}\sin\omega t_e\quad\left(\omega t_e=\frac{\pi}{2}\right)$$

$$=\frac{g}{2\omega^2}$$

解得

$$\omega=\sqrt{\frac{2g}{l}}\quad\left(\frac{12v_0}{7l}=\sqrt{\frac{2g}{l}}\right)$$

所以

$$t_e=\frac{\pi}{2}\sqrt{\frac{l}{2g}},\quad v_0=\frac{7}{6\sqrt{2}}\sqrt{gl}$$

(2) 由

$$\frac{\mathrm{d}r}{\mathrm{d}t}=\frac{g}{2\omega}\cos\varphi,\varphi=\omega t\ \Rightarrow\ \mathrm{d}r=\frac{g}{2\omega}\cos\varphi\cdot\frac{\mathrm{d}\varphi}{\omega}$$

积分

$$\int_{\frac{l}{4}}^{r}\mathrm{d}r=\frac{g}{2\omega^2}\int_0^{\varphi}\cos\varphi\mathrm{d}\varphi$$

得

$$r=\frac{l}{4}+\frac{g}{2\omega^2}\sin\varphi\ \left(\omega=\sqrt{\frac{2g}{l}}\right)$$

$$=\frac{l}{4}(1+\sin\varphi)$$

(3) 甲虫在(r,φ)处所需径向力 $\boldsymbol{F}_r$(径向朝外为正)和角向力 $\boldsymbol{F}_\theta$(φ 增加方向为正)分别为

$$F_r=m\left[\frac{\mathrm{d}^2r}{\mathrm{d}t^2}-r\left(\frac{\mathrm{d}\varphi}{\mathrm{d}t}\right)^2\right]\quad\left(\frac{\mathrm{d}r}{\mathrm{d}t}=\frac{g}{2\omega}\cos\varphi,\frac{\mathrm{d}^2r}{\mathrm{d}t^2}=-\frac{g}{2\omega}\sin\varphi\frac{\mathrm{d}\varphi}{\mathrm{d}t}=-\frac{g}{2}\sin\varphi\right)$$

$$= m\left(-\frac{g}{2}\sin\varphi - r\omega^2\right) \quad \left(r = \frac{l}{4}(1+\sin\varphi),\omega^2 = \frac{2g}{l}\right)$$

$$= m\left[-\frac{g}{2}\sin\varphi - \frac{g}{2}(1+\sin\varphi)\right]$$

$$= - mg\sin\varphi - \frac{1}{2}mg$$

$$F_\theta = m\left(r\frac{d^2\varphi}{dt^2} + 2\frac{dr}{dt}\frac{d\varphi}{dt}\right) = 2m\cdot\frac{g}{2\omega}\cos\varphi\cdot\omega = mg\cos\varphi$$

可以看出，$F_\theta = mg\cos\varphi$ 由甲虫重力 mg 的角向分量提供，故甲虫所受麦秆作用力 f 除了抵消甲虫重力 mg 径向朝外分量 $mg\sin\varphi$，还需提供径向朝里的力 $-F_r$，即得

$$f:\begin{cases}\text{指向 } O \text{ 点(径向朝里)} \\ f = mg\sin\varphi + \left(mg\sin\varphi + \frac{1}{2}mg\right) = 2mg\sin\varphi + \frac{1}{2}mg\end{cases}$$

$\Big($ $\varphi=0$ 时，甲虫径向速度 $v_r = \frac{g}{2\omega}\cos\varphi = \frac{g}{2\omega}$ 最大，由 r、ω 构成的"向心"加速度最小；$\varphi = \frac{\pi}{2}$ 时，$v_r = 0$，由 r、ω 构成的"向心"加速度达最大值. 过程中，甲虫爪子向前顶住麦秆，让麦秆提供朝后的径向力 f，使甲虫 v_r 减小，同时保证了"向心"加速度增大的需要. $\Big)$

(4) 甲虫与麦秆完全非弹性碰撞后，掉下时竖直向下的速度为

$$v = \omega\cdot\frac{l}{4}$$

参照图 J54，在 $t_e > t > 0$ 时刻甲虫相对 O 点的矢径长度 $r_{虫}$ 对应的转角记为 $\varphi_{虫}$，则有

$$\tan\varphi_{虫} = \left(vt + \frac{1}{2}gt^2\right)\Big/\frac{l}{4} = \omega t + 2\frac{g}{l}t^2 = \omega t + (\omega t)^2$$

或

$$\tan\varphi_{虫} = \varphi + \varphi^2$$

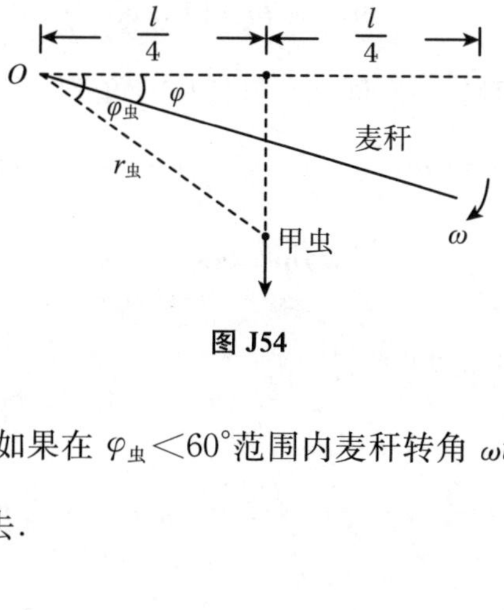

图 J54

因 $\varphi_{虫} = 60°$ 时，$r_{虫} = \frac{l}{2}$，故如果在 $\varphi_{虫} < 60°$ 范围内麦秆转角 $\omega t = \varphi < \varphi_{虫}$，则麦秆不可能紧挨着甲虫从其侧面转过去.

将 $\varphi_{虫}=60^\circ$ 对应的麦秆转角记为 φ_0,则有

$$\varphi_0+\varphi_0^2=\tan\varphi_{虫}=\sqrt{3}$$

得

$$\varphi_0=\frac{1}{2}(\sqrt{1+4\sqrt{3}}-1)=0.9079\ \text{rad}=52.0^\circ$$

若 $52.0^\circ>\varphi=\omega t>0$ 时,恒有 $\varphi_{虫}>\varphi$,即恒有 $\tan\varphi_{虫}>\tan\varphi$,则麦秆不可能从甲虫侧面转过去,数值计算如下:

$\omega t=\varphi$	0°	15°	30°	45°	52°	60°	69.5°	70°
$\tan\varphi_{虫}=\varphi+\varphi^2$	0	0.330	0.797	1.40	1.73	2.14	2.68	2.71
$\tan\varphi$	0	0.268	0.577	1	1.28	1.73	2.67	2.75

即上述断语成立,麦秆不能从甲虫侧面转过去.(后3组数据显示,仅在 φ 快达到 70°时,才会超过并一直超过 $\varphi_{虫}$,但此时麦秆已经"够"不着甲虫了.)

题34 取栅栏中相邻两根小细杆 A、B,板心 C 从位于杆 A 的正上方到位于杆 B 正上方,C 的运动轨道和特征点速度矢量如图J55所示.

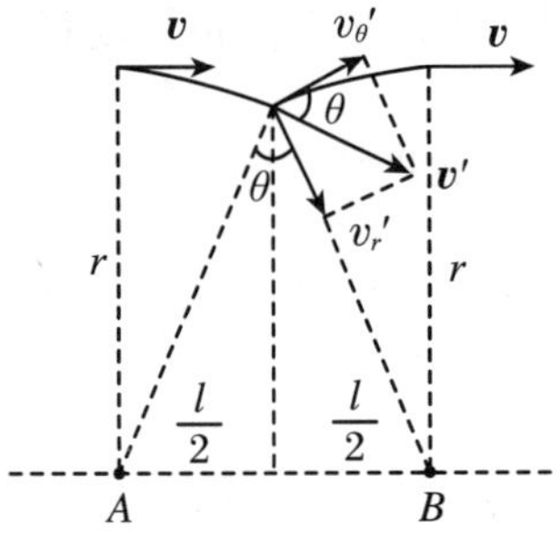

图 J55

圆板绕杆定轴转动惯量为

$$I_{杆}=I_C+mr^2=\frac{3}{2}mr^2$$

C 位于 A 杆正上方时圆板动能为

$$E_k=\frac{1}{2}I_{杆}\left(\frac{v}{r}\right)^2=\frac{3}{4}mv^2$$

C 到达 A、B 杆连线中点正上方前瞬间,速度为图J55中的 $\boldsymbol{v}'$,动能为

$$\frac{3}{4}mv'^2=E_k+mgr\left(1-\cos\frac{\theta}{2}\right)+T\cdot\frac{l}{2}$$

$$=\frac{3}{4}mv^2+mgr\left(1-\cos\frac{\theta}{2}\right)+\frac{1}{2}Tl$$

将圆板与 B 杆完全非弹性碰撞后瞬间绕 B 杆转动的角速度记为 ω_B,根据角动量守恒,有

$$I_B\omega_B=I_C\omega_C+rmv_0',\quad \omega_C=\frac{v'}{r},\quad v_0'=v'\cos\theta\ \Rightarrow$$

$$\frac{3}{2}mr^2\omega_B=\frac{1}{2}mr^2\frac{v'}{r}+rmv'\cos\theta=mrv'\left(\frac{1}{2}+\cos\theta\right)\Rightarrow$$

$$\omega_Br=\frac{2}{3}v'\left(\frac{1}{2}+\cos\theta\right)$$

此时圆盘动能为

$$\frac{1}{2}I_B\omega_B^2=\frac{3}{4}mr^2\omega_B^2=\frac{3}{4}m\cdot\frac{4}{9}v'^2\left(\frac{1}{2}+\cos\theta\right)^2=\frac{3}{4}mv'^2\cdot\frac{4}{9}\left(\frac{1}{2}+\cos\theta\right)^2$$

C 转到 B 杆正上方时，速度又增为 v，由机械能定理得

$$\frac{3}{4}mv^2 = \frac{1}{2}I_B\omega_B^2 - mgr\left(1-\cos\frac{\theta}{2}\right)+\frac{1}{2}Tl$$

$$= \frac{3}{4}mv'^2 \cdot \frac{4}{9}\left(\frac{1}{2}+\cos\theta\right)^2 - mgr\left(1-\cos\frac{\theta}{2}\right)+\frac{1}{2}Tl$$

与

$$\frac{3}{4}mv'^2 = \frac{3}{4}mv^2 + mgr\left(1-\cos\frac{\theta}{2}\right)+\frac{1}{2}Tl$$

联立，消去$\frac{3}{4}mv'^2$，可得

$$\frac{3}{4}mv^2 = \frac{3}{4}mv^2 \cdot \frac{4}{9}\left(\frac{1}{2}+\cos\theta\right)^2 + mgr\left(1-\cos\frac{\theta}{2}\right)\cdot\frac{4}{9}\left(\frac{1}{2}+\cos\theta\right)^2$$

$$+\frac{1}{2}Tl\cdot\frac{4}{9}\left(\frac{1}{2}+\cos\theta\right)^2 - mgr\left(1-\cos\frac{\theta}{2}\right)+\frac{1}{2}Tl$$

整理得

$$\frac{1}{2}Tl\left[1+\frac{4}{9}\left(\frac{1}{2}+\cos\theta\right)^2\right] = mgr\left(1-\cos\frac{\theta}{2}\right)\left[1-\frac{4}{9}\left(\frac{1}{2}+\cos\theta\right)^2\right]$$

$$+\frac{3}{4}mv^2\left[1-\frac{4}{9}\left(\frac{1}{2}+\cos\theta\right)^2\right]$$

取近似，得

$$\left(\frac{1}{2}+\cos\theta\right)^2 = \left(\frac{3}{2}-\frac{1}{2}\theta^2\right)^2 = \frac{9}{4}-\frac{3}{2}\theta^2$$

$$1-\cos\frac{\theta}{2} = \frac{1}{8}\theta^2 \quad \left(\theta = \frac{l}{r}\right)$$

代入上式，得

$$\frac{1}{2}Tl\left[1+\frac{4}{9}\left(\frac{9}{4}-\frac{3}{2}\theta^2\right)\right] = mgr\cdot\frac{1}{8}\theta^2\left[1-\frac{4}{9}\left(\frac{9}{4}-\frac{3}{2}\theta^2\right)\right]$$

$$+\frac{3}{4}mv^2\left[1-\frac{4}{9}\left(\frac{9}{4}-\frac{3}{2}\theta^2\right)\right]$$

整理得

$$Tl = \frac{1}{12}mgr\theta^4 + \frac{1}{2}mv^2\theta^2$$

略去高阶小量 θ^4，得

$$Tl = \frac{1}{2}mv^2\theta^2,\ \theta = \frac{l}{r} \Rightarrow T = \frac{1}{2}mv^2\frac{l}{r^2}$$

题 35　本题中若两物块始终沿斜面向下运动，所受摩擦力恒向上，质心下滑加速度为定值，质心做匀加速直线运动，在质心系中两物块相对质心的运动是连续的单一简谐振动. 在弹簧为原长的初态与弹簧第一次恢复到原长的末态，两物块的速度方向相反，大

小不变(同为1.50 m/s).

可是解题开始时,不能预知两物块必定始终沿斜面下滑,考虑到这一因素作答如下.

补充说明

m_1 的下滑初速度 $v_{10}=0.50$ m/s 小于 m_2 的下滑初速度 $v_{20}=2.0$ m/s,开始时弹簧伸长,为 m_1、m_2 分别提供向下和向上的拉力.这样的拉力会使 m_1 的下滑加速度大于 m_2 的下滑加速度,m_1 继续下滑,其下滑速度向 m_2 的下滑速度靠近(注意,开始时拉力较小,m_2 的下滑加速度必定为正,下滑速度也在增大).随着弹簧继续伸长,m_1 的下滑速度越来越接近 m_2 的下滑速度.当 m_1 的下滑速度等于 m_2 的下滑速度时,弹簧伸长量达最大,既然此时 m_1 下滑,m_2 也必定下滑,故两者所受摩擦力均向上.如果此时弹簧拉力早已达到使 m_2 的加速度向上,那么以后运动过程中尽管弹簧长度要回缩,但也有可能使 m_2 的运动速度从向下改变为向上,m_2 的所受摩擦力也会反向.

下面的解答中发现弹簧伸长量最大时,m_2 所受合力仍向下,以后弹簧长度回缩的过程中,m_1 的加速度和速度也始终向下,所受摩擦力仍然向上.

第一阶段:弹簧伸长.

将弹簧拉力大小记为 f,则 m_1、m_2 沿斜面向下的加速度(带正负号)分别为

$$a_1 = g\sin\theta - \mu g\cos\theta + \frac{f}{m_1}$$

$$a_2 = g\sin\theta - \mu g\cos\theta - \frac{f}{m_2}$$

m_1 相对 m_2 的向下加速度为

$$a_1 - a_2 = \frac{f}{m_1} + \frac{f}{m_2},\quad f = kx\ (x\text{ 为弹簧伸长量})$$

得

$$\frac{m_1 + m_2}{m_1 m_2}kx = \frac{\mathrm{d}v_1}{\mathrm{d}t} - \frac{\mathrm{d}v_2}{\mathrm{d}t} = \frac{\mathrm{d}(v_1 - v_2)}{\mathrm{d}t} = -\frac{\mathrm{d}(v_2 - v_1)}{\mathrm{d}t}$$

$\mathrm{d}t$ 时间内弹簧伸长量为

$$\mathrm{d}x = (v_2 - v_1)\mathrm{d}t$$

引入

$$v^* = v_2 - v_1 = \frac{\mathrm{d}x}{\mathrm{d}t}$$

即有

$$\frac{m_1 + m_2}{m_1 m_2}kx = -\frac{\mathrm{d}^2 x}{\mathrm{d}t^2} \Rightarrow \ddot{x} + \frac{m_1 + m_2}{m_1 m_2}kx = 0$$

所以

$$\begin{cases}\ddot{x}+\omega^2 x=0\\ \omega=\sqrt{\dfrac{m_1+m_2}{m_1 m_2}k}=2.07\ \mathrm{rad/s}\end{cases}\quad (x\text{-}t\text{:简谐振动})$$

利用初条件 $t=0$ 时，$x_0=0$，$v_0^*=1.50\ \mathrm{m/s}$，得

$$x=A\cos\omega t,\quad A=\frac{v_0^*}{\omega}=0.725\ \mathrm{m}$$

（这一结果表明，弹簧伸长量最大时，$f=kA=0.413\ \mathrm{N}$，m_2 所受向下合力为

$$m_2 g\sin\theta-\mu m_2 g\cos\theta-f=1.186\ \mathrm{N}>0$$

此时合力向下，a_2 仍向下，故弹簧回缩时，m_2 所受合力仍向下，继续下行，摩擦力仍向上.）

第二阶段：弹簧回缩.

$$x\leqslant A,\quad f\leqslant kA$$

$$a_1=g\sin\theta-\mu g\cos\theta+\frac{f}{m_1}>a_2$$

$$a_2=g\sin\theta-\mu g\cos\theta-\frac{f}{m_2}\geqslant g\sin\theta-\mu g\cos\theta-\frac{kA}{m_2}=5.93\ \mathrm{m/s^2}$$

这表明 m_1、m_2 始终下行，摩擦力方向不变.此阶段动力学方程与第一阶段相同，弹簧相对原长的伸长量 x 随时间 t 的变化关系仍是简谐振动关系.当弹簧回复到原长时 $x=0$，m_1 相对 m_2 的速度 $v_e^*=\dfrac{\mathrm{d}x}{\mathrm{d}t}$与第一阶段初态时相对速度 v_0^* 方向相反，大小相同，即为

$$v_e^*=-v_0^*=-1.50\ \mathrm{m/s}\ \Rightarrow\ |v_e^*|=1.50\ \mathrm{m/s}$$

题 36　(1) 弹簧被压缩到长度为 l 时，小木块、平板和长滑板共同朝左的速度记为 v，则有

$$3mv=mv_0\Rightarrow\ v=\frac{1}{3}v_0$$

$$\frac{1}{2}kl^2=\frac{1}{2}mv_0^2-3\times\frac{1}{2}mv^2=\frac{1}{2}mv_0^2-3\times\frac{1}{2}m\times\frac{v_0^2}{9}=\frac{1}{3}mv_0^2$$

解得

$$v_0=\sqrt{\frac{3k}{2m}}l$$

绳断前瞬间，有

$$\left.\begin{aligned}&\text{平板}:kl-T=ma\\&\text{长滑板}:T=ma\end{aligned}\right\}\Rightarrow\ T=\frac{1}{2}kl$$

(2.1) 绳断后长滑板 AB 相对地面以

$$v=\frac{1}{3}v_0$$

的速度朝左匀速运动.在 AB 参考系中,小木块和平板从静止开始在弹簧推力作用下先加速、后匀速对称地朝右、朝左运动.平板相对长滑板左行 x,小木块相对长滑板右行 x,小木块相对平板右行量则为 $2x$,最终便有

$$2x = 2l$$

即得

$$l_x = x = l$$

(2.2) 取木块和平板构成的质点系,其质心 C 在 AB 参考系中静止,弹簧从 $t_0 = 0$ 开始对小木块和平板施力的过程,设到 $t = \Delta t_1$ 时刻结束.此过程在 AB 参考系中的初态和末态如图 J56(a)、(b) 所示.

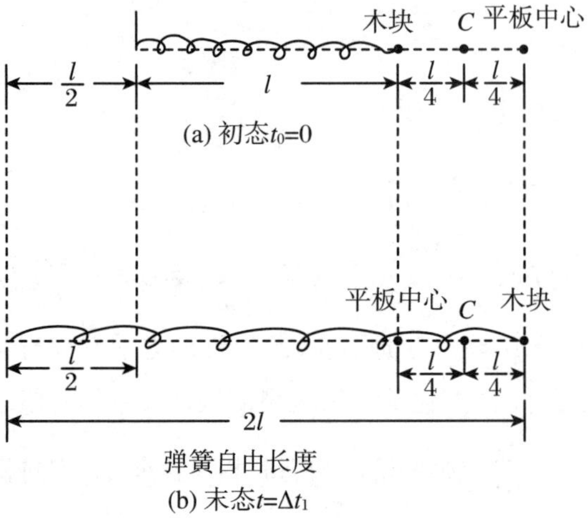

图 J56

末态时,小木块和平板均处于力平衡状态.为计算 Δt_1,设想 $t = \Delta t_1$ 时小木块与弹簧不分离.小木块相对质心 C 右移 x,则平板相对 C 左移 x,小木块受弹簧力

$$F_x = -k \cdot 2x$$

其运动方程便为

$$m\ddot{x} = F_x = -2kx \Rightarrow \ddot{x} + \frac{2k}{m}x = 0$$

得振动周期

$$T = 2\pi\sqrt{\frac{m}{2k}}$$

借助这假想的连续振动可知

$$\Delta t_1 = \frac{T}{4} = \frac{\pi}{2}\sqrt{\frac{m}{2k}}$$

真实情况是 $t = \Delta t_1$ 时小木块与弹簧恰好分离,小木块在 AB 参考系中右行速度记为 v_m,则平板在 AB 参考系中左行速度也为 v_m.由能量守恒方程

$$2\times\frac{1}{2}mv_m^2=\frac{1}{2}kl^2=\frac{1}{3}mv_0^2$$

得

$$v_m=\frac{1}{\sqrt{3}}v_0=\sqrt{\frac{k}{2m}}l$$

再经 Δt_2 时间,小木块相对平板右行 l,即离开平板.由

$$2v_m\Delta t_2=l$$

得

$$\Delta t_2=\frac{l}{2v_m}=\sqrt{\frac{m}{2k}}$$

t_e 由 Δt_1、Δt_2 合成,得

$$t_e=\Delta t_1+\Delta t_2=\left(\frac{\pi}{2}+1\right)\sqrt{\frac{m}{2k}}$$

题 37　(1) 取 O 为重力势能零点,系统重力势能为

$$E_p=-2mg\left(\frac{l}{2}\cos\theta+\frac{3}{2}l\cos\theta\right)+Mg\left(-2l\cos\theta+\frac{r}{\sin\theta}\right)$$

$$=-24mgl\cos\theta+2\sqrt{3}mgl\frac{1}{\sin\theta}$$

为确定 θ 角的取值范围,参考图 J57 的右上方直角三角形应有

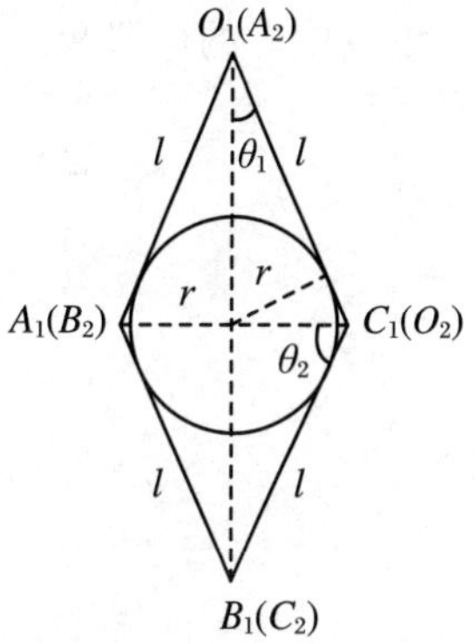

图 J57

$$rl=l\sin\theta_1\cdot l\cos\theta_1=\frac{1}{2}l^2\sin2\theta_1$$

得

$$\theta_1=\frac{1}{2}\arcsin\frac{2r}{l},\quad \theta_2=\frac{\pi}{2}-\theta_1=\frac{\pi}{2}-\frac{1}{2}\arcsin\frac{2r}{l}$$

θ 角的取值范围为(设 $\theta_1<\theta_2$)

$$\theta_2\geqslant\theta\geqslant\theta_1$$

将 $r=\frac{\sqrt{3}}{5}l$ 代入,得

$$\theta_1=22^\circ,\theta_2=68^\circ\Rightarrow 68^\circ\geqslant\theta\geqslant22^\circ$$

达到平衡时,应有

$$\left.\frac{dE_p}{d\theta}\right|_{\theta_0}=24mgl\sin\theta_0-2\sqrt{3}mgl\frac{\cos\theta_0}{\sin^2\theta_0}=0$$

得

$$\frac{\cos\theta_0}{\sin^3\theta_0}=4\sqrt{3}$$

所以

$$\theta_0=\frac{\pi}{6}=30^\circ$$

（2）在平衡位置附近做小振动，应有

$$\theta-\theta_0\ll\theta_0$$

$$E_p\approx E_{p0}+\frac{1}{2}\frac{d^2E_p}{d\theta^2}\bigg|_{\theta_0}(\theta-\theta_0)^2\quad（E_p\text{ 的泰勒展开第 2 项应为零}）$$

$$=E_{p0}+\frac{1}{2}\times 40\sqrt{3}mgl(\theta-\theta_0)^2$$

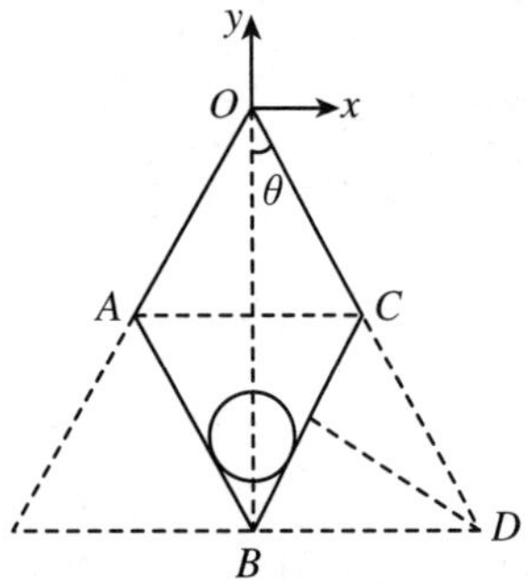

图 J58

参考图 J58，OA、OC 杆绕 O 点做定轴转动，两者动能之和为

$$E_{k1}=2\times\frac{1}{2}\left(\frac{1}{3}ml^2\right)\dot{\theta}^2=\frac{1}{3}ml^2\dot{\theta}^2$$

B 点速度方向平行于 O、B 连线，C 点速度方向垂直于 O、C 连线，据此可知 BC 杆运动的瞬心必为 OB 的垂线与 O、C 连线延长线的交点 D，转动角速度为 $\dot{\theta}$，故 BC 杆与 BA 杆动能之和为

$$E_{k2}=2\times\frac{1}{2}\left[\frac{1}{12}ml^2+m\left(\frac{\sqrt{3}}{2}l\right)^2\right]\dot{\theta}^2=\frac{5}{6}ml^2\dot{\theta}^2$$

圆盘中心的位置和速度为

$$y_M=-2l\cos\theta+\frac{r}{\sin\theta}$$

$$\dot{y}_M=\frac{dy_M}{d\theta}\frac{d\theta}{dt}=\left(2l\sin\theta-\frac{\sqrt{3}}{5}\frac{\cos\theta}{\sin^2\theta}\right)\dot{\theta}$$

$$\approx\left(2l\sin\theta_0-\frac{\sqrt{3}}{5}\frac{\cos\theta_0}{\sin^2\theta_0}\right)\dot{\theta}\quad(\theta_0=30^\circ)$$

$$=-\frac{1}{5}l\dot{\theta}$$

圆盘动能近似为

$$E_{k3}=\frac{1}{2}M\dot{y}_M^2=\frac{m}{5}l^2\dot{\theta}^2$$

系统的总动能近似为

$$E_k=E_{k1}+E_{k2}+E_{k3}=\frac{41}{30}ml^2\dot{\theta}^2$$

系统总机械能为

$$E=E_p+E_k=E_{p0}+20\sqrt{3}mgl(\theta-\theta_0)^2+\frac{41}{30}ml^2\dot{\theta}^2$$

两边对 t 求导，得

$$\ddot{\theta}+\frac{600\sqrt{3}}{41}\frac{g}{l}(\theta-\theta_0)=0$$

因 θ_0 为常量，有

$$\ddot{\theta}=\frac{\mathrm{d}^2(\theta-\theta_0)}{\mathrm{d}t^2}$$

故小振动方程为

$$\frac{\mathrm{d}^2(\theta-\theta_0)}{\mathrm{d}t^2}+\frac{600\sqrt{3}g}{41l}(\theta-\theta_0)=0$$

振动角频率和周期为

$$\omega=\sqrt{\frac{600\sqrt{3}g}{41l}},\quad T=2\pi\sqrt{\frac{41l}{600\sqrt{3}g}}$$

题 38　(1) 设细线中张力为 N，则有

$$m_2g=N=m_1\omega_0^2r_0\Rightarrow\ \omega_0=\sqrt{\frac{m_2g}{m_1r_0}}$$

(2) 有扰动时，m_1 有径向速度 v_r 和角向速度 v_θ 之分，m_2 有竖直方向的速度，可用 v_r 表示，有

$$v_r=\frac{\mathrm{d}r}{\mathrm{d}t},\quad v_\theta=\frac{r\mathrm{d}\theta}{\mathrm{d}t}=r\omega,\quad \omega=\frac{\mathrm{d}\theta}{\mathrm{d}t}$$

m_1 相对小孔角动量守恒，有

$$m_1r^2\omega=m_1r_0^2\omega_0\Rightarrow\ \omega=\frac{r_0^2\omega_0}{r^2}$$

$$\frac{\mathrm{d}^2\theta}{\mathrm{d}t^2}=\frac{\mathrm{d}\omega}{\mathrm{d}t}=\frac{\mathrm{d}}{\mathrm{d}t}\left(\frac{r_0^2\omega_0}{r^2}\right)=-2\frac{r_0^2\omega_0}{r^3}\frac{\mathrm{d}r}{\mathrm{d}t}=-2\frac{r_0^2\omega_0}{r^3}v_r$$

系统机械能守恒，有

$$\frac{1}{2}(m_1+m_2)v_r^2+\frac{1}{2}m_1v_\theta^2+m_2g(r-r_0)=E_0$$

式中 E_0 为恒量. 上式两边对 t 求导，得

$$(m_1+m_2)v_r\frac{\mathrm{d}v_r}{\mathrm{d}t}+m_1v_\theta\frac{\mathrm{d}v_\theta}{\mathrm{d}t}+m_2g\frac{\mathrm{d}r}{\mathrm{d}t}=0$$

将

$$\frac{\mathrm{d}v_\theta}{\mathrm{d}t}=\frac{\mathrm{d}r}{\mathrm{d}t}\omega+r\frac{\mathrm{d}\omega}{\mathrm{d}t}=v_r\omega-2\frac{r_0^2\omega_0}{r^2}v_r$$

代入上式，得

$$(m_1+m_2)\frac{\mathrm{d}^2r}{\mathrm{d}t^2}+m_1r\omega\left(\omega-2\frac{r_0^2\omega_0}{r^2}\right)+m_2g=0$$

因 $\omega=\dfrac{r_0^2\omega_0}{r^2}$，故有

$$(m_1+m_2)\frac{d^2r}{dt^2}-m_1\frac{r_0^4\omega_0^2}{r^3}+m_2g=0$$

附注

联立径向动力学方程与角动量方程：

$$\left.\begin{aligned}N-m_2g&=m_2\ddot{r}\\N&=m_1(-a_r)=-m_1(\ddot{r}-r\omega^2)\end{aligned}\right\}\Rightarrow (m_1+m_2)\ddot{r}-m_1r\omega^2+m_2g=0$$

$$m_1r^2\omega=m_1r_0^2\omega_0$$

可直接得到

$$(m_1+m_2)\ddot{r}-m_1\frac{r_0^4\omega_0^2}{r^3}+m_2g=0$$

将

$$r=r_0+\delta,\quad \frac{d^2r}{dt^2}=\frac{d^2\delta}{dt^2}$$

代入，相继得

$$(m_1+m_2)\frac{d^2\delta}{dt^2}-m_1\frac{r_0^4\omega_0^2}{r_0^3}\left(1+\frac{\delta}{r_0}\right)^{-3}+m_2g=0$$

$$(m_1+m_2)\frac{d^2\delta}{dt^2}-m_1r_0\omega_0^2\left(1-3\frac{\delta}{r_0}\right)+m_2g=0$$

将 $m_2g=m_1r_0\omega_0^2$ 代入此式，得

$$\frac{d^2\delta}{dt^2}=-\frac{3m_1}{m_1+m_2}\omega_0^2\delta$$

上式与水平弹簧振子振动方程 $\frac{d^2x}{dt^2}=-\omega^2x\left(\omega=\frac{k}{m}\right)$ 的数学结构一致，故 δ 随时间 t 的变化是简谐振动，振动角频率为

$$\omega_\delta=\sqrt{\frac{3m_1}{m_1+m_2}}\omega_0$$

ω_δ 与 ω_0 的比值为

$$\frac{\omega_\delta}{\omega_0}=\sqrt{\frac{3m_1}{m_1+m_2}}$$

(3) 由 $m_1=3m_2$ 得

$$\omega_\delta=\frac{3}{2}\omega_0,\quad \omega_0=\sqrt{\frac{m_2g}{m_1r_0}}=\sqrt{\frac{g}{3r_0}}$$

由

$$\delta=\delta_0\cos(\omega_\delta t+\varphi_0)\quad(\delta_0\text{ 为振幅})$$

$$v_{r,\max}=\omega_\delta\delta_0=\frac{\sqrt{gr_0}}{10}$$

得

$$\delta_0 = \frac{v_{r,\max}}{\omega_\delta} = \frac{\sqrt{gr_0}}{10} \cdot \frac{2}{3}\sqrt{\frac{3r_0}{g}} = \frac{r_0}{5\sqrt{3}} = 0.115r_0$$

扰动后 m_1 绕小孔旋转的角速度为

$$\frac{\mathrm{d}\theta}{\mathrm{d}t} = \omega = \frac{r_0^2\omega_0}{r^2} = \frac{r_0^2\omega_0}{(r_0+\delta)^2} = \omega_0\left[1 - 2\frac{\delta_0}{r_0}\cos(\omega_\delta t + \varphi_0)\right]$$

为方便,取 $\varphi_0 = 0$,得

$$2\pi = \int_0^{2\pi}\mathrm{d}\theta = \omega_0\int_0^T\left[1 - 2\frac{\delta_0}{r_0}\cos(\omega_\delta t)\right]\mathrm{d}t = \omega_0 T - 2\frac{\delta_0}{r_0}\frac{\omega_0}{\omega_\delta}\sin(\omega_\delta T)$$

$$= 2\pi\frac{T}{T_0} - 2\frac{1}{5\sqrt{3}} \cdot \frac{2}{3}\sin\left(\frac{3}{2} \cdot 2\pi\frac{T}{T_0}\right)$$

即有

$$\alpha = 1 + \frac{2}{15\sqrt{3}\pi}\sin(3\pi\alpha) = 1 + 0.0245\sin(3\pi\alpha)$$

α 的取值范围为

$$1 + 0.0245 = 1.0245 \geqslant \alpha \geqslant 1 - 0.0245 = 0.9755$$

$3\pi\alpha$ 对应的角度

$$(\text{象限 Ⅲ})540^\circ + 13.23^\circ \geqslant 3\alpha \times 180^\circ \geqslant 540^\circ - 13.23^\circ(\text{象限 Ⅱ})$$

将 α 的取值分为三个区间:

区间Ⅰ:

$$1 > \alpha > 0.9755 \Rightarrow \sin(3\pi\alpha)\ \text{取正}$$

对应

$$\alpha = 1 + 0.0245\sin(3\pi\alpha) > 1$$

与上式矛盾,不可取.

区间Ⅱ:

$$1.0245 > \alpha > 1 \Rightarrow \sin(3\pi\alpha)\ \text{取负}$$

对应

$$\alpha = 1 + 0.0245\sin(3\pi\alpha) < 1$$

与上式矛盾,不可取.

区间Ⅲ:

$$\alpha = 1 \Rightarrow \sin(3\pi\alpha) = 0$$

对应

$$\alpha = 1 + 0.0245\sin(3\pi\alpha) = 1$$

与上式一致,可取.

考虑到 δ-t 并非严格的简谐振动,应取

$$\alpha = 1.0$$

由 $\omega_\delta = \dfrac{3}{2}\omega_0, T_0 = T$ 得

$$T_\delta = \frac{2}{3}T_0 = \frac{2}{3}T \Rightarrow 3T_\delta = 2T$$

在 $\Delta t = 2T_0$ 时间间隔内，m_1 的运动轨道如图 J59 所示.

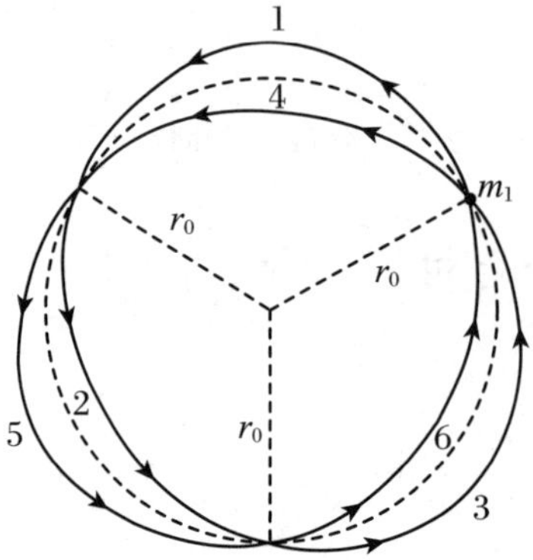

图 J59

题 39　参考图 J60，图中虚线所示为两个斜木块初始位置，顶端取为坐标原点 O，为左侧小球朝右、朝下运动设置 x、y 坐标，为左侧斜木块朝左运动设置 ζ 坐标.每一个斜木块底面长记为 L，则高也为 L.建立下述方程：

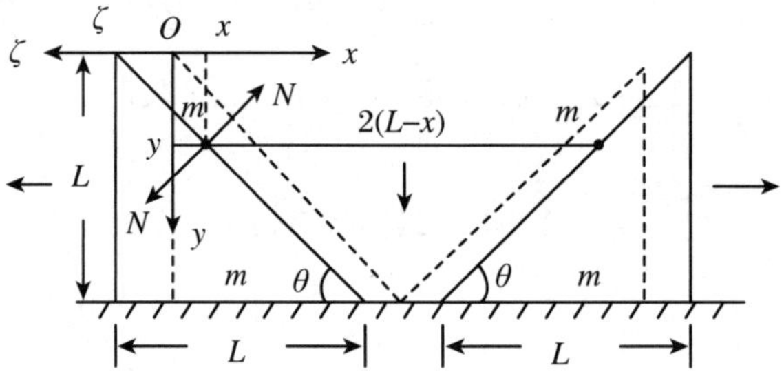

图 J60

$$球：N\sin\theta - k \cdot 2x = m\ddot{x}, \quad mg - N\cos\theta = m\ddot{y}$$

$$木块：N\sin\theta = m\ddot{\zeta}$$

$$运动关联：y = (x + \zeta)\tan\theta$$

将其中木块方程所得

$$N = \frac{m\ddot{\zeta}}{\sin\theta}$$

代入小球方程，并将 $\theta = 45°$ 代入，经数学处理后，可得

$$\ddot{\zeta} = \ddot{x} + \frac{2k}{m}x \qquad ①$$

$$\ddot{y} + \ddot{\zeta} = g \qquad ②$$

$$\ddot{y} = \ddot{x} + \ddot{\zeta} \qquad ③$$

（1）$\ddot{x}$ 方程的建立和求解

联立②、③式，消去 $\ddot{y}$，得

$$\ddot{x} + 2\ddot{\zeta} = g \qquad ④$$

将①式代入④式，得

$$\ddot{x} + \frac{4k}{3m}x = \frac{g}{3}$$

通解为

$$\begin{cases} x = A\cos(\omega t + \varphi) + \dfrac{mg}{4k},\ \omega = \sqrt{\dfrac{4k}{3m}} \\ \dot{x} = -\omega A\sin(\omega t + \varphi) \end{cases}$$

由初条件，即 $t=0$ 时，$x=0$，$\dot{x}=0$，得

$$\begin{cases} A\cos\varphi + \dfrac{mg}{4k} = 0 \\ -\sqrt{\dfrac{4k}{3m}}A\sin\varphi = 0 \Rightarrow \varphi = 0 \text{ 或 } \pi \end{cases}$$

取 $\varphi=0$，则

$$A = -\frac{mg}{4k} \Rightarrow x = (1-\cos\omega t)\frac{mg}{4k}$$

取 $\varphi=\pi$，则

$$A = \frac{mg}{4k} \Rightarrow x = [1+\cos(\omega t + \pi)]\frac{mg}{4k}$$

可统一为

$$x = (1-\cos\omega t)\frac{mg}{4k}$$

求导，得

$$\ddot{x} = \frac{g}{3}\cos\omega t,\quad \omega = \sqrt{\frac{4k}{3m}}$$

（2）$\ddot{\zeta}$ 方程的建立和求解

由①式得

$$\ddot{\zeta} = \ddot{x} + \frac{2k}{m}x = \frac{g}{3}\cos\omega t + \frac{2k}{m}(1-\cos\omega t)\frac{mg}{4k}$$

$$= -\frac{g}{6}\cos\omega t + \frac{g}{2}$$

积分,得

$$\dot{\zeta} = -\frac{g}{6\omega}\sin\omega t + \frac{1}{2}gt + C_1（t = 0\text{时}\ \dot{\zeta} = 0）\Rightarrow\ C_1 = 0$$

再积分,得

$$\zeta = \frac{g}{6\omega^2}\cos\omega t + \frac{1}{4}gt^2 + C_2（t = 0\text{时}\ \zeta = 0）\Rightarrow\ C_2 = -\frac{g}{6\omega^2}$$

所以

$$\zeta = \frac{g}{6\omega^2}(\cos\omega t - 1) + \frac{1}{4}gt^2\ \Rightarrow\ \zeta = \frac{mg}{8k}(\cos\omega t - 1) + \frac{1}{4}gt^2$$

讨论：

$$\ddot{\zeta} = -\frac{g}{6}\cos\omega t + \frac{g}{2}\ \Rightarrow\ \frac{2}{3}g \geqslant \ddot{\zeta} \geqslant \frac{g}{3} > 0$$

所以

$$N = \frac{m}{\sin\theta}\ddot{\zeta} > 0$$

故弹性杆落地前,小球不会离开斜面.

(3) y 与 t 的关系式

由

$$y = (x + \zeta)\tan\theta = x + \zeta$$

得

$$y = \frac{mg}{8k}(1 - \cos\omega t) + \frac{1}{4}gt^2$$

(4) 斜木块底面长度 L

$$N = \frac{m}{\sin\theta}\ddot{\zeta} = \sqrt{2}m\left(-\frac{g}{6}\cos\omega t + \frac{g}{2}\right)$$

N 第二次达极小值对应

$$t = 2T = 2\left(\frac{2\pi}{\omega}\right) = 2\pi\sqrt{\frac{3m}{k}}$$

此时有

$$L = y\Big|_{t=2T} = \frac{1}{4}gt^2\Big|_{t=2\pi\sqrt{\frac{3m}{k}}}$$

得

$$L = \frac{3\pi^2 mg}{k}$$

(5) N 第二次达到极大值时杆的长度 l

N 第二次达极大值对应

$$t = \frac{3}{2}T\left(=\frac{3\pi}{2}\sqrt{\frac{3m}{k}}\right)$$

此时杆长为

$$l = (2L-2x)\Big|_{t=\frac{3}{2}T} = \left[2L - 2(1-\cos\omega t)\frac{mg}{4k}\right]\Bigg|_{\cos\omega t=-1}$$

$$= 2L - \frac{mg}{k} = (6\pi^2-1)\frac{mg}{k}$$

题 40 (1) S 系中质心 C 的速度

$$\boldsymbol{v}_C:\begin{cases}\text{沿 } y_0 \text{ 轴正方向}\\ v_C = v_0\end{cases}$$

如题目所述,设置质心参考系后,质点 P_1、P_2、P_3 在 $t=0$ 时刻的位置和速度如图 J61 所示. $t\geqslant 0$ 时刻,将 P_1、P_2、P_3 在 xy 平面上的位置矢量分别记为 $\boldsymbol{r}_1$、$\boldsymbol{r}_2$、$\boldsymbol{r}_3$,各自受力便分别为

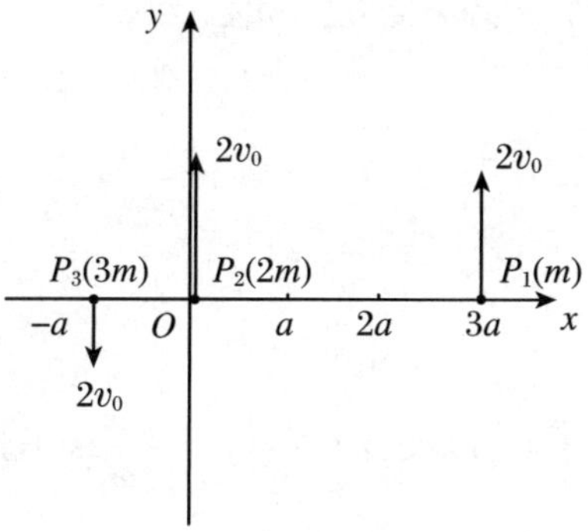

图 J61

$$\begin{aligned}\boldsymbol{F}_1 &= G^* m_1 m_2(\boldsymbol{r}_2-\boldsymbol{r}_1) + G^* m_1 m_3(\boldsymbol{r}_3-\boldsymbol{r}_1)\\ &= G^* m_1 m_2(\boldsymbol{r}_2-\boldsymbol{r}_1) + G^* m_1 m_3(\boldsymbol{r}_3-\boldsymbol{r}_1) + G^* m_1 m_1(\boldsymbol{r}_1-\boldsymbol{r}_1)\\ &= G^* m_1(m_2\boldsymbol{r}_2 + m_3\boldsymbol{r}_3 + m_1\boldsymbol{r}_1) - G^* m_1(m_2\boldsymbol{r}_1 + m_3\boldsymbol{r}_1 + m_1\boldsymbol{r}_1)\\ &= G^* m_1(m_1+m_2+m_3)\boldsymbol{r}_C - G^* m_1(m_1+m_2+m_3)\boldsymbol{r}_1 \quad (\boldsymbol{r}_C = 0)\\ &= -G^* m_1(m_1+m_2+m_3)\boldsymbol{r}_1\end{aligned}$$

$$\begin{aligned}\boldsymbol{F}_2 &= G^* m_2 m_3(\boldsymbol{r}_3-\boldsymbol{r}_2) + G^* m_2 m_1(\boldsymbol{r}_1-\boldsymbol{r}_2)\\ &= \cdots\\ &= -G^* m_2(m_1+m_2+m_3)\boldsymbol{r}_2\end{aligned}$$

$$\begin{aligned}\boldsymbol{F}_3 &= G^* m_3 m_1(\boldsymbol{r}_1-\boldsymbol{r}_3) + G^* m_3 m_2(\boldsymbol{r}_2-\boldsymbol{r}_3)\\ &= \cdots\\ &= -G^* m_3(m_1+m_2+m_3)\boldsymbol{r}_3\end{aligned}$$

可统一表述为

$$\boldsymbol{F}_i = -G^* m_i(m_1 + m_2 + m_3)\boldsymbol{r}_i \quad (i = 1,2,3)$$

这是以质心 C 为力心的吸引性线性有心力.各质点沿 x 轴、y 轴方向的动力学微分方程为

$$m_i\ddot{x}_i = F_{ix} = \boldsymbol{F}_i \cdot \boldsymbol{e}_x = -G^*(m_1 + m_2 + m_3)m_i x_i \Rightarrow$$

$$\ddot{x}_i + G^*(m_1 + m_2 + m_3)x_i = 0 \quad (i = 1,2,3)$$

$$m_i\ddot{y}_i = F_{iy} = \boldsymbol{F}_i \cdot \boldsymbol{e}_y = -G^*(m_1 + m_2 + m_3)m_i y_i \Rightarrow$$

$$\ddot{y}_i + G^*(m_1 + m_2 + m_3)y_i = 0 \quad (i = 1,2,3)$$

可得简谐振动解:

$$\begin{cases} x_i = A_{ix}\cos(\omega t + \varphi_{ix}) \\ y_i = A_{iy}\cos(\omega t + \varphi_{iy}) \end{cases} \quad (\omega = \sqrt{G^*(m_1 + m_2 + m_3)} = \sqrt{6G^* m})$$

对 P_1,由初条件,即 $t=0$ 时

$$\begin{cases} x_{10} = 3a, & v_{10,x} = 0 \\ y_{10} = 0, & v_{10,y} = 2v_0 \end{cases}$$

得

$$\begin{cases} A_{1x} = 3a, & \varphi_{1x} = 0 \\ A_{1y} = \dfrac{2v_0}{\omega}, & \varphi_{1y} = -\dfrac{\pi}{2} \end{cases}$$

即有

$$x_1 = 3a\cos\omega t, \quad y_1 = \frac{2v_0}{\omega}\sin\omega t$$

对 P_2,由初条件,即 $t=0$ 时

$$\begin{cases} x_{20} = 0, & v_{20,x} = 0 \\ y_{20} = 0, & v_{20,y} = 2v_0 \end{cases}$$

得

$$x_2 = 0, \quad y_2 = \frac{2v_0}{\omega}\sin\omega t$$

对 P_3,由初条件,即 $t=0$ 时

$$\begin{cases} x_{30} = -a, & v_{30,x} = 0 \\ y_{30} = 0, & v_{30,y} = -2v_0 \end{cases}$$

得

$$x_3 = -a\cos\omega t, \quad y_3 = -\frac{2v_0}{\omega}\sin\omega t$$

不考虑碰撞,P_1 和 P_3 的运动轨道都是椭圆,P_2 的运动轨道是直线段,如图 J62 所示.轨道的运动周期同为

$$T_0 = \frac{2\pi}{\omega} = \frac{2\pi}{\sqrt{6G^* m}}$$

（2）由图 J62 可见，在 $t_1 = \frac{T_0}{4}$ 时刻，P_1、P_2 在 $x=0$，$y=\frac{2v_0}{\omega}$ 处发生碰撞，是一个运动质点 P_1 与另一个静止质点 P_2 的碰撞，按题目所设，为弹性正碰撞. 碰前，P_1 沿 x 轴正方向速度为

$$u_0 = -\omega \cdot 3a$$

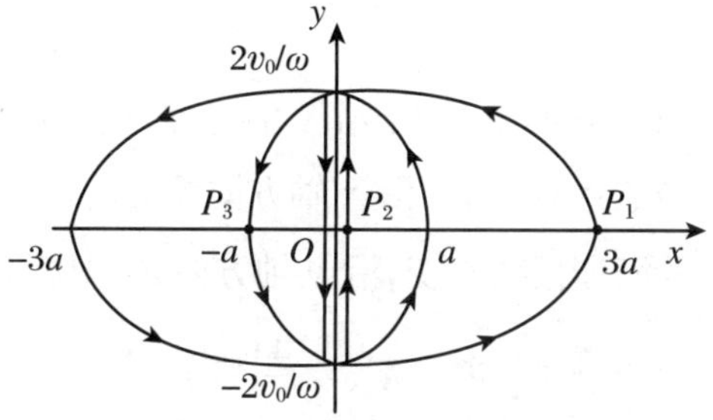

图 J62

碰后，P_1、P_2 沿 x 轴正方向速度（带正负号）分别记为 u_1、u_2，则由

$$\begin{cases} mu_1 + 2mu_2 = mu_0 \\ \frac{1}{2}mu_1^2 + \frac{1}{2}(2m)u_2^2 = \frac{1}{2}mu_0^2 \end{cases} \Rightarrow \begin{cases} u_1 = -\frac{1}{3}u_0 = +\omega a \ (P_1 \text{ 沿 } x \text{ 轴正方向运动}) \\ u_2 = \frac{2}{3}u_0 = -\omega \cdot 2a \ (P_2 \text{ 沿 } x \text{ 轴负方向运动}) \end{cases}$$

而后，P_1、P_2 沿 y 轴方向的简谐振动不变，沿 x 轴方向简谐振动的振幅将分别改取为

$$P_1 : A'_{1x} = \frac{1}{3}\frac{u_0}{\omega} = a, \quad P_2 : A'_{2x} = \frac{2}{3}\frac{u_0}{\omega} = 2a$$

于是，在第 1 个 $\frac{T_0}{4}\left(t=0 \text{ 到 } t_1 = \frac{T_0}{4}\right)$ 时间段内，P_1、P_2、P_3 的运动轨道如图 J63 所示；在第 2 个 $\frac{T_0}{4}$（t_1 到 $t_2 = 2t_1$）时间段内，P_1、P_2、P_3 的运动轨道如图 J64 所示.

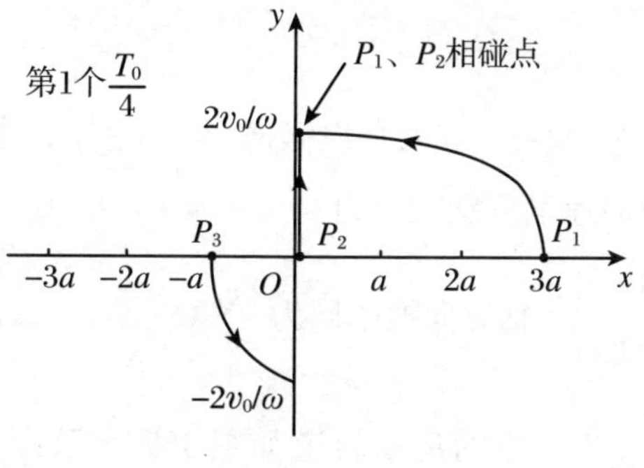

图 J63

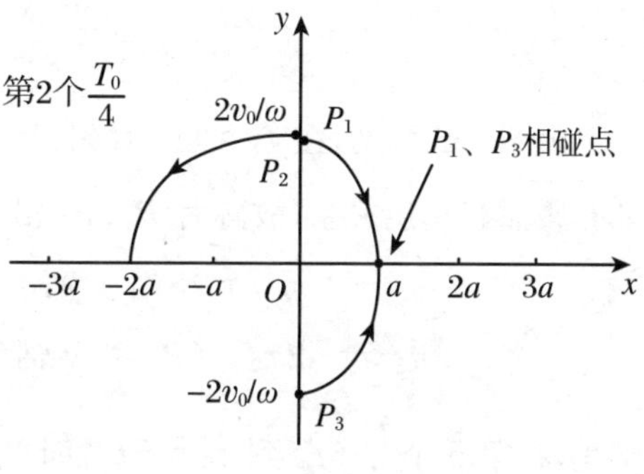

图 J64

由图 J64 可见，在 $t_2=2t_1\left(t_2=2\cdot\dfrac{T_0}{4}\right)$时刻，$P_1$、$P_3$ 在 $x=a$，$y=0$ 处碰撞，碰前 P_1 沿 y 轴正方向速度 $u_{10}=-2v_0$，P_3 沿 y 轴正方向速度 $u_{30}=2v_0$，碰后 P_1、P_3 沿 y 轴正方向速度分别记为 u_1，u_3，则由

$$\begin{cases} mu_1+3mu_3=mu_{10}+3mu_{30}=-2mv_0+6mv_0=4mv_0 \\ \dfrac{1}{2}mu_1^2+\dfrac{1}{2}(3m)u_3^2=\dfrac{1}{2}mu_{10}^2+\dfrac{1}{2}(3m)u_{30}^2=\dfrac{1}{2}m\cdot 4v_0^2+\dfrac{1}{2}m\cdot 3\cdot 4v_0^2=\dfrac{1}{2}m\cdot 16v_0^2 \end{cases}$$

得

$$\begin{cases} u_1=4v_0 \quad (P_1\text{ 沿 }y\text{ 轴正方向运动}) \\ u_3=0 \quad (P_3\text{ 沿 }y\text{ 轴方向无运动}) \end{cases}$$

而后，P_1、P_3 沿 x 轴方向的简谐振动不变，沿 y 轴方向 P_3 无运动，P_1 振幅为

$$P_1:A'_{1y}=\frac{4v_0}{\omega}$$

于是，在第 3 个$\dfrac{T_0}{4}$（t_2 到 $t_3=3t_1$）时间段内，P_1、P_2、P_3 运动轨道如图 J65 所示；在第 4 个$\dfrac{T_0}{4}$（t_3 到 $t_4=4t_1$）时间段内，P_1、P_2、P_3 运动轨道如图 J66 所示.

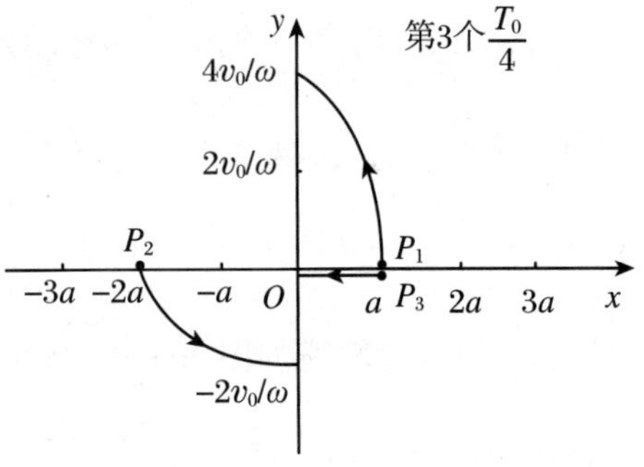

图 J65

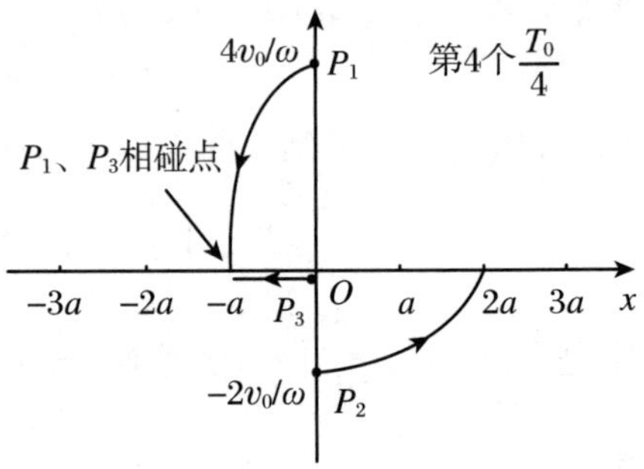

图 J66

由图 J66 可见，在 $t_4=4t_1$ 时刻，P_1、P_3 在 $x=-a$，$y=0$ 处再次碰撞，与 $t_2=2t_1$ 时刻的碰撞有正逆关系，故碰后 P_1、P_3 沿 y 轴正方向速度分别对应为

$$\left.\begin{aligned} u_1&=2v_0 \quad (P_1\text{ 沿 }y\text{ 轴正方向运动}) \\ u_3&=-2v_0 \quad (P_3\text{ 沿 }y\text{ 轴负方向运动}) \end{aligned}\right\} y\text{ 轴方向振幅同为}\frac{2v_0}{\omega}$$

于是，在第 5 个$\dfrac{T_0}{4}$（t_4 到 $t_5=5t_1$）时间段内，P_1、P_2、P_3 的运动轨道如图 J67 所示；在第 6 个$\dfrac{T_0}{4}$（t_5 到 $t_6=6t_1$）时间段内，P_1、P_2、P_3 的运动轨道如图 J68 所示.

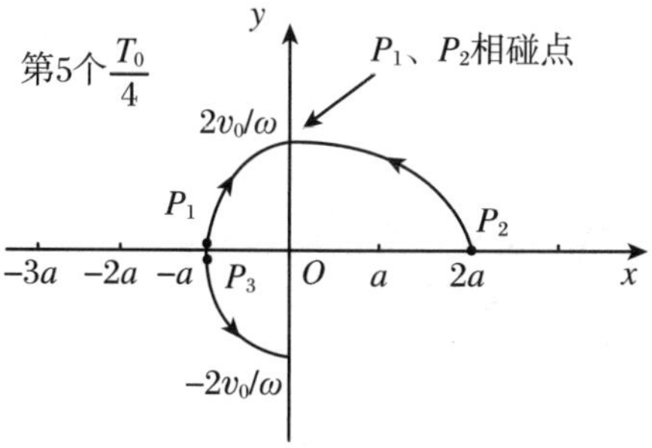

图 J67

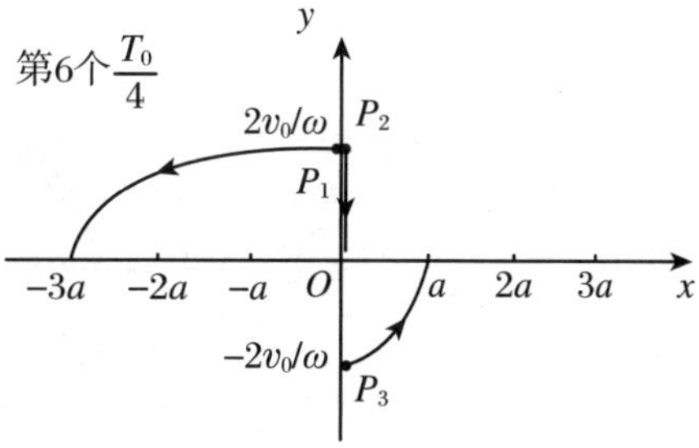

图 J68

注意，由图 J67 可见，在 $t_5=5t_1$ 时刻，P_1、P_2 在 $x=0$，$y=\frac{2v_0}{\omega}$处碰撞，与 $t_1=\frac{T_0}{4}$时刻的碰撞有正逆关系，故碰后 P_1、P_2 沿 x 轴正方向速度分别为

$$u_1=-\omega\cdot 3a\quad(P_1\text{ 沿 }x\text{ 轴负方向运动})$$

$$u_2=0\quad(P_2\text{ 沿 }x\text{ 轴方向无运动})$$

图 J68 中 $t_6=6t_1$ 时刻 P_1、P_2、P_3 的位置和速度与图 J61 中 $t=0$ 时刻 P_1、P_2、P_3 的位置和速度之间的关系恰好为 $x\to -x$，$y\to -y$ 的变换.故再经过 $\Delta t=6t_1$ 时间间隔，即到达 $t_{12}=12t_1$ 时刻，又发生一次 $x\to -x$，$y\to -y$ 的变换，使$\{P_1,P_2,P_3\}$系统运动状态复原.

(2.1) $\{P_1,P_2,P_3\}$系统运动周期为

$$T=12t_1=12\times\frac{1}{4}T_0=3T_0\ \Rightarrow\ T=\frac{6\pi}{\sqrt{6G^*m}}$$

(2.2) $t=0$ 到 $t=T=\frac{6\pi}{\sqrt{6G^*m}}$时间内 P_1、P_2、P_3 的运动轨道分别如图 J69～图 J71 所示.

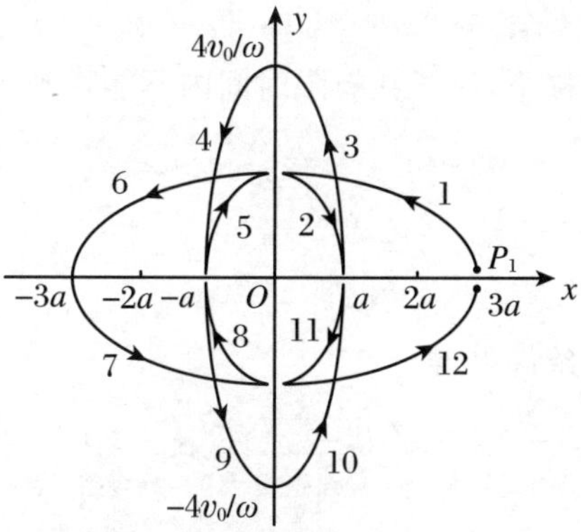

图 J69

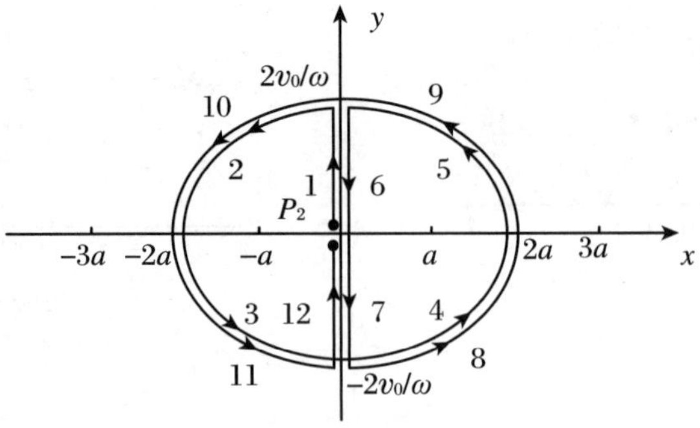

图 J70

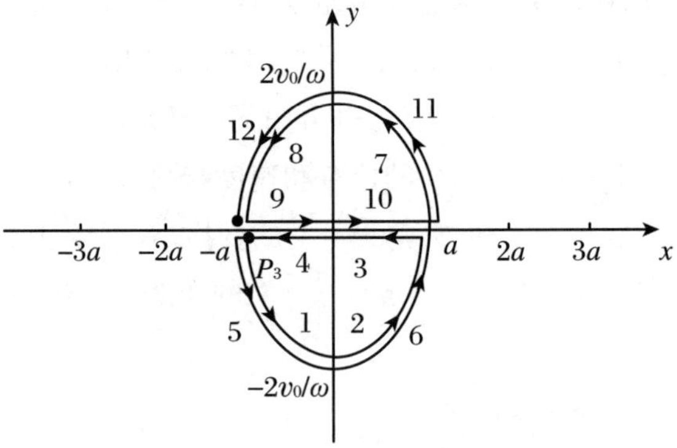

图 J71

题 41 (1) 由 $t=0$ 时的初始条件可得

$$C_{临1} = x_{临0},\quad C_{临2} - \beta C_{临1} = v_{临0}$$

(1.1) 由上述两式可解得

$$C_{临1} = x_{临0},\quad C_{临2} = \beta x_{临0} + v_{临0}$$

(1.2) 在 $x_{临0}>0$ 的前提下,振子在有限时间内不能降到 $x_临=0$ 位置的条件是

$$(C_{临1} + C_{临2}t)\big|_{t>0} > 0$$

即得所求为

$$v_{临0} \geqslant -\beta x_{临0}$$

(2) 由 $t=0$ 时的初始条件可得

$$C_{过1} + C_{过2} = x_{过0},\quad -(\beta - \sqrt{\beta^2 - \omega_0^2})C_{过1} - (\beta + \sqrt{\beta^2 - \omega_0^2})C_{过2} = v_{过0}$$

两式联立,可得

$$-\beta(C_{过1} + C_{过2}) + \sqrt{\beta^2 - \omega_0^2}(C_{过1} - C_{过2}) = v_{过0}$$

(2.1) 由上述两式可解得

$$C_{过1} = \frac{1}{2}\left(x_{过0} + \frac{\beta x_{过0} + v_{过0}}{\sqrt{\beta^2 - \omega_0^2}}\right)$$

$$C_{过2} = \frac{1}{2}\left(x_{过0} - \frac{\beta x_{过0} + v_{过0}}{\sqrt{\beta^2 - \omega_0^2}}\right)$$

（2.2）过阻尼通解可表述为

$$x_{过} = \frac{1}{2}x_{过0}e^{-(\beta+\sqrt{\beta^2-\omega_0^2})t}\left[\left(\frac{\beta+\alpha}{\sqrt{\beta^2-\omega_0^2}}+1\right)e^{2\sqrt{\beta^2-\omega_0^2}t} - \left(\frac{\beta+\alpha}{\sqrt{\beta^2-\omega_0^2}}-1\right)\right]$$

$$\alpha = \frac{v_{过0}}{x_{过0}}$$

等号右边第一项整体取正，且单调递减，但不会达到零值. $t=0$ 时，方括号内的算式值为正，而后其中左侧项整体绝对值随 t 增大，右侧项则为常量. 如果在某个 $t>0$ 有限时刻，方括号算式值为零，则对应 $x_{过}=0$，振子降到该位置.

分两种情况分析：

Ⅰ. $v_{过0}\geqslant 0$，则 $\frac{\beta+\alpha}{\sqrt{\beta^2-\omega_0^2}}$ 为正，$\frac{\beta+\alpha}{\sqrt{\beta^2-\omega_0^2}}+1$ 为正.

(a) 若 $\frac{\beta+\alpha}{\sqrt{\beta^2-\omega_0^2}}-1$ 为正，则因

$$\frac{\beta+\alpha}{\sqrt{\beta^2-\omega_0^2}}+1 > \frac{\beta+\alpha}{\sqrt{\beta^2-\omega_0^2}}-1$$

$t>0$ 时，恒有

$$\left(\frac{\beta+\alpha}{\sqrt{\beta^2-\omega_0^2}}+1\right)e^{2\sqrt{\beta^2-\omega_0^2}t} - \left(\frac{\beta+\alpha}{\sqrt{\beta^2-\omega_0^2}}-1\right) > 0$$

(b) 若 $\frac{\beta+\alpha}{\sqrt{\beta^2-\omega_0^2}}-1$ 为负，则因

$$\frac{\beta+\alpha}{\sqrt{\beta^2-\omega_0^2}}+1 > \frac{\beta+\alpha}{\sqrt{\beta^2-\omega_0^2}}-1$$

$t>0$ 时，恒有

$$\left(\frac{\beta+\alpha}{\sqrt{\beta^2-\omega_0^2}}+1\right)e^{2\sqrt{\beta^2-\omega_0^2}t} - \left(\frac{\beta+\alpha}{\sqrt{\beta^2-\omega_0^2}}-1\right) > 0$$

Ⅱ. $v_{过0}<0$，则 $\alpha<0$.

(a) 设 $\frac{\beta+\alpha}{\sqrt{\beta^2-\omega_0^2}}+1>0$（为正），则

$$\frac{\beta+\alpha}{\sqrt{\beta^2-\omega_0^2}} > -1,\ \beta+\alpha > -\sqrt{\beta^2-\omega_0^2} \Rightarrow \alpha > -(\beta+\sqrt{\beta^2-\omega_0^2})$$

$$\Rightarrow v_{过0} > -\sqrt{\beta^2-\omega_0^2}\,x_{过0}$$

又因

$$\frac{\beta+\alpha}{\sqrt{\beta^2-\omega_0^2}}+1>\frac{\beta+\alpha}{\sqrt{\beta^2-\omega_0^2}}-1$$

无论$\frac{\beta+\alpha}{\sqrt{\beta^2-\omega_0^2}}-1$为正或为负，$t>0$时，仍然恒有

$$\left(\frac{\beta+\alpha}{\sqrt{\beta^2-\omega_0^2}}+1\right)e^{2\sqrt{\beta^2-\omega_0^2}t}-\left(\frac{\beta+\alpha}{\sqrt{\beta^2-\omega_0^2}}-1\right)>0$$

(b) 设$\frac{\beta+\alpha}{\sqrt{\beta^2-\omega_0^2}}+1<0$(为负)，则

$$\frac{\beta+\alpha}{\sqrt{\beta^2-\omega_0^2}}<-1, \beta+\alpha<-\sqrt{\beta^2-\omega_0^2} \Rightarrow \alpha<-(\beta+\sqrt{\beta^2-\omega_0^2})x$$

$$\Rightarrow v_{过0}<-\sqrt{\beta^2-\omega_0^2}x_{过0}$$

仍因

$$\frac{\beta+\alpha}{\sqrt{\beta^2-\omega_0^2}}+1>\frac{\beta+\alpha}{\sqrt{\beta^2-\omega_0^2}}-1 \Rightarrow \frac{\beta+\alpha}{\sqrt{\beta^2-\omega_0^2}}-1<0\ (为负)$$

(负值的绝对值小) (负值的绝对值大)

故必定存在有限的某个 $t>0$，使得

$$\left(\frac{\beta+\alpha}{\sqrt{\beta^2-\omega_0^2}}+1\right)e^{2\sqrt{\beta^2-\omega_0^2}t}-\left(\frac{\beta+\alpha}{\sqrt{\beta^2-\omega_0^2}}-1\right)=0$$

(左边负值的绝对值增大到等于右边负值的绝对值.)

综上所述，v_{x0}的取值范围为

$$v_{x0}<-(\beta+\sqrt{\beta^2-\omega_0^2})x_{过0}$$

时，振子都能经有限时间降到 $x_过=0$ 位置.

(2.3) 为使 $C_{过1}=0$，要求

$$v_{过0}=-(\beta+\sqrt{\beta^2-\omega_0^2})x_{过0}$$

此时必有

$$C_{过2}=x_{过0}>0$$

(3) 此时

$$x_临=(C_{临1}+C_{临2}t)e^{-\beta t}$$

$$x_过=C_{过2}e^{-(\beta+\sqrt{\beta^2-\omega_0^2})t}=(x_{过0}e^{-\sqrt{\beta^2-\omega_0^2}t})e^{-\beta t}$$

据(1.2)题目及其解答，已有

$$x_{临0}>0,\quad C_{临1}=x_{临0}>0$$

$$C_{临2}=\beta x_{临0}+v_{临0},\quad v_{临0}\geqslant-\beta x_{临0}$$

所以

$$C_{临2} > 0$$

据(2.3)题目,已有

$$x_{过0} > 0$$

则必存在某个 t_0 时刻,使得 $t>t_0$ 时有

$$C_{临1} > x_{过0}\mathrm{e}^{-\sqrt{\beta^2-\omega_0^2}\,t} \Rightarrow \ \mathrm{e}^{\sqrt{\beta^2-\omega_0^2}\,t} > \frac{x_{过0}}{C_{临1}} = \frac{x_{过0}}{x_{临0}}$$

所以

$$t > t_0 = \frac{\ln\dfrac{x_{过0}}{x_{临0}}}{\sqrt{\beta^2-\omega_0^2}}$$

进而 $t>t_0$ 时必有

$$C_{临1} + C_{临2}t > C_{临1} > x_{过0}\mathrm{e}^{-\sqrt{\beta^2-\omega_0^2}\,t}$$

考虑到前式中的 $\mathrm{e}^{-\beta t}$ 为公共的衰减因子,过阻尼振动可使振子更快地趋向零位置.

题 42　稳态解即为非齐次微分方程特解,为找此解可将非齐次方程改述成

$$\ddot{x} + 2\beta\dot{x} + \omega_0^2 x = \frac{1}{2}f_0(1+\cos 2\omega t)$$

然后可分解成

$$\ddot{x}_1 + 2\beta\dot{x}_1 + \omega_0^2 x_1 = \frac{f_0}{2},\quad \ddot{x}_2 + 2\beta\dot{x}_2 + \omega_0^2 x_2 = \frac{f_0}{2}\cos 2\omega t$$

第一式的特解设成

$$x_1^* = at^2 + bt + c$$

代入第一式后,要求任意 t 时刻都成立,可解得

$$a = 0, b = 0, c = \frac{f_0}{2\omega_0^2} \Rightarrow \ x_1^* = \frac{f_0}{2\omega_0^2}$$

第二式的特解为

$$x_2^* = A\cos(2\omega t + \varphi)$$

$$A = \frac{\dfrac{f_0}{2}}{\sqrt{(\omega_0^2 - 4\omega^2)^2 + 16\beta^2\omega^2}},\quad \tan\varphi = \frac{-4\beta\omega}{\omega_0^2 - 4\omega^2}$$

所求稳态解便是

$$x = \frac{f_0}{2\omega_0^2} + A\cos(2\omega t + \varphi)$$

附　录

附录A 解读牛顿三定律

关于牛顿定律，首先据《自然哲学之数学原理》(中译本)给出原始表述，接着按现代的理解对其内涵作若干解释性的说明.

1. 牛顿第一定律

任何物体都保持静止或沿一条直线做匀速运动的状态，除非作用于它的力迫使它改变这种状态.

第一定律平行地给出了惯性和力这两个概念.惯性是物体保持静止或匀速直线运动状态的内在属性，力是迫使物体改变这种状态的外加因素.第一定律又从逻辑上定义了一类特殊参考系，运动是相对参考系而言的，至少应存在一个参考系 S_0，第一定律内容在 S_0 中是正确的，不受外力作用的物体在 S_0 系中加速度为零.由运动学知识可知，该物体在所有相对 S_0 系做匀速平动的参考系 S_i 中的加速度均为零，第一定律在各 S_i 系中便都成立.另外，在相对 S_0 或任一 S_i 系做变速平动或(匀速、变速)转动的参考系 S_i' 中，该物体加速度必不为零，不能保持静止或匀速直线运动状态，第一定律在 S_i' 系中不能成立.称第一定律成立的参考系为惯性参考系，简称惯性系；称第一定律不成立的参考系为非惯性参考系，简称非惯性系.

第一定律的成立表明，经典力学认定自然界中存在惯性系，也存在非惯性系.大量实验表明，对于地面上宏观物体的一般运动，地面参考系是一个足够精确的惯性系.

如前文所述，从基础性和简洁性方面考察，动力学的原始研究对象可取为质点，牛顿定律首先是质点动力学的基本规律，演绎后可进而处理不可模型化为质点的物体.第一定律表述中的物体解释成质点后，便不必在定律内补充无外力作用下真实物体在惯性系中可保持匀速转动状态，因为物体模型化为质点便失去体结构，不会出现转动状态.

第一定律虽然已给出了惯性和力这两个概念，但尚未对其进行量化.

2. 牛顿第二定律

运动的变化与所加的力成正比，并且发生在此力所沿的方向线上.定律中的“运动”根据牛顿的解释实指物体(质点)的动量，用 $m\boldsymbol{v}$ 表示.

m 是牛顿所谓“物质的量”；参考牛顿对若干力学问题的讨论可以判定，“运动的变化"实指动量随时间的变化率，即 $\mathrm{d}(m\boldsymbol{v})/\mathrm{d}t$. 力用 $\boldsymbol{F}$ 表示，第二定律的数学表达式为

$$\boldsymbol{F} \propto \mathrm{d}(m\boldsymbol{v})/\mathrm{d}t \tag{①}$$

$\boldsymbol{v}$——运动学中已定义的量.

m——根据第一定律，惯性是物体在没有外力时保持静止或匀速直线运动状态的内在属性. 其后，牛顿曾进一步指出，惯性又是"每个物体按其一定的量而存在于其中的抵抗能力". 惯性越大，这种抵抗外力影响的能力越强. 牛顿并没有对惯性的量化给出独立的定义，而是认为物体的惯性与物质的量成正比. 物质的量是当时已有的量 m，意指物体所含物质多少的量. 按现在的理解，这是个没有确切含义的量，因此，宜将①式中的 m 重新定义为表征物体惯性的量，称为惯性质量，简称为质量. 在经典力学范畴内，m 是个不随物体运动状态变化的量.

$\boldsymbol{F}$——由第二定律定义的量，用来表征作用于物体的力.

欧拉(L. Euler，1707—1783)将①式的比例系数取为 1，得

$$\boldsymbol{F} = \frac{\mathrm{d}(m\boldsymbol{v})}{\mathrm{d}t} \tag{②}$$

考虑到 m 的运动不变性，继而有

$$\boldsymbol{F} = m\boldsymbol{a} \tag{③}$$

第二定律也只在惯性系中成立，力是物体间的作用力，为真实力. 牛顿时代之后，物理学家认知了场物质的存在，真实力便引申为物质间的作用力. 第二定律适用对象仍是质点，上述诸式中的 $\boldsymbol{v}$、$\boldsymbol{a}$ 均唯一.

经典力学中③式与②式是等价的. ③式是常用的表达式，以它为基准，对第二定律内涵的逻辑关系给出这样的诠释：③式是对 m、$\boldsymbol{F}$ 度量的定义式，实验对此定义认可，使其成为定律.

定义性内容 1 选定某个物体 P_0，规定它的质量为 1 个单位，记作 m_0. 使用诸如弹簧之类的施力装置 Q，当作用于 P_0 的力使得 P_0 产生的加速度 $\boldsymbol{a}_0$ 的大小恰为 1 个单位时，便规定所施力 $\boldsymbol{F}_0$ 的度量值为 1 个单位. $\boldsymbol{F}_0$ 的方向取为 $\boldsymbol{a}_0$ 的方向. 保持 $\boldsymbol{a}_0$ 的大小，改变 $\boldsymbol{a}_0$ 的方向，可得不同方向的 $\boldsymbol{F}_0$.

实验验证 1 每一方向 $\boldsymbol{F}_0$ 对应 Q 所处状态记为 q_{0k}，如果实验中每一方向 $\boldsymbol{F}_0$ 与 q_{0k} 间有恒定的一一对应关系，则称这样的施力装置为标准施力装置. 实验表明，在足够精确的意义下，这样的装置是存在的. 实验表明，由标准施力装置 Q 所得

$$\boldsymbol{F}_0 = m_0\boldsymbol{a}_0 \tag{④}$$

关系，无论物体 P_0 在何处、何时处于何种运动状态，都是一致的. 这可简单地表述为：此关系式具有时空无关性及运动状态无关性.

④式的时空无关性及运动状态无关性的实验验证将自然延续于后继内容，不再复述.

定义性内容 2　标准施力装置 Q 对任一物体 P_i 施力 $\boldsymbol{F}_0$，若使 P_i 产生加速度 $\boldsymbol{a}_i$，则规定 P_i 的质量为 a_0/a_i 个单位，即有

$$m_i = \frac{a_0}{a_i}m_0$$

实验验证 2　所得 $\boldsymbol{a}_i$ 方向必定与 $\boldsymbol{F}_0$ 方向一致，无论 $\boldsymbol{F}_0$ 取何方向，$\boldsymbol{a}_i$ 值相同.

定义性内容 3　标准施力装置 Q 对物体 P_0 所施力若使 P_0 产生加速度 $\boldsymbol{a}_j$，则规定所施力 $\boldsymbol{F}_j$ 的大小为 a_j/a_0 个单位，方向取为 $\boldsymbol{a}_j$ 的方向，即有 $\boldsymbol{F}_j = m_0\boldsymbol{a}_j$. 保持 $\boldsymbol{a}_j$ 的大小不变，改变 $\boldsymbol{a}_j$ 的方向，可得不同的方向的 $\boldsymbol{F}_j$.

实验验证 3　每一方向 $\boldsymbol{F}_j$ 对应标准施力装置 Q 所处状态记为 q_{jk}，实验表明，每一方向的 $\boldsymbol{F}_j$ 与 q_{jk} 有恒定的一一对应关系.

实验表明，力 $\boldsymbol{F}_j$ 作用于质量为 m_i 的物体，产生的加速度必为

$$\boldsymbol{a}_{ij} = \boldsymbol{F}_j/m_i$$

附注

m 既是标量又是广延量，$\boldsymbol{F}$ 因 $m\boldsymbol{a}$ 而为矢量.

物体质量 m 的度量值与物体运动状态无关，使得在不同参考系中 m 的度量值相同. 这就是 m 的标量性. m 是广延量，意指质量分别为 m_1 和 m_2 的两个物体组合成的大物体的质量必为 m_1+m_2；反之，质量为 m 的大物体分成两个物体，若其中一个质量为 m_1，则另一个的质量必为 $m-m_1$.

③式为 $\boldsymbol{F}$ 的定义式，而 m 是标量，$\boldsymbol{a}$ 是矢量，$\boldsymbol{F}$ 便因此成为矢量. 由 $\boldsymbol{a}=\mathrm{d}\boldsymbol{v}/\mathrm{d}t$ 和 $\boldsymbol{v}=\mathrm{d}\boldsymbol{r}/\mathrm{d}t$ 可知 $\boldsymbol{a}$ 的矢量性归结为 $\boldsymbol{r}$ 的矢量性，于是可以将 $\boldsymbol{F}$ 的矢量性也归结为 $\boldsymbol{r}$ 的矢量性.

m 的标量性已给出实验验证，m 的广延性和 $\boldsymbol{F}$ 的矢量性均需给出相应的实验验证.

实验验证 4　实验表明任一 $\boldsymbol{F}$ 使任一 m_1 物体与任一 m_2 物体的组合体产生的加速度必为

$$\boldsymbol{a} = \frac{\boldsymbol{F}}{m_1 + m_2}$$

任一物体分成两个小物体，若其中一个质量为 m_1，则任一 $\boldsymbol{F}$ 使另一小物体产生的加速度必为

$$\boldsymbol{a}_2 = \frac{\boldsymbol{F}}{m - m_1}$$

实验验证 5　实验表明，任一 $\boldsymbol{F}_1$ 与任一 $\boldsymbol{F}_2$ 一起作用于任一 m 物体，产生的加速度必为

$$\boldsymbol{a} = \frac{\boldsymbol{F}_1 + \boldsymbol{F}_2}{m}$$

其中 $\boldsymbol{F}_1+\boldsymbol{F}_2$ 为矢量加运算.

3. 牛顿第三定律

每一个作用总是有一个相等的反作用与它相对抗，或者说两个物体之间彼此的相互作用永远大小相等，并且各自指向对方.

物体 1 受物体 2 的作用力记为$\boldsymbol{F}_1$，物体 2 受物体 1 的反作用力记为$\boldsymbol{F}_2$，第三定律认为$\boldsymbol{F}_1$和$\boldsymbol{F}_2$必是大小相等，方向相反，即有

$$\boldsymbol{F}_1 + \boldsymbol{F}_2 = \boldsymbol{0} \tag{⑤}$$

物体间相互作用力是真实力，它的度量在惯性系中通过第二定律来实现，按此逻辑关系，第三定律仍是以惯性系为基础建立的. 处理具体问题时，也可以先在惯性系中获得上述一对$\boldsymbol{F}_1$、$\boldsymbol{F}_2$的原始度量，再将度量结果传送给非惯性系，那么在非惯性系中⑤式仍然成立.

对定律所述“相互作用……各自指向其对方”，应有完整的理解. 物体 1、2 相碰时，2 朝着 1 施力，可说成$\boldsymbol{F}_1$是物体 2“指向其对方”物体 1 的作用力，这种情况实为斥力性作用. 对于引力性作用，则可将物体 1 所受$\boldsymbol{F}_1$说成是“指向其对方”物体 2 的作用力.

定律中的物体仍应理解成质点，1、2 若是物体，力指向其对方物体的哪一个点部位？显然不定. 1、2 若是质点，指向便唯一.

综合上述理解，第三定律中力的指向常被明确地表述为“在两物体的连心线上”. 顺便一提，“连心线”一说易被初学者误解成非质点性物体间相互作用力存在力心，心即质点自身，取连心线也无妨.

根据牛顿的叙述，物体间的作用力或如图 A.1(a)所示的吸引，或如图 A.1(b)所示的排斥力，而无图 A.2 所示的“横向”分力.

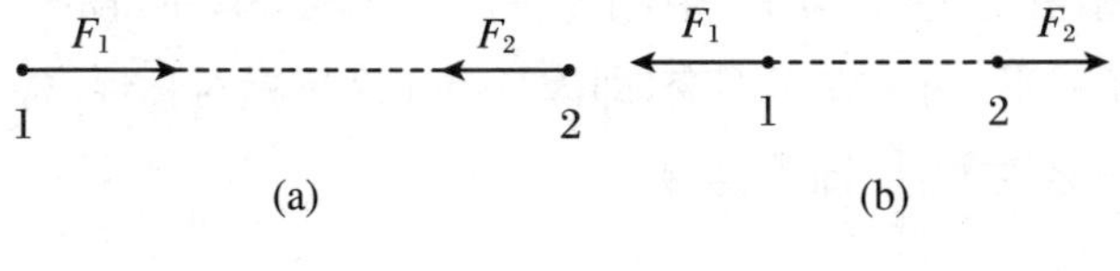

图 A.1

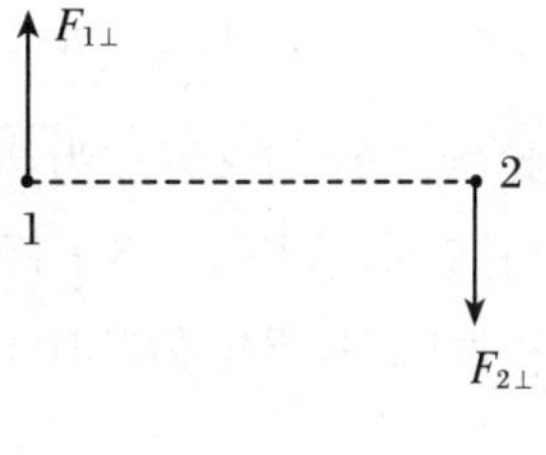

图 A.2

4. 对称性原理

有这样一个问题，说是一位先天性盲人通过手摸的感觉能将球形物体和立方形物体区分开. 如果某一天他突然获得了视觉，试问在无人告知的情况下，他是否可能仅通过视觉来区分球形物体和立方形物体？当然，这里假设两个物体的颜色处处相同，且假定这位盲人有足够强的逻辑思维能力.

对于一个逻辑思维能力强的盲人来说,他有可能会在长期的触觉中发现,球形物体表面的任何一个部位引起的触觉都是一样的,而立方形物体则不然.于是他可确立这样一种关联:

球形物体:各部位触觉相同.

立方形物体:各部位触觉不全同.

盲人一旦获得光明,他有理由假设一种新的关联:

球形物体:各部位视觉全同.

立方形物体:各部位视觉不全同.

盲人建立和假设的上述关联涉及的正是本文所需介绍的对称性原理.物体的几何结构与触觉之间的关系在一定程度上是因与果的关系;单色物体的几何结构与视觉之间的关系在一定程度上也是因与果的关系.球形物体表面各部位具有对称性,即任一部位的几何结构相同,于是对应的触觉和视觉也具有各部位全同性,或者说也有相同的对称性.其核心内容可以概括地叙述为:如果原因中具有某种对称性,那么结果也具有这种对称性.注意:反之,结果具有某种对称性,那么并不要求原因中也具有这种对称性.

这就是法国物理学家皮埃尔·居里于1894年首先提出的“对称性原理”的简略而不太严谨的表述.相信学生们不会去追究盲人是否学过这一原理.既然居里是通过科学研究的经验总结得出这一原理的,那么理应认为聪明的盲人也有可能在自己的实践经验中意识到因、果间的这种对称关联.

对称性原理在数学中表现得最为明显,因为数学的因果关系格外清楚.例如,在弹性正碰撞问题中,已知两个小球的质量分别为 m_1、m_2,碰撞前速度分别为 v_{10}、v_{20},为求解碰后的速度 v_1、v_2,可列出动量、能量守恒式:

$$m_1 v_1 + m_2 v_2 = m_1 v_{10} + m_2 v_{20}, \quad \frac{1}{2} m_1 v_1^2 + \frac{1}{2} m_2 v_2^2 = \frac{1}{2} m_1 v_{10}^2 + \frac{1}{2} m_2 v_{20}^2$$

至此,v_1、v_2 的求解成为纯数学问题.在这一数学问题中,上述两个方程是因,所得的 v_1、v_2 解是果.在因中,将下标1、2置换一下,两个方程不变,即因具有1、2下标对称性.根据对称性原理,果也必具有1、2下标置换对称性,即若得出

$$v_1 = \frac{(m_1 - m_2) v_{10} + 2m_2 v_{20}}{m_1 + m_2}$$

那么,只要把此解中的1、2下标置换,便得 v_2 解,即必有

$$v_2 = \frac{(m_2 - m_1) v_{20} + 2m_1 v_{10}}{m_2 + m_1}$$

事实的确如此,顺便提一下,上述两个方程还有另一组数学解,即

$$v_1 = v_{10}, \quad v_2 = v_{20}$$

这一组解仍具有1、2下标置换对称性.此解对应碰撞前的初态,在物理学须舍去.

对称性原理在物理学中的应用很广.物质世界的存在与物理学理论之间显然有因果

关联，前者是后者的原因，后者是前者的结果.物质世界中存在的某些对称性必然使得物理学理论也具有相应的对称性.后一种对称性甚至可构成物理学中的规律性内容.例如，封闭物质系统的动量守恒定律与机械能守恒定律正是起源于空间与时间的某些对称性，牛顿第三定律也起源于空间中两个静止质点构成的系统所具有的某些对称性，下面予以论述.

牛顿第三定律是说两个物体之间的一对作用力和反作用力大小相同、方向相反，而且在它们的连心线上.这里有个问题，如果物体有大小和结构，那么连心线的"心"到哪里去找？所以，如果没有其他说明补充，这个定律所指的物体应该是两个质点.于是，需要讨论的是两个质点间的作用力、反作用力应具有什么普遍特性.惯性系的空间是平直空间，或者说是欧几里得空间，在这一空间中欧几里得几何命题处处成立.例如，任何位置的直边三角形的内角和恒为180°.这样的空间具有点对称性和球对称性，此说法并非专业术语，为的是便于中学生理解接受.所谓点对称性，是指空间任何点的地位等同，没有哪一个点比其余点特殊；所谓球对称性，是指从任何一个点朝任何方向观察，效果都相同，没有哪一个方向比其余方向特殊.现在在此空间中放一个静止质点，点对称性便遭破坏，质点所在位置显然成为特殊点，其余点在与该点的距离远近方面也将处于不全等同的地位.相对所在点，球对称性仍被保留.顺便一提，假如放入的不是质点，而是一个具有大小、结构的物体，一般地说后一种对称性也难以保留.例如一个立方形物体的对角线方向与面心方向显然不同.再放第二个静止质点，上述球对称性也遭破坏，因为两质点之间的连线方向成为特殊方向.但是从这一连线垂直地朝各个方向观察，效果都一样.或者说，现在余下的正是这样一种所谓的轴对称性.两个质点放在空间里，静止不动，它们的存在是它们相互作用的原因.它们的原因具有轴对称性，那么它们的相互作用也应该具有轴对称性.因此，两个静止质点之间的作用力、反作用力方向必定在它们的连心线上.

质点间的相互作用与质点的某种属性量有关，这种属性量可称为相互作用荷.例如，静电相互作用中的电荷和万有引力相互作用中的引力质量(可理解为万有引力荷).

设某类相互作用荷只有一种，取作用荷大小相同的两个静止质点，根据对称性，作用力和反作用力必定大小相同，而且或者都是吸引力，或者都是排斥力，即大小相同、方向相反.万有引力作用荷便属于这种情况，而且万有引力相互作用是吸引性的相互作用.若某类相互作用荷有两种，取作用荷量值相同的两个静止质点，根据对称性便有两种可能性：

(1) 同种荷相互吸引、异种荷相互排斥，这两个静止质点间的作用力、反作用力仍是大小相同、方向相反的.

(2) 同种荷相互排斥、异种荷相互吸引，这两个静止质点间的作用力、反作用力也是大小相同、方向相反的.

静电相互作用属于(2).对作用荷大小不同的两个静止质点，总可找到一个最小公因子，这一最小公因子可以是有限量值，也可以是无限小量值.于是每个点的作用荷均可分解成若干个最小公因子作用荷.根据前面所述，这两个质点的每一对最小公因子作用荷之间的作用力、反作用力大小相同、方向相反，而且在质点的连线上.由力的矢量叠加可知，两质点间的合成作用力、反作用力也必定大小相同、方向相反，而且在两质点的连线上.这就是完整牛顿第三定律.

值得一提的是，如果这两个质点是运动的，而且运动的方向并不在质点间的连线上，那就有可能破坏上述的轴对称性.这种可能性造成的后果就是对牛顿第三定律原始形式的修正，即作用力、反作用力有可能不在两质点的连线上.

牛顿力学中，行星绕太阳轨道切向（横向）运动，并不影响太阳、行星间作用力、反作用力的径向特征.

可以说，在电作用理论尚未完整进入牛顿力学系统时，牛顿第三定律的原始形式以及质点系角动量守恒律均不必修正.直到电作用理论中的毕奥-萨伐尔定律及磁场洛伦兹力进入牛顿力学系统，电荷载体的横向运动导致图 A.2 中横向分力的出现.

举个实例，参考图 A.3.

图 A.3(a)中$\boldsymbol{F}_{2\perp}$是运动电荷 Q_1 激发的磁场施加于运动点电荷 Q_2 的力，磁场力往往有垂直于两个点电荷连线方向的分力，即有所谓的“横向”力.

图 A.3(b)中两个互相垂直放置的稳恒电流线圈 1、2 各自所受磁场力$\boldsymbol{F}_1$、$\boldsymbol{F}_2$如图所示.在 1、2 自身线度远小于 1、2 间距时，1、2 可分别模型化为点状物，$\boldsymbol{F}_1$、$\boldsymbol{F}_2$便都是“横向”力，且有$\boldsymbol{F}_1+\boldsymbol{F}_2=0$，形式上似乎仍可略去磁场的存在，而将$\boldsymbol{F}_1$、$\boldsymbol{F}_2$处理成一对作用力与反作用力.

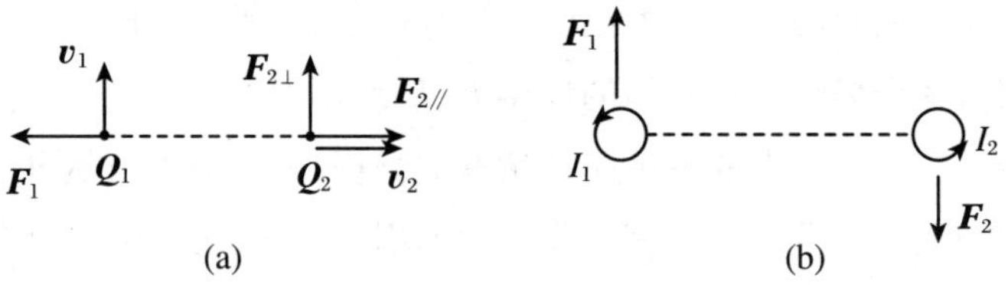

图 A.3

这标志电作用中因、果间的对称性关系格外完美.这就如达·芬奇的一幅传世之作，容不得游客用小手指在画面上留下一丁点的痕迹.也许，在相对论思考范畴内，电作用理论与经典万有引力作用理论发生冲撞时，爱因斯坦选择了电作用理论，改造了经典的万有引力理论，建立了广义相对论.本书中，类似图 A.3(b)所示的一对磁场性“横向”力不被实质性地纳入牛顿第三定律范围内.第三定律中的作用力与反作用力仍限定为图 A.1(a)、(b)所示的连线方向力.这是因为考虑到此类“横向”力在多数宏观物体中弱到可以略去；再则，若不能略去，宜按近距作用处理，即把力作用场物质纳入所讨论的动力学系统中.

附录B　单位和量纲

力学量可分为基本量与导出量两类，时间、长度和质量是基本量，其他的量如速度、加速度、密度、力和冲量、动量、功、能量、力矩、角动量等都是导出量.

基本量的单位称为基本单位，导出量的单位称为导出单位.国际上建议的标准单位制称为国际单位制，简称SI.在SI中，时间、长度和质量的单位分别是s(秒)、m(米)和kg(千克).1千克等于国际千克原器的质量，其实物是一个特制的直径为39 mm的铂铱圆柱体，现保存在巴黎国际计量局.导出量的单位可直接用基本量单位组合而成，例如速度、加速度、密度和力的单位分别是m/s(米/秒)、m/s^2(米/$秒^2$)、kg/m^3(千克/$米^3$)和$kg\cdot m/s^2$(千克·米/$秒^2$).某些导出量有特称的等效单位，例如力的具有专门名称的导出单位N(牛[顿])，$N=kg\cdot m/s^2$(牛=千克·米/$秒^2$).后文将要述及的功与能量具有专门名称的导出单位J(焦[耳])，$J=N\cdot m$(焦=牛·米)$=kg\cdot m^2/s^2$(千克·$米^2$/$秒^2$).

SI中基本量时间、长度、质量分别用T、L、M代表，包括基本量和导出量的所有力学量均以Q代表，那么Q总可按L、M、T排序方式表达成

$$[Q]=L^{\alpha}M^{\beta}T^{\gamma}$$

此式称为力学量Q在SI中的量纲式，L、M、T表示基本量的量纲，α、β、γ称为Q的量纲指数.举例如下：

$$[v]=LT^{-1},\quad [a]=LT^{-2},\quad [\rho]=L^{-3}M,\quad [F]=LMT^{-2}$$

附录C 数学补充知识

C.1 行 列 式

C.1.1 运算规则

行列式用符号| |表示，其内横行竖列放置的数学量或者数学运算符号称为元素，记为 a_{ij}，下标中的 i 为行标，j 为列标．行列式内行数与列数相同，含有 n 行 n 列元素的行列式称为 n 阶行列式．例如：

$$\begin{vmatrix} 2 & 1 & 1 \\ 1 & -2 & -1 \\ -1 & -1 & 2 \end{vmatrix}, \quad \begin{vmatrix} \boldsymbol{i} & x & F_x \\ \boldsymbol{j} & y & F_y \\ \boldsymbol{k} & z & F_z \end{vmatrix}$$

是两个具体的 3 阶行列式．左边行列式内的第 1 行 3 个元素为 2、1、1；右边行列式内的第 3 列 3 个元素为 F_x、F_y、F_z．3 阶行列式可以一般地表述成

$$\begin{vmatrix} a_{11} & a_{12} & a_{13} \\ a_{21} & a_{22} & a_{23} \\ a_{31} & a_{32} & a_{33} \end{vmatrix}$$

2 阶、1 阶、0 阶行列式可分别表述成

$$\begin{vmatrix} a_{11} & a_{12} \\ a_{21} & a_{22} \end{vmatrix}, \quad |a_{11}|, \quad |\quad|$$

其中 0 阶行列式内不包含元素．

正如分式 a/b 是一种称为除法的数学运算，行列式也是一种数学运算．行列式的运算规则可用下述递归方式定义：

$$|\quad| = 1$$

$$|a_{11}| = a_{11}|\quad| = a_{11}$$

$$\begin{vmatrix} a_{11} & a_{12} \\ a_{21} & a_{22} \end{vmatrix} = a_{11}\,|\,a_{22}\,| - a_{21}\,|\,a_{21}\,| = \cdots$$

$$\begin{vmatrix} a_{11} & a_{12} & a_{13} \\ a_{21} & a_{22} & a_{23} \\ a_{31} & a_{32} & a_{33} \end{vmatrix} = a_{11}\begin{vmatrix} a_{22} & a_{23} \\ a_{32} & a_{33} \end{vmatrix} - a_{21}\begin{vmatrix} a_{12} & a_{13} \\ a_{32} & a_{33} \end{vmatrix} + a_{31}\begin{vmatrix} a_{12} & a_{13} \\ a_{22} & a_{23} \end{vmatrix} = \cdots$$

……

这一定义方式实为按第 1 列递归展开方式，规则如下：

0 阶行列式的运算结果为 1.

将 n 阶行列式记为 A_n，当 $n \geqslant 1$ 时，顺次取 A_n 的第 1 列中第 $i(i=1,2,\cdots,n)$ 个元素 a_{i1}，删去第 1 列和第 i 行，余下 $(n-1)^2$ 个元素组成 $n-1$ 阶行列式，记为 $A_{n-1}^{(i)}$，则有

$$A_n = \sum_{i=1}^{n} (-1)^{i-1} a_{i1} A_{n-1}^{(i)}$$

行列式有诸多数学性质，其中之一是行、列可全置换性. 将 n 阶行列式中的第 $i=1,2,\cdots,n$ 行元素依次改排为第 $j=1,2,\cdots,n$ 列元素（此时第 $j=1,2,\cdots,n$ 列元素自然地改排成第 $i=1,2,\cdots,n$ 行元素），组成新的 n 阶行列式，其运算结果与原 n 阶行列式运算结果相同. 例如：

$$\begin{vmatrix} 2 & 1 & 1 \\ 1 & -2 & -1 \\ -1 & -1 & 2 \end{vmatrix} = \begin{vmatrix} 2 & 1 & -1 \\ 1 & -2 & -1 \\ 1 & -1 & 2 \end{vmatrix}$$

$$\begin{vmatrix} \boldsymbol{i} & x & F_x \\ \boldsymbol{j} & y & F_y \\ \boldsymbol{k} & z & F_z \end{vmatrix} = \begin{vmatrix} \boldsymbol{i} & \boldsymbol{j} & \boldsymbol{k} \\ x & y & z \\ F_x & F_y & F_z \end{vmatrix}$$

根据行、列可全置换性，不难导出行列式按第 1 行递归展开的规则，此处从略.

C.1.2　应用

线性代数方程组的解式可用行列式简洁地表述. 例如，对含有 3 个未知量 x_1, x_2, x_3 的线性代数方程组

$$\begin{cases} a_{11}x_1 + a_{12}x_2 + a_{13}x_3 = b_1 \\ a_{21}x_1 + a_{22}x_2 + a_{23}x_3 = b_2 \\ a_{31}x_1 + a_{32}x_2 + a_{33}x_3 = b_3 \end{cases}$$

引入分母行列式

$$D=\begin{vmatrix}a_{11} & a_{12} & a_{13}\\ a_{21} & a_{22} & a_{23}\\ a_{31} & a_{32} & a_{33}\end{vmatrix}$$

和分子行列式

$$D_1=\begin{vmatrix}b_1 & a_{12} & a_{13}\\ b_2 & a_{22} & a_{23}\\ b_3 & a_{32} & a_{33}\end{vmatrix},\quad D_2=\begin{vmatrix}a_{11} & b_1 & a_{13}\\ a_{21} & b_2 & a_{23}\\ a_{31} & b_3 & a_{33}\end{vmatrix},\quad D_3=\begin{vmatrix}a_{11} & a_{12} & b_1\\ a_{21} & a_{22} & b_2\\ a_{31} & a_{32} & b_3\end{vmatrix}$$

则在 $D\neq 0$ 时,可以证明方程组的解能表示为

$$x_i=\frac{D_i}{D}\quad (i=1,2,3)$$

含有 n 个未知量的线性代数方程组的解可类似地写出.

行列式在数学其他方面和在物理中的某些应用,后面陆续给出.

例 1 导出 3 阶行列式的最后结果.

解 接前述内容,有

$$\begin{vmatrix}a_{11} & a_{12}\\ a_{21} & a_{22}\end{vmatrix}=a_{11}a_{22}-a_{21}a_{12}$$

$$\begin{aligned}\begin{vmatrix}a_{11} & a_{12} & a_{13}\\ a_{21} & a_{22} & a_{23}\\ a_{31} & a_{32} & a_{33}\end{vmatrix} &= a_{11}(a_{22}a_{33}-a_{32}a_{23})-a_{21}(a_{12}a_{33}-a_{32}a_{13})\\ &\quad +a_{31}(a_{12}a_{23}-a_{22}a_{13})\\ &=(a_{11}a_{22}a_{33}+a_{21}a_{32}a_{23}+a_{31}a_{12}a_{23})\\ &\quad -(a_{11}a_{32}a_{23}+a_{21}a_{12}a_{33}+a_{31}a_{22}a_{13})\end{aligned}$$

例 2 前面用递归方式给出了行列式的运算规则,下面试用递归的思想方法求解两个数学题.

(1) 导出 n 个不同元素无重复的全排列公式 P_n.

(2) 已知首项为 a,公比 $0\leqslant q<1$ 的无穷等比级数之和 s 是有限量,试求 s.

解 (1) n 个不同元素所有无重复全排列个数记为 P_n.用(a_i)表示元素,用_表示元素间和首、尾外可有的空位,每一个全排列可图示为

$$\_(a_{i1})\_(a_{i2})\_(a_{i3})\_\cdots\_(a_{in})\_$$

新增第 $n+1$ 个元素,有 $n+1$ 个空位可供其加入.在 P_n 基础上用这种方式得到 P_{n+1},排列方式之间不会有重复.考虑到 $P_1=1$,即有 P_n 的下述递归关系:

$$P_{n+1}=(n+1)P_n,\quad P_1=1$$

从而得

$$P_n=n!$$

本题中的递归方式与行列式中的递归方式相似,是相邻者之间从复杂到简单的约化

式关联.

(2) s 可表述为

$$s = a + aq + aq^2 + aq^3 + aq^4 + \cdots = a + q(a + aq + aq^2 + aq^3 + \cdots)$$

括号中的内容与原表达式内容比较,似乎少了“最后一项”,但该项趋于零,因此两者仍为同构.即有

$$s = a + qs$$

解得

$$s = a/(1 - q)$$

本题中的递归方式具有自返性,建立的是自身与自身的关联.

C.2　矢量的代数运算

C.2.1　矢量的叠加与分解

简单地说,没有方向的量是标量,标量带有正负号;既有大小又有方向的量是矢量,记为 $\boldsymbol{A}$. $\boldsymbol{A}$ 的大小称为 $\boldsymbol{A}$ 的模量,是个正的量,记作 A. 标量 α 与矢量 $\boldsymbol{A}$ 的乘积仍是一个矢量,记为

$$\alpha\boldsymbol{A} = \boldsymbol{B}$$

$\boldsymbol{B}$ 的模量便是

$$B = |\alpha| A$$

此处 $|\alpha|$ 表示的是 α 的绝对值, α 为正时, $\boldsymbol{B}$ 的方向与 $\boldsymbol{A}$ 的方向一致; α 为负时, $\boldsymbol{B}$ 的方向与 $\boldsymbol{A}$ 的方向相反.例如: $\alpha = -1$ 时, $\boldsymbol{B} = -\boldsymbol{A}$, $\boldsymbol{B}$ 的模量与 $\boldsymbol{A}$ 的模量相同, $\boldsymbol{B}$ 的方向与 $\boldsymbol{A}$ 的方向相反.非零标量 α 去除矢量 $\boldsymbol{A}$,相当于标量 $\beta = 1/\alpha$ 去乘矢量 $\boldsymbol{A}$.

顺着 $\boldsymbol{A}$ 的方向引入一个单位方向矢量(简称方向矢量) $\boldsymbol{a}$,不考虑量纲, $\boldsymbol{a}$ 的模量是 1. $\boldsymbol{A}$ 与 $\boldsymbol{a}$ 的关系为

$$\boldsymbol{A} = A\boldsymbol{a} \quad 或 \quad \boldsymbol{a} = \boldsymbol{A}/A$$

力学中的一个质点 P 相对某参考点 O 的位置可用由 O 引向 P 的空间矢量 $\boldsymbol{r}$ 来表示,称 $\boldsymbol{r}$ 为位置矢量,简称位矢.力也是矢量,常记作 $\boldsymbol{F}$.

如图 C.1 所示,质量为 m 的质点相对质量为 M 质点的位矢记为 $\boldsymbol{r}$,前者受后者的万有引力可表述成

$$F = -G\frac{Mm}{r^3}r$$

式中 G 是一个常量.

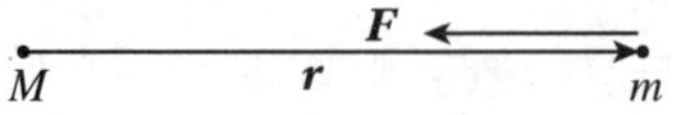

图 C.1

对若干个矢量作某些运算时,常将它们平行移动到同一个起始点进行.

同类矢量可以相加,或者说可以叠加.最基本的是两个同类矢量 $\boldsymbol{A}$ 与 $\boldsymbol{B}$ 间的叠加,所得仍是一个同类矢量,记作 $\boldsymbol{C}$,可表述为

$$\boldsymbol{A} + \boldsymbol{B} = \boldsymbol{C}$$

$\boldsymbol{A}$、$\boldsymbol{B}$、$\boldsymbol{C}$ 间的关系如图 C.2(a)所示,即成矢量的平行四边形叠加法则.也可如图 C.2(b)所示,等效地对应矢量的三角形叠加法则.若干个同类矢量的叠加按递归方式可归结为两个同类矢量的叠加,这就是结合律.例如:

$$\boldsymbol{A}_1 + \boldsymbol{A}_2 + \boldsymbol{A}_3 = (\boldsymbol{A}_1 + \boldsymbol{A}_2) + \boldsymbol{A}_3$$

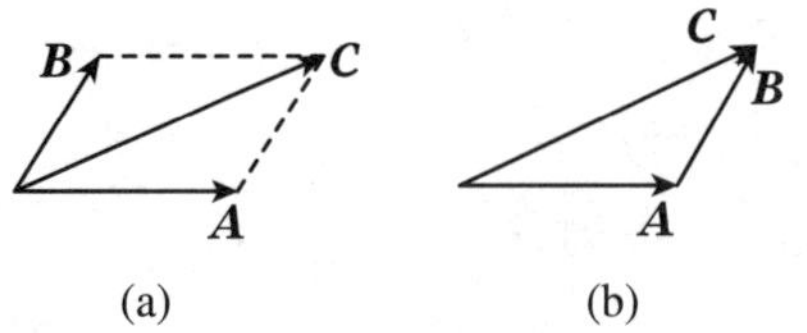

图 C.2

矢量 $\boldsymbol{A}$ 减去矢量 $\boldsymbol{B}$,可等效为矢量 $\boldsymbol{A}$ 加上矢量 $-\boldsymbol{B}$,因此矢量间的减运算可归结为矢量间的加运算:

$$\boldsymbol{A} - \boldsymbol{B} = \boldsymbol{A} + (-\boldsymbol{B})$$

矢量 $\boldsymbol{A}$、$\boldsymbol{B}$ 相加得矢量 $\boldsymbol{C}$,也可说成是矢量 $\boldsymbol{C}$ 分解为矢量 $\boldsymbol{A}$、$\boldsymbol{B}$,这种分解仍可用图 C.2几何地描述,构成矢量的平行四边形分解法则.一般而言,若干个矢量 $\boldsymbol{A}_i$($i=1,2,\cdots,k$)叠加成矢量 $\boldsymbol{B}$;反之,矢量 $\boldsymbol{B}$ 可相应地分解成若干个矢量 $\boldsymbol{A}_i$($i=1,2,\cdots,k$).

在 3 维空间中建立正交的 $Oxyz$ 坐标系,任何一个矢量 $\boldsymbol{A}$ 可正交地分解成 x 轴、y 轴、z 轴上的三个分量 $\boldsymbol{A}_x$、$\boldsymbol{A}_y$、$\boldsymbol{A}_z$,即有

$$\boldsymbol{A} = \boldsymbol{A}_x + \boldsymbol{A}_y + \boldsymbol{A}_z$$

将 x 轴、y 轴、z 轴正方向的方向矢量分别记为 $\boldsymbol{i}$、$\boldsymbol{j}$、$\boldsymbol{k}$,那么 $\boldsymbol{A}_x$、$\boldsymbol{A}_y$、$\boldsymbol{A}_z$ 各自可表述成

$$\boldsymbol{A}_x = A_x\boldsymbol{i}, \quad \boldsymbol{A}_y = A_y\boldsymbol{j}, \quad \boldsymbol{A}_z = A_z\boldsymbol{k}$$

其中 A_x、A_y、A_z 都带有正负号,也可为零.例如,若 A_x 为正,则 $\boldsymbol{A}_x$ 方向与 $\boldsymbol{i}$ 方向一致;若 A_x 为负,则 $\boldsymbol{A}_x$ 方向与 $\boldsymbol{i}$ 方向相反;若 A_x 为零,则 $\boldsymbol{A}$ 为 yz 平面上的矢量.$\boldsymbol{A}$ 又可表述为

$$\boldsymbol{A} = A_x\boldsymbol{i} + A_y\boldsymbol{j} + A_z\boldsymbol{k}$$

或简写成

$$\boldsymbol{A}:\{A_x, A_y, A_z\} \quad 或 \quad (A_x, A_y, A_z)$$

几何图像上，$\boldsymbol{A}_x$、$\boldsymbol{A}_y$、$\boldsymbol{A}_z$ 与 $\boldsymbol{A}$ 间具有长方体三条棱与一条长对角线间的关系，如图 C.3 所示. 由勾股定理可得

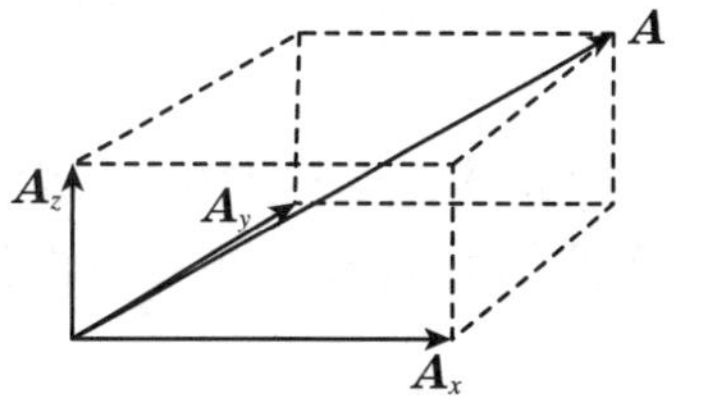

图 C.3

$$A = \sqrt{A_x^2 + A_y^2 + A_z^2}$$

两个同类矢量 $\boldsymbol{A}$ 和 $\boldsymbol{B}$ 相加，也可通过各自对应的分量相加来实现，即有

$$\begin{aligned}\boldsymbol{A} + \boldsymbol{B} &= (A_x\boldsymbol{i} + A_y\boldsymbol{j} + A_z\boldsymbol{k}) + (B_x\boldsymbol{i} + B_y\boldsymbol{j} + B_z\boldsymbol{k}) \\ &= (A_x + B_x)\boldsymbol{i} + (A_y + B_y)\boldsymbol{j} + (A_z + B_z)\boldsymbol{k}\end{aligned}$$

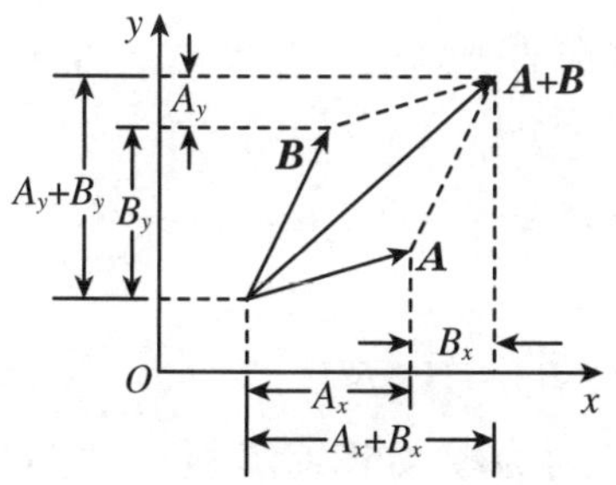

图 C.4

图 C.4 所示是 $A_z = 0$，$B_z = 0$ 特例.

1 维空间只有左右 1 对延展方向，2 维空间有相互垂直的左右、前后 2 对延展方向，3 维空间有相互垂直的左右、前后、上下 3 对延展方向. 可以从数学上想象，若再增加与左右、前后、上下都垂直的 1 对延展方向，便构成 4 维空间. 如此继续下去，可在数学上构建高维空间. 若空间中彼此垂直的延展方向对数为 k，便称这一空间为 k 维空间. 事实上，科学发展至今，多维空间已不再是纯粹的数学想象. 近代基础物理学家提出超弦理论，认为宇宙的微观结构空间是 10 维空间，只是宏观上卷曲成 3 维空间. 类似地，纸上写一个“囚”字，宏观粗粗看去，是一个 2 维“箱子”里关住了一个 2 维的“人”，深入笔墨颗粒，细细考量，却会发现这“箱子”和“人”其实都是 3 维结构的.

在 k 维空间中每一对延展方向上设定一个正方向，沿此方向建立坐标轴 x_i 和相应的方向矢量 $\boldsymbol{e}_i$，那么 k 维空间矢量 $\boldsymbol{A}$ 可一般地分解成

$$\boldsymbol{A} = A_1\boldsymbol{e}_1 + A_2\boldsymbol{e}_2 + \cdots + A_k\boldsymbol{e}_k = \sum_{i=1}^{k} A_i\boldsymbol{e}_i$$

且有

$$A = \sqrt{\sum_{i=1}^{k} A_i^2}$$

k 维空间两个矢量 $\boldsymbol{A}$ 和 $\boldsymbol{B}$ 相加，也可通过各自对应分量相加来实现，即有

$$\boldsymbol{A} + \boldsymbol{B} = \sum_{i=1}^{k}(A_i + B_i)\boldsymbol{e}_i$$

C.2.2 矢量的标积

两个矢量 $\boldsymbol{A}$、$\boldsymbol{B}$ 的标积的书写和定义为

$$\boldsymbol{A}\cdot\boldsymbol{B} = AB\cos\varphi$$

其中 φ 是 $\boldsymbol{A}$ 与 $\boldsymbol{B}$ 间的夹角,规定取 $0\leqslant\varphi\leqslant\pi$. $\boldsymbol{A}\cdot\boldsymbol{B}$ 所得结果为一标量,因此称这一运算为**标积**,又称**点乘**. φ 取锐角、直角和钝角三种情况,分别有

$$\boldsymbol{A}\cdot\boldsymbol{B}\begin{cases}>0 & \left(\frac{\pi}{2}>\varphi\geqslant 0\right)\\ =0 & \left(\varphi=\frac{\pi}{2}\right)\\ <0 & \left(\pi\geqslant\varphi>\frac{\pi}{2}\right)\end{cases}$$

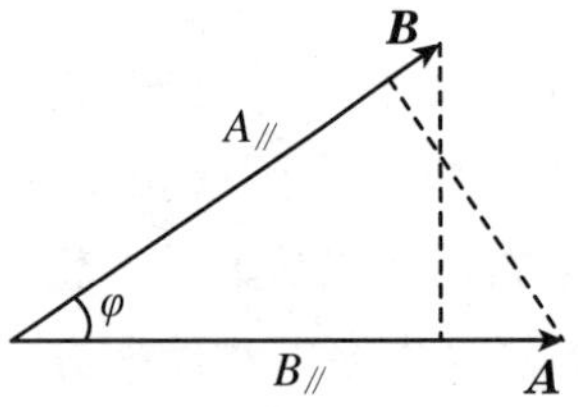

图 C.5

参照图 C.5,引入 $\boldsymbol{B}$ 沿 $\boldsymbol{A}$ 方向的投影 $B_{/\!/}$,或 $\boldsymbol{A}$ 沿 $\boldsymbol{B}$ 方向的投影 $A_{/\!/}$,即有

$$B_{/\!/} = B\cos\varphi,\quad A_{/\!/} = A\cos\varphi$$

则有

$$\boldsymbol{A}\cdot\boldsymbol{B} = AB_{/\!/} = A_{/\!/}B$$

其中 $B_{/\!/}$、$A_{/\!/}$ 均可正可负,也可为零. 如图 C.5 所示,φ 取成锐角,$B_{/\!/}$、$A_{/\!/}$ 都为正.

通过标积,可将 $\boldsymbol{A}$ 的模量和分量各自表述成

$$A = \sqrt{\boldsymbol{A}\cdot\boldsymbol{A}}$$

$$A_x = \boldsymbol{A}\cdot\boldsymbol{i},\quad A_y = \boldsymbol{A}\cdot\boldsymbol{j},\quad A_z = \boldsymbol{A}\cdot\boldsymbol{k}$$

由标积的定义式不难导出它的一些基本性质,如

$$(\alpha\boldsymbol{A})\cdot\boldsymbol{B} = \alpha(\boldsymbol{A}\cdot\boldsymbol{B})\quad(\alpha\text{ 为标量})$$

$$\boldsymbol{A}\cdot\boldsymbol{B} = \boldsymbol{B}\cdot\boldsymbol{A}\quad(\text{交换律})$$

$$(\boldsymbol{A}_1+\boldsymbol{A}_2)\cdot\boldsymbol{B} = \boldsymbol{A}_1\cdot\boldsymbol{B}+\boldsymbol{A}_2\cdot\boldsymbol{B}\quad(\text{分配律})$$

进一步可以导出其他公式,例如:

$$\begin{aligned}(\boldsymbol{A}_1+\boldsymbol{A}_2+\boldsymbol{A}_3)\cdot\boldsymbol{B} &= [(\boldsymbol{A}_1+\boldsymbol{A}_2)+\boldsymbol{A}_3]\cdot\boldsymbol{B}\\ &= (\boldsymbol{A}_1+\boldsymbol{A}_2)\cdot\boldsymbol{B}+\boldsymbol{A}_3\cdot\boldsymbol{B}\\ &= \boldsymbol{A}_1\cdot\boldsymbol{B}+\boldsymbol{A}_2\cdot\boldsymbol{B}+\boldsymbol{A}_3\cdot\boldsymbol{B}\end{aligned}$$

$$\begin{aligned}(\boldsymbol{A}_1+\boldsymbol{A}_2)\cdot(\boldsymbol{B}_1+\boldsymbol{B}_2) &= \boldsymbol{A}_1\cdot(\boldsymbol{B}_1+\boldsymbol{B}_2)+\boldsymbol{A}_2\cdot(\boldsymbol{B}_1+\boldsymbol{B}_2)\\ &= (\boldsymbol{B}_1+\boldsymbol{B}_2)\cdot\boldsymbol{A}_1+(\boldsymbol{B}_1+\boldsymbol{B}_2)\cdot\boldsymbol{A}_2\\ &= \boldsymbol{B}_1\cdot\boldsymbol{A}_1+\boldsymbol{B}_2\cdot\boldsymbol{A}_1+\boldsymbol{B}_1\cdot\boldsymbol{A}_2+\boldsymbol{B}_2\cdot\boldsymbol{A}_2\\ &= \boldsymbol{A}_1\cdot\boldsymbol{B}_1+\boldsymbol{A}_1\cdot\boldsymbol{B}_2+\boldsymbol{A}_2\cdot\boldsymbol{B}_1+\boldsymbol{A}_2\cdot\boldsymbol{B}_2\end{aligned}$$

3 维空间中有

$$\boldsymbol{i}\cdot\boldsymbol{j}=\boldsymbol{j}\cdot\boldsymbol{k}=\boldsymbol{k}\cdot\boldsymbol{i}=0,\quad \boldsymbol{i}\cdot\boldsymbol{i}=\boldsymbol{j}\cdot\boldsymbol{j}=\boldsymbol{k}\cdot\boldsymbol{k}=1$$

借此可导出标积的表达式

$$\boldsymbol{A}\cdot\boldsymbol{B}=A_xB_x+A_yB_y+A_zB_z$$

k 维空间中有

$$\boldsymbol{e}_i\cdot\boldsymbol{e}_j=\delta_{ij}=\begin{cases}0 & (i\neq j)\\ 1 & (i=j)\end{cases}$$

δ_{ij}称为克罗内克符号.两个 k 维空间矢量$\boldsymbol{A}$、$\boldsymbol{B}$ 的标积可表述成

$$\boldsymbol{A}\cdot\boldsymbol{B}=\sum_{i=1}^{k}A_iB_i$$

标积在力学中有着重要的应用,功的计算便是一例.质点 P 在运动中的一段无限小的位移矢量若记为 $\Delta\boldsymbol{l}$,其间受力 $\boldsymbol{F}$,力 $\boldsymbol{F}$ 在此过程中对质点 P 的做功量 ΔW 定义为

$$\Delta W=\boldsymbol{F}\cdot\Delta\boldsymbol{l}$$

例如:如图 C.6 所示,质点 P 自 a 点经路线 L 运动到 b 点,全过程中力 $\boldsymbol{F}$ 做的总功为

$$W=\sum_a^b\Delta W=\sum_a^b\boldsymbol{F}\cdot\Delta\boldsymbol{l}$$

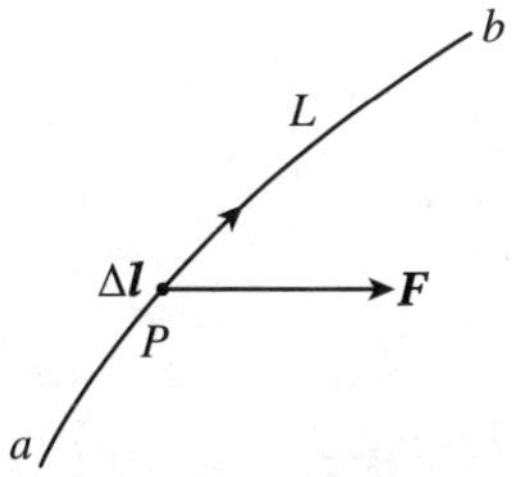

图 C.6

式中 $\boldsymbol{F}$ 就全路径 L 而言,一般是变化的;对每一无限小位移 $\Delta\boldsymbol{l}$,则处理成不变的.

例 1　导出重力功的计算公式.

解　图 C.7 中 z 轴竖直向下,另一条直线代表某一 xy 水平面,质点 P 从 a 到 b 的一条空间运动曲线便可用图中一条平面曲线代表. P 的质量记为 m,重力做功

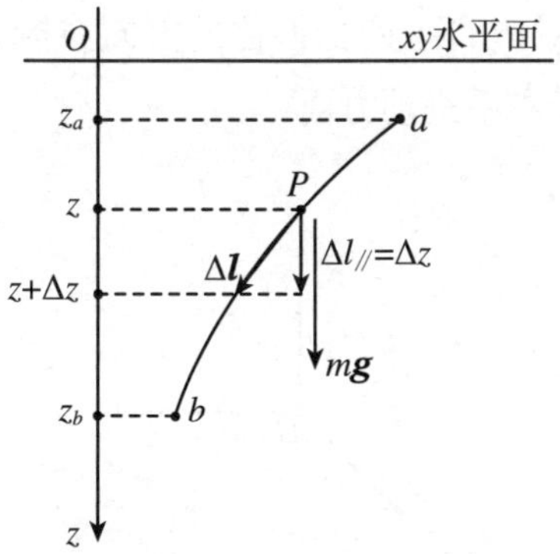

图 C.7

$$W=\sum_a^b(m\boldsymbol{g})\cdot\Delta\boldsymbol{l}=\sum_a^b mg\Delta l_{//}$$

$$=\sum_a^b mg\Delta z=mg(z_b-z_a)$$

式中 z_b-z_a 是P 从 a 到 b 下降的高度,记为 h,重力功可写成

$$W=mgh$$

如果 a 在 b 的上方,则 h 为正;如果 a 在 b 的下方,则 h 为负.

C.2.3 矢量的矢积

三维空间中两个矢量 $\boldsymbol{A}$、$\boldsymbol{B}$ 的矢积的书写和定义为

$$\boldsymbol{A}\times\boldsymbol{B}=\boldsymbol{C}:\begin{cases}C=AB\sin\varphi\\ \boldsymbol{C}\text{ 的方向或由右手系确定，或由左手系确定}\end{cases}$$

$0\leqslant\varphi\leqslant\pi$，确保 C 不取负.如图 C.8 所示，$B\sin\varphi$ 是 $\boldsymbol{B}$ 的矢端到 $\boldsymbol{A}$ 的距离，也是 $\boldsymbol{A}$、$\boldsymbol{B}$ 构成的平行四边形 $\boldsymbol{A}$ 边上的高，可见 C 值等于此平行四边形的面积. $\boldsymbol{A}\times\boldsymbol{B}$ 所得结果为一矢量，因此称这一运算为**矢积**，又称**叉乘**. $\boldsymbol{C}$ 的方向由右手系或左手系两种定义方式之一确定.

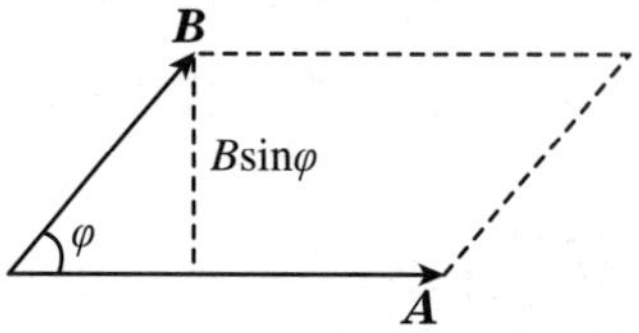

图 C.8

若取右手系，则沿着 $\boldsymbol{A}$ 的方向伸出右手拇指，沿着 $\boldsymbol{B}$ 的方向伸出食指，中指垂直地伸出的方向定为 $\boldsymbol{C}$ 的方向，如图 C.9 所示.等效的另一种方法是沿着 $\boldsymbol{A}$ 的方向伸出右手除拇指之外的四指，再将四指朝着 $\boldsymbol{B}$ 所在位置扫过 φ 角区域旋转过去，顺势伸出的拇指的指向便是 $\boldsymbol{C}$ 的方向，如图 C.10 所示.前一种方法在 $\boldsymbol{A}\perp\boldsymbol{B}$ 时象征着 3 维直角坐标框架，取右手系时，空间坐标框架 $Oxyz$ 便如图 C.11 所示.后一种方法称为右手螺旋法.生活用品中常见螺旋接口的旋转方向与进动方向也分别对应右手四指握住的方向与拇指伸出的方向.这是因为多数人惯用右手操作，自然适应于右手进动方向.

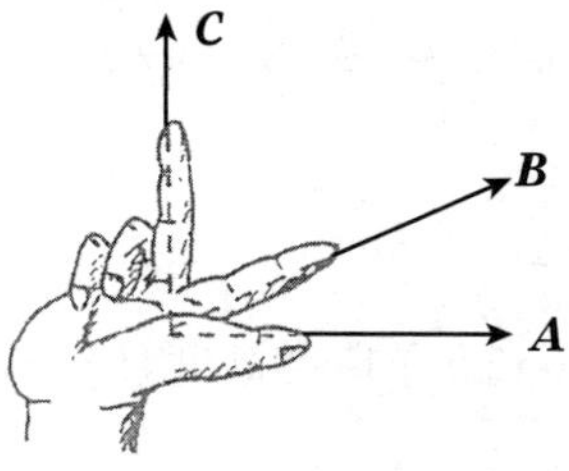

图 C.9

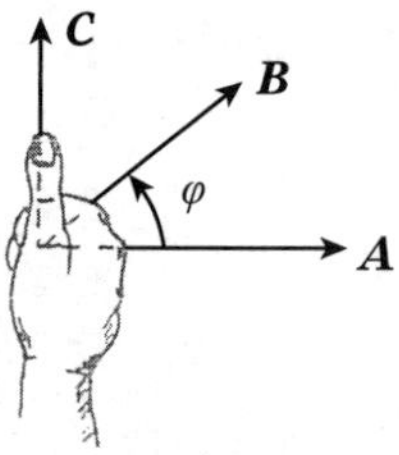

图 C.10

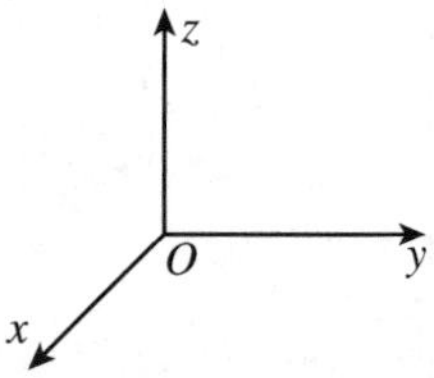

图 C.11

若取左手系，只要将上述内容中的右手改成左手即可.与图 C.9 相对应的是图 C.12，与图 C.10 相对应的是图 C.13.矢积所得的 $\boldsymbol{C}$ 的方向在左手系中和在右手系中相反.取左手系时，3 维空间坐标框架如图 C.14 所示.与右手螺旋法对应的是左手螺旋法.生活用品中有个别螺旋接口的旋转方向与进动方向分别对应左手四指握住的方向与

拇指伸出的方向.这样的设计常出于某种安全考虑.例如,天然气罐出气端与灶具软管进气端之间便是左手螺旋接口,以防止儿童拧开.

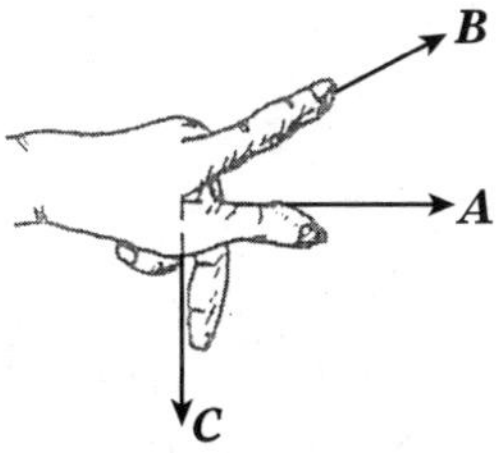

图C.12

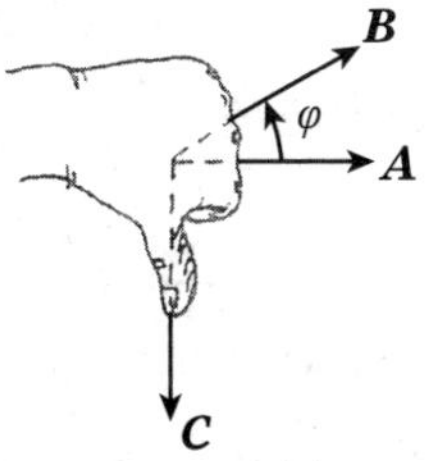

图C.13

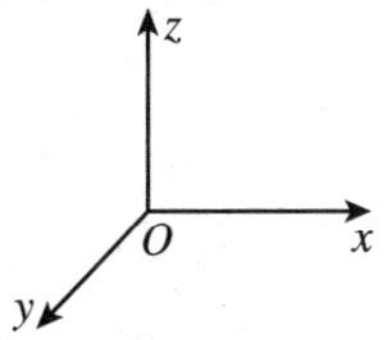

图C.14

数学上右手系与左手系是平等的.考虑到多数人惯于使用右手,应用时一般都约定选取右手系.

矢积也有一些基本性质,如

$$(\alpha\boldsymbol{A}) \times \boldsymbol{B} = \alpha(\boldsymbol{A} \times \boldsymbol{B})$$

$$\boldsymbol{A} \times \boldsymbol{B} = -\boldsymbol{B} \times \boldsymbol{A} \quad \text{(反交换律)}$$

$$(\boldsymbol{A}_1 + \boldsymbol{A}_2) \times \boldsymbol{B} = \boldsymbol{A}_1 \times \boldsymbol{B} + \boldsymbol{A}_2 \times \boldsymbol{B} \quad \text{(分配律)}$$

进一步可导出其他公式,例如

$$(\boldsymbol{A}_1 + \boldsymbol{A}_2 + \boldsymbol{A}_3) \times \boldsymbol{B} = \boldsymbol{A}_1 \times \boldsymbol{B} + \boldsymbol{A}_2 \times \boldsymbol{B} + \boldsymbol{A}_3 \times \boldsymbol{B}$$

$$(\boldsymbol{A}_1 + \boldsymbol{A}_2) \times (\boldsymbol{B}_1 + \boldsymbol{B}_2) = \boldsymbol{A}_1 \times \boldsymbol{B}_1 + \boldsymbol{A}_1 \times \boldsymbol{B}_2 + \boldsymbol{A}_2 \times \boldsymbol{B}_1 + \boldsymbol{A}_2 \times \boldsymbol{B}_2$$

矢积只能在3维空间中进行,对于坐标基矢有

$$\boldsymbol{i} \times \boldsymbol{i} = \boldsymbol{j} \times \boldsymbol{j} = \boldsymbol{k} \times \boldsymbol{k} = 0$$

$$\boldsymbol{i} \times \boldsymbol{j} = \boldsymbol{k}, \quad \boldsymbol{j} \times \boldsymbol{k} = \boldsymbol{i}, \quad \boldsymbol{k} \times \boldsymbol{i} = \boldsymbol{j}$$

借此可导出矢积的行列式表达式:

$$\boldsymbol{A} \times \boldsymbol{B} = \begin{vmatrix} \boldsymbol{i} & A_x & B_x \\ \boldsymbol{j} & A_y & B_y \\ \boldsymbol{k} & A_z & B_z \end{vmatrix}$$

矢积在物理学中有广泛的应用.力学中相对于某参考点的位矢为 $\boldsymbol{r}$ 的质点若受力 $\boldsymbol{F}$,则 $\boldsymbol{F}$ 相对于此参考点的力矩定义为

$$\boldsymbol{M} = \boldsymbol{r} \times \boldsymbol{F}$$

如果质点的动量为 $\boldsymbol{p}$,那么它相对于此参考点的角动量定义为

$$\boldsymbol{L} = \boldsymbol{r} \times \boldsymbol{p}$$

矢积方向随右手系、左手系而异,可见 $\boldsymbol{M}$、$\boldsymbol{L}$ 方向的设定具有人为因素.

在电学中,电量为 q、速度为 $\boldsymbol{v}$ 的粒子在磁场中所受洛伦兹力可表述为

$$\boldsymbol{F} = q\boldsymbol{v} \times \boldsymbol{B}$$

其中 $\boldsymbol{B}$ 是粒子所在处磁场的磁感应强度.通有电流 I 的导线中,取无穷小一段,为线元矢量 $\Delta\boldsymbol{l}$,大小为小段导线长度,方向为电流方向.这一小段电流所受磁场的安培力为

$$\Delta\boldsymbol{F} = I\Delta\boldsymbol{l} \times \boldsymbol{B}$$

图 C.15 中整段导线电流所受安培力便是

$$\boldsymbol{F} = \sum_{a}^{b} I\Delta\boldsymbol{l} \times \boldsymbol{B}$$

$\Delta\boldsymbol{l}$ 是空间矢量;$\boldsymbol{v}$ 是单位时间的空间位移量,因时间是标量,$\boldsymbol{v}$ 的矢量性便归结为空间位移的矢量性.根据牛顿第二定律 $\boldsymbol{F}=m\boldsymbol{a}$,$m$ 是标量,$\boldsymbol{a}$ 是单位时间的速度变化量,$\boldsymbol{a}$ 的矢量性归结为 $\boldsymbol{v}$ 的矢量性,于是 $\boldsymbol{F}$ 的矢量性最终也递归为空间位移的矢量性.空间矢量方向是客观的,与右手系、左手系的选取无关.为使 $\boldsymbol{v}$、$\boldsymbol{B}$ 矢积或 $\Delta\boldsymbol{l}$、$\boldsymbol{B}$ 矢积所得的 $\boldsymbol{F}$ 或 $\Delta\boldsymbol{F}$ 方向与右手系、左手系的选取无关,$\boldsymbol{B}$ 在右手系中的方向和在左手系中的方向必定相反.与此相应,电学中关于定常电流周围磁场分布的毕奥-萨代尔定律如下:

$$\Delta\boldsymbol{B} = \frac{\mu_0 I\Delta\boldsymbol{l} \times \boldsymbol{r}}{4\pi r^3}$$

式中 μ_0 是一常量,$I\Delta\boldsymbol{l}$ 取自定常电流,如图 C.16 所示,$\boldsymbol{r}$ 是空间 P 点相对于 $I\Delta\boldsymbol{l}$ 的位矢,$\Delta\boldsymbol{B}$ 是 $I\Delta\boldsymbol{l}$ 对 P 点的磁场贡献,$\Delta\boldsymbol{B}$ 的总和构成 P 点的磁感应强度 $\boldsymbol{B}$.这一定律直接表明,$\boldsymbol{B}$ 方向的设定具有人为因素.

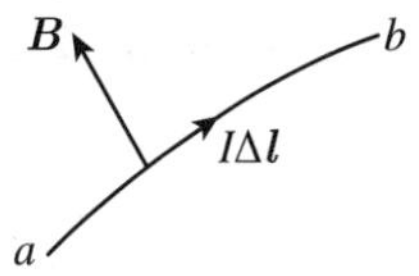

图 C.15

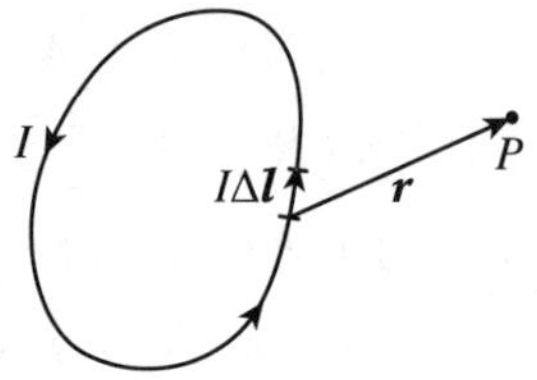

图 C.16

C.2.4 矢量的三重积

3 维空间中 3 个矢量间形如

$$\boldsymbol{A}\cdot(\boldsymbol{B}\times\boldsymbol{C})$$

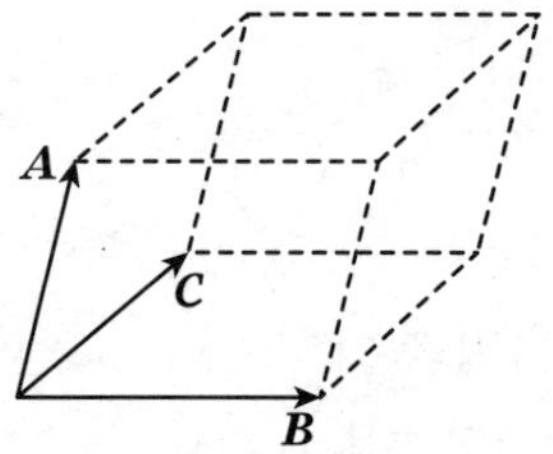

图 C.17

的运算称为矢量的三重标积,所得结果是个标量,可正可负.不难证明,3 个不共面矢量的三重标积的绝对值等于图 C.17 中由这 3 个矢量构成的平行六面体体积.3 个共面矢量的三重标积必为零;反之,三重标积为零的 3 个矢量必定共面.考虑到标积等于矢量分量乘积之和,结合矢积的行列式表述,可导得三重标积的行列式表述:

$$\boldsymbol{A}\cdot(\boldsymbol{B}\times\boldsymbol{C})=\begin{vmatrix}A_x & B_x & C_x\\ A_y & B_y & C_y\\ A_z & B_z & C_z\end{vmatrix}$$

$$=A_x(B_yC_z-B_zC_y)-A_y(B_xC_z-B_zC_x)+A_z(B_xC_y-B_yC_x)$$

利用行列式的展开，进而可得三重标积的循环可交换性，即有

$$\boldsymbol{A}\cdot(\boldsymbol{B}\times\boldsymbol{C})=\boldsymbol{B}\cdot(\boldsymbol{C}\times\boldsymbol{A})=\boldsymbol{C}\cdot(\boldsymbol{A}\times\boldsymbol{B})$$

3维空间中3个矢量间形如

$$\boldsymbol{A}\times(\boldsymbol{B}\times\boldsymbol{C})$$

的运算称为矢量的三重矢积，所得结果是个矢量．将 $\boldsymbol{B}$、$\boldsymbol{C}$ 确定的平面记为 σ，$\boldsymbol{A}$ 可在 σ 内，也可在 σ 外．引入矢量

$$\boldsymbol{D}=\boldsymbol{B}\times\boldsymbol{C}$$

$\boldsymbol{D}$ 必垂直于平面 σ，如图C.18所示．$\boldsymbol{A}\times\boldsymbol{D}$ 应与 $\boldsymbol{D}$ 垂直，也必在平面 σ 内，故可分解为 $\boldsymbol{B}$、$\boldsymbol{C}$ 的线性组合：

$$\boldsymbol{A}\times(\boldsymbol{B}\times\boldsymbol{C})=\boldsymbol{A}\times\boldsymbol{D}=\alpha_1\boldsymbol{B}+\alpha_2\boldsymbol{C}$$

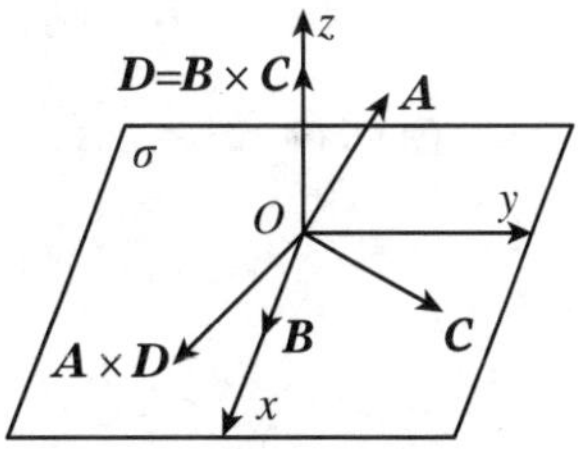

图C.18

为使推导简化，在 σ 平面上沿 $\boldsymbol{B}$ 方向设置 x 轴，于是便有

$$\boldsymbol{B}=B_x\boldsymbol{i}$$

$$\boldsymbol{C}=C_x\boldsymbol{i}+C_y\boldsymbol{j}$$

$$\boldsymbol{A}=A_x\boldsymbol{i}+A_y\boldsymbol{j}+A_z\boldsymbol{k}$$

$\boldsymbol{A}$、$\boldsymbol{B}$、$\boldsymbol{C}$ 的三重矢积展开如下：

$$\begin{aligned}\boldsymbol{A}\times(\boldsymbol{B}\times\boldsymbol{C})&=(A_x\boldsymbol{i}+A_y\boldsymbol{j}+A_z\boldsymbol{k})\times[B_x\boldsymbol{i}\times(C_x\boldsymbol{i}+C_y\boldsymbol{j})]\\&=(A_x\boldsymbol{i}+A_y\boldsymbol{j}+A_z\boldsymbol{k})\times(B_xC_y\boldsymbol{k})\\&=-A_xB_xC_y\boldsymbol{j}+A_yB_xC_y\boldsymbol{i}\\&=A_xC_xB_x\boldsymbol{i}+A_yB_xC_y\boldsymbol{i}-A_xB_xC_x\boldsymbol{i}-A_xB_xC_y\boldsymbol{j}\\&=(A_xC_x+A_yC_y)B_x\boldsymbol{i}-A_xB_x(C_x\boldsymbol{i}+C_y\boldsymbol{j})\end{aligned}$$

即得

$$\alpha_1=\boldsymbol{A}\cdot\boldsymbol{C},\quad \alpha_2=-\boldsymbol{A}\cdot\boldsymbol{B}$$

$$\boldsymbol{A}\times(\boldsymbol{B}\times\boldsymbol{C})=\alpha_1\boldsymbol{B}+\alpha_2\boldsymbol{C}=(\boldsymbol{A}\cdot\boldsymbol{C})\boldsymbol{B}-(\boldsymbol{A}\cdot\boldsymbol{B})\boldsymbol{C}$$

例1　已知 $\boldsymbol{A}=(1,2,3)$，$\boldsymbol{B}=(2,3,1)$，$\boldsymbol{C}=(3,1,2)$，求 $\boldsymbol{A}\cdot(\boldsymbol{B}\times\boldsymbol{C})$ 和 $\boldsymbol{A}\times(\boldsymbol{B}\times\boldsymbol{C})$．

解

$$\boldsymbol{A}\cdot(\boldsymbol{B}\times\boldsymbol{C})=\begin{vmatrix}1 & 2 & 3\\ 2 & 3 & 1\\ 3 & 1 & 2\end{vmatrix}$$

$$= (1\times3\times2+2\times1\times3+3\times2\times1)-(1\times1\times1+2\times2\times2+3\times3\times3)$$
$$=-18$$

$$\boldsymbol{A}\times(\boldsymbol{B}\times\boldsymbol{C}) = (\boldsymbol{A}\cdot\boldsymbol{C})\boldsymbol{B}-(\boldsymbol{A}\cdot\boldsymbol{B})\boldsymbol{C}$$
$$\boldsymbol{A}\cdot\boldsymbol{C} = 1\times3+2\times1+3\times2 = 11,$$
$$\boldsymbol{A}\cdot\boldsymbol{B} = 1\times2+2\times3+3\times1 = 11$$
$$\boldsymbol{A}\times(\boldsymbol{B}\times\boldsymbol{C}) = 11(\boldsymbol{B}-\boldsymbol{C}) = 11[(2-3)\boldsymbol{i}+(3-1)\boldsymbol{j}+(1-2)\boldsymbol{k}]$$
$$=-11\boldsymbol{i}+22\boldsymbol{j}-11\boldsymbol{k}$$

例 2 对已给的 $\boldsymbol{B}$、α,求 $\boldsymbol{A}$,使得 $\boldsymbol{A}\cdot\boldsymbol{B}=\alpha$.

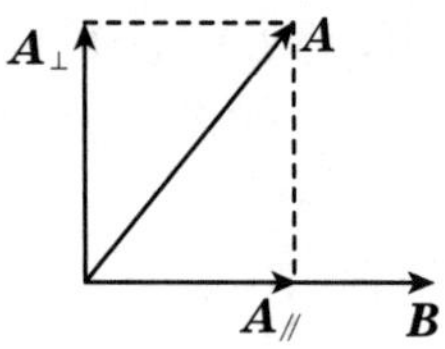

图 C.19

解 参考图 C.19,将 $\boldsymbol{A}$ 沿平行于 $\boldsymbol{B}$ 和垂直于 $\boldsymbol{B}$ 的方向分解为

$$\boldsymbol{A} = \boldsymbol{A}_{/\!/}+\boldsymbol{A}_{\perp}$$

则

$$\alpha = \boldsymbol{A}\cdot\boldsymbol{B} = (\boldsymbol{A}_{/\!/}+\boldsymbol{A}_{\perp})\cdot\boldsymbol{B}$$
$$= \boldsymbol{A}_{/\!/}\cdot\boldsymbol{B}+\boldsymbol{A}_{\perp}\cdot\boldsymbol{B} = \boldsymbol{A}_{/\!/}\cdot\boldsymbol{B} = A_{/\!/}B$$

得

$$A_{/\!/} = \frac{\alpha}{B},\quad \boldsymbol{A}_{/\!/} = A_{/\!/}\frac{\boldsymbol{B}}{B} = \frac{\alpha}{B^2}\boldsymbol{B}$$

$\boldsymbol{A}_{\perp}$ 与 $\boldsymbol{B}$ 垂直,但具有不定性,可表达成

$$\boldsymbol{A}_{\perp} = \boldsymbol{C}\times\boldsymbol{B}\quad (\boldsymbol{C}\text{ 为任意矢量})$$

所求便为

$$\boldsymbol{A} = \frac{\alpha}{B^2}\boldsymbol{B}+\boldsymbol{C}\times\boldsymbol{B}$$

本例表明,数学中的逆运算解常具有不定性.

C.3 一元函数微积分

C.3.1 微分

一元函数可记为

$$y = y(x)\quad 或\quad y = F(x)$$

在它的连续区域内,如图 C.20 所示,自变量若从 x 增加到 $x+\Delta x$,称 Δx 为自变量 x 的增量.相应地,函数从 $y(x)$增加到 $y(x+\Delta x)$,称 $\Delta y = y(x+\Delta x) - y(x)$为函数增量. Δx、Δy 既可以是正的也可以是负的.几个函数的 Δy、Δx 间关系如下:

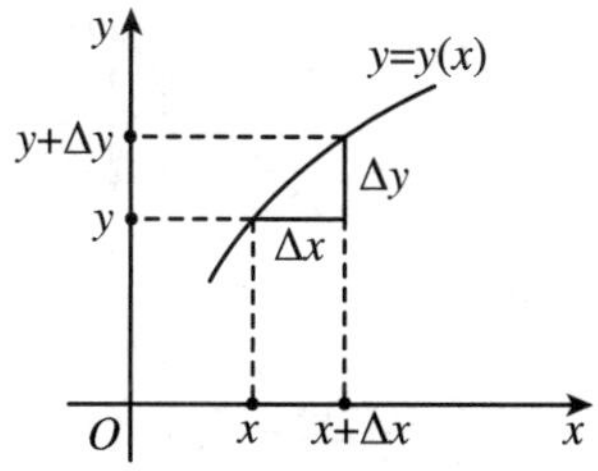

图 C.20

$$y = Ax + B,\quad \Delta y = [A(x+\Delta x) + B] - (Ax + B) = A\Delta x$$
$$y = Ax^2,\quad \Delta y = A(x+\Delta x)^2 - Ax^2 = 2Ax\Delta x + A(\Delta x)^2$$
$$y = \sin x,\quad \Delta y = \sin(x+\Delta x) - \sin x = \sin x(\cos\Delta x - 1) + \cos x\sin\Delta x$$
$$y = \mathrm{e}^x,\quad \Delta y = \mathrm{e}^{x+\Delta x} - \mathrm{e}^x = \mathrm{e}^x(\mathrm{e}^{\Delta x} - 1)$$

其中 A、B 均是常量.

自变量增量 $\Delta x \to 0$ 时,称为自变量微分,改记成 $\mathrm{d}x$. $\mathrm{d}x$ 是无穷小量,但不是零.在连续区域内,自变量增量取微分 $\mathrm{d}x$ 时,函数增量 $\Delta y \to 0$,称为函数微分,记成 $\mathrm{d}y$,它也是无穷小量,可正可负. $\mathrm{d}y$ 与 $\mathrm{d}x$ 间关系为

$$\mathrm{d}y = y(x+\mathrm{d}x) - y(x)$$

几个实例如下:

$$y = Ax + B,\quad \mathrm{d}y = A\mathrm{d}x$$
$$y = Ax^2,\quad \mathrm{d}y = A(2x + \mathrm{d}x)\mathrm{d}x$$
$$y = \sin x,\quad \mathrm{d}y = \sin x(\cos\mathrm{d}x - 1) + \cos x\sin\mathrm{d}x$$
$$y = \mathrm{e}^x,\quad \mathrm{d}y = \mathrm{e}^x(\mathrm{e}^{\mathrm{d}x} - 1)$$

数学中可以证明,对无穷小量 $\mathrm{d}x$,有:

$Ax + B\mathrm{d}x \to Ax$,简写为 $Ax + B\mathrm{d}x = Ax$;

$\cos\mathrm{d}x \to 1$,简写为 $\cos\mathrm{d}x = 1$;

$\sin\mathrm{d}x \to \mathrm{d}x$,简写为 $\sin\mathrm{d}x = \mathrm{d}x$;

$\tan\mathrm{d}x \to \mathrm{d}x$,简写为 $\tan\mathrm{d}x = \mathrm{d}x$;

$(1+\mathrm{d}x)^{\frac{1}{\mathrm{d}x}} \to \mathrm{e}$,简写为$(1+\mathrm{d}x)^{\frac{1}{\mathrm{d}x}} = \mathrm{e} = 2.718281828\cdots$.

例 1　试证 $\sin\mathrm{d}x = \tan\mathrm{d}x = \mathrm{d}x$.

证　以 O 为圆心、R 为半径的圆如图 C.21 所示,其中圆心角 θ 对应的 AA'、$B'B$、$\overset{\frown}{AB}$的长度分别是

$$AA' = R\sin\theta,\quad B'B = R\tan\theta,\quad \overset{\frown}{AB} = R\theta$$

$\theta\to 0$ 时，A、A'、B'、B 四点无限靠近，AA'、$B'B$均趋于$\overset{\frown}{AB}$，因此

$$\sin\theta = \tan\theta = \theta$$

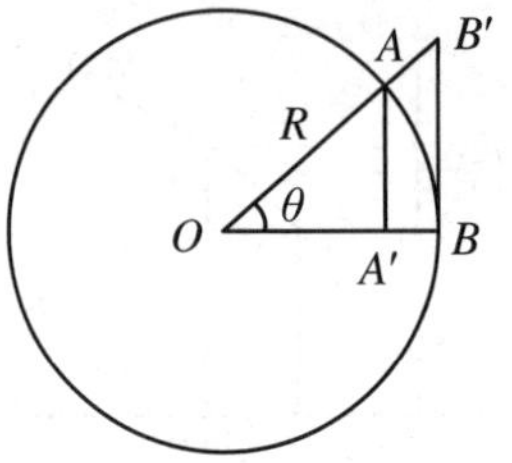

图 C.21

将 $\theta\to 0$ 记为无穷小量 $\mathrm{d}\theta$ 或 $\mathrm{d}x$，得

$$\sin \mathrm{d}x = \tan \mathrm{d}x = \mathrm{d}x$$

C.3.2 微商(导数)

自变量微分去除函数对应的微分，称为函数的微商(两个微分的商)，记作

$$y'(x) = \frac{\mathrm{d}y}{\mathrm{d}x} \quad 或 \quad y' = \frac{\mathrm{d}y}{\mathrm{d}x}$$

微商也常称为导数. 可以将

$$\frac{\Delta y}{\Delta x} = \frac{y(x+\Delta x) - y(x)}{\Delta x}$$

解释为函数在 x 到 $x+\Delta x$ 区间内的平均变化率，那么

$$y' = \frac{\mathrm{d}y}{\mathrm{d}x} = \frac{y(x+\mathrm{d}x) - y(x)}{\mathrm{d}x}$$

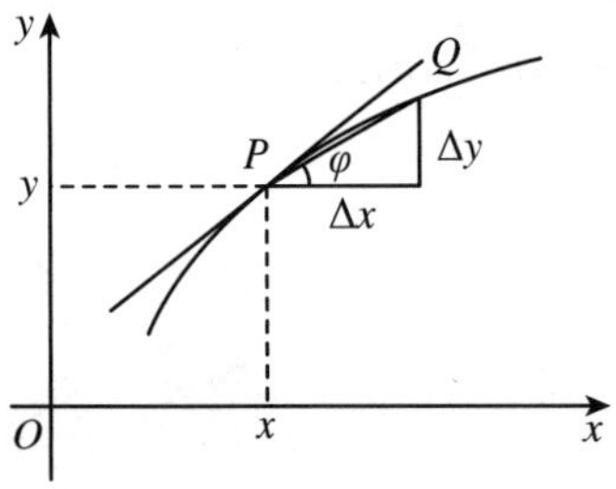

图 C.22

可解释为函数在 x 的邻域(x 到 $x+\mathrm{d}x$ 无限小区间)的变化率. 图 C.22 中自变量从 x 变化到 $x+\Delta x$，函数从曲线的 P 点移动到 Q 点，函数平均变化率对应图中 φ 角的正切，即有

$$\frac{\Delta y}{\Delta x} = \tan\varphi$$

逐渐缩短 Δx，Q 点便向 P 点靠近. $\Delta x\to 0$ 时，Q 点无限靠近 P 点，P、Q 间连线成为函数曲线在 P 处的切线，φ 角称为切线与 x 轴之间的夹角，$\tan\varphi$ 便是切线斜率，即有

$$\frac{\mathrm{d}y}{\mathrm{d}x} = \tan\varphi$$

这可以叙述为：函数在 x 处的导数等于函数曲线在 x 处的切线的斜率. 函数导数的几个实例如下：

$$y=Ax+B,\quad y'=\frac{\mathrm{d}y}{\mathrm{d}x}=\frac{A\mathrm{d}x}{\mathrm{d}x}=A$$

$$y=Ax^2,\quad y'=\frac{\mathrm{d}y}{\mathrm{d}x}=\frac{A(2x+\mathrm{d}x)\mathrm{d}x}{\mathrm{d}x}=A(2x+\mathrm{d}x)=2Ax$$

$$y=\sin x,\quad y'=\frac{\mathrm{d}y}{\mathrm{d}x}=\sin x\,\frac{\cos\mathrm{d}x-1}{\mathrm{d}x}+\cos x\,\frac{\sin\mathrm{d}x}{\mathrm{d}x}=\cos x$$

$$y=\mathrm{e}^x,\quad y'=\frac{\mathrm{d}y}{\mathrm{d}x}=\mathrm{e}^x\,\frac{\mathrm{e}^{\mathrm{d}x}-1}{\mathrm{d}x}=\mathrm{e}^x\,\frac{\{[(1+\mathrm{d}x)^{1/\mathrm{d}x}]^{\mathrm{d}x}-1\}}{\mathrm{d}x}$$

$$=\frac{\mathrm{e}^x[(1+\mathrm{d}x)-1]}{\mathrm{d}x}=\mathrm{e}^x$$

导数有一些重要性质,举例如下.

设 y_1、y_2 分别是 x 的函数,A_1、A_2 是常量,那么:

(1) 若 $y=A_1y_1+A_2y_2$,则

$$y'=A_1y_1'+A_2y_2' \qquad ①$$

(2) 若 $y=y_1y_2$,则

$$y'=y_1'y_2+y_1y_2' \qquad ②$$

(3) 若 $y=y_1/y_2$,则

$$y'=(y_1'y_2-y_1y_2')/y_2^2 \qquad ③$$

导数运算中常用的公式 $(Ay)'=Ay'$ 已包含在①式中,有了这一常用公式,上面②、③式中不必再引入 A_1、A_2 常量.②式的证明简述如下:

$$y'(x)=\frac{\mathrm{d}y}{\mathrm{d}x}=\frac{y_1(x+\mathrm{d}x)y_2(x+\mathrm{d}x)-y_1(x)y_2(x)}{\mathrm{d}x}$$

$$=\frac{y_1(x+\mathrm{d}x)y_2(x+\mathrm{d}x)-y_1(x)y_2(x+\mathrm{d}x)}{\mathrm{d}x}+\frac{y_1(x)y_2(x+\mathrm{d}x)-y_1(x)y_2(x)}{\mathrm{d}x}$$

$$=\frac{y_1(x+\mathrm{d}x)-y_1(x)}{\mathrm{d}x}y_2(x+\mathrm{d}x)+y_1(x)\frac{y_2(x+\mathrm{d}x)-y_2(x)}{\mathrm{d}x}$$

$$=y_1'(x)y_2(x+\mathrm{d}x)+y_1(x)y_2'(x)$$

正如开始指出的,这里讨论的范围都是函数连续区域,很容易理解必有

$$y_2(x+\mathrm{d}x)=y_2(x)$$

即得②式.对于③式,可将 $y=y_1/y_2$ 改写为

$$y_1=yy_2$$

据②式有

$$y_1'=y'y_2+yy_2'=y'y_2+\frac{y_1}{y_2}y_2'$$

即可得③式.

(4) 设 y 是 u 的函数,u 是 x 的函数,通过这种复合关系,y 最终是 x 的函数,这可表

述成

$$y = y(u), \quad u = u(x)$$

将 y 对 u 的导数记作 y'_u，u 对 x 的导数记作 u'_x，y 最终对 x 的导数记作 y'_x，那么就有

$$y'_x = y'_u u'_x$$

考虑到导数（微商）即各微分间的商运算，复合函数的这种导数性质很容易导出如下：

$$y'_x = \frac{\mathrm{d}y}{\mathrm{d}x} = \frac{\mathrm{d}y}{\mathrm{d}u}\frac{\mathrm{d}u}{\mathrm{d}x} = y'_u u'_x$$

例 1 计算 $y = A\sin(Bx + C)$，$y = A\cos x$，$y = \tan x$，$y = x^k$ $(k = 1,2,\cdots)$ 的导数.

解 $y = A\sin(Bx + C)$ 可分解为复合关系：$y = A\sin u$，$u = Bx + C$，得

$$y'_x = y'_u u'_x = (A\cos u)B$$

还原到初始函数关系，可写成

$$y' = BA\cos(Bx + C)$$

$y = A\cos x$ 可形变为 $y = A\sin(x + \pi/2)$，即得

$$y' = A\cos(x + \pi/2) = -A\sin x$$

$y = \tan x$ 可展开成 $y = \sin x/\cos x$，得

$$y = \frac{(\sin x)'\cos x - \sin x(\cos x)'}{\cos^2 x} = \frac{1}{\cos^2 x}$$

$y = x^k$ $(k = 1,2,\cdots)$ 可递归得到

$$(x^k)' = (x \cdot x^{k-1})' = x'(x^{k-1}) + x(x^{k-1})' = x^{k-1} + x(x^{k-1})' \quad (k = 2,3,\cdots)$$

……

$$x' = 1$$

即有

$$y' = kx^{k-1}$$

常用函数的导数公式均可在一般数学手册中查到，其中 3 个频繁使用的导数公式如下：

(1) $(x^\alpha)' = \alpha x^{\alpha-1}$，其中 α 为任意实数；

(2) $(a^x)' = a^x \ln a$；

(3) $(\ln x)' = \dfrac{1}{x}$.

y' 是 y 的一阶导数，除非 y' 是常数，否则 y' 仍是 x 的函数，可对 x 再求导数，构成

$$(y')' = \frac{\mathrm{d}y'}{\mathrm{d}x} = \frac{\mathrm{d}}{\mathrm{d}x}\left(\frac{\mathrm{d}y}{\mathrm{d}x}\right)$$

称为函数 y 的二阶导数，简写成

$$y'' = \frac{\mathrm{d}^2 y}{\mathrm{d}x^2}$$

以此类推，可引入函数 y 的 $n=1,2,\cdots$ 阶导数，记作

$$y^{(n)} = \frac{\mathrm{d}^n y}{\mathrm{d}x^n}$$

范例：

(1) $(\sin x)^{(4k+1)} = \cos x(k=0,1,2,\cdots)$；

(2) $(\sin x)^{(4k+2)} = -\sin x(k=0,1,2,\cdots)$；

(3) $(\sin x)^{(4k+3)} = -\cos x(k=0,1,2,\cdots)$；

(4) $(\sin x)^{(4k+4)} = \sin x(k=0,1,2,\cdots)$；

(5) $(\mathrm{e}^x)^{(n)} = \mathrm{e}^x(n=1,2,\cdots)$.

数学上，导数可用来讨论函数曲线的极值位置.

函数在某 x 点的导数是 $y'(x)$，x 有一无穷小增量 $\mathrm{d}x$ 时，函数值对应的增量是

$$\mathrm{d}y = y'\mathrm{d}x$$

取 $\mathrm{d}x>0$，那么就有：

若 $y'(x)>0$，则 $\mathrm{d}y>0$，y 随 x 的增大而增大；

若 $y'(x)<0$，则 $\mathrm{d}y<0$，y 随 x 的增大而减小；

若 $y'(x)=0$，则 $\mathrm{d}y=0$，在无限靠近 x 处，y 不随 x 变化.

讨论图 C.23 所示的两种情况，函数 $y(x)$ 在 x_0 点都有 $y'(x_0)=0$. 图 C.4(a)中从 x_0 点左侧近邻到 x_0 点右侧近邻(其间包括 x_0 点)，曲线的切线斜率单调下降. 若引入 $z=y'$，则 z 随 x 增大而减小. 取 $\mathrm{d}x>0$，有

$$\mathrm{d}z = z'(x)\mathrm{d}x = y''(x)\mathrm{d}x < 0$$

因此

$$y''(x)<0$$

x_0 点也在此范围内，即有

$$y''(x_0) < 0$$

此处讨论的区域是 x_0 点两侧邻域，因为在离 x_0 点较远处函数曲线可能会有新的起伏. 图 C.23(a)中 x_0 点的 y 值与其邻域相比最大，称 x_0 点为极大值点.

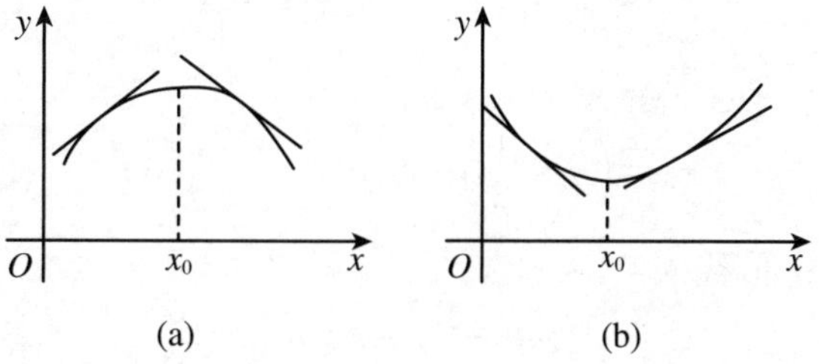

图 C.23

图 C.23(b)中从 x_0 点左侧到 x_0 点右侧近邻(其间包括 x_0 点)，曲线的切线斜率单

调上升,即 $z=y'$随 x 增大而增大.取 $\mathrm{d}x>0$,有

$$\mathrm{d}z = z'(x)\mathrm{d}x = y''(x)\mathrm{d}x > 0$$

因此

$$y''(x)>0$$

x_0 点也在此范围内,即有

$$y''(x_0)>0$$

图 C.23(b)中 x_0 点的 y 值与其近邻相比最小,称 x_0 为极小值点.

综上所述,有:

若 $y'(x_0)=0, y''(x_0)<0$,则 x_0 点是函数的一个极大值点;

若 $y'(x_0)=0, y''(x_0)>0$,则 x_0 点是函数的一个极小值点.

极大值点和极小值点合称为极值点.

需要指出,上面给出的是两种常见类型的极值点,还有其他类型的极值点.例如,$x_0=0$点分别是 $y=-x^4$ 和 $y=x^4$ 的极大值点和极小值点,它们都对应 $y'(x_0)=0$,$y''(x_0)=0$,不属于上述两种类型的极值点.另一方面,对于 $y=-x^3$ 和 $y=x^3$,在 $x_0=0$ 点,虽然也有$y'(x_0)=0$ 和 $y''(x_0)=0$,但 $x_0=0$ 点并不是它们的极值点,而是数学上称为拐点的点.这些方面内容的讨论,高等数学课程中会详细展开.

例 2 找出 $y=Ax^2+Bx+C$ 和 $y=\sin x$ 的全部极值点.

解 对 $y=Ax^2+Bx+C$,由

$$y' = 2Ax + B, \quad y'' = 2A$$

可知

$$x_0=-B/(2A), \quad y'(x_0)=0, \quad y''(x_0)=2A$$

因此:

若 $A>0$,则 $y'(x_0)=0, y''(x_0)>0, x_0=-B/(2A)$为极小值点;

若 $A<0$,则 $y'(x_0)=0, y''(x_0)<0, x_0=-B/(2A)$为极大值点.

对 $y=\sin x$,由

$$(\sin x)' = \cos x = 0$$

可知

$$x_0=\left(n+\frac{1}{2}\right)\pi \quad (n=0,\pm 1,\cdots)$$

是可能的极值点.将 x_0 值代入

$$(\sin x)'' = -\sin x$$

并将 n 分成 $2k$ 与 $2k+1$ 两组,其中 $k=0,\pm 1,\cdots$,则有

$$-\sin\left(2k+\frac{1}{2}\right)\pi < 0, \quad -\sin\left[(2k+1)+\frac{1}{2}\right]\pi > 0$$

因此：

$$x_0 = \left(2k + \frac{1}{2}\right)\pi \quad (k = 0, \pm 1, \cdots)$$

为极大值点；

$$x_0 = \left[(2k+1) + \frac{1}{2}\right]\pi \quad (k = 0, \pm 1, \cdots)$$

为极小值点.

导数也可用来将许多函数展开成幂级数的形式.

自变量从 x_0 增加到 $x = x_0 + \mathrm{d}x$，函数增量为

$$y(x) - y(x_0) = \mathrm{d}y = y'(x_0)\mathrm{d}x = y'(x_0)(x - x_0)$$

也可写成

$$y(x) = y(x_0)(x - x_0)^0 + y'(x_0)(x - x_0)$$

相当于把 $y(x)$表述成 $x - x_0$ 的零次方项与一次方项的线性叠加，这仅在 x 无限靠近 x_0 时才成立. 如果 x 与 x_0 之间的差量 Δx 未必是无穷小量，即取一般的

$$\Delta x = x - x_0$$

那么可以猜想到也许有如下的幂级数展开：

$$\begin{aligned} y(x) &= A_0(x - x_0)^0 + A_1(x - x_0) + A_2(x - x_0)^2 + A_3(x - x_0)^3 + \cdots \\ &= \sum_{n=0}^{\infty} A_n(x - x_0)^n \end{aligned}$$

这一幂级数称为泰勒(Taylor)级数. 若有这样的展开，令 $x = x_0$，即得 $A_0 = y(x_0)$. 展开式两边先对 x 求导，再取 $x = x_0$，可得 $A_1 = y'(x_0)$. 如此进行下去，相继可得

$$A_0 = y(x_0), \quad A_n = \frac{1}{n!}y^{(n)}(x_0) \quad (n = 1, 2, \cdots)$$

并非所有函数都可展开成泰勒级数，因为 $y(x)$是有限的，所以至少要求

$$n \to \infty \text{ 时}, A_n(x - x_0)^n = \frac{1}{n!}y^{(n)}(x_0)(x - x_0)^n \to 0$$

事实上还有更严格的要求，高等数学课程中会专门讨论.

函数 $y(x)$若能在 x_0 两侧某范围内展开成泰勒级数，便称这一范围为 $y(x)$的收敛区域. 例如，数学上可以证得：

函数	在 $x_0 = 0$ 两侧收敛区域
$\sin x$	$-\infty < x < +\infty$
$\cos x$	$-\infty < x < +\infty$
e^x	$-\infty < x < +\infty$
$(1 \pm x)^{-1}$	$-1 < x < 1$
$\sqrt{1 \pm x}$	$-1 \leqslant x \leqslant 1$
$\ln(1 + x)$	$-1 < x \leqslant 1$

$x_0=0$ 的泰勒级数也称为麦克劳林(Maclaurin)级数.

由复数自变量 z 构成的某些复变函数 $F(z)$ 也可展开成与上面形式相同的泰勒级数和麦克劳林级数.

例 3 导出 $y=e^x$, $y=\cos x$, $y=\sin x$ 的麦克劳林级数.

解 (1) 对 $y=e^x$,有

$$A_0 = y(0) = 1,\quad y^{(n)}(x) = e^x,\quad A_n = \frac{1}{n!}y^{(n)}(0) = \frac{1}{n!}$$

$$y = e^x = \sum_{n=0}^{\infty} A_n x^n = 1 + x + \frac{1}{2!}x^2 + \frac{1}{3!}x^3 + \frac{1}{4!}x^4 + \frac{1}{5!}x^5 + \frac{1}{6!}x^6 + \frac{1}{7!}x^7 + \cdots$$

(2) 对 $y=\cos x$,有

$$A_0 = y(0) = 1$$

$$y^{(1)}(x) = -\sin x,\qquad A_1 = \frac{1}{1!}y^{(1)}(0) = 0$$

$$y^{(2)}(x) = -\cos x,\qquad A_2 = \frac{1}{2!}y^{(2)}(0) = -\frac{1}{2!}$$

$$y^{(3)}(x) = \sin x,\qquad A_3 = \frac{1}{3!}y^{(3)}(0) = 0$$

$$y^{(4)}(x) = \cos x,\qquad A_4 = \frac{1}{4!}y^{(4)}(0) = \frac{1}{4!}$$

$$y^{(5)}(x) = -\sin x,\qquad A_5 = \frac{1}{5!}y^{(5)}(0) = 0$$

$$y^{(6)}(x) = -\cos x,\qquad A_6 = \frac{1}{6!}y^{(6)}(0) = -\frac{1}{6!}$$

……

$$y = \cos x = \sum_{n=0}^{\infty} A_n x^n = 1 - \frac{1}{2!}x^2 + \frac{1}{4!}x^4 - \frac{1}{6!}x^6 + \cdots$$

(3) 对 $y=\sin x$,有

$$A_0 = 0$$

$$y^{(1)}(x) = \cos x,\qquad A_1 = 1$$

$$y^{(2)}(x) = -\sin x,\qquad A_2 = 0$$

$$y^{(3)}(x) = -\cos x,\qquad A_3 = -\frac{1}{3!}$$

……

$$y = \sin x = \cdots = x - \frac{1}{3!}x^3 + \frac{1}{5!}x^5 - \frac{1}{7!}x^7 + \cdots$$

例 4 导出欧拉公式 $e^{ix}=\cos x+i\sin x$,其中 i 为单位虚数,x 为实变量.

解 仿照 e^x 的麦克劳林级数展开,考虑到

$$i^0 = 1,\quad i^1 = i,\quad i^2 = -1,\quad i^3 = -i,\quad i^4 = 1,\quad i^5 = i,\quad \cdots$$

可将 e^{ix} 展开成下述麦克劳林级数：

$$\begin{aligned} e^{ix} &= 1 + ix + \frac{1}{2!}(ix)^2 + \frac{1}{3!}(ix)^3 + \frac{1}{4!}(ix)^4 + \frac{1}{5!}(ix)^5 + \frac{1}{6!}(ix)^6 + \frac{1}{7!}(ix)^7 + \cdots \\ &= 1 + ix - \frac{1}{2!}x^2 - i\frac{1}{3!}x^3 + \frac{1}{4!}x^4 + i\frac{1}{5!}x^5 - \frac{1}{6!}x^6 - i\frac{1}{7!}x^7 + \cdots \\ &= \left(1 - \frac{1}{2!}x^2 + \frac{1}{4!}x^4 - \frac{1}{6!}x^6 + \cdots\right) + i\left(x - \frac{1}{3!}x^3 + \frac{1}{5!}x^5 - \frac{1}{7!}x^7 + \cdots\right) \end{aligned}$$

对照 $\cos x$，$\sin x$ 的麦克劳林展开，即得

$$e^{ix} = \cos x + i\sin x$$

物理学中有诸多矢量及矢量间的标积和矢积，理论展开中自然会涉及这些量的导数．例如：力学中运动质点的位矢 $\boldsymbol{r}$ 随时间 t 而变化，即 $\boldsymbol{r}$ 是 t 的函数．$\boldsymbol{r}$ 随 t 的变化率便是质点运动速度 $\boldsymbol{v}$，有

$$\boldsymbol{v} = \frac{d\boldsymbol{r}}{dt}$$

这就涉及矢量的导数．

任意矢量 $\boldsymbol{A}(t)$ 可分解为

$$\boldsymbol{A}(t) = A_x(t)\boldsymbol{i} + A_y(t)\boldsymbol{j} + A_z(t)\boldsymbol{k}$$

其中 $\boldsymbol{i}$、$\boldsymbol{j}$、$\boldsymbol{k}$ 均不随 t 变化．$\boldsymbol{A}$ 对 t 的导数，或者说 $\boldsymbol{A}$ 随 t 的变化率为

$$\begin{aligned} \frac{d\boldsymbol{A}}{dt} &= \frac{\boldsymbol{A}(t + dt) - \boldsymbol{A}(t)}{dt} \\ &= \frac{A_x(t + dt) - A_x(t)}{dt}\boldsymbol{i} + \frac{A_y(t + dt) - A_y(t)}{dt}\boldsymbol{j} + \frac{A_z(t + dt) - A_z(t)}{dt}\boldsymbol{k} \end{aligned}$$

三个分子项分别是一元函数 $A_x(t)$、$A_y(t)$、$A_z(t)$ 的微分量 $dA_x(t)$、$dA_y(t)$、$dA_z(t)$，即有

$$\frac{d\boldsymbol{A}}{dt} = \frac{dA_x}{dt}\boldsymbol{i} + \frac{dA_y}{dt}\boldsymbol{j} + \frac{dA_z}{dt}\boldsymbol{k}$$

可见，矢量导数由各个分量导数构成．

例如，将质点位矢 $\boldsymbol{r}$ 分解成

$$\boldsymbol{r}(t) = x(t)\boldsymbol{i} + y(t)\boldsymbol{j} + z(t)\boldsymbol{k}$$

速度便是

$$\boldsymbol{v} = \frac{d\boldsymbol{r}}{dt} = v_x\boldsymbol{i} + v_y\boldsymbol{j} + v_z\boldsymbol{k}$$

$$v_x = \frac{dx}{dt},\quad v_y = \frac{dy}{dt},\quad v_z = \frac{dz}{dt}$$

v_x、v_y、v_z 是质点的三个分速度．若 v 也是 t 的函数，可引入加速度：

$$\boldsymbol{a} = \frac{\mathrm{d}\boldsymbol{v}}{\mathrm{d}t} = a_x\boldsymbol{i} + a_y\boldsymbol{j} + a_z\boldsymbol{k}$$

$$a_x = \frac{\mathrm{d}v_x}{\mathrm{d}t},\quad a_y = \frac{\mathrm{d}v_y}{\mathrm{d}t},\quad a_z = \frac{\mathrm{d}v_z}{\mathrm{d}t}$$

a_x、a_y、a_z 是质点的三个分加速度，或者说是加速度的三个分量. $\boldsymbol{a}$ 也是位矢 $\boldsymbol{r}$ 对 t 的二阶导数，即有

$$\boldsymbol{a} = \frac{\mathrm{d}^2\boldsymbol{r}}{\mathrm{d}t^2}$$

$$a_x = \frac{\mathrm{d}^2x}{\mathrm{d}t^2},\quad a_y = \frac{\mathrm{d}^2y}{\mathrm{d}t^2},\quad a_z = \frac{\mathrm{d}^2z}{\mathrm{d}t^2}$$

值得一提的是 $\mathrm{d}\boldsymbol{A}/\mathrm{d}t$ 是矢量 $\boldsymbol{A}(t)$ 对 t 求导的整体表达式，分量形式是在整体式基础上的导出式. 处理具体问题时，采用得较多的是分量导出式，但也有些问题，取整体式也许更为方便. 由 $\boldsymbol{r}$ 求 $\boldsymbol{v}$ 和由 $\boldsymbol{v}$ 求 $\boldsymbol{a}$ 时，两种处理方式可灵活选择.

例 5 在 xy 平面上以原点 O 为圆心、R 为半径作圆，质点 P 沿此圆周逆时针方向运动. 设 $t=0$ 时，P 相对于 O 的位矢 $\boldsymbol{r}$ 与 x 轴夹角为 φ，运动中 $\boldsymbol{r}$ 在单位时间内扫过的圆心角为常量 ω，试求 t 时刻 P 的速度 $\boldsymbol{v}$ 和加速度 $\boldsymbol{a}$.

解 运动学中称 ω 为角速度，ω 为常量时，P 的运动称为匀速圆周运动.

t 时刻，如图 C.24 所示，有

$$\boldsymbol{r} = x\boldsymbol{i} + y\boldsymbol{j}$$

$$x = R\cos(\omega t + \varphi),\quad y = R\sin(\omega t + \varphi)$$

$$\boldsymbol{v} = v_x\boldsymbol{i} + v_y\boldsymbol{j}$$

$$v_x = \frac{\mathrm{d}x}{\mathrm{d}t} = -\omega R\sin(\omega t + \varphi),\quad v_y = \frac{\mathrm{d}y}{\mathrm{d}t} = \omega R\cos(\omega t + R)$$

$$v = \sqrt{v_x^2 + v_y^2} = \omega R$$

$$\tan\theta = \frac{v_y}{-v_x} = \cot(\omega t + \varphi) \Rightarrow \theta = \frac{\pi}{2} - (\omega t + \varphi)$$

因此

$$\boldsymbol{v}:\begin{cases}\text{方向：沿圆的切线方向}\\ \text{大小：}v = \omega R\end{cases}$$

继而有

$$\boldsymbol{a} = a_x\boldsymbol{i} + a_y\boldsymbol{j}$$

$$a_x = \frac{\mathrm{d}v_x}{\mathrm{d}t} = -\omega^2R\cos(\omega t + \varphi),\quad a_y = \frac{\mathrm{d}v_y}{\mathrm{d}t} = -\omega^2R\sin(\omega t + \varphi)$$

$$a = \sqrt{a_x^2 + a_y^2} = \omega^2R = \frac{v^2}{R}$$

参照图 C.25，有

$$\tan\gamma = \frac{-a_y}{-a_x} = \tan(\omega t + \varphi) \Rightarrow \gamma = \omega t + \varphi$$

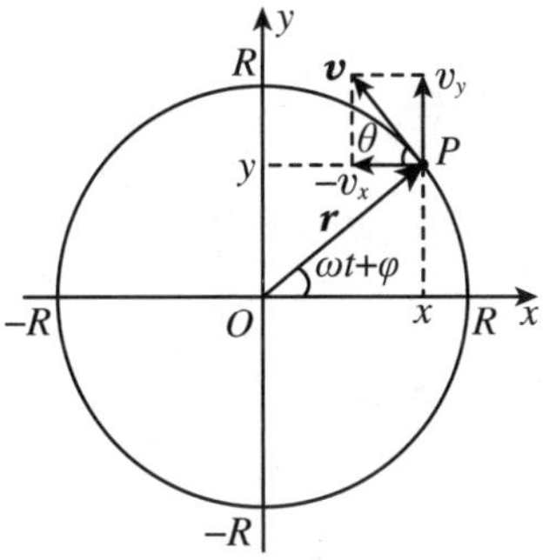

图 C.24

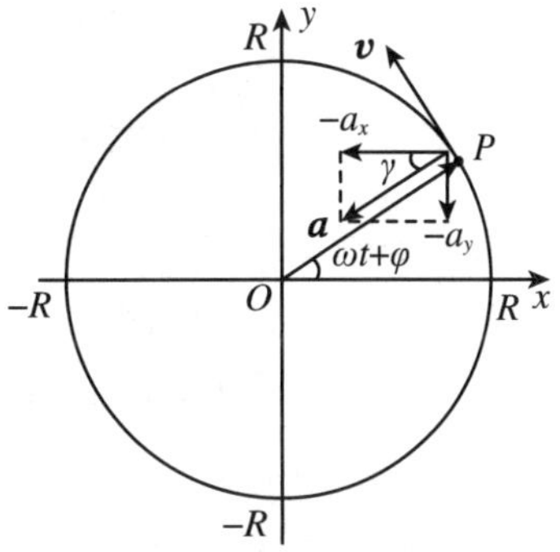

图 C.25

因此

$$\boldsymbol{a}:\begin{cases}\text{方向:指向圆心}\\ \text{大小:}a = \omega^2 R = \dfrac{v^2}{R}\end{cases}$$

本题也可用整体式 $\boldsymbol{v}=\mathrm{d}\boldsymbol{r}/\mathrm{d}t$，$\boldsymbol{a}=\mathrm{d}\boldsymbol{v}/\mathrm{d}t$ 求解，此处从略.

例 6 三质点 A、B、C 在同一平面上运动. 每一时刻，A 的速度总对准 B，速度大小为常量 u；B 的速度总对准 C，速度大小同为 u；C 的速度总对准 A，速度大小仍为 u. 某时刻，A、B、C 恰好位于各边长均为 l 的三角形三个顶点上，求此时 $\boldsymbol{A}$ 的加速度 $\boldsymbol{a}$.

解 所给时刻记为 t，经 $\mathrm{d}t$，质点 A、B、C 移至图 C.26中用虚线画出的等边三角形 $A'B'C'$ 各顶点上. A 的速度从 $\boldsymbol{u}(t)$ 变为 $\boldsymbol{u}(t+\mathrm{d}t)$，其间转过无穷小角度 $\mathrm{d}\varphi$，得速度增量 $\mathrm{d}\boldsymbol{u}$，构成的图示速度矢量三角形为底角趋于直角的等腰三角形，即得

$$\mathrm{d}\boldsymbol{u}:\begin{cases}\text{方向:与 }\boldsymbol{u}(t)\text{ 垂直}\\ \text{大小:}\mathrm{d}u = u\,\mathrm{d}\varphi\end{cases}$$

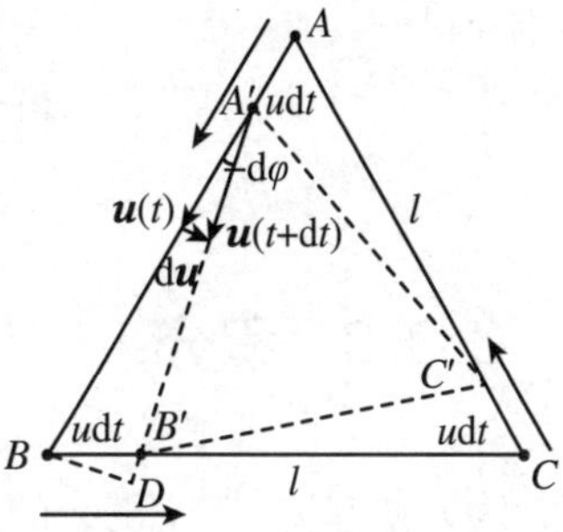

图 C.26

为建立 $\mathrm{d}\varphi$ 与 $\mathrm{d}t$ 的关系，参考图 C.26 中给出的辅助等腰三角形 $A'BD$，它的底角也趋于直角. 由

$$BD = (l - u\mathrm{d}t)\mathrm{d}\varphi = l\mathrm{d}\varphi$$

$$BD = BB'\cdot\cos(90^\circ - 60^\circ) = \frac{\sqrt{3}}{2}BB'$$

$$BB' = u\mathrm{d}t$$

得

$$\mathrm{d}\varphi=\frac{\sqrt{3}}{2}\frac{u}{l}\mathrm{d}t,\quad \mathrm{d}u=u\mathrm{d}\varphi=\frac{\sqrt{3}}{2}\frac{u^2}{l}\mathrm{d}t$$

$$\boldsymbol{a}=\frac{\mathrm{d}\boldsymbol{u}}{\mathrm{d}t}:\begin{cases}\text{方向:同 } \mathrm{d}\boldsymbol{u} \text{ 方向,即与 } \boldsymbol{u}(t) \text{ 垂直}\\ \text{大小:} a=\dfrac{\mathrm{d}u}{\mathrm{d}t}=\dfrac{\sqrt{3}}{2}\dfrac{u^2}{l}\end{cases}$$

标量与矢量的乘积为矢量,这一乘积对 t 的求导可归结为矢量求导.

矢量 $\boldsymbol{A}(t)$与矢量 $\boldsymbol{B}(t)$的标积

$$\boldsymbol{A}\cdot\boldsymbol{B}=A_xB_x+A_yB_y+A_zB_z$$

对 t 求导,为

$$\frac{\mathrm{d}(\boldsymbol{A}\cdot\boldsymbol{B})}{\mathrm{d}t}=\frac{\mathrm{d}(A_xB_x)}{\mathrm{d}t}+\frac{\mathrm{d}(A_yB_y)}{\mathrm{d}t}+\frac{\mathrm{d}(A_zB_z)}{\mathrm{d}t}$$

$$=\left(\frac{\mathrm{d}A_x}{\mathrm{d}t}B_x+\frac{\mathrm{d}A_y}{\mathrm{d}t}B_y+\frac{\mathrm{d}A_z}{\mathrm{d}t}B_z\right)+\left(A_x\frac{\mathrm{d}B_x}{\mathrm{d}t}+A_y\frac{\mathrm{d}B_y}{\mathrm{d}t}+A_z\frac{\mathrm{d}B_z}{\mathrm{d}t}\right)$$

即得

$$\frac{\mathrm{d}(\boldsymbol{A}\cdot\boldsymbol{B})}{\mathrm{d}t}=\frac{\mathrm{d}\boldsymbol{A}}{\mathrm{d}t}\cdot\boldsymbol{B}+\boldsymbol{A}\cdot\frac{\mathrm{d}\boldsymbol{B}}{\mathrm{d}t}$$

对于 $\boldsymbol{A}$ 与 $\boldsymbol{B}$ 的矢积,利用展开式

$$\boldsymbol{A}\times\boldsymbol{B}=\begin{vmatrix}\boldsymbol{i} & A_x & B_x\\ \boldsymbol{j} & A_y & B_y\\ \boldsymbol{k} & A_z & B_z\end{vmatrix}$$

不难导得

$$\frac{\mathrm{d}(\boldsymbol{A}\times\boldsymbol{B})}{\mathrm{d}t}=\frac{\mathrm{d}\boldsymbol{A}}{\mathrm{d}t}\times\boldsymbol{B}+\boldsymbol{A}\times\frac{\mathrm{d}\boldsymbol{B}}{\mathrm{d}t}$$

C.3.3 积分

为方便起见,将 y 随 x 的变化关系和 y' 随 x 的变化关系分别记为

$$y=F(x)\quad \text{和}\quad y'=f(x)$$

称 $f(x)$是 $F(x)$的导函数,$F(x)$是 $f(x)$的原函数.

自变量从 x_1 增加到 x_2 时,函数从相应的 y_1 增加到 y_2.图 C.27 中将 x_1 到 x_2 区间分割成无穷多个小间隔 $\mathrm{d}x$,相应地 y_1 到 y_2 区间也分割成无穷多个无穷小间隔 $\mathrm{d}y$,便有

$$y_2-y_1=\sum_{y_1}^{y_2}\mathrm{d}y=\sum_{x_1}^{x_2}f(x)\mathrm{d}x$$

将给定区域内这种形式的无穷多个无穷小量求和称为函数 $f(x)$在该区域内的定积分,并引入专门的数学符号来表示,即

$$\int_{x_1}^{x_2} f(x)\mathrm{d}x = \sum_{x_1}^{x_2} f(x)\mathrm{d}x$$

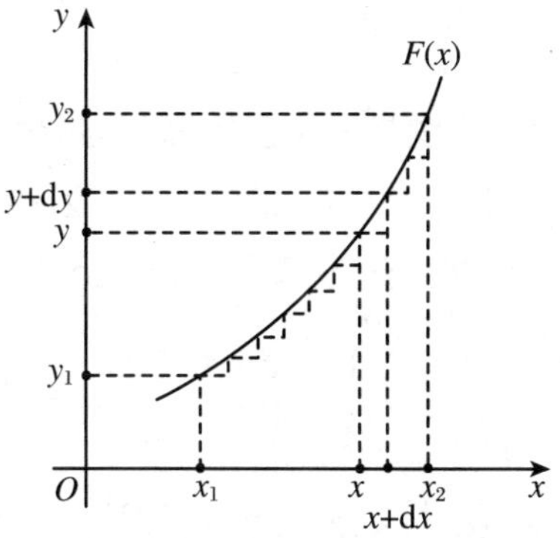

图 C.27

符号$\int$称为积分号，x_1 和 x_2 分别称为定积分的下限和上限. 对已给定的 $f(x)$，若能找到它的原函数 $F(x)$，便可获得上述定积分为

$$\int_{x_1}^{x_2} f(x)\mathrm{d}x = y_2 - y_1 = F(x_2) - F(x_1)$$

由 $f(x)$找 $F(x)$的运算可对应地表述成

$$\int f(x)\mathrm{d}x = F(x)$$

称为 $f(x)$的不定积分. 不定积分是导数运算或者说微商运算的逆运算. C.2.4 小节例 2 表明，矢量标积的逆运算结果是不定的，与此类似，不定积分所给结果也将具有不定性.

任何一个函数 $f(x)$对应的原函数 $F(x)$并不唯一，如果 $F_1(x)$是一个原函数，那么 $F_1(x)$加上任意一个常量 C 构成的函数$F_2(x)$也是 $f(x)$的一个原函数. 计算定积分时，这些常量不起作用，因为

$$F_2(x_2) - F_2(x_1) = F_1(x_2) - F_1(x_1)$$

由前文给出的某些导数公式，可得

$$\int x^{\alpha}\mathrm{d}x = \frac{1}{\alpha+1}x^{\alpha+1} + C \quad (\alpha \neq -1)$$

$$\int \cos x\mathrm{d}x = \sin x + C$$

$$\int \sin x\mathrm{d}x = -\cos x + C$$

$$\int \mathrm{e}^x\mathrm{d}x = \mathrm{e}^x + C$$

$$\int \frac{1}{x}\mathrm{d}x = \ln x + C$$

不定积分的一个重要性质是

$$\int[A_1f_1(x)+A_2f_2(x)]\mathrm{d}x = A_1\int f_1(x)\mathrm{d}x + A_2\int f_2(x)\mathrm{d}x$$

一些常用函数的不定积分可在数学手册中查到.求解函数不定积分也有相应的方法和技巧,高等数学课程中会介绍.

例1 找出函数 $y=f(x)$曲线段与 x 轴所夹面积与定积分的关系.

解 参照图C.28,将第Ⅰ象限中从 x_1 到 x_2 的一段函数 $y=f(x)$曲线与 x 轴所夹区域分割成一系列宽 $\mathrm{d}x$ 的无限细窄条,窄条上端趋于无限短直线段,窄条面积

$$\mathrm{d}S = y\mathrm{d}x + \frac{1}{2}\mathrm{d}x\cdot\mathrm{d}y = \left(y+\frac{1}{2}\mathrm{d}y\right)\mathrm{d}x$$

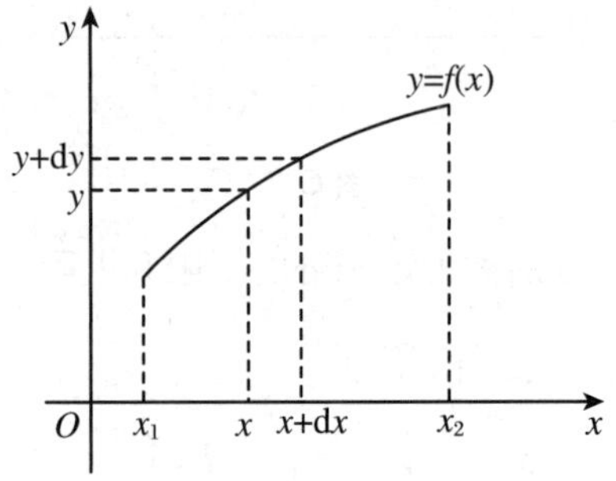

图C.28

因

$$y+\frac{1}{2}\mathrm{d}y = y$$

得

$$\mathrm{d}S = y\mathrm{d}x = f(x)\mathrm{d}x$$

总面积 S 为所有 $\mathrm{d}S$ 相加,即有

$$S = \sum_{x_1}^{x_2} f(x)\mathrm{d}x = \int_{x_1}^{x_2} f(x)\mathrm{d}x$$

这就是定积分的几何面积图像.如果函数曲线段在其他象限,还涉及面积与定积分各自正、负号的问题,此处不再讨论.

例2 找出函数 $y=f(x)$曲线段长度与定积分的关系.

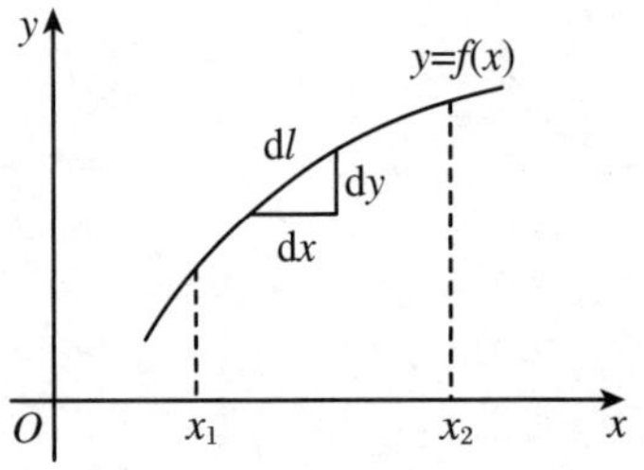

图C.29

解 参照图C.29,在函数 $y=f(x)$曲线上取无限小的一段,长度为

$$\mathrm{d}l = \sqrt{(\mathrm{d}x)^2+(\mathrm{d}y)^2} = \sqrt{1+[f'(x)]^2}\mathrm{d}x$$

从 x_1 到 x_2 的一段函数曲线的长度便是

$$l = \sum_{x_1}^{x_2}\mathrm{d}l = \int_{x_1}^{x_2}\sqrt{1+[f'(x)]^2}\mathrm{d}x$$

C.4　多元函数微积分

C.4.1　偏微商(偏导数)

多元函数是由多个独立自变量构成的函数. 将 k 个自变量记为 $x_i(i=1,2,\cdots,k)$, 多元函数可书写成

$$y = y(x_1, x_2, \cdots, x_k)$$

仅由自变量 x_1 的无穷小变化引起的函数增量

$$y(x_1 + \mathrm{d}x_1, x_2, \cdots, x_k) - y(x_1, x_2, \cdots, x_k)$$

称为函数对 x_1 的偏微分,将

$$y'_{x_1} = [y(x_1 + \mathrm{d}x, x_2, \cdots, x_k) - y(x_1, x_2, \cdots, x_k)]/\mathrm{d}x_1$$

称为函数对 x_1 的偏微商或偏导数. 为在形式上与一元函数导数 $\mathrm{d}y/\mathrm{d}x$ 有所区别,将它书写成

$$y'_{x_1} = \frac{\partial y}{\partial x_1}$$

同样有对 x_2 的偏导数

$$y'_{x_2} = \partial y/\partial x_2 = [y(x_1, x_2 + \mathrm{d}x_2, x_3, \cdots, x_k) - y(x_1, x_2, x_3, \cdots, x_k)]/\mathrm{d}x_2$$

其他依次类推. y 对 x_i 的偏导数相当于将 x_i 之外的自变量均处理成常量时的一元函数导数. 例如理想气体平衡态温度 T 随压强 p 和体积 V 的变化关系构成二元函数:

$$T = \frac{pV}{\nu R}$$

其中 ν、R 都是常量. T 对 p 求偏导数时将 V 处理为常量, T 对 V 求偏导数时将 p 处理为常量,分别有

$$\partial T/\partial p = \frac{V}{\nu R}, \quad \partial T/\partial V = \frac{p}{\nu R}$$

k 个自变量均有无穷小增量时引起的 y 增量称为多元函数的全微分,记作 $\mathrm{d}y$,数学上可导得

$$\mathrm{d}y = \frac{\partial y}{\partial x_1}\mathrm{d}x_1 + \frac{\partial y}{\partial x_2}\mathrm{d}x_2 + \cdots + \frac{\partial y}{\partial x_k}\mathrm{d}x_k$$

例如,由理想气体的上述状态方程可得

$$\mathrm{d}T = \frac{V}{\nu R}\mathrm{d}p + \frac{p}{\nu R}\mathrm{d}V \quad \text{即} \quad p\mathrm{d}V + V\mathrm{d}p = \nu R\mathrm{d}T$$

C.4.2　线积分、面积分和体积分

物理学中有些标量是空间位置 $\boldsymbol{r}$ 的函数，例如非均匀物质的密度 ρ、静电场中的电势 U 都是这样的量. 这类标量与位置之间的函数关系可一般地记作

$$\phi(\boldsymbol{r}) \quad 或 \quad \phi(x,y,z)$$

它是一个由空间中三个独立坐标量 x、y、z 构成的三元函数. 某些情况中（例如表征 xy 平面上的物理量或 x 坐标轴上的物理量时），φ 可降为二元或一元函数.

物理学中也有些矢量是 $\boldsymbol{r}$ 的函数，例如行星在太阳周围不同位置受到的太阳万有引力 $\boldsymbol{F}$、静电场中的电场强度 $\boldsymbol{E}$ 都是这样的量. 这类矢量与位置之间的函数关系可一般地记作

$$\boldsymbol{A}(\boldsymbol{r}) \quad 或 \quad \boldsymbol{A}(x,y,z)$$

它可分解成

$$\boldsymbol{A}(\boldsymbol{r}) = A_x(\boldsymbol{r})\boldsymbol{i} + A_y(\boldsymbol{r})\boldsymbol{j} + A_z(\boldsymbol{r})\boldsymbol{k}$$

三个分量

$$A_x(\boldsymbol{r}) \quad 或 \quad A_x(x,y,z)$$

$$A_y(\boldsymbol{r}) \quad 或 \quad A_y(x,y,z)$$

$$A_z(\boldsymbol{r}) \quad 或 \quad A_z(x,y,z)$$

均是 x、y、z 的标量性三元函数. 某些情况中，它们也可降为二元或一元函数.

将图 C.30 中 a 到 b 的一段空间曲线（包括直线）L 分解为一系列无穷短的线段，称为线元，长度一般地记成 $\mathrm{d}l$. 线元中各点的位置差异可忽略，统记为 (x,y,z). 该位置处某标量函数 $\phi(x,y,z)$ 与 $\mathrm{d}l$ 的乘积从 a 到 b 沿曲线 L 的叠加，即

$$\sum_a^b \phi(x,y,z)\mathrm{d}l = \int_L \phi(x,y,z)\mathrm{d}l$$

称为标量 $\phi(x,y,z)$ 沿 L 的线积分. 若取 $\phi=1$，这一线积分所得便是曲线 L 的长度. 如果 L 是一条闭合曲线（a 与 b 重合），则这样的积分特别地写成

$$\oint_L \phi(x,y,z)\mathrm{d}l$$

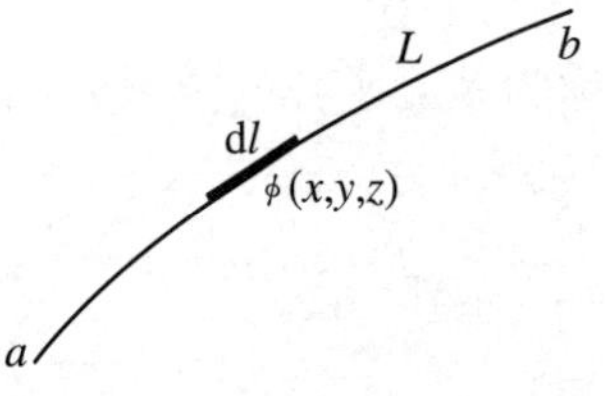

图 C.30

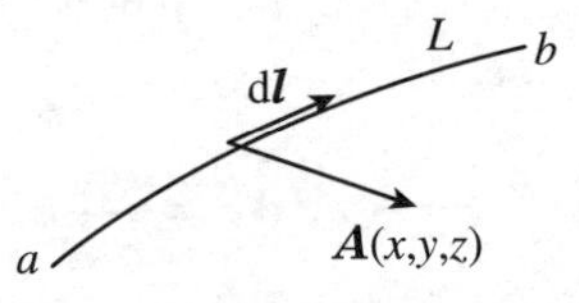

图 C.31

图 C.31 中从线元始端到终端的位置移动矢量 $\mathrm{d}\boldsymbol{l}$ 也可称为曲线 L 从 a 到 b 的线元

矢量.若各 d$\boldsymbol{l}$ 所在位置(x,y,z)均有矢量函数 $\boldsymbol{A}(x,y,z)$,则 $\boldsymbol{A}$ 与 d$\boldsymbol{l}$ 的标积从a 到b 沿曲线L 的叠加,即

$$\sum_a^b \boldsymbol{A}(x,y,z)\cdot \mathrm{d}\boldsymbol{l} = \int_L \boldsymbol{A}(x,y,z)\cdot \mathrm{d}\boldsymbol{l}$$

称为矢量 $\boldsymbol{A}(x,y,z)$沿 L 的标积性线积分.前文图 C.6 所示的力 $\boldsymbol{F}$ 对质点P 沿曲线L 做的功是此类积分的一个实例.如果 L 是一条闭合曲线,则这样的积分特别地写成

$$\oint_L \boldsymbol{A}(x,y,z)\cdot \mathrm{d}\boldsymbol{l}$$

如图 C.32 所示,将一个曲面(包括平面)S 分割成一系列线度无穷短的小片,这些小片称为面元,面积一般记成 dS.在面元所在处引一个与面元垂直的方向矢量 $\boldsymbol{n}$,规定曲面的某一侧为内侧,另一侧为外侧,$\boldsymbol{n}$ 的方向便定为从内侧指向外侧,称

$$\mathrm{d}\boldsymbol{S} = \mathrm{d}S\boldsymbol{n}$$

为面元矢量.dS 所在位置的标量函数$\phi(x,y,z)$与 dS 的乘积在全S 面上求和,即

$$\sum_S \phi(x,y,z)\mathrm{d}S = \int_S \phi(x,y,z)\mathrm{d}S$$

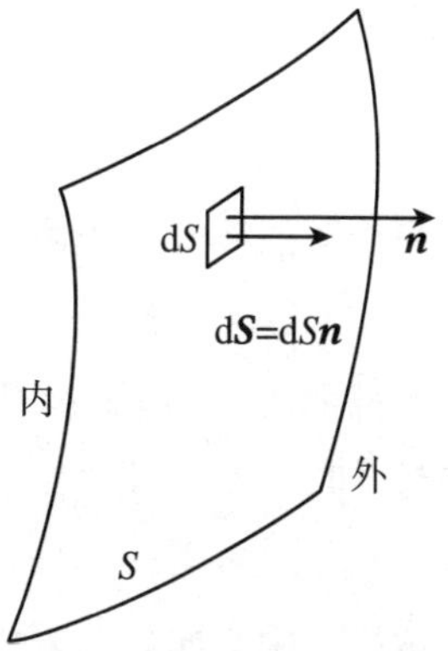

图 C.32

称为标量 $\phi(x,y,z)$在 S 面上的面积分.这种求和显然是在曲面的两个方向上进行的(例如从左到右的方向和从上到下的方向,就如电子束在荧光屏上的二维扫描),数学上将它改记为

$$\iint_S \phi(x,y,z)\mathrm{d}S$$

两个积分号是指两个方向上的积分,称为二重积分.若取 $\phi=1$,这一面积分所得便是曲面 S 的面积.d$\boldsymbol{S}$ 所在位置的矢量函数$\boldsymbol{A}(x,y,z)$与 d$\boldsymbol{S}$ 的标积在全S 面上求和,即

$$\sum_S \boldsymbol{A}(x,y,z)\cdot \mathrm{d}\boldsymbol{S} = \iint_S \boldsymbol{A}(x,y,z)\cdot \mathrm{d}S$$

称为矢量 $\boldsymbol{A}(x,y,z)$在 S 面上的标积性面积分.如果 S 是一个闭合曲面,通常将 S 包围的空间区域取为S 面的内侧,外空间区域取为外侧.也有例外情况,在有关的数学课和物理课上会涉及.对闭合曲面,上述两种积分特别地写成

$$\oiint_S \phi(x,y,z)\mathrm{d}S,\quad \oiint_S \boldsymbol{A}(x,y,z)\cdot \mathrm{d}\boldsymbol{S}$$

将某空间区域 V 分割成一系列线度无穷短的小块,这些小块称为体元,体积一般地记成 dV.体元所在位置的标量函数 $\phi(x,y,z)$与 dV 的乘积在全V 区域内求和,即

$$\sum_V \phi(x,y,z)\mathrm{d}V = \iiint_V \phi(x,y,z)\mathrm{d}V$$

称为标量 $\phi(x,y,z)$在空间区域 V 内的体积分.书写中有三个积分号,意指需在三个方向上进行积分,称为三重积分.若取 $\phi=1$,这一体积分所得便是 V 区域的体积.

关于线积分、面积分、体积分的完整讨论和各种具体算例,将会在后续的数学和物理课程中述及.在大学第一学期进行的力学课程中,教学内容若涉及上述积分的,一般只要求能看懂和理解,即使有个别算例,通常都可以转化成一元函数的单向积分.

例 1 对密度为球对称分布的球体,导出计算其质量的积分式,并给出算例.

解 将球心取为坐标原点,球体各处密度 ρ 可以是位置 $\boldsymbol{r}(x,y,z)$的函数,球体质量为

$$m = \iiint_V \rho(x,y,z)\mathrm{d}V$$

球体各处与球心的距离为

$$r = \sqrt{x^2+y^2+z^2} \quad (0 \leqslant r \leqslant R)$$

R 是球的半径.若 r 相同处ρ 相同,便称密度具有球对称分布.此时 ρ 降为关于 r 的一元函数,即

$$\rho = \rho(r)$$

把球体从中心向外分割成一系列无限薄的同心球壳,各球壳的内半径用变量 r 标记,外半径便可用 $r+\mathrm{d}r$ 标记,球壳体积等于 $4\pi r^2\mathrm{d}r$,内含质量 $\rho(r)4\pi r^2\mathrm{d}r$,球体的质量便是

$$m = \int_0^R \rho(r)4\pi r^2\mathrm{d}r$$

这就是所求的积分式.

球对称分布时,一般情况下计算物体质量所需进行的三个方向上积分降为一个方向上的积分,这是因为在写出球壳内含质量为 $\rho(r)4\pi r^2\mathrm{d}r$ 时,已经完成了球壳面上两个方向的积分(求和),余下的就只有 r 方向上的积分.

算例:设

$$\rho = \rho_0\left(1+\frac{r}{R}\right)$$

则有

$$m = \int_0^R \rho_0\left(1+\frac{r}{R}\right)4\pi r^2\mathrm{d}r = 4\pi\rho_0\left[\int_0^R r^2\mathrm{d}r + \frac{1}{R}\int_0^R r^3\mathrm{d}r\right] = \frac{7}{3}\pi R^3\rho_0$$

附录 D 数学补充知识 习题与解答

Ⅰ组

1. 试用递归方法，导出 n 阶行列式展开项数 L_n.

解 由 n 阶行列式与 $n-1$ 阶行列式的递归关联，可得 L_n 和 L_{n-1} 间的递归关系式：

$$L_n = nL_{n-1} \quad (n = 1,2,\cdots)$$

$n=1$ 时，有 $L_1=1$，即得

$$L_n = n!$$

2. 应用行列式求解方程组：

$$\begin{cases} 2x + y + z = 2 \\ x + 2y - z = 7 \\ -x - y + 2z = -9 \end{cases}$$

解 分母行列式可算得为

$$\begin{aligned} D &= \begin{vmatrix} 2 & 1 & 1 \\ 1 & 2 & -1 \\ -1 & -1 & 2 \end{vmatrix} \\ &= 2 \times \begin{vmatrix} 2 & -1 \\ -1 & 2 \end{vmatrix} - 1 \times \begin{vmatrix} 1 & 1 \\ -1 & 2 \end{vmatrix} + (-1) \times \begin{vmatrix} 1 & 1 \\ 2 & -1 \end{vmatrix} \\ &= 2 \times (4-1) - 1 \times (2+1) - 1 \times (-1-2) = 6 \end{aligned}$$

分子行列式可依次算得为

$$\begin{aligned} D_x &= \begin{vmatrix} 2 & 1 & 1 \\ 7 & 2 & -1 \\ -9 & -1 & 2 \end{vmatrix} \\ &= 2 \times \begin{vmatrix} 2 & -1 \\ -1 & 2 \end{vmatrix} - 7 \times \begin{vmatrix} 1 & 1 \\ -1 & 2 \end{vmatrix} + (-9) \times \begin{vmatrix} 1 & 1 \\ 2 & -1 \end{vmatrix} \\ &= 2 \times (4-1) - 7 \times (2+1) - 9 \times (-1-2) = 12 \end{aligned}$$

$$D_y = \begin{vmatrix} 2 & 2 & 1 \\ 1 & 7 & -1 \\ -1 & -9 & 2 \end{vmatrix} = 6$$

$$D_z = \begin{vmatrix} 2 & 1 & 2 \\ 1 & 2 & 7 \\ -1 & -1 & -9 \end{vmatrix} = -18$$

方程组解为

$$x = \frac{D_x}{D} = 2,\quad y = \frac{D_y}{D} = 1,\quad z = \frac{D_z}{D} = -3$$

3．(1) 已知 $\boldsymbol{A} = (4, -4, -3)$，$\boldsymbol{B} = (-1, 2, -6)$，求 A、B、$\boldsymbol{A}+\boldsymbol{B}$、$\boldsymbol{A}-\boldsymbol{B}$，并证明

$$(\boldsymbol{A}+\boldsymbol{B}) \perp (\boldsymbol{A}-\boldsymbol{B})$$

(2) 对给定的两个矢量 $\boldsymbol{A}$、$\boldsymbol{B}$，若 $\boldsymbol{A} \neq \pm \boldsymbol{B}$，但 $A = B$，试证：$(\boldsymbol{A}+\boldsymbol{B}) \perp (\boldsymbol{A}-\boldsymbol{B})$.

解 (1) 可算得

$$A = \sqrt{4^2 + (-4)^2 + (-3)^2} = \sqrt{41}$$

$$B = \sqrt{(-1)^2 + 2^2 + (-6)^2} = \sqrt{41}$$

$$\boldsymbol{A}+\boldsymbol{B} = (4-1,\ -4+2,\ -3-6) = (3,\ -2,\ -9)$$

$$\boldsymbol{A}-\boldsymbol{B} = (4+1,\ -4-2,\ -3+6) = (5,\ -6,\ +3)$$

继而有

$$(\boldsymbol{A}+\boldsymbol{B}) \cdot (\boldsymbol{A}-\boldsymbol{B}) = 3 \times 5 + (-2) \times (-6) + (-9) \times 3 = 0$$

因此

$$(\boldsymbol{A}+\boldsymbol{B}) \perp (\boldsymbol{A}-\boldsymbol{B})$$

(2) 因 $\boldsymbol{A} \neq \pm \boldsymbol{B}$，故

$$\boldsymbol{A}+\boldsymbol{B} \neq \boldsymbol{0},\quad \boldsymbol{A}-\boldsymbol{B} \neq \boldsymbol{0}$$

又因 $A = B$，有

$$(\boldsymbol{A}+\boldsymbol{B}) \cdot (\boldsymbol{A}-\boldsymbol{B}) = \boldsymbol{A}\cdot\boldsymbol{A} + \boldsymbol{B}\cdot\boldsymbol{A} - \boldsymbol{A}\cdot\boldsymbol{B} - \boldsymbol{B}\cdot\boldsymbol{B}$$

$$= A^2 - B^2 = 0$$

故必有

$$(\boldsymbol{A}+\boldsymbol{B}) \perp (\boldsymbol{A}-\boldsymbol{B})$$

4．试证

$$\boldsymbol{A} \times \boldsymbol{B} = \begin{vmatrix} \boldsymbol{i} & A_x & B_x \\ \boldsymbol{j} & A_y & B_y \\ \boldsymbol{k} & A_z & B_z \end{vmatrix}$$

证

$$\boldsymbol{A} \times \boldsymbol{B} = (A_x\boldsymbol{i} + A_y\boldsymbol{y} + A_z\boldsymbol{k}) \times (B_x\boldsymbol{i} + B_y\boldsymbol{y} + B_z\boldsymbol{k})$$

$$
\begin{aligned}
&= A_xB_x\boldsymbol{i}\times\boldsymbol{i} + A_xB_y\boldsymbol{i}\times\boldsymbol{j} + A_xB_z\boldsymbol{i}\times\boldsymbol{k} + A_yB_x\boldsymbol{j}\times\boldsymbol{i}\\
&\quad + A_yB_y\boldsymbol{j}\times\boldsymbol{j} + A_yB_z\boldsymbol{j}\times\boldsymbol{k} + A_zB_x\boldsymbol{k}\times\boldsymbol{i}\\
&\quad + A_zB_y\boldsymbol{k}\times\boldsymbol{j} + A_zB_z\boldsymbol{k}\times\boldsymbol{k}\\
&= A_xB_y\boldsymbol{k} - A_xB_z\boldsymbol{j} - A_yB_x\boldsymbol{k} + A_yB_z\boldsymbol{i} + A_zB_x\boldsymbol{j} - A_zB_y\boldsymbol{i}\\
&= (A_yB_z - A_zB_y)\boldsymbol{i} - (A_xB_z - A_zB_x)\boldsymbol{j} + (A_xB_y - A_yB_x)\boldsymbol{k}\\
&= \begin{vmatrix} \boldsymbol{i} & A_x & B_x \\ \boldsymbol{j} & A_y & B_y \\ \boldsymbol{k} & A_z & B_z \end{vmatrix}
\end{aligned}
$$

5. 试证

$$
\boldsymbol{A}\cdot(\boldsymbol{B}\times\boldsymbol{C}) = \begin{vmatrix} A_x & B_x & C_x \\ A_y & B_y & C_y \\ A_z & B_z & C_z \end{vmatrix}
$$

证 根据附题4,有

$$
\boldsymbol{B}\times\boldsymbol{C} = (B_yC_z - B_zC_y)\boldsymbol{i} - (B_xC_z - B_zC_x)\boldsymbol{j} + (B_xC_y - B_yC_x)\boldsymbol{k}
$$

利用两矢量标积等于两矢量对应分量乘积之和的性质,即得

$$
\begin{aligned}
\boldsymbol{A}\cdot(\boldsymbol{B}\times\boldsymbol{C}) &= A_x(B_yC_z - B_zC_y) - A_y(B_xC_z - B_zC_x) + A_z(B_xC_y - B_yC_x)\\
&= \begin{vmatrix} A_x & B_x & C_x \\ A_y & B_y & C_y \\ A_z & B_z & C_z \end{vmatrix}
\end{aligned}
$$

6. 已知 $\boldsymbol{A}=(3,1,-1)$,$\boldsymbol{B}=(1,-1,-1)$,$\boldsymbol{C}=(-1,3,2)$,试证 $\boldsymbol{A}$、$\boldsymbol{B}$、$\boldsymbol{C}$ 共面.

证 由

$$
\begin{aligned}
\boldsymbol{A}\cdot(\boldsymbol{B}\times\boldsymbol{C}) &= \begin{vmatrix} 3 & 1 & -1 \\ 1 & -1 & 3 \\ -1 & -1 & 2 \end{vmatrix}\\
&= (-6+1-3)-(-9+2-1)=0
\end{aligned}
$$

可知 $\boldsymbol{A}$、$\boldsymbol{B}$、$\boldsymbol{C}$ 共面.

7. 试证 $\boldsymbol{A}\times(\boldsymbol{B}\times\boldsymbol{C})+\boldsymbol{B}\times(\boldsymbol{C}\times\boldsymbol{A})+\boldsymbol{C}\times(\boldsymbol{A}\times\boldsymbol{B})=\boldsymbol{0}$.

证

$$
\begin{aligned}
&\boldsymbol{A}\times(\boldsymbol{B}\times\boldsymbol{C})+\boldsymbol{B}\times(\boldsymbol{C}\times\boldsymbol{A})+\boldsymbol{C}\times(\boldsymbol{A}\times\boldsymbol{B})\\
&\quad = (\boldsymbol{A}\cdot\boldsymbol{C})\boldsymbol{B} - (\boldsymbol{A}\cdot\boldsymbol{B})\boldsymbol{C} + (\boldsymbol{B}\cdot\boldsymbol{A})\boldsymbol{C} - (\boldsymbol{B}\cdot\boldsymbol{C})\boldsymbol{A}\\
&\qquad + (\boldsymbol{C}\cdot\boldsymbol{B})\boldsymbol{A} - (\boldsymbol{C}\cdot\boldsymbol{A})\boldsymbol{B} = \boldsymbol{0}
\end{aligned}
$$

8. 求下列函数的导数:

$$
y=\frac{a-x}{a+x},\quad y=\sqrt{x^2-a^2}
$$

$$y=\cos^2(ax+b),\quad y=x^2e^{-ax}$$

解 $y=\dfrac{a-x}{a+x}$,则

$$y'=\frac{(a-x)'(a+x)-(a-x)(a+x)'}{(a+x)^2}$$

$$=\frac{-(a+x)-(a-x)}{(a+x)^2}=\frac{-2a}{(a+x)^2}$$

$y=\sqrt{x^2-a^2}$,令 $y=u^{\frac{1}{2}}$,$u=x^2-a^2$,则

$$y'=y'_x=y'_uu'_x=\frac{1}{2}u^{-\frac{1}{2}}2x=\frac{x}{\sqrt{x^2-a^2}}$$

$y=\cos^2(ax+b)$:令 $y=u^2$,$u=\cos(ax+b)$,则

$$y'=y'_x=y'_uu'_x=2u[-a\sin(ax+b)]$$

$$=-2a\cos(ax+b)\sin(ax+b)=-a\sin[2(ax+b)]$$

$y=x^2e^{-ax}$:将 e^{-ax} 视为 e^u 与 $u=-ax$ 的复合关系,得

$$(e^{-ax})'=e^{-ax}(-a)$$

则

$$y'=(x^2)'e^{-ax}+x^2(e^{-ax})'=2xe^{-ax}-ax^2e^{-ax}$$

$$=(2-ax)xe^{-ax}$$

9. 求 xe^x 的极值点,判定是极大值点还是极小值点,再画出函数曲线检查解答的正确性.

解 由

$$(xe^x)'=(1+x)e^x=0$$

得 $x_0=-1$ 可能为极值点.由

$$(xe^x)''|_{x=x_0=-1}=(2+x)e^x|_{x=-1}=e^{-1}>0$$

可知 $x_0=-1$ 是极小值点.

函数曲线如图 D.1 所示.可见 $x_0=-1$ 点确为极小值点.

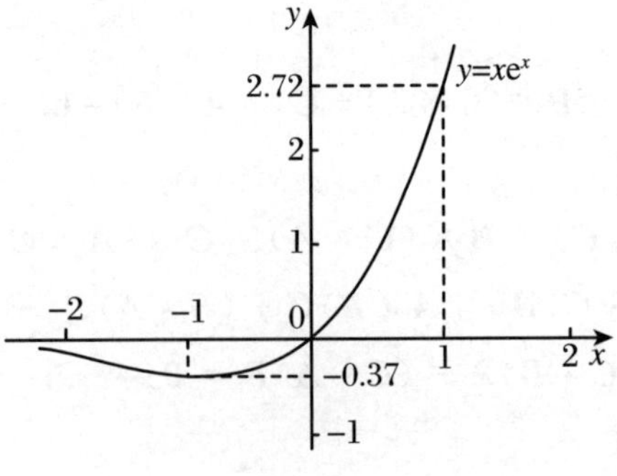

图 D.1

10. 在$|x|\leqslant 1$的区域内将$(1+x)^{-1}$展开成麦克劳林级数,在$-1<x\leqslant 1$的区域内将$\ln(1+x)$展开成麦克劳林级数.

解 麦克劳林级数展开式为

$$f(x)=\sum_{n=0}^{\infty}A_n x^n$$

$$A_0=f(0),\quad A_n=\frac{1}{n!}[f(x)]^{(n)}\Big|_{x=0}$$

由导数公式$[(1+x)^{\alpha}]'=\alpha(1+x)^{\alpha-1}$,$[\ln(1+x)]'=(1+x)^{-1}$,得

$$[(1+x)^{\alpha}]^{(n)}=\alpha(\alpha-1)\cdots[\alpha-(n-1)](1+x)^{\alpha-n}\quad(n=1,2,\cdots)$$

$$[(1+x)^{-1}]^{(n)}=(-1)^n n!(1+x)^{-(n+1)}\quad(n=1,2,\cdots)$$

$$[\ln(1+x)]^{(n)}=\begin{cases}(1+x)^{-1}\\(-1)^{n-1}(n-1)!(1+x)^{-n}\quad(n=2,3,\cdots)\end{cases}$$

$(1+x)^{-1}$的展开:

$$A_0=(1+0)^{-1}=1$$

$$A_n=\frac{1}{n!}(-1)^n n!(1+0)^{-(n+1)}=(-1)^n\quad(n=1,2,\cdots)$$

$$(1+x)^{-1}=1+\sum_{n=1}^{\infty}(-1)^n x^n=1-x+x^2-x^3+\cdots$$

$\ln(1+x)$的展开:

$$A_0=\ln(1+0)=0$$

$$A_1=(1+0)^{-1}=1$$

$$A_n=\frac{1}{n!}(-1)^{n-1}(n-1)!(1+0)^{-n}$$

$$=\frac{1}{n}(-1)^{n-1}\quad(n=2,3,\cdots)$$

$$\ln(1+x)=x+\sum_{n=2}^{\infty}\frac{1}{n}(-1)^{n-1}x^n$$

$$=x-\frac{1}{2}x^2+\frac{1}{3}x^3-\frac{1}{4}x^4+\cdots$$

11. 质点沿$y=x^2/A$曲线运动,位矢$\boldsymbol{r}=x\boldsymbol{i}+y\boldsymbol{j}$中$x$随时间$t$的变化规律为$x=v_0 t$,其中$v_0$是常量,试求质点运动速度$\boldsymbol{v}$和加速度$\boldsymbol{a}$.

解 由

$$x=v_0 t,\quad y=\frac{x^2}{A}=\frac{v_0^2 t^2}{A}$$

得

$$v_x=\frac{\mathrm{d}x}{\mathrm{d}t}=v_0,\quad v_y=\frac{\mathrm{d}y}{\mathrm{d}t}=\frac{2v_0^2 t}{A}$$

$$\boldsymbol{v} = v_0\boldsymbol{i} + \frac{2v_0^2 t}{A}\boldsymbol{j}$$

$$a_x = \frac{\mathrm{d}v_x}{\mathrm{d}t} = 0,\quad a_y = \frac{\mathrm{d}v_y}{\mathrm{d}t} = \frac{2v_0^2}{A}$$

$$\boldsymbol{a} = \frac{2v_0^2}{A}\boldsymbol{j}$$

12. 设 a_{11}、a_{12}、a_{21}、a_{22}均为 t 的函数,它们对 t 的导数分别为a_{11}'、a_{12}'、a_{21}'、a_{22}'.试证

$$\frac{\mathrm{d}}{\mathrm{d}t}\begin{vmatrix} a_{11} & a_{12} \\ a_{21} & a_{22} \end{vmatrix} = \begin{vmatrix} a_{11}' & a_{12} \\ a_{21}' & a_{22} \end{vmatrix} + \begin{vmatrix} a_{11} & a_{12}' \\ a_{21} & a_{22}' \end{vmatrix}$$

证

$$\begin{aligned}\frac{\mathrm{d}}{\mathrm{d}t}\begin{vmatrix} a_{11} & a_{12} \\ a_{21} & a_{22} \end{vmatrix} &= \frac{\mathrm{d}}{\mathrm{d}t}(a_{11}a_{22} - a_{21}a_{12}) \\ &= a_{11}'a_{22} + a_{11}a_{22}' - a_{21}'a_{12} - a_{21}a_{12}' \\ &= (a_{11}'a_{22} - a_{21}'a_{12}) + (a_{11}a_{22}' - a_{21}a_{12}') \\ &= \begin{vmatrix} a_{11}' & a_{12} \\ a_{21}' & a_{22} \end{vmatrix} + \begin{vmatrix} a_{11} & a_{12}' \\ a_{21} & a_{22}' \end{vmatrix}\end{aligned}$$

13. (1) 设$\int f(x)\mathrm{d}x = F(x)$,试证$\int f(ax)\mathrm{d}x = \frac{1}{a}F(ax)$.

(2) 求不定积分$\int \sin ax\mathrm{d}x$ 和$\int \cos ax\mathrm{d}x$.

解 (1) 由题设,得

$$F'(x) = f(x)$$

利用复合函数求导公式,又可得

$$F'(ax) = f(ax)(ax)' = af(ax)$$

便有

$$\int af(ax)\mathrm{d}x = F(ax)$$

即得

$$\int f(ax)\mathrm{d}x = \frac{1}{a}F(ax)$$

(2) 根据(1),有

$$\int \sin ax\mathrm{d}x = -\frac{1}{a}\cos ax + C$$

$$\int \cos ax\mathrm{d}x = \frac{1}{a}\sin ax + C$$

14. 试求不定积分:$\int \sin^2 x\mathrm{d}x$,$\int \sin^3 x\mathrm{d}x$,$\int \sin^4 x\mathrm{d}x$.

解 由$\sin^2 x=\frac{1}{2}-\frac{1}{2}\cos 2x$，结合附题 13(2)的解，得

$$\int\sin^2 x\mathrm{d}x=\frac{1}{2}\int\mathrm{d}x-\frac{1}{2}\int\cos 2x\mathrm{d}x=\frac{1}{2}x-\frac{1}{2}\left(\frac{1}{2}\sin 2x\right)+C$$
$$=\frac{1}{2}x-\frac{1}{4}\sin 2x+C$$

由$\sin^3 x=\frac{3}{4}\sin x-\frac{1}{4}\sin 3x$，结合附题 13(2)的解，得

$$\int\sin^3 x\mathrm{d}x=\frac{3}{4}\int\sin x\mathrm{d}x-\frac{1}{4}\int\sin 3x\mathrm{d}x$$
$$=-\frac{3}{4}\cos x+\frac{1}{12}\cos 3x+C$$

由 $\sin^4 x=\sin^2 x(1-\cos^2 x)=\sin^2 x-\frac{1}{4}\sin^2 2x$，结合$\int\sin^2 x\mathrm{d}x$ 解和附题 13(2) 的解，得

$$\int\sin^4 x\mathrm{d}x=\int\sin^2 x\mathrm{d}x-\frac{1}{4}\int\sin^2 2x\mathrm{d}x$$
$$=\left(\frac{1}{2}x-\frac{1}{4}\sin 2x\right)-\frac{1}{4}\times\frac{1}{2}\left[\frac{1}{2}(2x)-\frac{1}{4}\sin 4x\right]+C$$
$$=\frac{3}{8}x-\frac{1}{4}\sin 2x+\frac{1}{32}\sin 4x+C$$

15. 计算抛物线 $y=x^2$ 从 $x=0$ 到 $x=1$ 的一段曲线与 x 轴所夹面积S.

解

$$S=\int_0^1 x^2\mathrm{d}x=\frac{1}{3}x^3\Big|_{x=1}-\frac{1}{3}x^3\Big|_{x=0}=\frac{1}{3}$$

16. 查阅数学手册中有关的不定积分公式，计算抛物线 $y=\frac{x^2}{2}$从 $x=0$ 到 $x=1$ 的一段曲线长度 l.

解 由曲线长度公式

$$l=\int_0^1\sqrt{1+[y'(x)]^2}\mathrm{d}x=\int_0^1\sqrt{1+x^2}\mathrm{d}x$$

在数学手册中可查出不定积分公式：

$$\int\sqrt{1+x^2}\mathrm{d}x=\frac{x}{2}\sqrt{1+x^2}+\frac{1}{2}\ln(x+\sqrt{1+x^2})+C$$

代入后，即得

$$l=\frac{\sqrt{2}}{2}+\frac{1}{2}\ln(1+\sqrt{2})$$

17. 设 $y=x_1x_2\sin x_1x_2$，求 y 的全微分. 再将 y 处理成复合函数，即 $y=u\sin u$，$u=x_1x_2$，重新求 y 的全微分，检查所得结果是否与前相同.

解 $y=x_1x_2\sin x_1x_2$ 的全微分为

$$
\begin{aligned}
\mathrm{d}y &= \frac{\partial y}{\partial x_1}\mathrm{d}x_1+\frac{\partial y}{\partial x_2}\mathrm{d}x_2\\
&= x_2(\sin x_1x_2+x_2x_1\cos x_1x_2)\mathrm{d}x_1\\
&\quad + x_1(\sin x_1x_2+x_1x_2\cos x_1x_2)\mathrm{d}x_2\\
&= (\sin x_1x_2+x_1x_2\cos x_1x_2)(x_2\mathrm{d}x_1+x_1\mathrm{d}x_2)
\end{aligned}
$$

对复合函数 $y=u\sin u, u=x_1x_2$ 求全微分：

$$
\mathrm{d}u=\frac{\partial u}{\partial x_1}\mathrm{d}x_1+\frac{\partial u}{\partial x_2}\mathrm{d}x_2 = x_2\mathrm{d}x_1+x_1\mathrm{d}x_2
$$

$$
\begin{aligned}
\mathrm{d}y &= y'_u\mathrm{d}u = (\sin u+u\cos u)\mathrm{d}u\\
&= (\sin x_1x_2+x_1x_2\cos x_1x_2)(x_2\mathrm{d}x_1+x_1\mathrm{d}x_2)
\end{aligned}
$$

以上可见，结果相同.

18. 半径为 R、质量为 m 的匀质圆盘绕着过中心且与圆平面垂直的轴旋转，角速度为 ω，试求圆盘动能 E_k.

解 将圆盘从中心向外分割成一系列内半径为 r、外半径为 $r+\mathrm{d}r$ 的无限窄圆环，圆环质量、运动速率、动能分别是

$$
\frac{m}{\pi R^2}2\pi r\mathrm{d}r,\quad \omega r,\quad \frac{1}{2}\left(\frac{m}{\pi R^2}2\pi r\mathrm{d}r\right)(\omega r)^2
$$

圆盘动能为

$$
E_k=\int_0^R\frac{1}{2}\left(\frac{m}{\pi R^2}2\pi r\mathrm{d}r\right)(\omega r)^2=\frac{1}{4}mR^2\omega^2
$$

Ⅱ组

19. 取火柴游戏.

放置一堆火柴，根数 $n\geqslant1$. 两人交替从中拿取，每次至少取一根，至多取 a 根($a\geqslant1$)，取走最后一根者为输家，对方为赢家. 试问 n 是什么数时，开局先取者必能找到一种策略，使自己成为赢家？ n 是什么数时，开局后取者必能找到一种策略，使先取者为输家？

解 初态(开局的火柴根数)$n=1$，对应的是开局先取者必败(输)态，记作

$$
n_1(\text{败})=1
$$

将开局先取者必败态依次记作 $n_1(\text{败}), n_2(\text{败}),\cdots,n_k(\text{败})$，那么面对初态

$$
n=n_k(\text{败})+i\quad(i=1,2,\cdots,a)
$$

开局先取者可拿取 $i=1,2,\cdots,a$ 根火柴，使后取者面对必败态 $n_k(\text{败})$，因此开局先取者必胜(赢)态的 n 为

$$n_k(\text{胜}) = n_k(\text{败}) + i \quad (i = 1,2,\cdots,a)$$

其中最大者为

$$n_k(\text{胜})_{\max} = n_k(\text{败}) + a$$

开局先取者若面对初态

$$n = n_k(\text{胜})_{\max} + 1$$

那么,无论他拿取1根、2根……或 a 根火柴,余下的必为 n_k(胜),也就是使得后取者面对 n_k(胜).只要后取者掌握这种递归关系,他必可使自己成为赢家,因此上述 n 为开局先取者必败态,即有

$$n_{k+1}(\text{败}) = n_k(\text{胜})_{\max} + 1$$

将上述分析归纳如下:

$$n_{k+1}(\text{败}) = n_k(\text{胜})_{\max} + 1$$
$$n_k(\text{胜}) = n_k(\text{败}) + i \quad (i = 1,2,\cdots,a)$$
$$n_1(\text{败}) = 1$$

据此可得通解为

$$n_k(\text{败}) = 1 + (k-1)(a+1) \quad (k = 1,2,3,\cdots)$$
$$n_k(\text{胜}) = [1 + (k-1)(a+1)] + i \quad (i = 1,2,\cdots,a)$$

20. 机器猫和玩具鼠.

如图D.2所示,在 x 坐标轴的原点 O 处有一个不动的玩具鼠,在 $x=1$ 处有一个机器猫.机器猫在 x 轴上分别以 $\frac{1}{2}$ 的概率朝着 O 点或背离 O 点一步一步行走,步长恒为 $|\Delta x|=1$.规定猫到达 O 点"捉到"鼠,游戏结束,否则将继续进行下去.试求机器猫捉到玩具鼠的概率.

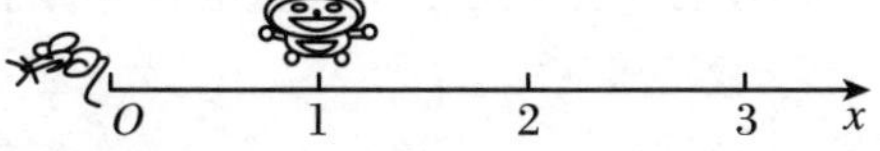

图D.2

解 将所求概率记为 P.

猫第一步以 $\frac{1}{2}$ 的概率左行捉到鼠,对 P 的贡献为 $\frac{1}{2}$.

猫第一步以 $\frac{1}{2}$ 的概率右行,到达 $x=2$ 位置.为捉住鼠,猫首先必须左行到 $x=1$ 位置,这与开局时要求猫从 $x=1$ 位置左行到 $x=0$ 位置捉到鼠的情况相同,概率同构也为 P.到达 $x=1$ 位置后,游戏又回到初态,猫左行到 $x=0$ 位置捉到鼠的概率仍为 P.据此,猫第一步到达 $x=2$ 位置,接着也能捉到鼠,对 P 的贡献为 $\frac{1}{2}PP$.

综上所述,可得

$$P = \frac{1}{2} + \frac{1}{2}PP$$

即可解出 $P=1$.

21. 矢积逆运算.

对已给出的两个彼此垂直的矢量 $\boldsymbol{B}$ 和 $\boldsymbol{C}$,试求 $\boldsymbol{A}$,使得 $\boldsymbol{A}\times\boldsymbol{B}=\boldsymbol{C}$.

解 过 $\boldsymbol{B}$ 作垂直于 $\boldsymbol{C}$ 的平面 σ,因 $\boldsymbol{A}\perp\boldsymbol{C}$,故 $\boldsymbol{A}$ 必在 σ 平面上.将 $\boldsymbol{A}$ 分解为

$$\boldsymbol{A} = \boldsymbol{A}_{\perp} + \boldsymbol{A}_{/\!/}, \quad \boldsymbol{A}_{\perp} \perp \boldsymbol{B}, \quad \boldsymbol{A}_{/\!/} \perp \boldsymbol{A}_{\perp}$$

则有

$$\boldsymbol{C} = \boldsymbol{A}\times\boldsymbol{B} = \boldsymbol{A}_{\perp}\times\boldsymbol{B} + \boldsymbol{A}_{/\!/}\times\boldsymbol{B} = \boldsymbol{A}_{\perp}\times\boldsymbol{B}$$

$$C = A_{\perp}B$$

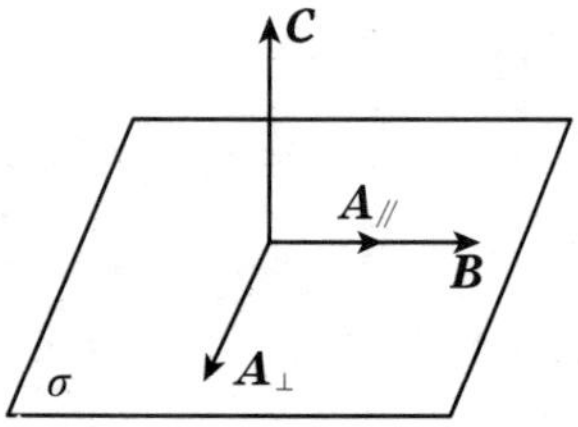

图 D.3

因此

$$\boldsymbol{A}_{\perp}: \begin{cases} \text{方向:如图 D.3 所示} \\ \text{大小:} A_{\perp} = \dfrac{C}{B} \end{cases}$$

$$\boldsymbol{A}_{/\!/}: \begin{cases} \text{方向:或与 } \boldsymbol{B} \text{ 同向,或与 } \boldsymbol{B} \text{ 反向} \\ \text{大小:任意} \end{cases}$$

即有

$$\boldsymbol{A}_{\perp} = \frac{\boldsymbol{B}\times\boldsymbol{C}}{B^2}, \quad \boldsymbol{A}_{/\!/} = \alpha\boldsymbol{B} \quad (\alpha \text{ 为任意标量})$$

得

$$\boldsymbol{A} = \frac{\boldsymbol{B}\times\boldsymbol{C}}{B^2} + \alpha\boldsymbol{B} \quad (\alpha \text{ 为任意标量})$$

需要指出,虽然图 D.3 是按右手系画出的,但上述解对右手系或左手系都成立.

22. 安培力.

(1) 匀强磁场中有一个任意形状的单连通闭合电流线圈,若其中电流处处相同,试证它所受的安培力为零.

(2) 匀强磁场中,试证相同的电流从空间任意一点 a 经过不同的曲线(包括直线)段到达空间另一点 b,所受的安培力相同.

(3) 匀强磁场中,日字形电阻网络如图 D.4 所示,电流 I 从 a 端流入,d 端流出,网络内形成电流分布.试证此网络电流所受安培力等于电流 I 从 a 端经过直线段到达 d 端时所受安培力.

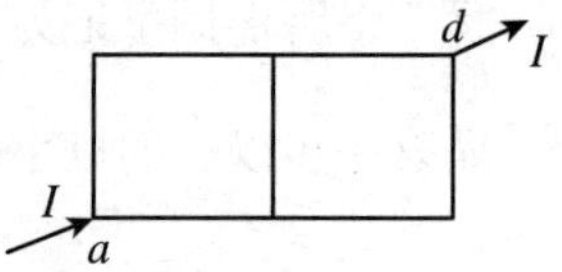

图 D.4

证 匀强磁场磁感应强度记作 $\boldsymbol{B}$,(1)和(2)问中电流同记为 I,安培力同记为 $\boldsymbol{F}$.

(1) 将电流线圈的线元矢量记作 $\Delta\boldsymbol{l}$,则有

$$\boldsymbol{F} = \sum I\Delta \boldsymbol{l} \times \boldsymbol{B}$$

常量 I 和常矢量 $\boldsymbol{B}$ 可移到求和号外,得

$$\boldsymbol{F} = I(\sum \Delta \boldsymbol{l}) \times \boldsymbol{B}$$

对单连通闭合线圈必有

$$\sum \Delta \boldsymbol{l} = 0$$

即得

$$\boldsymbol{F} = 0$$

(2) 如图 D.5 所示,自 a 到 b 任选两条电流曲线 1 和 2,则有

$$\boldsymbol{F}_1 = \sum_1 I\Delta \boldsymbol{l} \times \boldsymbol{B}, \quad \boldsymbol{F}_2 = \sum_2 I\Delta \boldsymbol{l} \times \boldsymbol{B}$$

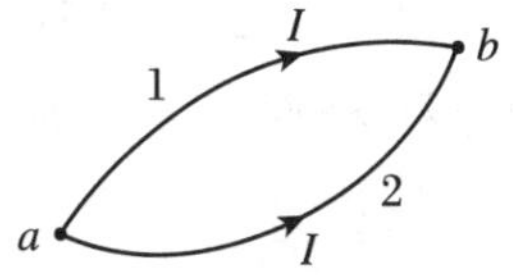

图 D.5

将 2 中电流从 b 到 a 回流,所受安培力便是

$$\boldsymbol{F}_2' = -\boldsymbol{F}_2$$

据(1)的结论,有 $\boldsymbol{F}_1 + \boldsymbol{F}_2' = 0$,即得

$$\boldsymbol{F}_1 = \boldsymbol{F}_2$$

由于曲线 1 和 2 是任选的,具有普遍性,本题获证.

(3) 网络电流分布如图 D.6 所示,它等效为图 D.7 中两个网络电流的叠加. 因此,图 D.6 中网络电流所受的安培力 $\boldsymbol{F}$ 就等于图 D.7 中两个网络电流所受安培力之和. 图 D.7 中小网络电流即闭合回路 $cdef$ 电流所受安培力为零,图 D.7 中大网络电流所受安培力则等于该网络中电流 $I = I_1 + I_2$ 的虚直线 ad 所受的安培力. 据此,$\boldsymbol{F}$ 就等于电流 I 从 a 端经过直线段到达 d 端时所受安培力.

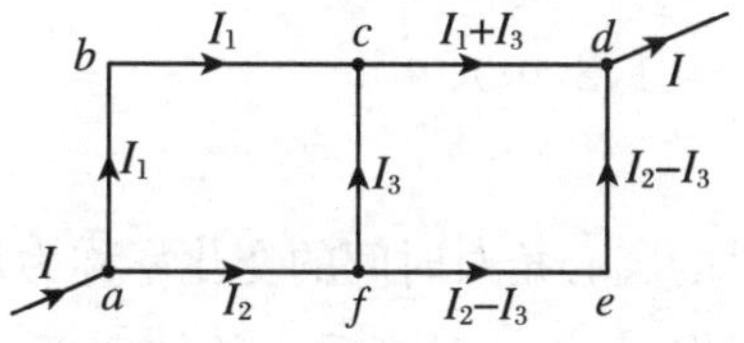

图 D.6

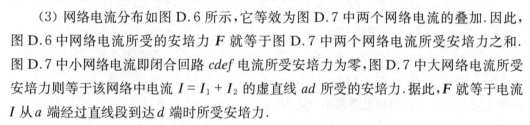

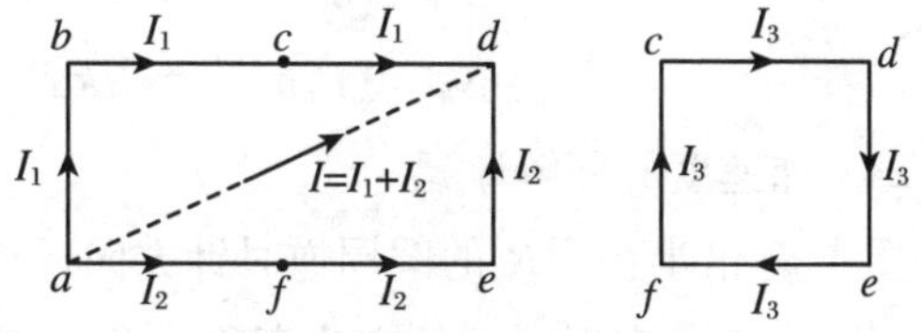

图 D.7

23. k 维正方体.

3 维空间正方体有 8 个顶点,12 条棱,6 个面. 若棱长为 a,它的体积 $V_3 = a^3$,表面积 $S_3 = 6a^2$.

为了一致,可将 2 维空间的正方形规范地称作 2 维空间的正方“体”,原正方形的边成为这个正方“体”的“面”,“面”与棱重合. 2 维空间正方“体”有 4 个顶点,4 条棱,4 个“面”. 若棱长为 a,它的“体积”$V_2 = a^2$,“表面积”$S_2 = 4a$.

同样,1 维空间的一条线段可称作 1 维空间的正方“体”,则“体”与棱重合,原线段的顶点成为这个正方“体”的“面”,即“面”与顶点重合. 1 维空间正方“体”有 2 个顶点,1 条

棱,2 个“面”.若棱长为 a,它的“体积”$V_1=a$,“表面积”$S_1=2$.

(1) 从度量的角度分析,为什么数学上给出 $S_1=2$?

(2) 对 k 维空间正方体,用递归方法求出它的顶点数、棱数和面数;若棱长为 a,求它的体积 V_k 和面积 S_k.

解 (1) 1 维空间有两个“面”,每个“面”都是 1 个点.

为了度量任意直线段,首先选定某直线段,规定其度量值为 1,继而可采用分割的方法给出任意直线段的度量值,称之为长度.点的度量也应如此进行,考虑到点的不可分割性,或者说点结构间的全同性,若某个点的度量值规定为 1,那么所有其他点的度量值均为 1.据此,应有 $S_1=2$.

(2) $k\geqslant 2$ 维空间正方体由 $k-1$ 维正方体沿着新增的第 k 对垂直方向延展而成.将顶点数、棱数、面数分别记为 N_k、L_k、F_k,则有递归(递推)关系:

$$N_k=2N_{k-1},\qquad N_1=2$$
$$L_k=2L_{k-1}+N_{k-1},\quad L_1=1$$
$$F_k=F_{k-1}+2,\qquad F_1=2$$

即得

$$N_k=2^k\quad(k=1,2,\cdots)$$
$$\begin{aligned}L_k&=2(2L_{k-2}+2^{k-2})+2^{k-1}\\&=2^{k-1}L_1+(k-1)2^{k-1}=k2^{k-1}\quad(k=1,2,\cdots)\end{aligned}$$
$$F_k=2k\quad(k=1,2,\cdots)$$

k 维空间正方体的体积和表面积相应地为

$$V_k=a^k\qquad(k=1,2,\cdots)$$
$$S_k=F_ka^{k-1}=2ka^{k-1}\quad(k=1,2,\cdots)$$

24. 加速度的分解计算.

质点 P 沿半径为 R 的圆周逆时针方向运动,转过的圆心角对时间的变化率称为角速度,记作 ω;角速度对时间的变化率称为角加速度,记作 β.任一时刻质点的加速度 $\boldsymbol{a}$ 可分解为沿圆运动切线方向的分量 $\boldsymbol{a}_{切}$ 和指向圆心的分量 $\boldsymbol{a}_{心}$,试求 $\boldsymbol{a}_{切}$ 与 $\boldsymbol{a}_{心}$.

解 以圆心为原点,在圆平面上建立 Oxy 坐标系,任一时刻质点 P 的矢径 $\boldsymbol{r}$ 与 x 轴的夹角记作 θ,则有

$$\omega=\frac{\mathrm{d}\theta}{\mathrm{d}t},\quad \beta=\frac{\mathrm{d}\omega}{\mathrm{d}t}$$

$\boldsymbol{r}$ 可分解为

$$\boldsymbol{r}=x\boldsymbol{i}+y\boldsymbol{j}$$
$$x=R\cos\theta,\quad y=R\sin\theta$$

P 的速度 $\boldsymbol{v}$ 可分解为

$$v = v_x \boldsymbol{i} + v_y \boldsymbol{j}$$

v_x 的正方向沿 x 轴方向，考虑到 P 的真实运动方向，在第Ⅰ象限中，v_x 实际上与 x 轴反向，为在图 D.8 中能与真实感觉一致，故沿 x 轴负方向画出，于是在数学上应标成 $-v_x$.

继而有

$$v_x = \frac{\mathrm{d}x}{\mathrm{d}t} = (-R\sin\theta)\frac{\mathrm{d}\theta}{\mathrm{d}t} = -\omega R\sin\theta$$

$$v_y = \frac{\mathrm{d}y}{\mathrm{d}t} = (R\cos\theta)\frac{\mathrm{d}\theta}{\mathrm{d}t} = \omega R\cos\theta$$

$$v = \sqrt{v_x^2 + v_y^2} = \omega R$$

$$\tan\alpha = \frac{v_y}{-v_x} = \cot\theta \Rightarrow \alpha = \frac{\pi}{2} - \theta$$

$$\boldsymbol{v}: \begin{cases} \text{方向：圆切线方向} \\ \text{大小：} v = \omega R \end{cases}$$

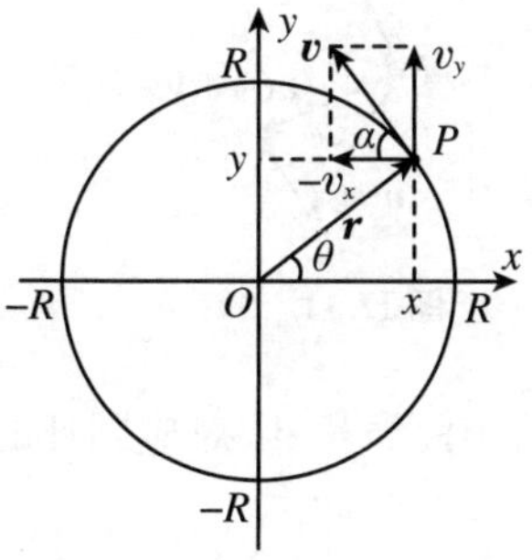

图 D.8

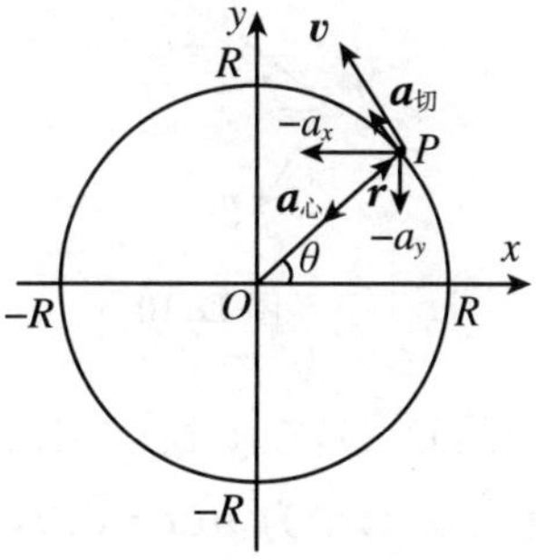

图 D.9

关于 P 的加速度 $\boldsymbol{a}$，参照图 D.9，有

$$\boldsymbol{a} = a_x \boldsymbol{i} + a_y \boldsymbol{j}$$

$$a_x = \frac{\mathrm{d}v_x}{\mathrm{d}t} = \frac{\mathrm{d}\omega}{\mathrm{d}t}R\sin\theta - \omega(\omega R\cos\theta)$$

$$= -\beta R\sin\theta - \omega^2 R\cos\theta$$

$$a_y = \frac{\mathrm{d}v_y}{\mathrm{d}t} = \frac{\mathrm{d}\omega}{\mathrm{d}t}R\cos\theta + \omega(-\omega R\sin\theta)$$

$$= \beta R\cos\theta - \omega^2 R\sin\theta$$

或

$$\boldsymbol{a} = \boldsymbol{a}_{切} + \boldsymbol{a}_{心}$$

$$a_{切} = -a_x\sin\theta - (-a_y\cos\theta) = \beta R \quad \text{（带正负号）}$$

$$a_{心} = -a_x\cos\theta + (-a_y\sin\theta) = \omega^2 R$$

即得

$$\boldsymbol{a}_{切}:\begin{cases}方向:\beta>0时与\boldsymbol{v}同向,\beta<0时与\boldsymbol{v}反向\\ 带正负号的大小:a_{切}=\beta R\end{cases}$$

$$\boldsymbol{a}_{心}:\begin{cases}方向:指向圆心\\ 大小:a_{心}=\omega^2 R\end{cases}$$

25. 加速度的整体计算.

水平面上有一固定圆环,细绳绕在环的外侧,一端连接小球 P. 让 P 在此水平面上运动,使环上的绳不断打开. 设打开的绳始终处于拉直状态,P 的速度 $\boldsymbol{v}$ 大小恒定,且总与绳长方向垂直. 如图 D.10 所示. 当打开的绳段长为 l 时,试求 P 的加速度 $\boldsymbol{a}$.

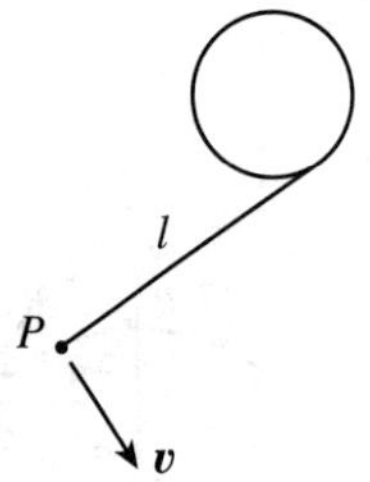

图 D.10

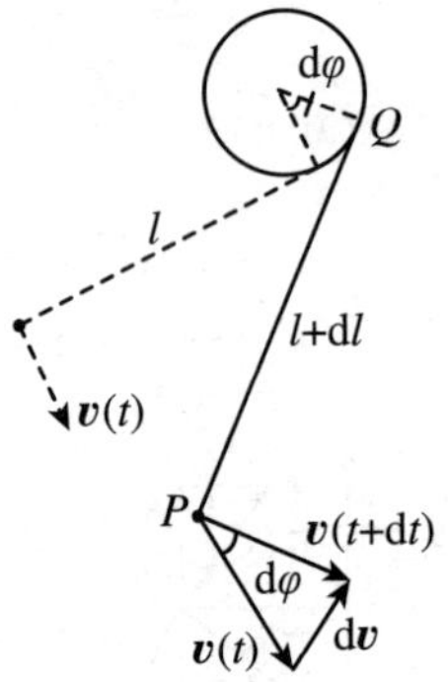

图 D.11

解 参照图 D.11,在 t 到 $t+\mathrm{d}t$ 时间内,打开的小段绳长 $\mathrm{d}l$ 对应圆环的圆心角记为 $\mathrm{d}\varphi$,P 的速度由 $\boldsymbol{v}(t)$ 变为 $\boldsymbol{v}(t+\mathrm{d}t)$,速度增量

$$\mathrm{d}\boldsymbol{v}=\boldsymbol{v}(t+\mathrm{d}t)-\boldsymbol{v}(t)$$

考虑到速度矢量三角形是顶角 $\mathrm{d}\varphi$ 为无穷小的等腰三角形,底角趋于直角,故有

$$\mathrm{d}\boldsymbol{v}:\begin{cases}方向:与\boldsymbol{v}(t)垂直,即沿绳指向打开点 Q\\ 大小:\mathrm{d}v=v\mathrm{d}\varphi\end{cases}$$

$\mathrm{d}t$ 时间内已打开的绳段转过的角度也是 $\mathrm{d}\varphi$,转动角速度为

$$\omega=\frac{\mathrm{d}\varphi}{\mathrm{d}t}$$

$t+\mathrm{d}t$ 时刻,P 的速度即为 P 绕 Q 旋转速度,即有

$$v=\omega(l+\mathrm{d}l)=\omega l$$

得

$$\mathrm{d}\varphi=\frac{v}{l}\mathrm{d}t,\quad \mathrm{d}v=\frac{v^2}{l}\mathrm{d}t$$

P 的加速度便是

$$\boldsymbol{a}=\frac{\mathrm{d}\boldsymbol{v}}{\mathrm{d}t}:\begin{cases}方向:沿绳指向打开点 Q\\ 大小:a=\dfrac{v^2}{l}\end{cases}$$

26．k 维球.

3 维空间球的表面方程为 $x^2+y^2+z^2=R^2$，R 为半径，表面积 $S_3=4\pi R^2$，体积 $V_3=\dfrac{4}{3}\pi R^3$. 圆是 2 维空间“球”，圆周是它的“球面”，方程为 $x^2+y^2=R^2$，R 为半径，“表面积”(圆周长)$S_2=2\pi R$，“体积”(圆面积)$V_2=\pi R^2$. 直线段是 1 维空间“球”，两个端点是它的“面”，方程为 $x^2=R^2$，R 为半径，“表面积”$S_1=2$(参见附题 23)，“体积”(线段长度)$V_1=2R$.

k 维空间球的球面方程可表述为 $x_1^2+x_2^2+\cdots+x_k^2=R^2$，$R$ 为半径，表面积记为 $S_k(R)$，体积记为 $V_k(R)$. 试通过建立 $V_k(R)$ 与 $S_k(R)$ 的关系、$S_k(R)$ 与 $S_{k-1}(R)$ 间的递归关系、$V_k(R)$ 与 $V_{k-1}(R)$ 间的递归关系，求出 $S_k(R)$ 和 $V_k(R)$ 表达式.

解 先找出 $V_k(R)$ 与 $S_k(R)$ 关系：

从圆心出发，R 圆可分解成一系列底边为无穷短圆弧的小三角形，其中一个已在图 D.12中示出，它的面积是 $\dfrac{1}{2}R\mathrm{d}l$，$\mathrm{d}l$ 为底边长. 圆面积(按题目为 V_2)等于各小三角形面积之和，圆周长(按题目为 S_2)等于各小三角形底边长之和，即有

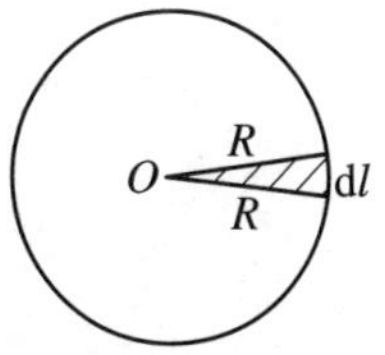

图 D.12

$$V_2(R)=\frac{1}{2}RS_2(R)$$

三角形是 2 维空间锥体.

若将图 D.12 中的圆设想成 3 维空间球，原小三角形便成 3 维空间小锥体. 小锥体体积等于 $\dfrac{1}{3}R\mathrm{d}S$，$\mathrm{d}S$ 是底面积. 求和可得 3 维球体积，等于 $\dfrac{1}{3}R$ 乘球面积，即有

$$V_3(R)=\frac{1}{3}RS_3(R)$$

以此类推，从球心出发，将半径为 R 的 k 维空间球分解成一系列 k 维空间小锥体. 若小锥体体积 $\mathrm{d}V_k$(锥)与底面积 $\mathrm{d}S_k$(锥)间的关系为

$$\mathrm{d}V_k(\text{锥})=\frac{1}{k}R\,\mathrm{d}S_k(\text{锥})$$

则 k 维球体积 $V_k(R)$ 与面积 $S_k(R)$ 间的关系为

$$V_k(R)=\frac{1}{k}RS_k(R) \qquad ①$$

为证明关于小锥体的前式成立，在 k 维空间中取高为 H，底为 $k-1$ 维体，底面积记为 S_0 的一般 k 维锥体. 如图 D.13 所示，将锥体平行地分解成一系列厚为 $\mathrm{d}h$、底面积记作 S_h 的 k 维体，原锥体体积便是

$$V_k(\text{锥})=\int_0^H S_h\,\mathrm{d}h$$

S_h、S_0 各与自身线度的 $k-1$ 次方成正比，又因 S_h 与 S_0 相似，故 S_h 的线度与 S_0 的线度之比为 $h:H$，便有

$$S_h : S_0 = \left(\frac{h}{H}\right)^{k-1}$$

即得

$$V_k(\text{锥}) = \int_0^H \left(\frac{h}{H}\right)^{k-1} S_0 \mathrm{d}h = \frac{1}{k}HS_0$$

前述小锥体为 $H=R$，$S_0=\mathrm{d}S_k$ 特例，故相应关系式成立.

再找 $S_k(R)$ 与 $S_{k-1}(R)$ 间及 $V_k(R)$ 与 $V_{k-1}(R)$ 间的递归关系.

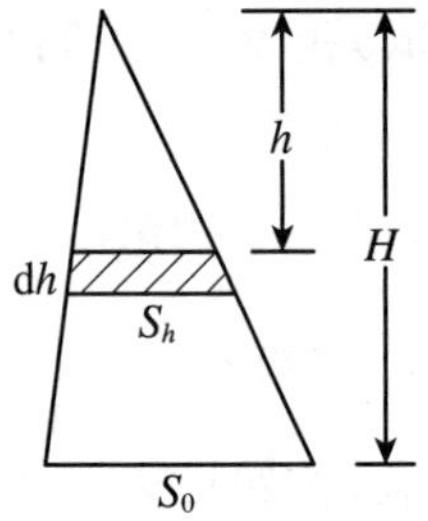

图 D.13

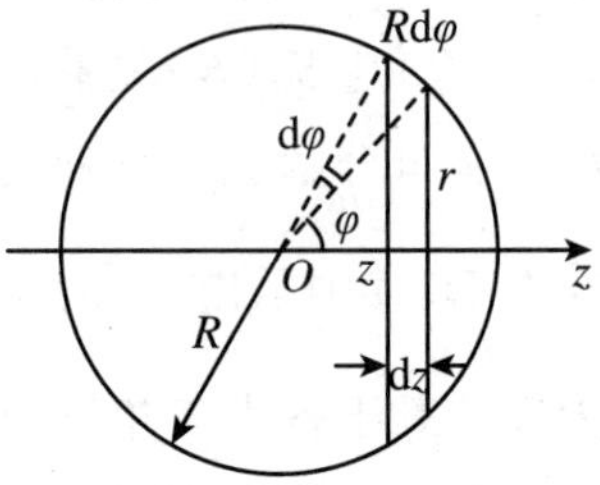

图 D.14

先取 $k=3$ 作具体分析.3 维球如图 D.14 所示，将它分解成一系列厚为 $|\mathrm{d}z|$，圆半径记为 $r=R\sin\varphi$ 的薄圆板.因 $z=R\cos\varphi$，即有

$$|\mathrm{d}z| = R\sin\varphi\mathrm{d}\varphi$$

薄圆板的圆周长和圆面积分别是半径为 r 的 2 维球的表面积 $S_2(r)$ 和体积 $V_2(r)$，薄圆板侧面积（$\mathrm{d}S_{\text{板}}$）和体积（$\mathrm{d}V_{\text{板}}$）分别为

$$\mathrm{d}S_{\text{板}} = S_2(r)R\mathrm{d}\varphi = S_2(R\sin\varphi)R\mathrm{d}\varphi$$

$$\mathrm{d}V_{\text{板}} = V_2(r)|\mathrm{d}z| = V_2(R\sin\varphi)R\sin\varphi\mathrm{d}\varphi$$

积分得 3 维球的表面积和体积：

$$S_3(R) = \int_0^\pi \mathrm{d}S_{\text{板}} = \int_0^\pi S_2(R\sin\varphi)R\mathrm{d}\varphi$$

$$V_3(R) = \int_0^\pi \mathrm{d}V_{\text{板}} = \int_0^\pi V_2(R\sin\varphi)R\sin\varphi\mathrm{d}\varphi$$

k 维空间球仍可用图 D.14 中的圆代表，同样将它分解为一系列厚为 $|\mathrm{d}z|$ 的 k 维薄“板”，图中用两条平行直线间的区域表示.每一直线段对应半径 $r=R\sin\varphi$ 的 $k-1$ 维球体，它的表面积和体积分别是 $S_{k-1}(r)$ 和 $V_{k-1}(r)$.薄“板”侧面积和体积分别为

$$\mathrm{d}S_{\text{板}} = S_{k-1}(r)R\mathrm{d}\varphi = S_{k-1}(R\sin\varphi)R\mathrm{d}\varphi$$

$$\mathrm{d}V_{\text{板}} = V_{k-1}(r)|\mathrm{d}z| = V_{k-1}(R\sin\varphi)R\sin\varphi\mathrm{d}\varphi$$

积分得 k 维球的表面积和体积：

$$S_k(R)=\int_0^{\pi}\mathrm{d}S_{板}=\int_0^{\pi}S_{k-1}(R\sin\varphi)R\mathrm{d}\varphi$$

$$V_k(R)=\int_0^{\pi}\mathrm{d}V_{板}=\int_0^{\pi}V_{k-1}(R\sin\varphi)R\sin\varphi\mathrm{d}\varphi$$

k 维球的表面积和体积必定分别与R^{k-1}和 R^k 成正比,可表达成

$$S_k(R)=A_kR^{k-1},\quad V_k(R)=B_kR^k$$

得

$$S_k(R\sin\varphi)=A_kR^{k-1}\sin^{k-1}\varphi=S_k(R)\sin^{k-1}\varphi$$

$$V_k(R\sin\varphi)=B_kR^k\sin^k\varphi=V_k(R)\sin^k\varphi$$

结合前述公式,便有

$$S_k(R)=S_{k-1}(R)R\int_0^{\pi}\sin^{k-2}\varphi\mathrm{d}\varphi \tag{②}$$

$$V_k(R)=V_{k-1}(R)R\int_0^{\pi}\sin^{k}\varphi\mathrm{d}\varphi \tag{③}$$

这就是 k 维球与$k-1$维球之间的递归关系.

关于 $S_k(R)$和 $V_k(R)$表达式:

由③式可得

$$V_{k-2}(R)=V_{k-3}(R)R\int_0^{\pi}\sin^{k-2}\varphi\mathrm{d}\varphi$$

与②式联立,便有

$$S_k(R)=S_{k-1}(R)\frac{V_{k-2}(R)}{V_{k-3}(R)}$$

结合①式,得

$$S_k(R)=\frac{S_{k-1}(R)S_{k-2}(R)(k-3)}{S_{k-3}(R)(k-2)} \tag{④}$$

取 $k=2N+1$,由④式得

$$\frac{S_{2N+1}(R)}{S_{2N-1}(R)}=\frac{2N-2}{2N-1}\cdot\frac{S_{2N}(R)}{S_{2N-2}(R)}$$

$$=\frac{2N-2}{2N-1}\cdot\frac{2N-3}{2N-2}\cdot\cdots\cdot\frac{1}{2}\cdot\frac{S_3(R)}{S_1(R)}$$

即

$$S_{2N+1}(R)=\frac{1}{2N-1}\cdot\frac{S_3(R)}{S_1(R)}S_{2N-1}(R)$$

当 $N=1$ 时,有

$$S_3(R)=\frac{1}{1}\cdot\frac{S_3(R)}{S_1(R)}\cdot S_1(R)$$

可得

$$S_{2N+1}(R)=\frac{1}{(2N-1)(2N-3)\cdot\cdots\cdot 1}\left[\frac{S_3(R)}{S_1(R)}\right]^N S_1(R)$$

即为

$$S_{2N+1}(R)=\frac{2^N(N!)}{(2N)!}\left[\frac{S_3(R)}{S_1(R)}\right]^N S_1(R) \quad ⑤$$

再将④式中 k 取为 $2N+2$,写出

$$\frac{S_{2N+2}(R)}{S_{2N}(R)}=\frac{2N-1}{2N}\cdot\frac{S_{2N+1}(R)}{S_{2N-1}(R)}$$

后,可推得

$$S_{2N+2}(R)=\frac{1}{2^N(N!)}\cdot\left[\frac{S_3(R)}{S_1(R)}\right]^N S_2(R) \quad ⑥$$

将⑤、⑥、①式结合,可得

$$V_{2N+1}(R)=\frac{2^N(N!)}{(2N+1)!}R\left[\frac{S_3(R)}{S_1(R)}\right]^N S_1(R) \quad ⑦$$

$$V_{2N+2}(R)=\frac{1}{2^{N+1}[(N+1)!]}R\left[\frac{S_3(R)}{S_1(R)}\right]^N S_2(R) \quad ⑧$$

最后,将

$$S_1(R)=2,\quad S_2(R)=2\pi R,\quad S_3(R)=4\pi R^2$$

代入⑤~⑧式,即得

$$S_{2N+2}(R)=\frac{2}{N!}\pi^{N+1}R^{2N+1}\quad (N=0,1,2,\cdots)$$

$$V_{2N+2}(R)=\frac{1}{(N+1)!}\pi^{N+1}R^{2N+2}\quad (N=0,1,2,\cdots)$$

$$S_{2N+1}(R)=\frac{2^{2N+1}(N!)}{(2N)!}\pi^N R^{2N}\quad (N=0,1,2,\cdots)$$

$$V_{2N+1}(R)=\frac{2^{2N+1}(N!)}{(2N+1)!}\pi^N R^{2N+1}\quad (N=0,1,2,\cdots)$$

顺便一提,由导得的 $S_k(R)$和 $V_k(R)$表达式也可获得定积分

$$\int_0^\pi \sin^k\varphi\,\mathrm{d}\varphi\quad (k=1,2,\cdots)$$

表达式,对 $k=2,3,4$,可借用附题 14 的解答进行验证,此处从略.